E-Book inside.

Mit folgendem persönlichen Code können Sie die E-Book-Ausgabe dieses Buches downloaden.

```
2018h-0y6p5-
6r82n-n00x4
```

Registrieren Sie sich unter
www.hanser-fachbuch.de/ebookinside
und nutzen Sie das E-Book auf Ihrem Rechner*, Tablet-PC und E-Book-Reader.

Der Download dieses Buches als E-Book unterliegt gesetzlichen Bestimmungen bzw. steuerrechtlichen Regelungen, die Sie unter www.hanser-fachbuch.de/ebookinside nachlesen können.
* Systemvoraussetzungen: Internet-Verbindung und Adobe® Reader®

Joos

VMware vSphere 6.5

Bleiben Sie auf dem Laufenden!

Unser **Computerbuch-Newsletter** informiert Sie monatlich über neue Bücher und Termine. Profitieren Sie auch von Gewinnspielen und exklusiven Leseproben. Gleich anmelden unter

www.hanser-fachbuch.de/newsletter

Hanser Update ist der IT-Blog des Hanser Verlags mit Beiträgen und Praxistipps von unseren Autoren rund um die Themen Online Marketing, Webentwicklung, Programmierung, Softwareentwicklung sowie IT- und Projektmanagement. Lesen Sie mit und abonnieren Sie unsere News unter

www.hanser-fachbuch.de/update

Thomas Joos

VMware vSphere 6.5

Installation, Betrieb, Optimierung, Troubleshooting

HANSER

Der Autor:
Thomas Joos, Bad Wimpfen
thomasjoos.wordpress.com

Alle in diesem Buch enthaltenen Informationen, Verfahren und Darstellungen wurden nach bestem Wissen zusammengestellt und mit Sorgfalt getestet. Dennoch sind Fehler nicht ganz auszuschließen. Aus diesem Grund sind die im vorliegenden Buch enthaltenen Informationen mit keiner Verpflichtung oder Garantie irgendeiner Art verbunden. Autor und Verlag übernehmen infolgedessen keine juristische Verantwortung und werden keine daraus folgende oder sonstige Haftung übernehmen, die auf irgendeine Art aus der Benutzung dieser Informationen – oder Teilen davon – entsteht.

Ebenso übernehmen Autor und Verlag keine Gewähr dafür, dass beschriebene Verfahren usw. frei von Schutzrechten Dritter sind. Die Wiedergabe von Gebrauchsnamen, Handelsnamen, Warenbezeichnungen usw. in diesem Buch berechtigt deshalb auch ohne besondere Kennzeichnung nicht zu der Annahme, dass solche Namen im Sinne der Warenzeichen- und Markenschutz-Gesetzgebung als frei zu betrachten wären und daher von jedermann benutzt werden dürften.

Bibliografische Information der Deutschen Nationalbibliothek:
Die Deutsche Nationalbibliothek verzeichnet diese Publikation in der Deutschen Nationalbibliografie; detaillierte bibliografische Daten sind im Internet über http://dnb.d-nb.de abrufbar.

Dieses Werk ist urheberrechtlich geschützt.
Alle Rechte, auch die der Übersetzung, des Nachdruckes und der Vervielfältigung des Buches, oder Teilen daraus, vorbehalten. Kein Teil des Werkes darf ohne schriftliche Genehmigung des Verlages in irgendeiner Form (Fotokopie, Mikrofilm oder ein anderes Verfahren) – auch nicht für Zwecke der Unterrichtsgestaltung – reproduziert oder unter Verwendung elektronischer Systeme verarbeitet, vervielfältigt oder verbreitet werden.

© 2018 Carl Hanser Verlag München, www.hanser-fachbuch.de
Lektorat: Sylvia Hasselbach
Fachlektorat: Georg Weiherer, Münzenberg
Copy editing: Sandra Gottmann, Münster-Nienberge
Umschlagdesign: Marc Müller-Bremer, München, www.rebranding.de
Umschlagrealisation: Stephan Rönigk
Gesamtherstellung: Kösel, Krugzell
Ausstattung patentrechtlich geschützt. Kösel FD 351, Patent-Nr. 0748702
Printed in Germany

Print-ISBN: 978-3-446-45057-8
E-Book-ISBN: 978-3-446-45297-8

Inhalt

Vorwort		**XV**
1	**Neuerungen in vSphere 6.5**	**1**
1.1	Verwaltung mit dem neuen und alten Webclient	4
1.2	Neues vCenter mit Schwerpunkt auf Linux Appliance	5
1.3	VMware Photon für vCenter Appliance	7
1.4	Neue Maximalwerte in vSphere 6.5	9
1.5	Mehr Sicherheit durch verschlüsselte VMs	9
1.6	Bessere Hochverfügbarkeit – Orchestrated VM Restart und Proactive HA	10
1.7	vSAN 6.5 – iSCSi und mehr	12
2	**Installation und erste Schritte**	**15**
2.1	VMware vSphere Hypervisor 6.5 installieren und einrichten	15
	2.1.1 Einstieg in die Installation von ESXi und vCenter	15
	2.1.2 Installation des Hypervisors durchführen	17
	2.1.3 ESXi 6 zu ESXI 6.5 aktualisieren	19
2.2	Hypervisor-Host ESXi in der Konsole verwalten	20
2.3	ESXi von und auf USB installieren	22
2.4	Testumgebung: ESXi mit ESXi 6.5 virtualisieren	22
2.5	Auto Deploy: ESXi mit Image Builder bereitstellen	24
	2.5.1 ESXi Offline Bundle nutzen	24
	2.5.2 Mit der PowerCLI und dem Image Builder arbeiten	24
	2.5.3 Systemdienste für Auto Deploy und Image Builder starten	26
2.6	Zu vSphere 6.5 aktualisieren	29
	2.6.1 Die Reihenfolge bei der Aktualisierung beachten	30
	2.6.2 Neuinstallation versus Aktualisierung	31
	2.6.3 Eventuelle Probleme bei der Aktualisierung berücksichtigen	31
	2.6.4 Aktualisierung von vSphere mit dem Update Manager	32
	2.6.5 Virtuelle Server zur neuen Hardwareversion 13 aktualisieren	35
	2.6.6 Patches auf ESXi-Hosts installieren	36

2.7	ESXi nach der Installation einrichten		41
	2.7.1 Lizenznummer in ESXi oder vCenter eintragen		41
	2.7.2 DNS-Einstellungen anpassen		42
	2.7.3 ISO-Dateien in den Datenspeicher hochladen		43
	2.7.4 ESXi mit der PowerShell verwalten		44
2.8	Troubleshooting für die Installation		44
	2.8.1 Startprobleme bei Servern mit UEFI beheben		44
	2.8.2 Netzwerkprobleme beheben		44
	2.8.3 Troubleshooting-Hilfen verwenden		45
2.9	ESXi-Hosts an vCenter anbinden		45

3 ESXi-Hosts einrichten und verwalten — 47

3.1	Mit dem Webclient auf vCenter oder ESXi zugreifen		48
	3.1.1 Zertifikate für den Webclient installieren		48
	3.1.2 Erste Schritte mit dem Webclient		49
	3.1.3 Grundlegende vCenter-Einstellungen im Webclient		55
	3.1.4 Mit Tags arbeiten – Metadaten für vSphere		55
	3.1.5 VMware Remote Console – VMs über den Webclient steuern		57
3.2	Einstieg in die Verwaltung von ESXi-Hosts		58
	3.2.1 ESXi-Hosts herunterfahren und neu starten		58
	3.2.2 Aufgaben verwalten und abbrechen		59

4 vCenter installieren und Appliance einrichten — 61

4.1	Grundlagen zur zentralen Verwaltung von vSphere-Umgebungen		61
4.2	vCenter-Server-Linux-Appliance installieren und einrichten		62
	4.2.1 Grundlagen zur vCenter-Server-Appliance		62
	4.2.2 Voraussetzungen für den Betrieb der vCenter-Appliance		63
4.3	Installation der Appliance vorbereiten		64
4.4	Installation der Appliance durchführen		64
	4.4.1 Die erfolgreiche Installation überprüfen		66
	4.4.2 Aktionen nach der Installation		68
	4.4.3 vCenter-Appliance aktualisieren		69
	4.4.4 Von älterer vSphere-Appliance migrieren		71
	4.4.5 Daten von externer Oracle- oder SQL-Datenbank migrieren		71
4.5	vCenter-Server 6.5 installieren		73
	4.5.1 Datenbankserver für vCenter vorbereiten		73
	4.5.2 Datenbanken für vCenter anlegen		74
	4.5.3 vCenter 6.5 installieren		74
	4.5.4 Datacenter und Cluster anlegen		76
	4.5.5 VMs in vCenter erstellen und installieren		77

5 Cluster erstellen und erste Schritte mit vSphere-Clustern 79
- 5.1 Datencenter und Cluster anlegen und verwalten 80
- 5.2 Grundlagen zu VMware High Availability (HA) und vMotion 83
- 5.3 Cluster-HA einrichten 84
  - 5.3.1 Cluster-HA im Webclient anpassen 84
  - 5.3.2 Zugangssteuerung verstehen 86
- 5.4 Lastenausgleich in vSphere – Distributed Resource Scheduling (DRS) 88
  - 5.4.1 DRS aktivieren 88
  - 5.4.2 DRS-Regeln und DRS-Gruppen definieren 89
- 5.5 Distributed Power Management – Energieverwaltung im DRS-Cluster 92
- 5.6 Enhanced vMotion Compatibility (EVC) 93
- 5.7 Auslagerungsdatei für Cluster konfigurieren 95
- 5.8 Fault Tolerance für VMs nutzen 95

6 Berechtigungen und Authentifizierung 97
- 6.1 vSphere und Active Directory 97
  - 6.1.1 vSphere Authentication Proxy – vCenter und Active Directory 98
  - 6.1.2 vCenter-Server-Appliance an Active Directory anbinden 100
  - 6.1.3 Zertifikate aus vCenter auf ESXi-Hosts importieren 101
- 6.2 Berechtigungen verwalten, Rollen erstellen und konfigurieren 102
  - 6.2.1 Benutzer verwalten und Rollen zuweisen 104
  - 6.2.2 Kennwortrichtlinien bearbeiten 104
- 6.3 vCenter in Active Directory integrieren 105
  - 6.3.1 Voraussetzungen für die Integration von vCenter in Active Directory 106
  - 6.3.2 Computerkonto für vCenter in Active Directory erstellen 106
  - 6.3.3 Active Directory als Identitätsquelle in vSphere aufnehmen 108
  - 6.3.4 vCenter-Appliance über SSH in Active Directory aufnehmen 109
  - 6.3.5 SSO-Konfiguration für die Verwendung von Active Directory einrichten 109
  - 6.3.6 Berechtigungen für Active Directory-Benutzer erteilen 110

7 Einstieg in virtuelle Server 113
- 7.1 Virtuelle Maschinen erstellen und verwalten 114
  - 7.1.1 Virtuelle Maschinen mit Assistenten erstellen 114
  - 7.1.2 Optimale SCSI-Adapter wählen 120
  - 7.1.3 Festplattenformate korrekt setzen 121
  - 7.1.4 ISO-Dateien in vSphere zur Verfügung stellen 123
  - 7.1.5 Betriebssysteme einer VM installieren 123
- 7.2 Virtuelle Maschinen steuern 125
  - 7.2.1 Virtuelle Maschinen verschieben (migrieren) 127

7.3 VMware Tools installieren 128
    7.3.1 Grundlagen zur Installation der VMware Tools 129
    7.3.2 VMware Tools mit Linux nutzen 130
    7.3.3 VMware Tools anpassen und optimieren 131
    7.3.4 VMware Tools über Skripte automatisiert installieren 132
    7.3.5 VMware Tools in der Befehlszeile nutzen 133
7.4 Virtuelle Maschinen klonen und Vorlagen erstellen 134
    7.4.1 Virtuelle Maschinen klonen 134
    7.4.2 Vorlagen für virtuelle Maschinen in der Praxis 136
    7.4.3 Virtuelle Maschinen exportieren und importieren 137
    7.4.4 Fault Tolerance, Richtlinien und Kompatibilität anpassen 138
    7.4.5 Markierungen setzen oder virtuelle Maschinen löschen 138
7.5 Virtuelle Maschinen härten 138
    7.5.1 Erste Schritte bei der Absicherung von VMs 139
    7.5.2 Standard-Sicherheitseinstellungen für VMs festlegen 140
    7.5.3 Die Sicherheit mit erweiterten Optionen verbessern 140
    7.5.4 Virtuelle Festplatten verschlüsseln 143
7.6 Virtuelle Maschinen in vSphere 6.5 verschlüsseln 143
    7.6.1 Einstieg in die Verschlüsselung virtueller Maschinen 144
    7.6.2 Virtuelle Maschinen verschlüsseln 144
    7.6.3 Speicherrichtlinie zur Verschlüsselung von virtuellen Maschinen konfigurieren 146
    7.6.4 Nicht alle Funktionen werden von verschlüsselten virtuellen Maschinen unterstützt 147
    7.6.5 Hostverschlüsselungsmodus aktivieren 147
    7.6.6 Eine verschlüsselte virtuelle Maschine erstellen 148
    7.6.7 So funktioniert die Verschlüsselung 148
    7.6.8 Berechtigungen zur Verschlüsselung 150
7.7 Server zu vSphere per vCenter Converter migrieren 150
    7.7.1 vCenter Converter installieren 151
    7.7.2 Server migrieren, auch von anderen vSphere-Umgebungen 152
    7.7.3 Besonderheiten beim Migrieren physischer Computer (P2V) 155
    7.7.4 Die Konvertierung nachbearbeiten 155
    7.7.5 Probleme bei der Migration beheben 156

8 Virtuelle Server verwalten und optimieren 157
8.1 Grundsätzliche Vorgehensweise zur Konfiguration von VMs 157
8.2 Virtuelle Hardware in VMs hinzufügen oder entfernen 158
    8.2.1 CPU und Arbeitsspeicher anpassen 160
    8.2.2 Virtuelle Grafikkarten konfigurieren 162
    8.2.3 Laufwerke und virtuelle SCSI-Controller verwalten 162
    8.2.4 Zeitsynchronisierung anpassen 164
    8.2.5 Optionen von VMs anpassen 165
    8.2.6 VMware Tools steuern 166

		8.2.7	Wake on LAN, Energieverwaltung und automatischen Neustart konfigurieren	167
		8.2.8	Protokollierung, Konfigurationsparameter und Auslagerungsdatei steuern	167
		8.2.9	VMs an SANs anbinden	168
		8.2.10	SDRS-Regeln und vApp-Optionen steuern	168
	8.3	Dateien von virtuellen Maschinen verstehen		169
	8.4	USB-Geräte an VMs anbinden		171
		8.4.1	USB-Controller an VMs anbinden	172
		8.4.2	USB-Geräte mit virtuellem USB-Controller verbinden	172
		8.4.3	Umgang mit USB-Geräten an VMs	173
9	**Virtuelle Netzwerke verstehen und konfigurieren**			**175**
	9.1	Grundlagen zu Netzwerken in vSphere 6.5		175
		9.1.1	Einstieg in vSphere-Netzwerke	175
		9.1.2	vSphere-Netzwerke im Webclient verwalten	177
	9.2	Virtuelle Switches in VMware verstehen		181
		9.2.1	Standard-Switches versus Distributed Switches	184
		9.2.2	vMotion und mehr bei der Planung berücksichtigen	185
	9.3	Virtuelle Netzwerke und Switches auf Hosts anlegen		186
		9.3.1	Virtuelle Switches und Netzwerke anpassen	190
		9.3.2	Promiscuous Modus, MAC-Adressänderungen und gefälschte Übertragungen steuern	192
		9.3.3	Ausfallsicherheit im Netzwerk konfigurieren	193
	9.4	Distributed Switches erstellen und verwalten		194
		9.4.1	Einen neuen Distributed Switch erstellen	194
		9.4.2	Hosts und VMs an Distributed Switches anbinden	196
		9.4.3	Distributed Switches anpassen und optimieren	201
		9.4.4	Distributed Switches sichern, wiederherstellen, exportieren und importieren	202
		9.4.5	Mehrere Portgruppen gemeinsam verwalten – Richtlinien für Portgruppen	203
		9.4.6	Uplinks und Portgruppen von Distributed Switches anpassen	203
		9.4.7	Von einem Standard-Switch zu Distributed Switches ohne Ausfallzeiten migrieren	203
		9.4.8	Ressourcen im Netzwerk zuteilen und Netzwerkfluss kontrollieren	207
		9.4.9	Netzwerke voneinander trennen (VLANs)	208
	9.5	Netzwerke mit der PowerCLI verwalten		209
	9.6	Probleme mit Netzwerkadaptern beheben		209
		9.6.1	Netzwerkadapter identifizieren	210
		9.6.2	Treiber für Netzwerkadapter herunterladen und installieren	210
	9.7	Virtuelle Netzwerke mit VMware NSX einrichten		211
		9.7.1	Darum ist VMware NSX sinnvoll	211

9.7.2	Die Funktionen von VMware NSX	212
9.7.3	Software Defined Networking mit NSX	212
9.7.4	Netzwerkfunktionen von VMware vSphere mit NSX erweitert	212
9.7.5	NSX im Netzwerk integrieren	213
9.7.6	Virtuelle Netzwerke mit NSX erstellen	213
9.7.7	Virtuelle Firewall mit NSX einrichten	214

10 Storage in vSphere 6.5 verwalten 215

10.1	Einstieg in den Datenspeicher	215
	10.1.1 Grundlagen der Storage-Verwaltung	216
	10.1.2 Speicheradapter einrichten	216
	10.1.3 Zusätzlichen Speicher mit dem Datenspeicherbrowser hinzufügen	217
	10.1.4 Den Inhalt von Datenspeichern verwalten	219
10.2	Storage DRS mit vSphere	220
	10.2.1 Storage DRS – Speicher im Cluster zusammenfassen	221
	10.2.2 Storage DRS aktivieren	222
	10.2.3 Virtuelle Maschinen beim Erstellen zum Storage DRS-Cluster zuweisen	224
10.3	Speicherprofile, vFlash und vVols	224
	10.3.1 Tags für Datenspeicher nutzen	225
	10.3.2 Speicherrichtlinien auf Basis von Tags erstellen	229
	10.3.3 Speicherrichtlinien und Tags beim Erstellen von VMs nutzen	231
	10.3.4 Virtuelle Volumes (vVols) berücksichtigen	232
	10.3.5 Hostprofile mit Speicherprofilen nutzen	233
	10.3.6 Virtuellen Flash-Speicher verwalten	234
10.4	Virtuelles SAN und virtuelle Volumes nutzen	235
	10.4.1 Das kann vSAN und das müssen Sie beachten	235
	10.4.2 vSAN anlegen	236
	10.4.3 vSAN konfigurieren und erweitern	238
	10.4.4 VM-Speicherrichtlinien und vSAN	240
10.5	iSCSI-, NFS-, Fibre-Channel-Speicher anbinden	240
	10.5.1 ISCSI-Anbindung im Überblick	240
	10.5.2 iSCSI-Speicher in der Praxis anbinden	241
10.6	Fibre-Channel-Storage anpassen – WWNs und LUNs konfigurieren	242
	10.6.1 Fibre-Channel-Speicher hinzufügen	243
	10.6.2 NFS-Speicher anbinden	244
	10.6.3 Speicherzugriff mit Jumbo-Frames beschleunigen	244
10.7	Multipathing für Storage nutzen	247
	10.7.1 Richtlinien für den Multipath-Zugriff festlegen	248
10.8	Datenspeicher mit vRealize Operations Manager überwachen	248

11 Erweiterte Verwaltung und Verwendung von VMs 249
11.1 Ressourcen verteilen 249
- 11.1.1 Grundlagen zur Ressourcenkontrolle – Anteile, Reservierungen, Grenzwerte 250
- 11.1.2 CPU-Ressourcen verwalten 251
- 11.1.3 Arbeitsspeicher und Festplatten zuteilen 252

11.2 Virtuelle Maschinen über Ressourcenpools gruppieren 253
11.3 vApp einrichten und administrieren 256
- 11.3.1 Grundlagen zu vApps und Appliances 256
- 11.3.2 Virtuelle Appliance importieren 257
- 11.3.3 vApps verstehen und erstellen 257
- 11.3.4 vApps verwalten und VMs erstellen 258
- 11.3.5 IP-Pools anlegen und IP-Adressen für eine vApp zuteilen 260

11.4 Fehlertoleranz für VMs einrichten 261
- 11.4.1 Grundlagen der Fehlertoleranz von VMs 261
- 11.4.2 Ein neues Netzwerk für die Fehlertoleranz einrichten 262
- 11.4.3 Virtuelle Maschinen für die Fehlertoleranz konfigurieren 263
- 11.4.4 Die Fehlertoleranz konfigurieren und nutzen 264

12 Hostprofile und mehr – ESXi-Hosts effizient verwalten 265
12.1 Uhrzeit konfigurieren 265
12.2 Grundlagen zu Hostprofilen 266
- 12.2.1 Hostprofile erstellen 267
- 12.2.2 Hostprofile verwalten 270
- 12.2.3 Hostprofile anpassen 272
- 12.2.4 Hostprofil anwenden und Einstellungen verifizieren 273
- 12.2.5 Compliance-Check und Hostprofile neu anwenden 275

12.3 Zertifikate in vSphere verwalten 275
- 12.3.1 Active Directory-Zertifikatdienste und Vorlagen erstellen 277
- 12.3.2 vCenter Appliance und vCenter-Server für Zertifikate konfigurieren 279
- 12.3.3 Zertifikatanforderung an Active Directory-Zertifikatdienste übergeben 281
- 12.3.4 Zertifikate in vCenter installieren 281

13 Daten sichern und wiederherstellen 283
13.1 Grundlagen zur Sicherung virtueller Umgebungen 283
13.2 VMware Data Protection 284
- 13.2.1 Vorbereitungen für VMware Data Protection-Appliance treffen .. 285
- 13.2.2 VDP-Appliance importieren 285
- 13.2.3 VDP-Appliance einbinden 286
- 13.2.4 Datensicherung mit VMware Data Protection durchführen 288
- 13.2.5 Daten mit VDP wiederherstellen 290

13.3	vSphere mit Veeam sichern	291
13.3.1	Einstieg in Veeam Backup & Replication	291
13.3.2	Veeam Backup Free Edition installieren	292
13.3.3	VMware vSphere und vCenter an Veeam Backup & Replication anbinden	293
13.3.4	Einen Failover-Plan definieren	298
13.4	Altaro VM Backup für VMware	298
13.4.1	Daten und virtuelle Anwendungen wiederherstellen	299
13.4.2	Hosts und VMs an Altaro VM Backup anbinden	299
13.5	Abstürze und Fehler beheben	301
13.5.1	Abstürze analysieren	301
13.5.2	Virtuelle Festplatten durch Konvertieren reparieren	302
13.5.3	VMDK-Daten aus VMware-Datei wiederherstellen	302
13.6	Snapshots für virtuelle Server anlegen und nutzen	302
13.6.1	Die Grundlagen zu Snapshots kennenlernen	303
13.6.2	Ein erster Einstieg in Snapshots	303
13.6.3	Das müssen Sie beim Einsatz von Snapshots beachten	305
13.6.4	Snapshot erstellen in der Praxis	306
13.6.5	Snapshots verwalten	306
13.6.6	Snapshots wiederherstellen	308
13.7	VMware vCenter Server Support Assistant 6.5	309
13.7.1	Grundlagen zum VMware vCenter Server Support Assistant	309
13.7.2	Appliance einrichten und an vCenter anbinden	309
13.7.3	Der VMware vCenter Server Support Assistant in der Praxis	310

14 Überwachung und Diagnose 311

14.1	Überwachung mit vCenter	311
14.1.1	Spracheinstellungen beachten – bessere Fehlersuche mit englischem Client	313
14.1.2	Einstieg in die Überwachung in vCenter	313
14.1.3	Allgemeine Überwachung in vCenter	316
14.1.4	Systemprotokolle anzeigen und exportieren	317
14.1.5	vSphere-Cluster in vCenter überwachen	318
14.1.6	Probleme auf vSphere-Hosts anzeigen	318
14.1.7	Leistungsüberwachung im Webclient	318
14.1.8	Aufgaben und Ereignisse überwachen	319
14.1.9	Hardware und VMs mit vCenter überwachen	321
14.1.10	Alarme in vCenter definieren	322
14.1.11	Geplante Aufgaben in vCenter verwalten	323
14.1.12	VMware vSphere Management Assistant zur Überwachung verwenden	324
14.2	PowerCLI und Skripte zur Verwaltung nutzen	324
14.2.1	VMware vSphere mit PowerCLI verwalten	325
14.2.2	vCloud, vSAN und vSAN-Disks mit der PowerShell verwalten	326
14.2.3	Einstieg in die PowerCLI	326

14.3		Kostenlose Tools zur Überwachung nutzen	328
	14.3.1	Opvizor VMware Health Analyzer installieren und einrichten ...	328
	14.3.2	Opvizor Snapwatcher – Snapshots im Griff behalten	329
	14.3.3	VMware Scanner – Hosts und vCenter schnell und einfach finden	330
	14.3.4	ManageEngine VM Health Monitor	330
	14.3.5	Virtual Health Monitor zur Überwachung nutzen	331
	14.3.6	Zabbix – Überwachung mit Live-CD, Appliance oder per Installation	332
	14.3.7	Nagios als virtuelle Appliance nutzen	332
	14.3.8	VMware-Umgebungen mit System Center Operations Manager überwachen	333
14.4		VMware vRealize Operations Manager – vSphere professionell überwachen	333
	14.4.1	Vorteile beim Einsatz von vRealize Operations Manager	333
	14.4.2	vRealize Operations Manager als Appliance installieren	334
	14.4.3	vRealize Operations Manager nutzen	335
14.5		VMware-Umgebungen mobil und mit Tablets überwachen	335
	14.5.1	VMware vSphere Mobile Watchlist	336
	14.5.2	OPS1 – VMware and Amazon AWS Cloud Management	337
	14.5.3	My VMware verwalten – Lizenzen und mehr	337
14.6		Firewall & Co. – vCenter absichern	338
	14.6.1	Generelle Sicherheitseinstellungen in vCenter	338
	14.6.2	Sicherheitseinstellungen für Hosts setzen	340
	14.6.3	Kennwort und Uhrzeit für die Verwaltung der vCenter Appliance anpassen	340
	14.6.4	Die Sicherheit der Datenspeicher beachten	341
	14.6.5	Sicherheit im Netzwerk – MAC-Adressen und andere Einstellungen	342
	14.6.6	VMSafe und vShield nutzen	343
	14.6.7	Firewall in vCenter nutzen	343
	14.6.8	Mit der ESXi-Shell die Firewall überwachen und anpassen	344
14.7		Der vSphere Update Manager im VMware-Netzwerk	348
	14.7.1	Update Manager und vCenter Appliance 6.5	349
	14.7.2	Administratoransicht und Übereinstimmungsansicht nutzen ...	349
	14.7.3	Erste Schritte mit dem Update Manager – Baselines verwalten ..	350
	14.7.4	ESXi-Images in Update Manager einbinden	354
15		**Hochverfügbarkeit in vSphere**	**355**
15.1		Virtuelle Maschinen mit vMotion verschieben	355
	15.1.1	Grundlagen zu vMotion	355
	15.1.2	Das müssen Sie vor der Verwendung von vMotion beachten	356
	15.1.3	Mehrere Netzwerkadapter für vMotion nutzen	358
	15.1.4	Distributed Switches für vMotion verwenden	358

	15.1.5	Migration im Webclient starten	359
	15.1.6	So führt vMotion den Verschiebevorgang durch	361
	15.1.7	Verschlüsseltes vSphere vMotion	362
15.2	VMs zwischen Datencentern replizieren – vSphere Replication		364
	15.2.1	Kompatibilität mit anderen vSphere-Diensten	364
	15.2.2	So funktioniert vSphere Replication	365
	15.2.3	Netzwerkkonfiguration und Benutzerrechte für vSphere Replication vorbereiten	365
	15.2.4	Appliance für vSphere Replication installieren	366
	15.2.5	vSphere Replication konfigurieren	367
15.3	Hochverfügbarkeit für vCenter einrichten		367
	15.3.1	Einstieg in die Hochverfügbarkeit von vCenter	367
	15.3.2	Einrichten der Hochverfügbarkeit für vCenter	368

16 VMware vSphere Integrated Container ... 373

16.1	VMware vSphere Integrated Container installieren		374
	16.1.1	Appliance für vSphere Integrated Container installieren	374
	16.1.2	Container-Appliance einrichten	376
	16.1.3	Virtuelles Netzwerk für Container erstellen	376
	16.1.4	Container in VIC verwalten	377
16.2	Virtuellen Container-Host installieren und einrichten		378
	16.2.1	Ubuntu als Container-Host	379
	16.2.2	Vorbereiten der VCH-Installation	380
	16.2.3	Virtuellen Container-Host installieren	381
	16.2.4	Docker nutzen	383

Index ... **385**

Vorwort

Liebe Leserinnen, liebe Leser,

in diesem Buch werden Ihnen zunächst die Neuerungen in VMware vSphere 6.5 vorgestellt und anschließend die Grundlagen für einen ersten Einstieg in das System gelegt. Sie erfahren, wie ESXi-Hosts installiert, eingerichtet und zusammen mit vCenter 6.5 zu einem Cluster zusammengefasst werden. Dabei werden auch die Neuerungen in VMware vCenter 6.5 näher erläutert und zusätzlich wird die neue vCenter-Appliance umfassend behandelt.

Im Fokus stehen vor allem leicht durchführbare Schritte, mit denen auch Anfänger schnell und einfach in das Thema VMware vSphere 6.5 einsteigen können. Da VMware mit vSphere 6.5 den Windows-Client endgültig abgeschafft hat, müssen sich Windows-Administratoren umorientieren. Das Hauptwerkzeug bleibt der Webclient, den VMware aber zunehmend durch den neuen HTML5-Client ersetzen wird. Auch die PowerShell-Erweiterung PowerCLI ist interessant und wird in diesem Buch an verschiedenen Stellen behandelt.

Ein besonderer Dank gilt der Thomas-Krenn AG, die durch die Bereitstellung des notwendigen Servers den Aufbau einer umfassenden Testumgebung ermöglicht hat. Um alle Funktionen von vSphere zu nutzen, ist moderne Hardware notwendig, welche auch von VMware für vSphere zertifiziert ist.

Ihr

Thomas Joos

1 Neuerungen in vSphere 6.5

Mit vSphere 6.5 stellt VMware die neue Version seiner Virtualisierungslösung vor. Parallel dazu werden auch die begleitenden Produkte aktualisiert. In der neuen Version gibt es zahlreiche Funktionsneuerungen vor allem in Bezug auf die Verwaltung, Hochverfügbarkeit und Flexibilität von vSphere-Clustern.

Im Fokus der Verwaltung steht in der neuen Version der aktualisierte Webclient, der auf HTML5 aufbaut. Der Windows-Client ist mit vSphere 6.5 nicht mehr verfügbar. Mit einem bereits vorhandenen Windows-Client kann auch nicht mehr auf vSphere 6.5-Hosts zugegriffen werden, wenn er auf einer Arbeitsstation installiert ist.

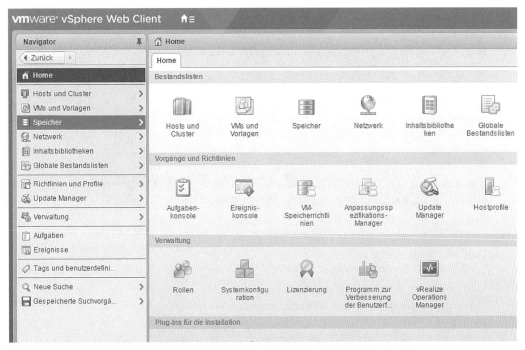

Abbildung 1.1 vSphere 6.5 wird vor allem mit dem klassischen Webclient verwaltet.

Die Verwaltung von vSphere 6.5 findet ausschließlich mit den beiden Webclients und der PowerCLI statt. Auch für diese gibt es eine neue Version, in der die PowerShell-Cmdlets alle neuen Funktionen von vSphere 6.5 verwalten können. In diesem Kapitel gehen wir auf weitere Neuerungen dazu ein.

> **HINWEIS:** Ab vSphere 6.5 ist der Windows-Client mit der Bezeichnung vSphere-Client nicht mehr verfügbar. Stattdessen bezeichnet VMware den neuen auf HTML5 basierenden Webclient nun als vSphere-Client. In diesem Buch verwenden wir daher die gleiche Bezeichnung.
>
> Der Webclient, der bereits aus vSphere 6 bekannt ist, trägt auch in vSphere 6.5 die Bezeichnung Webclient und basiert weiterhin auf Flash. Der klassische Webclient verfügt derzeit noch über mehr Funktionen als der neue vSphere-Client. Das will VMware aber durch Updates nach und nach ändern.

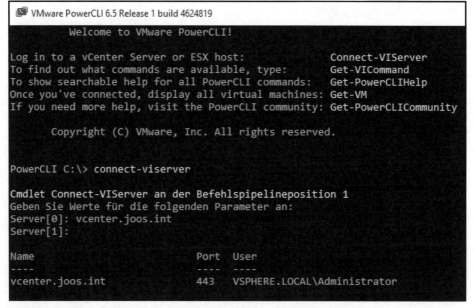

Abbildung 1.2 vSphere 6.5 kann mit der neuen Version der PowerCLI verwaltet werden.

Darüber hinaus gibt es in vSphere 6.5 zahlreiche Neuerungen im Bereich der Hochverfügbarkeit. Das VMware-Dateisystem VMFS (Virtual Maschine File System) steht in vSphere 6.5 in der neuen Version 6 zur Verfügung.

Neuerungen gibt es in diesem Bereich vor allem im Format der Snapshots (auch als Prüfpunkte oder Momentaufnahmen bezeichnet) und der besseren Speicherverwaltung beim Freigeben von nicht mehr verwendetem Speicher. Es ist allerdings nicht möglich, von einer vorhandenen Version auf VMFS 6 zu aktualisieren. Dazu muss der entsprechende Datenspeicher zunächst freigeräumt und neu initialisiert werden.

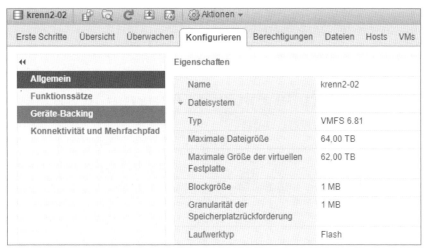

Abbildung 1.3 vSphere 6.5 unterstützt die neue Version 6 des Dateisystems VMFS.

Wie in Windows Server 2016 hält auch in vSphere 6.5 die Container-Technologie Einzug. Die neue vSphere-Version bietet dazu eine Docker-kompatible Schnittstelle für Container an.

VMware bezeichnet die Technik als vSphere Integrated Container. Verwaltet werden können die Container zum Beispiel mit der Cloudmanagement-Plattform vRealize. Diese kann aber nicht nur die Container in vSphere 6.5 verwalten, sondern auch in Microsoft Azure.

Abbildung 1.4 vSphere 6.5 unterstützt die Container-Technologie Docker.

Der Preis von vSphere 6.5 liegt bei etwa 1000 US-Dollar pro CPU, bei vSAN müssen Unternehmen mit etwa 2500 US-Dollar rechnen.

■ 1.1 Verwaltung mit dem neuen und alten Webclient

Die Verwaltung von vSphere 6.5 findet nahezu komplett über den erweiterten HTML5-Client statt. Alternativ lässt sich auch der bereits bekannte Webclient nutzen, der allerdings immer noch auf Flash aufbaut.

Wie bereits erwähnt, bietet der klassische Webclient aktuell noch mehr Funktionen als die HTML5-Version. Dies will VMware jedoch im Laufe der Zeit ändern. Im täglichen Betrieb werden Administratoren aber sicher nicht ständig zwischen zwei verschiedenen Clients wechseln.

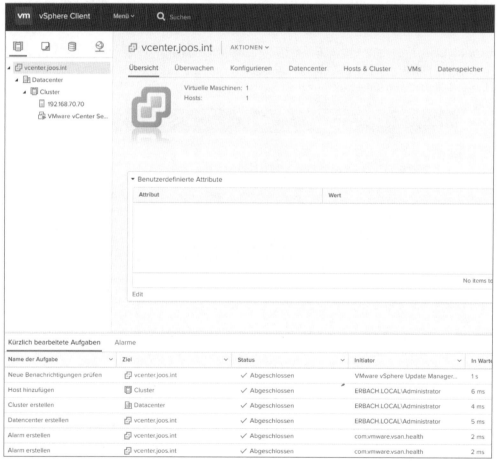

Abbildung 1.5 vSphere 6.5 kommt mit einem verbesserten HTML5-Client, der den bisherigen Windows-Client ersetzt.

Der neue HTML5-Client wird am schnellsten über die Adresse *https://<vcenter>/ui* erreicht. Wie bei vSphere 6.0 ist der Standard-Webclient über *https://<vCenter>/vsphere-client* erreichbar. Dieser baut noch immer auf Flash auf.

Es ist aber zu erwarten, dass in den nächsten Versionen die HTML5-Oberfläche erweitert und die Flash-Oberfläche auf Dauer komplett ersetzt wird. Dazu hat VMware auch bereits angekündigt, dass der HTML5-Client (vSphere Client) weiterhin erweitert wird, auch außerhalb der herkömmlichen Produktzyklen.

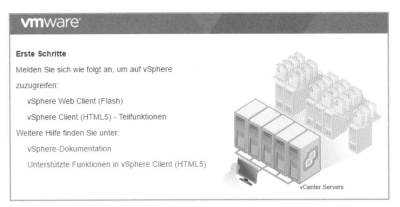

Abbildung 1.6 Beim Verbindungsaufbau zur vCenter-Weboberfläche lässt sich auswählen, ob eine Verbindung mit dem Flash-Client oder dem neuen HTML5-Client erfolgen soll.

■ 1.2 Neues vCenter mit Schwerpunkt auf Linux Appliance

Die Verwaltung einer größeren Umgebung findet weiterhin mit vCenter statt. Allerdings hat VMware hier einen Schwerpunkt auf die vCenter Appliance gelegt. Ab vSphere 6.5 unterstützt die Appliance mehr Funktionen als die Windows-Installation von vCenter.

VMware hat dazu auch die Installationsoberfläche aktualisiert. Diese lässt sich aber weiterhin auch auf Rechnern mit Windows sowie auf macOS- und Linux-Computern starten. Schwerpunkt wird aber die überarbeitete Appliance.

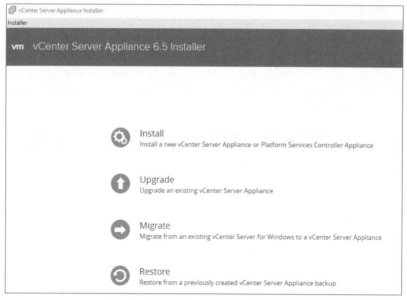

Abbildung 1.7 vSphere 6.5 wird auch mit einer neuen Version von vCenter ausgeliefert.

vCenter 6.5 Virtual Server Appliance (vCSA) basiert auf Linux und erhält in vSphere 6.5 auch bessere Möglichkeiten für die Hochverfügbarkeit und zur Sicherung der eigenen Konfiguration. Das vCenter bietet dazu eine integrierte Hochverfügbarkeit.

Hier lässt sich zum Beispiel eine Active-Passive-Konfiguration inklusive eines Zeugenservers umsetzen. Die eigentliche Umgebung ist natürlich vom Rest der vSphere-Infrastruktur abhängig.

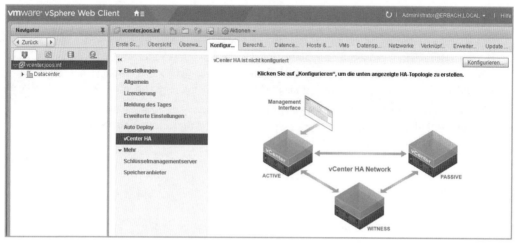

Abbildung 1.8 Die vCenter Appliance bietet eine Hochverfügbarkeit, die sich getrennt von der restlichen Umgebung steuern lässt.

Auch eine interne Datensicherung der Appliance ist jetzt einfacher möglich. Die Sicherungslösung in der vCSA ist aber nur für die Sicherung der eigenen Daten zuständig, nicht für den Rest der vSphere-Umgebung. Vor allem die eigene Konfiguration und die Daten werden gesichert, auch die Anpassungen des Update Managers und der anderen Einstellungen.

Die Wiederherstellung einer Appliance erfolgt über die Installationsoberfläche der vCSA. Die Sicherung erfolgt über die systemeigene Weboberfläche der Appliance.

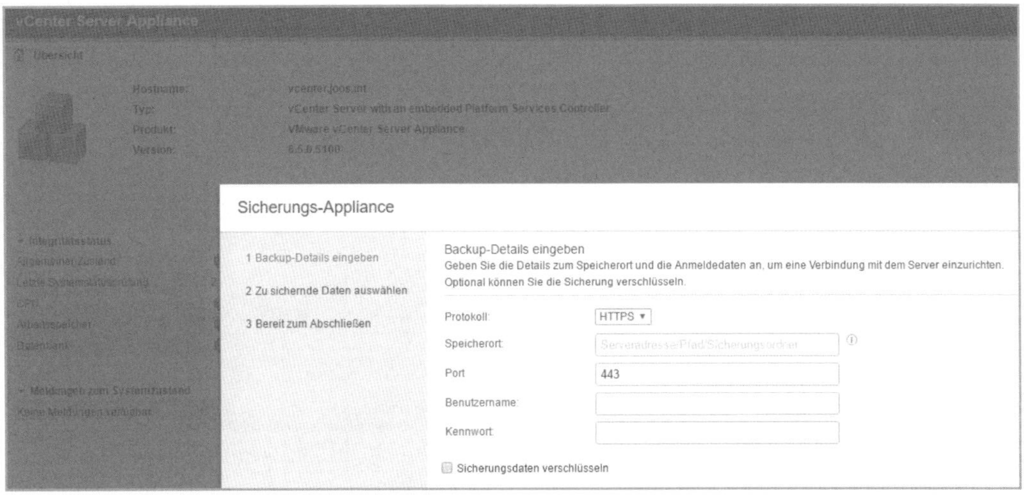

Abbildung 1.9 Die vCenter Appliance 6.5 verfügt über ein eigenes Sicherungsprogramm.

In der Verwaltungsoberfläche der Appliance (Virtual Appliance Management Interface, VAMI) stehen auch neue Funktionen zur eigenen Überwachung zur Verfügung. Hier erkennen Administratoren, ob die Appliance noch ordnungsgemäß funktioniert. Zusätzlich sind hier Informationen und Statistiken ebenso verfügbar wie Daten zum noch verfügbaren Speicherplatz oder die Auslastung von CPU und Arbeitsspeicher, welcher der Appliance zugewiesen wurde.

■ 1.3 VMware Photon für vCenter Appliance

Die vCenter Server Appliance (vCSA) setzt nicht mehr auf SUSE Enterprise Server auf, sondern nutzt ein eigenes Linux von VMware mit dem Codenamen „Photon". Zusätzlich verfügt die neue Version der Appliance über eine eigene Implementation des Update Managers.

Bis vSphere 6.0 war für den Betrieb des Update Managers eine Windows-Version des vCenters notwendig. Dies ist in der neuen Version nicht mehr der Fall. Der Update Manager kann die einzelnen Bestandteile der VMware-Infrastruktur aktuell halten.

In der Appliance besteht jetzt auch die Möglichkeit, von Windows-Versionen des vCenters zur Appliance zu migrieren. Der entsprechende Migrations-Assistent steht auch über die Installationsoberfläche der Appliance zur Verfügung.

Insgesamt soll die vCenter Appliance in der neuen Version mit deutlich mehr gestarteten VMs zurechtkommen. VMware gibt eine maximale Anzahl von 20 000 VMs an, die in einer Umgebung gleichzeitig von einer vCSA verwaltet werden können.

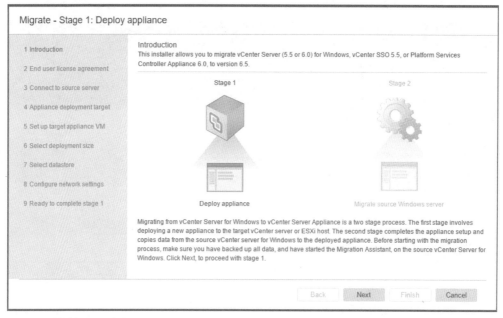

Abbildung 1.10 Bei der Installation der vCenter 6.5 Appliance können Administratoren auch von vorherigen Versionen migrieren.

Zusätzlich zur Verwaltung der vSphere-Umgebung können Sie nach der Installation auf das VMware Appliance Management Interface (VAMI) zugreifen. Dazu wird die URL *https:/ [IP-Adresse der VCSA]:5480* verwendet. Die auf HTML5 basierende Oberfläche bietet alle wichtigen Einstellungen für das vCenter.

An dieser Stelle wird aber nicht mit dem Single Sign-On(SSO)-Administrator gearbeitet, sondern mit dem Root-Benutzer, der beim Installieren der Appliance angegeben wurde. Hier hat sich im Grunde nicht viel geändert. Allerdings bietet die Weboberfläche der Appliance jetzt deutlich mehr Funktionen und Statistiken. Der Umgang mit der VAMI-Umgebung ist aber im Grunde genommen gleich geblieben.

1.4 Neue Maximalwerte in vSphere 6.5

Nicht nur die Virtualisierungslösung ESXi hat eine neue Versionsnummer bekommen, auch andere Produkte im vSphere 6.5-Umfeld wurden aktualisiert. Dazu gehören auch vSAN und der Site Recovery Manager, aber auch vRealize.

In der neuen Version hat VMware, wie Microsoft in Windows Server 2016, auch die Maximalwerte der verschiedenen Bereiche erhöht. VMs können in der neuen Version zum Beispiel mit 6.128 GB Arbeitsspeicher umgehen und unterstützen 128 virtuelle CPUs (vCPUs). Dazu wird die neue Hardwareversion 13 genutzt, die mit ESXi 6.5 eingeführt wurde.

Virtuelle Festplatten dürfen eine maximale Größe von 62 TB erreichen. vSphere-Hosts (ESXi) können bis zu 576 CPUs nutzen und insgesamt bis 1.024 VMs mit insgesamt 4.096 vCPUs verwalten. Mehr zu den neuen Maximalwerten ist in der PDF-Datei „Configuration Maximums" von VMware (siehe http://tinyurl.com/jaejbka) aufgeführt.

vCenter 6.5 unterstützt bis zu 2000 Hosts und 25 000 VMs, die gleichzeitig gestartet sein dürfen.

1.5 Mehr Sicherheit durch verschlüsselte VMs

VMs lassen sich in VMware vSphere 6.5 verschlüsseln. Dies gilt auch bei der Übertragung auf andere Clusterknoten mit vMotion. VMware hat außerdem auch die Funktionen von High Availability (HA) und Distributed Resource Scheduler (DRS) sowie Fault Tolerance (FT) verbessert und kompatibel mit der Verschlüsselung gemacht. Verschlüsselte VMs bieten mehr Sicherheit für besonders heikle VMs, auf denen zum Beispiel wichtige Daten gespeichert sind. Die Verschlüsselung von VMs war bei VMware-Produkten aktuell in vSphere noch nicht möglich. Dies ändert sich mit vSphere 6.5 also.

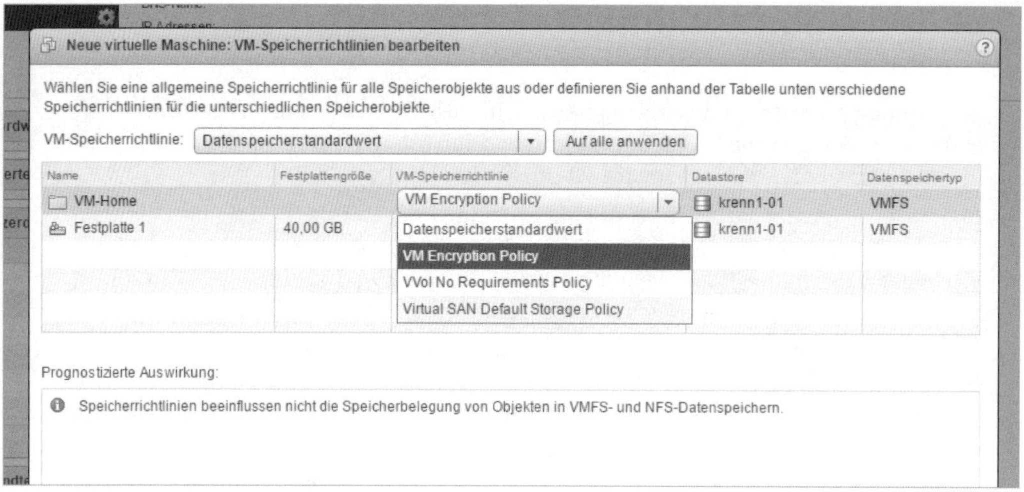

Abbildung 1.11 Virtuelle Server lassen sich in vSphere 6.5 verschlüsseln.

Die Verschlüsselung findet weitgehend transparent für das Gastbetriebssystem statt. Das heißt, die VM-Verschlüsselung lässt sich für nahezu alle Betriebssysteme nutzen, die von vSphere 6.5 unterstützt werden. vMotion kann in vSphere 6.5 seine Daten verschlüsselt übertragen, aber auch verschlüsselte VMs. Auch UEFI Secure Boot hält Einzug in vSphere 6.5, wodurch die Sicherheit von VMs deutlich verbessert wird.

1.6 Bessere Hochverfügbarkeit – Orchestrated VM Restart und Proactive HA

Bezüglich der Hochverfügbarkeit bietet vSphere 6.5 vor allem mehr Flexibilität beim Starten von VMs. Bei Ausfällen von Hosts lassen sich VMs auf anderen Hosts effizienter starten, gesteuert durch Richtlinien, die auch Startprioritäten unterstützen. Dadurch können auch kompliziertere Szenarien abgebildet werden. Diese Technik funktioniert nicht nur bei ungeplanten Ausfällen, sondern auch bei der Wartung eines Hosts.

Die neue Technik mit der Bezeichnung Orchestrated VM Restart bietet dazu umfangreiche Einstellungsmöglichkeiten, auch für sehr komplizierte Szenarien. Die Umsetzung erfolgt über Richtlinien. In diesem Zusammenhang lassen sich VMs auch gruppieren. Hier kann zum Beispiel festgelegt werden, dass einzelne VMs erst dann starten sollen, wenn andere VMs bereits gestartet und Dienste in den VMs funktionsfähig sind.

1.6 Bessere Hochverfügbarkeit – Orchestrated VM Restart und Proactive HA

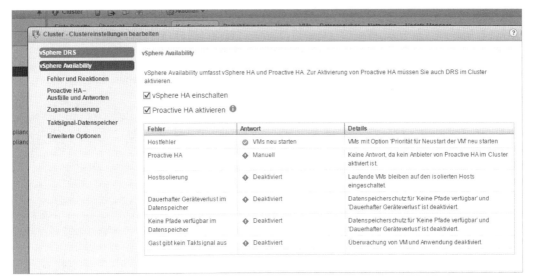

Abbildung 1.12 Mit der verbesserten Hochverfügbarkeit lassen sich VMs flexibler starten und absichern.

Eine weitere neue Funktion im Bereich der Hochverfügbarkeit ist Proactive HA. VMware vSphere 6.5 erkennt, wenn die Hardware auf einem Host ausfällt oder Probleme hat, und kann VMs vor einem Ausfall mit vMotion automatisiert auf andere Hosts übertragen. Außerdem versetzt vSphere 6.5 problembehaftete Hosts in den Quarantänemodus. Administratoren können hier aber weitreichende Einstellungen vornehmen.

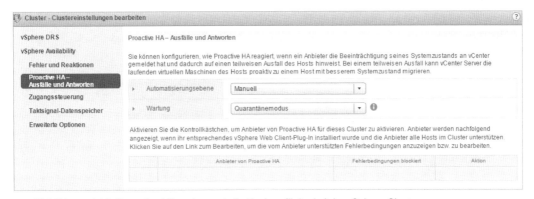

Abbildung 1.13 Proactive HA verbessert die Hochverfügbarkeit im vSphere-Cluster.

Auch für den Distributed Ressource Scheduler (DRS) gibt es Neuerungen. Dieser kann die Bandbreite des Netzwerks in die Planung mit einbeziehen. Dies vermeidet das Verschieben von VMs auf Hosts, deren maximale Bandbreite nicht für den Betrieb der zu verschiebenden VM ausreicht. Die Technik ist noch nicht ganz ausgereift, kann allerdings Netzwerkprobleme zuverlässig erkennen.

1.7 vSAN 6.5 – iSCSi und mehr

Neben vSphere hat VMware auch vSAN auf die neue Version 6.5 aktualisiert. Einfach ausgedrückt, fasst die Lösung die lokalen Datenspeicher der einzelnen vSphere-Hosts in einem Cluster zu einem gemeinsamen virtuellen Speicher zusammen.

Die neue Version erlaubt jetzt auch in der Standard-Lizenz die Anbindung von All-Flash-Speicher. Bisher war dies nur den erweiterten Editionen vorbehalten. Integriert ist auch die neue Version 2.0 von Virtual Volumes (vVols), die mehr Funktionen und Leistung bietet. Die neue Version ist jetzt außerdem umfassend über die PowerShell verwaltbar. Dazu hat VMware auch die PowerShell-Erweiterung PowerCLI 6.5 aktualisiert.

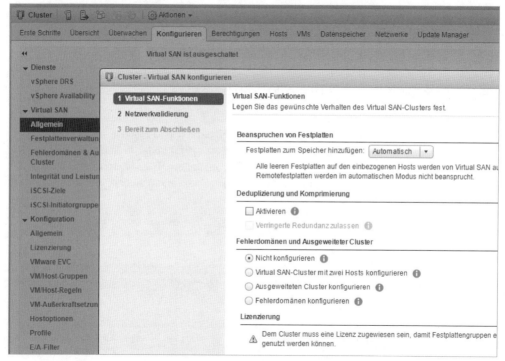

Abbildung 1.14 vSAN 6.5 bietet in vSphere 6.5 mehr Flexibilität.

In vSAN 6.5 hat VMware zusätzliche Funktionen für iSCSI integriert. Das System kann also auch für andere Betriebssysteme zur Datenablage genutzt werden, ähnlich wie bei Storage Spaces Direct (direkte Speicherplätze) in Windows Server 2016. Bis vSphere 6.0 war vSAN lediglich in der Lage, VMs der angebundenen vSphere-Hosts zu speichern.

In vSphere 6.5 können zum Beispiel auch virtuelle Datenbankserver die Datenbankdateien außerhalb der VM direkt im vSAN speichern. Zusätzlich besteht die Möglichkeit, dass Windows-Server die iSCSI-Funktionen in vSAN nutzen. So können zum Beispiel Hyper-V-Hosts in gemischten Infrastrukturen oder für Testumgebungen Daten und auch komplette VMs in vSAN ablegen.

In der neuen Version von vSAN sind Cluster ab zwei Knoten möglich. Dies ist vor allem für kleine Unternehmen, Niederlassungen, aber auch für Entwicklungs- und Testumgebungen ideal. Die Clusterknoten können in diesem Zusammenhang sogar direkt über ein Crossover-Kabel verbunden werden, wodurch sich Netzwerkswitches einsparen lassen.

Auch die internen Datenspeicher in VMware vSphere 6.5 wurden verbessert. Storage I/O-Control lässt sich zusammen mit den Richtlinien in der Speicherverwaltung einsetzen. Ein vSAN ist dazu nicht notwendig, kann aber parallel eingesetzt werden. Auch die neuen Features zur Verschlüsselung und der Replikation wurden in diese Richtlinien integriert und lassen sich dadurch flexibler steuern.

vSAN 6.5 unterstützt virtuelle Festplatten, die auf 512e-physische Festplatten erstellt wurden. Da nicht alle Software und Hardware das neue Format unterstützen, melden sich viele Festplatten mit einer 512-Bit-Emulation (auch 512e genannt) am System an. Die Firmware der Festplatte speichern ankommende Datenpakete dann entsprechend in den tatsächlich vorhandenen 4-KB-Sektoren.

2 Installation und erste Schritte

Die Installation eines ESXi-Hosts mit der Version 6.5 entspricht generell noch der Vorgehensweise der Version 6.0. In diesem Kapitel wird Ihnen die Installation Schritt für Schritt erläutert. Die beiden wichtigsten Grundlagen im vSphere-Netzwerk sind die ESXi-Hosts (vSphere-Hosts), auf denen die virtuellen Server bereitgestellt werden, und vCenter, mit dem die einzelnen ESXi-Hosts zentral verwaltet werden.

■ 2.1 VMware vSphere Hypervisor 6.5 installieren und einrichten

Die Installationsdateien für ESXi-Hosts stellt VMware als ISO-Datei unter http://tinyurl.com/jmpcypd bereit. Grundsätzlich ist die assistentengestützte Installation schnell abgeschlossen. Allerdings sollten Unternehmen, die vSphere Hypervisor produktiv einsetzen wollen, auf kompatible Hardware setzen. Dazu steht auf der Website von VMware eine Kompatibilitätsliste zur Verfügung (http://tinyurl.com/7e8ktz). Sind für die Installation zusätzliche Treiber erforderlich, müssen diese vor der Installation in das Installationsmedium eingebunden werden. Leider bietet auch die neue Version noch keine Möglichkeit, während der Installation Treiber hinzuzufügen.

2.1.1 Einstieg in die Installation von ESXi und vCenter

vSphere 6.5 besteht generell aus zwei Hauptkomponenten. Die erste ist vSphere Hypervisor, auch ESXi genannt, und die zweite Komponente ist VMware vCenter. Bei Hypervisor/ESXi handelt es sich um die Virtualisierungsplattform, auf der Sie virtuelle Maschinen und virtuelle Appliances erstellen und ausführen. Die Verwaltung erfolgt über die beiden Webclients. Der Hypervisor/ESXi steht in eingeschränkter Funktion kostenlos zur Verfügung, lässt sich mit passenden Lizenznummern aber aufwerten.

vCenter ist ein Serverdienst, der zentral alle in einem Netzwerk miteinander verbundenen Hypervisor/ESXi-Hosts verwalten kann. Mit vCenter können Sie sämtliche Ressourcen aller Hosts in einem Pool zusammenfassen und zentral verwalten.

vCenter lässt sich auf einer virtuellen Windows-Maschine oder einem physischen Server installieren. Alternativ verwenden Sie die vCenter Server Appliance (vCSA). Dabei handelt es sich um eine vorkonfigurierte, auf Linux basierende, virtuelle Maschine, die für die Ausführung von vCenter und der vCenter-Komponenten konfiguriert ist.

Sie können die vCenter Server Appliance (vCSA) auf Hypervisor/ESXi-Hosts integrieren. Ab vSphere 6.5 empfiehlt VMware die Verwaltung von vSphere mit der vSphere-Appliance. Hierzu wurden zusätzliche Funktionen wie beispielsweise der VMware Update Manager integriert.

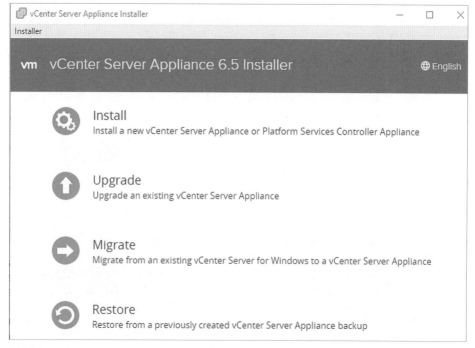

Abbildung 2.1 Die Verwaltung von ESXi erfolgt am besten mit der vCenter-Appliance.

Ab vSphere 6 sind alle Dienste, die für die Ausführung von vCenter Server vorausgesetzt werden, und die zugehörigen Komponenten im VMware Platform Services Controller (PSC) zusammengefasst.

Sie können vCenter daher mit einem eingebetteten oder externen Platform Services Controller bereitstellen. Achten Sie jedoch darauf, dass der Platform Services Controller immer vor oder zusammen mit vCenter installiert oder bereitgestellt werden muss. Die Installation des Hypervisors ist immer der erste Schritt.

2.1.2 Installation des Hypervisors durchführen

Brennen Sie die ISO-Datei von ESXi auf eine CD/DVD oder verwenden Sie zur Installation einen USB-Stick. Wie Sie diesen erstellen, erfahren Sie in diesem Kapitel in einem späteren Abschnitt. Die ISO-Datei können Sie bei VMware herunterladen. Die Installation wird mit einem Assistenten durchgeführt. Hier wählen Sie die Festplatte aus, auf der der Hypervisor installiert werden soll. Vor der Installation müssen Sie im BIOS/UEFI die Virtualisierungsfunktionen der CPU aktivieren. Deaktivieren Sie außerdem alle Funktionen im BIOS/UEFI, die den Prozessortakt oder die Geschwindigkeit des Servers beeinträchtigen können.

TIPP: Manche Serveranbieter, wie zum Beispiel HP, bieten angepasste ISO-Dateien für die Installation von ESXi an. In diese Dateien wurden die speziellen Treiber für den Server bereits integriert.

Während der Installation erkennt der Assistent, wenn auf der Festplatte bereits Systemdateien anderer Betriebssysteme oder von vSphere Hypervisor vorhanden sind. Sie können im Assistenten das Überschreiben dieser Dateien durchführen.

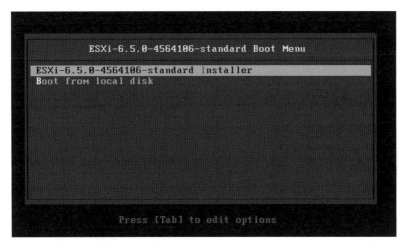

Abbildung 2.2 Die Installation von ESXi 6.5 starten

Während der Installation erkennt der Assistent, wenn bereits Systemdateien des Vorgängers installiert sind. Sie haben die Möglichkeit, die vorhandene Version zu überschreiben. Im Rahmen der Installation wählen Sie auch aus, auf welchem Laufwerk die Installation von ESXi erfolgen soll.

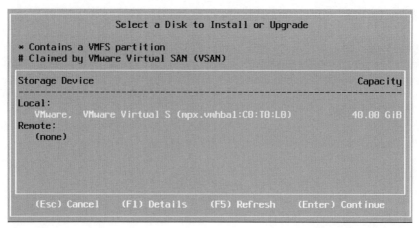

Abbildung 2.3 Im Rahmen der Installation wird auch die Festplatte ausgewählt, auf der die Installation von ESXi erfolgen soll.

Anschließend erfolgt die Auswahl des Tastaturlayouts und des Kennworts für den Root-Benutzer. Diesen Benutzer benötigen Sie, wenn Sie sich am Server anmelden wollen oder den Server mit vCenter verbinden. Sobald Sie alle Einstellungen vorgenommen haben, lässt sich die Installation mit der (F11)-Taste durchführen.

Abbildung 2.4 Nach der Angabe der notwendigen Daten beginnt die Installation durch Drücken der (F11)-Taste.

Sobald die Installation abgeschlossen ist, sehen Sie auf dem Bildschirm eine Statusseite. Im oberen Bereich erhalten Sie Informationen zum Server, im unteren Bereich sehen Sie die IP-Adresse und weitere Informationen zum Server. Mit der Taste (F2) gelangen Sie in die lokale Verwaltungsoberfläche des Servers, mit (F12) fahren Sie den Server herunter oder starten ihn in der Konsole neu.

Achten Sie vor dem Abschluss der Installation darauf, dass Sie den Installationsdatenträger aus dem Laufwerk des Hosts entfernen, da ansonsten immer wieder erneut mit der Installation des Servers begonnen wird.

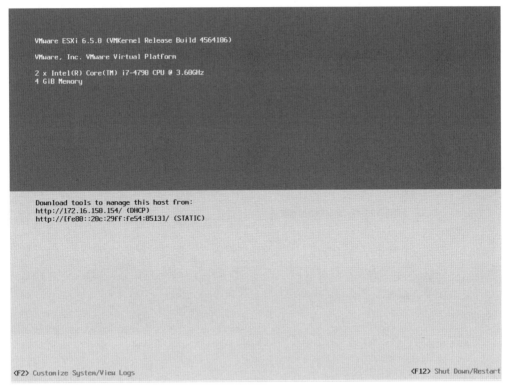

Abbildung 2.5 Nachdem die Installation abgeschlossen ist, erscheint der Statusbildschirm von vSphere Hypervisor.

2.1.3 ESXi 6 zu ESXI 6.5 aktualisieren

Sie können auch in kleinen Umgebungen bereits installierte Server mit ESXI 6.0x zu ESXi 6.5 aktualisieren. Haben Sie die Server an vCenter angebunden, sollten Sie aber zuerst die vCenter-Umgebung auf vCenter 6.5 aktualisieren.

Um einen ESXi-Host zu ESXi 6.5 zu aktualisieren, starten Sie den Host mit der ESXi 6.5-CD/DVD oder dem ESXi 6.5-USB-Stick. Während der Installation von ESXi 6.5 schlägt der Installations-Assistent die Aktualisierung des bereits installierten Servers vor.

Bei der Aktualisierung werden alle Einstellungen, Kennwörter und Daten übernommen, das gilt auch für den Inhalt von vorhandenen Datenspeichern auf dem Server.

2.2 Hypervisor-Host ESXi in der Konsole verwalten

Nach der Installation müssen Sie zunächst direkt auf dem Server mit *Configure Management Network* die Netzwerkeinstellungen des Servers festlegen. Dazu drücken Sie die Taste (F2) und melden sich mit dem Root-Benutzer an. Über die linke Seite können Sie das Kennwort zur Anmeldung sowie weitere Einstellungen des Hosts festlegen.

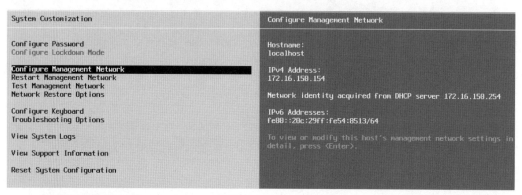

Abbildung 2.6 Im Konsolenfenster von ESXi passen Sie Einstellungen wie beispielsweise die Netzwerkkonfiguration an.

Standardmäßig ruft der Hypervisor per DHCP IP-Adressen ab. Nachdem Sie die entsprechende Netzwerkverbindung über *Network Adapters* ausgewählt haben, konfigurieren Sie durch die Auswahl von *IPv4 Configuration* und *IPv6 Configuration* die IP-Adressen des Servers.

Sie können festlegen, ob Sie DHCP verwenden wollen (*Use dynamic IPv4 address and network configuration*), oder eine statische IP-Adresse angeben (*Set static IPv4 address and network configuration*). Die Auswahl nehmen Sie mit der (LEERTASTE) vor. Verwenden Sie die statische Konfiguration, geben Sie im Fenster die neue IP-Adresse sowie das Subnetz und das Standardgateway an.

Über den Menübefehl *DNS Configuration* steuern Sie den DNS-Server, den der Host verwenden soll, und den Hostnamen des Servers. Über *Custom DNS Suffixes* legen Sie wiederum fest, mit welchem DNS-Suffix der Server arbeiten soll. Diese Einstellungen sind zum Beispiel für die Anbindung der vSphere-Umgebung an Active Directory interessant.

Nachdem Sie Änderungen vorgenommen haben, wechseln Sie mit der (Esc)-Taste zu den vorhergehenden Fenstern. Die Einstellungen, die Sie angepasst haben, müssen noch durch Drücken der Taste (Y) gespeichert werden.

In der lokalen Konsole können Sie den Server neu starten, das Management-Netzwerk testen und die Netzwerkdienste neu starten. Bevor Sie zur weiteren Einrichtung übergehen, sollten Sie mit dem Netzwerktest überprüfen, ob das Standardgateway sowie die DNS-Server erreichbar sind.

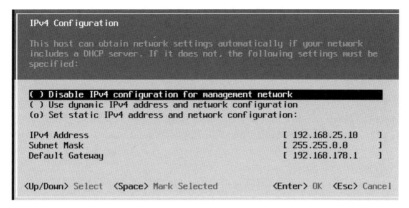

Abbildung 2.7 In den Netzwerkeinstellungen steuern Sie auch die IP-Adresse des Hypervisor-Hosts.

Haben Sie die Netzwerkeinstellungen vorgenommen, können Sie mit der Adresse *https://<IP-Adresse des Hosts>* auf den Webclient für den Host zugreifen. Die Anmeldung am Webclient erfolgt mit dem Benutzernamen „root" und dem Kennwort, das Sie bei der Installation angegeben haben.

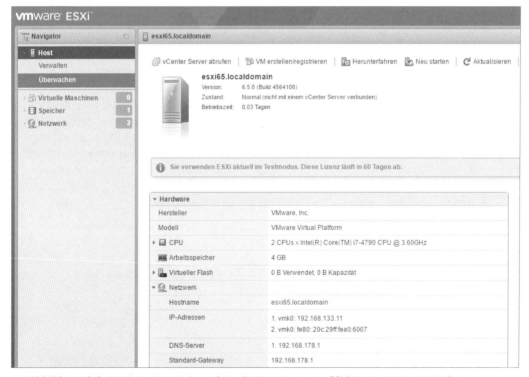

Abbildung 2.8 Nach der Installation erfolgt die Verwaltung von ESXi-Hosts mit dem Webclient genauso wie bei der Anbindung an das vCenter.

2.3 ESXi von und auf USB installieren

Sie haben auch die Möglichkeit, die Installationsdateien von vSphere Hypervisor (ESXi) 6.5 auf einem USB-Stick zu speichern. Dies ist vor allem dann sinnvoll, wenn Sie keinen DVD-Brenner zur Hand haben oder am Server kein DVD-Laufwerk vorhanden ist.

Am einfachsten ist es, wenn Sie dazu das kostenlose Tool Rufus (http://rufus.akeo.ie) verwenden. Rufus muss nicht installiert werden, sondern steht auch als portable Version zur Verfügung. Die Vorgehensweise zum Erstellen eines Bootmediums für ESXi ist recht einfach:

1. Laden Sie Rufus als portable Version herunter und starten Sie das Tool.
2. Verfügt der Rechner über eine Internetverbindung, können Sie nach dem Start prüfen lassen, ob eine neuere Version vorliegt.
3. Sobald Rufus einsatzbereit ist, wählen Sie im Feld *Laufwerk* zunächst den USB-Stick aus, den Sie für die Installation verwenden wollen.
4. Klicken Sie danach auf das DVD-Symbol des Tools neben *Startfähiges Laufwerk erstellen mit* und wählen Sie die ISO-Datei von ESXi 6.5 aus.
5. Als Partitionsschema verwenden Sie GPT.
6. Das Dateisystem können Sie auf FAT32 belassen.
7. Auf Wunsch können Sie noch die Einstellungen bei *Größe der Zuordnungseinheit* anpassen. Notwendig ist das aber nicht.
8. Klicken Sie danach auf *Start* und lassen Sie den USB-Stick erstellen. Sobald der Stick zur Verfügung steht, können Sie auch mit diesem ESXi auf einem Server installieren.

Für Testumgebungen oder Server ohne eigene Festplatte kann es sinnvoll sein, dass Sie ESXi nicht auf einer internen Festplatte des Servers installieren, sondern auf einen USB-Stick. Verbinden Sie den USB-Stick mit dem Server, bootet dieser mit ESXi und lässt sich genauso verwalten wie eine lokale Installation. Für Produktivumgebungen ist das zwar nicht immer geeignet, aber für Testumgebungen ist diese Möglichkeit durchaus interessant. Für die Installation muss der Stick nur mit dem Server verbunden werden. Weitere Einstellungen sind nicht notwendig.

2.4 Testumgebung: ESXi mit ESXi 6.5 virtualisieren

Erstellen Sie in ESXi eine neue virtuelle Maschine, können Sie im Webclient bei *Gastbetriebssystem auswählen* über die Option *Andere* das Betriebssystem „VMware ESXi 6.5" als VM auswählen und in der VM installieren. Für die Installation muss sich aber die ISO-Datei für den ESXi 6.5-Installer auf einem Datenspeicher befinden, auf den Sie im Netzwerk oder auf dem lokalen Server zugreifen können.

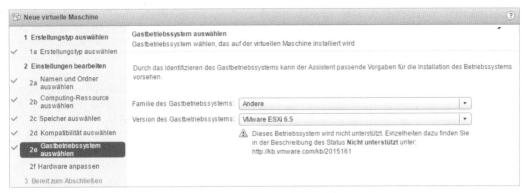

Abbildung 2.9 ESXi lässt sich für Testumgebungen auch virtualisieren

Sie müssen einer VM, auf der Sie ESXi installieren wollen, mindestens 4 GB Arbeitsspeicher zuweisen, ansonsten lässt sich ESXi auf dem Server nicht installieren. Außerdem müssen Sie mindestens zwei CPU-Kerne zuweisen, sonst bricht auch hier die Installation mit einem Fehler ab. Durch die Auswahl von ESXi 6.5 als virtuelles Betriebssystem werden die Virtualisierungstechnologien der CPU zur VM durchgereicht. Diese Technik wird als eingebettete Virtualisierung (Nested Virtualization) bezeichnet.

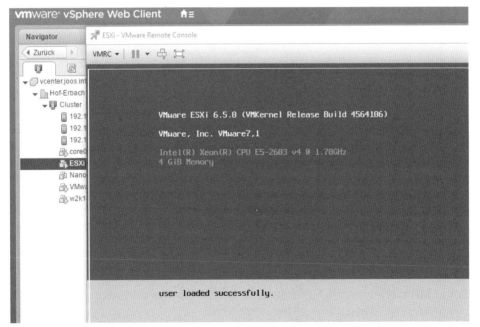

Abbildung 2.10 ESXi lässt sich auch auf ESXi-Hosts virtualisieren, zum Beispiel für Testumgebungen.

Installieren Sie mindestens zwei Hosts, zum Beispiel in Kombination mit einem physischen Host, auf dem Sie einen virtuellen Host installieren, wenn Sie eine Testumgebung mit vCenter aufbauen wollen. In produktiven Umgebungen installieren Sie die Hosts natürlich auf getrennten physischen Maschinen. Achten Sie bei der Konfiguration der IP-Adressen, der DNS-Einstellungen und Namen darauf, dass die Server im Netzwerk miteinander kommunizieren können.

■ 2.5 Auto Deploy: ESXi mit Image Builder bereitstellen

Mit dem Image Builder können Sie Installationsimages für ESXi 6.5 so anlegen, dass diese Ihren Anforderungen entsprechen. Sie können auf diesem Weg auch Treiber und Einstellungen automatisiert in die Installation integrieren und mit Auto Deploy im Netzwerk verteilen.

In Ihrem Download-Konto bei VMware finden Sie neben den ISO-Dateien zur Installation auch ein ESXI Offline Bundle auf Basis einer ZIP-Datei. Mit der ISO-Datei wird normalerweise ein Bootmedium erstellt, mit dem Sie ESXi 6.5 auf einem Host installieren können. Sie können die ISO-Datei aber auch zur Bereitstellung mit dem Update Manager verwenden.

2.5.1 ESXi Offline Bundle nutzen

Laden Sie sich das ESXi Offline Bundle für die Installation von ESXi 6.5 herunter, befinden sich im ZIP-Archiv verschiedene Dateien, die für die automatisierte Bereitstellung von ESXi 6.5 genutzt werden können. Hauptsächlich befinden sich im Archiv VIB-Dateien. Dabei handelt es sich um vSphere Integration Bundles. Zusätzlich befinden sich die aktuellen VMware Tools für VMs und Image-Profile für ESXi im Archiv. Über VIB lassen sich auch Treiber in ESXi-Installationen integrieren.

Die Daten werden mit dem Image Builder verarbeitet und lassen sich zur automatisierten Installation von ESXi 6.5 nutzen. Dabei erstellen Sie Boot-Images, mit denen die Hosts über das Netzwerk per PXE booten und ESXi 6.5 starten. Der Image Builder wird vor allem über die PowerCLI genutzt, also die PowerShell-Erweiterung von VMware. Auch diese laden Sie kostenlos von Ihrem VMware-Konto herunter. In der PowerCLI sind alle Komponenten des Image Builders enthalten.

2.5.2 Mit der PowerCLI und dem Image Builder arbeiten

Um mit der PowerCLI eine Installation offline zu steuern und durchzuführen, laden Sie sich zunächst das ESXi Offline Bundle herunter. Speichern Sie das Archiv in einer Netzwerkfreigabe oder auf dem lokalen Rechner, auf dem Sie mit PowerCLI die Installation durchführen wollen. Sie müssen die ZIP-Datei nicht extrahieren. Anschließend können Sie das Archiv als Bereitstellungsdepot in die PowerCLI integrieren, zum Beispiel mit:

```
Add-EsxSoftwareDepot -DepotUrl C:\software\VMware\ESXi650-201703002.zip
```

In der ZIP-Datei des Offline-Bundles befindet sich normalerweise eine Konfigurationsdatei, welche der Image Builder der PowerCLI auslesen kann. Die Images, die enthalten sind, lassen Sie mit dem folgenden Cmdlet anzeigen:

Get-ESXImageProfile

Die Bereitstellung erfolgt mit Profilen. Sie können Profile anpassen. Dazu kopieren Sie zum Beispiel ein vorhandenes Profil und passen die Kopie an Ihre Anforderungen an:

New-ESXimageProfile -CloneProfile ESXi-6.5.0-20170304101-standard -Name „Joos-Profil" -Vendor TJ

Um sich alle Softwarepakete im Depot anzuzeigen, verwenden Sie:

Get-ESXSoftwarePackage

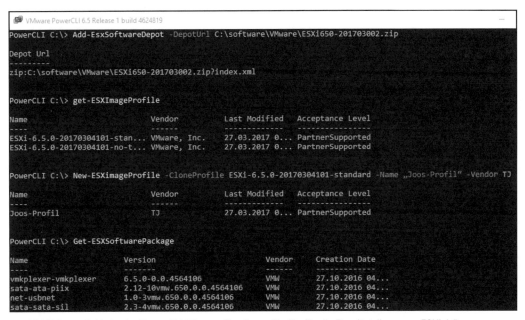

Abbildung 2.11 In der PowerCLI können Sie eigene Profile für die Bereitstellung von ESXi 6.5 erstellen.

Auf Wunsch können Sie nicht mehr benötigte Bestandteile aus dem Katalog entfernen, zum Beispiel mit:

Remove-EsxSoftwarePackage -ImageProfile „Joos-Profil" <Name>

Umgekehrt können Sie auf diesem Weg auch neue Treiber über Depots und ZIP-Dateien integrieren, zum Beispiel mit:

Add-EsxSoftwarePackage -DepotURL C:\software\VMware\treiber.zip

Anschließend fügen Sie den Treiber zu dem von Ihnen kopierten Profil hinzu:

Add-EsxSoftwarePackage -ImageProfile „Joos-Profil" <Name>

Sie können das Profil für Auto Deploy in vSphere 6.5 nutzen oder auch eine ISO-Datei auf Basis der neuen und angepassten Daten erstellen. Eine ISO-Datei erstellen Sie zum Beispiel mit:

Export-EsxImageProfile -ImageProfile „Joos-Profil"-FilePath C:\software\VMware\esxi-joos. iso -ExportToIso

Natürlich können Sie auch ein Offline-Bundle erstellen:

Export-EsxImageProfile -ImageProfile „Joos-Profil"-FilePath C:\software\VMware\joos-esxi 65.zip -ExportToBundle

2.5.3 Systemdienste für Auto Deploy und Image Builder starten

Um Auto Deploy und Offline-Bundles zu nutzen oder Einstellungen für den Image Builder in der grafischen Oberfläche vorzunehmen, müssen Sie über die Home-Ansicht im vSphere-Webclient bei *Verwaltung* die *Systemkonfiguration* starten. Hier werden unter *Dienste* alle Dienste aufgelistet, auch „Auto Deploy" und „ImageBuilder Service". Starten Sie beide Dienste. Hier können Sie auch festlegen, dass die beiden Dienste zusammen mit dem ESXi-Host gestartet werden.

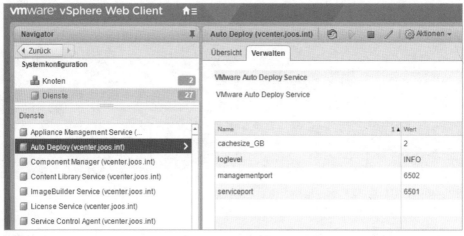

Abbildung 2.12 Um Auto Deploy zu nutzen oder die grafische Oberfläche des Image Builders, müssen Sie die entsprechenden Dienste im Webclient starten.

Anschließend finden Sie im Home-Bereich die grafische Oberfläche für Auto Deploy und den Image Builder. Dazu müssen Sie sich aber zuerst einmal abmelden und neu anmelden.

Im ersten Schritt müssen Sie ein Software-Depot bereitstellen. Hier gehen Sie in der grafischen Oberfläche genauso vor wie beim Erstellen eines Depots in der PowerCLI. Der Unterschied besteht darin, dass Sie alle Aufgaben in der grafischen Oberfläche vornehmen können.

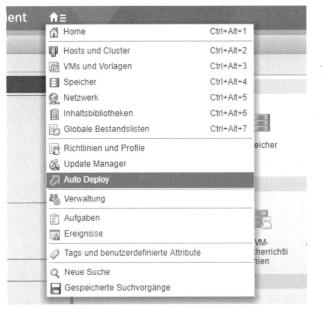

Abbildung 2.13 Nach der Aktivierung der notwendigen Systemdienste und der erneuten Anmeldung am Webclient erscheint Auto Deploy in der Home-Ansicht.

Sobald Sie Depot, Pakete und andere Einstellungen vorgenommen haben, können Sie diese als ISO-Datei oder Offline-Bundle exportieren. Wenn Sie das Depot eingelesen haben, stehen die Image-Profile und Softwarepakete zur Verfügung.

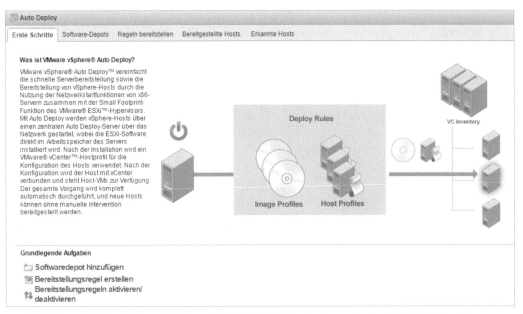

Abbildung 2.14 In vSphere 6.5 können Sie im Webclient auch eine grafische Oberfläche für Auto Deploy und den Image Builder nutzen.

Nachdem Sie die ZIP-Datei im Depot eingelesen haben, genauso wie bei der PowerCLI, können Sie eigene Profile erstellen und Pakete hinzufügen. Die Verteilung an die Hosts erfolgt über Regeln. Basis von Auto Deploy ist also immer ein funktionierendes Software-Depot, in dem die notwendige Software abgelegt ist.

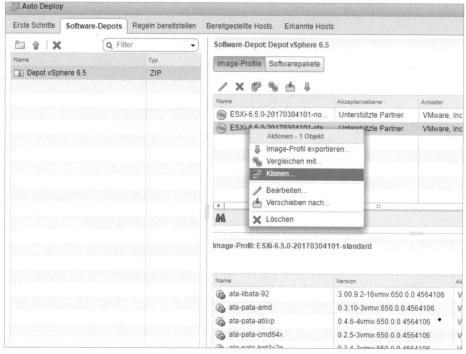

Abbildung 2.15 Im Software-Depot erstellen Sie eigene Profile und fügen Pakete hinzu.

Haben Sie die Anpassungen abgeschlossen, können Sie mit dem grünen Pfeil nach unten den Exportvorgang starten und entweder eine ISO-Datei oder eine ZIP-Datei erstellen.

Sobald die Images verfügbar sind, können Sie über *Regeln bereitstellen* neue Regeln aufsetzen. Im Rahmen der Erstellung einer neuen Regel legen Sie fest, welche Hosts die Regel anwenden sollen. Hier können Sie natürlich auch alle Hosts oder einen kompletten IP-Bereich auswählen. Sobald Sie die Regeln erstellt haben, lassen sich diese aktivieren und auf Hosts anwenden.

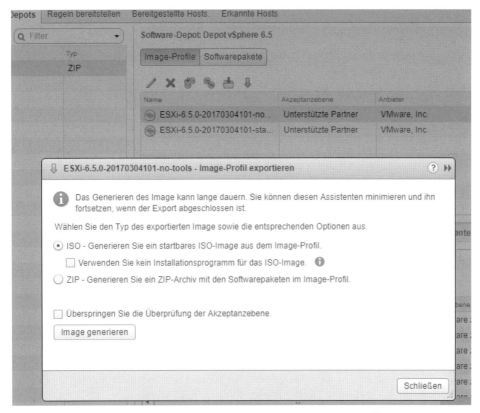

Abbildung 2.16 Erstellen einer neuen EXI 6.5-Installationsdatei oder eines Offline-Bundels

2.6 Zu vSphere 6.5 aktualisieren

Neben der Neuinstallation können Sie auch vorhandene Hosts zur neuen Version aktualisieren. Dazu haben Sie mehrere Möglichkeiten. Sie können zum Beispiel die Hosts mit der CD/DVD oder einem USB-Stick von vSphere 6.5 starten und über den Installations-Assistenten eine Aktualisierung durchführen.

Sie können aber auch den vSphere Update Manager für die Aktualisierung verwenden. Ab Version 6.0 Update 1 von vCenter können Sie die Aktualisierung über den Update Manager auch über den Webclient durchführen, in vSphere 6.5 auch mit der vCenter Server Appliance (vCSA). Mehr zum Update Manager erfahren Sie auch in Kapitel 14.

HINWEIS: Achten Sie vor der Aktualisierung aber darauf, dass alle eingesetzten Software-Produkte und Add-ins kompatibel mit vSphere 6.5 sind. Außerdem sollten Sie im Vorfeld die Einstellungen Ihrer Hosts sichern und dokumentieren.

Bevor Sie Ihre Hosts aktualisieren, sollten Sie vCenter aktualisieren. Mehr zu diesem Thema erfahren Sie in Kapitel 4. Setzen Sie vCenter-Server auf Basis von Windows ein, sollten Sie mit vSphere 6.5 auch eine Migration zur vCenter-Appliance durchführen. Auch hierzu finden Sie in Kapitel 4 weitere Informationen.

2.6.1 Die Reihenfolge bei der Aktualisierung beachten

Wollen Sie eine komplette Umgebung zu vSphere 6.5 aktualisieren, sollten Sie zunächst die vCenter-Server aktualisieren und erst danach die einzelnen Hosts. Sie können mit dem neuen vSphere-Client auf Basis von HTML5 auch ältere vSphere-Umgebungen verwalten, aber mit dem alten vSphere-Client auf Basis von Windows keine Umgebungen mit vSphere 6.5.

Es spielt keine Rolle, ob Sie im Netzwerk einzelne vSphere-Hosts bereits zu vSphere 6.5 aktualisiert haben oder ob alle Hosts bereits zu vSphere 6.5 aktualisiert sind. Sie können eine gemischte Umgebung betreiben. Neue Funktionen wie zum Beispiel die neue Hardwareversion 13 können Sie natürlich nur auf vSphere 6.5-Servern verwenden.

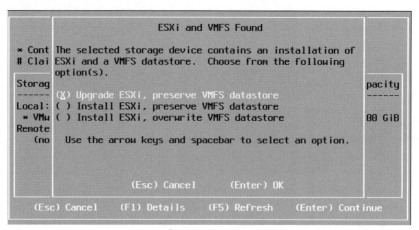

Abbildung 2.17 Über den Installations-Assistent von vSphere 6.5 lassen sich ESXi-Hosts auch direkt aktualisieren.

Achten Sie vor der Aktualisierung darauf, dass die Hardware der einzelnen Server kompatibel mit der neuen Version ist. Außerdem müssen Sie nach der Aktualisierung unter Umständen die Lizenznummern neu eintragen. Sie können allerdings keine direkte Aktualisierung von vSphere 4/5 auf vSphere 6.5 durchführen. In diesem Fall müssen Sie immer neu installieren.

Eine direkte Aktualisierung ist nur von vSphere 5.5 zu vSphere 6.5 möglich. Eine direkte Aktualisierung von vSphere 5.5 zu vSphere 6 funktioniert meistens problemlos. Allerdings kann eine direkte Aktualisierung Probleme bereiten. Hier ist in den meisten Fällen eine Neuinstallation besser. In den folgenden Abschnitten wird näher auf dieses Thema eingegangen.

Wenn Sie den vCenter-Server aktualisiert haben, sollten Sie auch darauf achten, andere Komponenten zu aktualisieren, bevor Sie die Hosts aktualisieren. Sie sollten zum Beispiel vor der Aktualisierung von Hosts den Update Manager aktualisieren. Wenn der Update Manager und der vCenter-Server auf die neue Version aktualisiert sind, können Sie recht einfach Ihre Hosts ebenfalls aktualisieren.

2.6.2 Neuinstallation versus Aktualisierung

Viele Administratoren bevorzugen bei der Einführung einer neuen vSphere-Version eine Neuinstallation. In diesem Fall exportieren Sie die aktuelle Konfiguration des Hosts, installieren den Host neu und lesen danach die Konfiguration wieder ein. Der Vorteil dabei ist, dass Sie dadurch Altlasten vermeiden und der Server nach der Neuinstallation funktioniert. Da Sie die Konfiguration des Servers danach neu einlesen können, gehen auch die bisherigen Einstellungen nicht verloren.

Wollen Sie sich diesen Aufwand ersparen, können Sie aber auch durch das Starten mit der Installations-CD/-DVD von vSphere 6.5 eine direkte Aktualisierung des Hosts durchführen. Im Rahmen der Installation erkennt der Assistent, dass bereits eine Version von vSphere auf dem Server installiert ist, und schlägt eine direkte Aktualisierung vor.

Bei Auswahl einer Aktualisierung haben Sie natürlich auch die Möglichkeit, den vorhandenen Datenspeicher zu erhalten. Haben Sie die Option zur Aktualisierung ausgewählt, verläuft die weitere Installation im Grunde genommen genauso wie eine Neuinstallation von vSphere 6.5.

2.6.3 Eventuelle Probleme bei der Aktualisierung berücksichtigen

Auch wenn Sie einen vorhandenen Server zur neuen Version aktualisieren, werden einige Einstellungen durch die Aktualisierung überschrieben, zum Beispiel bezüglich der Authentifizierung. Sie sollten nach der Aktualisierung also alle Einstellungen überprüfen. Besonders wichtig sind hier die Netzwerkeinstellungen, denn diese werden häufig zurückgesetzt. Außerdem kann es passieren, dass durch die Aktualisierung die Reihenfolge der Netzwerkverbindungen verändert wird.

Während der Aktualisierung werden auch die Einstellungen der virtuellen Switches verändert. Zum Beispiel ändert der Assistent die maximalen Ports auf 128. Arbeiten Sie mit DHCP, sollten Sie nach der Aktualisierung die IP-Adressen überprüfen. Teilweise kann es hier zu Problemen kommen, wenn Adressen geändert werden.

Vor allem die Ausfallsicherheit von virtuellen Switches macht bei der Aktualisierung manchmal Probleme. Hier sollten Sie nach der Aktualisierung auf jeden Fall überprüfen, ob alle Einstellungen noch korrekt gesetzt sind. Auch der Zugriff auf externe Datenspeicher sollte überprüft werden.

Grundsätzlich kann es passieren, dass während der Aktualisierung alle von Ihnen selbst angepassten Optionen auf die Standardwerte zurückgesetzt werden. Das gilt auch für die Einstellung der Uhrzeit und von DNS-Konfigurationen. Auch die Startreihenfolge der virtuellen Server sollte überprüft werden.

Das Gleiche gilt für Einstellungen der Firewall sowie erweiterte Einstellungen der virtuellen Server. Ressourcen-Pools sollten ebenfalls kontrolliert werden. Hier kann es nach der Aktualisierung passieren, dass einzelnen virtuellen Servern nicht genügend Ressourcen zur Verfügung stehen und Server daher nicht starten können.

2.6.4 Aktualisierung von vSphere mit dem Update Manager

Haben Sie mehrere Hosts im Einsatz, ist es selten sinnvoll, wenn Sie direkt an den einzelnen Hosts die Aktualisierung über eine CD/DVD starten. In größeren Umgebungen oder wenn Sie mehrere Hosts im Einsatz haben, verwenden Sie den Update Manager zur Aktualisierung der Hosts zu vSphere 6.5. Mit dem Update Manager (siehe Kapitel 14) können Sie VMware-Aktualisierungen auf den Hosts und den virtuellen Maschinen installieren.

Der Update Manager ersetzt allerdings nicht die Windows Server Update Services (WSUS). Mit diesen Diensten aktualisieren Sie die virtuellen Betriebssysteme innerhalb der virtuellen Maschinen. Der Update Manager verwaltet wiederum die Aktualisierungen von VMware. Den Update Manager können Sie in vSphere 6.5 auch mit dem Webclient verwalten.

2.6.4.1 Aktualisierung mit dem Update Manager vorbereiten

Wenn Sie den Update Manager eingerichtet haben, importieren Sie in den Update Manager eine ISO-Datei mit der neuen vSphere-Version. Dazu rufen Sie die Administratoransicht auf und wechseln zu *Verwalten/ESXi-Images*. Im Fenster können Sie jetzt die neue Version als ISO-Datei importieren.

Abbildung 2.18 Nachdem im Update Manager die neue vSphere-Version importiert wurde, kann sie im Netzwerk verteilt werden.

2.6 Zu vSphere 6.5 aktualisieren

Danach erstellen Sie im Webclient eine neue Baseline sowie eine neue Gruppe, über die Sie die Verteilung der neuen Version steuern. Klicken Sie dazu zum Beispiel im Webclient zunächst auf die Registerkarte *Update Manager*. Danach klicken Sie auf den Link *Administratoransicht* und dann auf *Verwalten*. Wechseln Sie danach zur Registerkarte *Host-Baselines*.

Mit dem Link *Neue Baseline* konfigurieren Sie zunächst eine neue Host-Baseline. Dieser geben Sie einen passenden Namen, zum Beispiel „Aktualisierung zu vSphere 6.5". Im Fenster wählen Sie danach aus, ob es sich um die Installation eines Patches handelt (Host-Patch) oder ob Sie eine neue Version von vSphere installieren wollen.

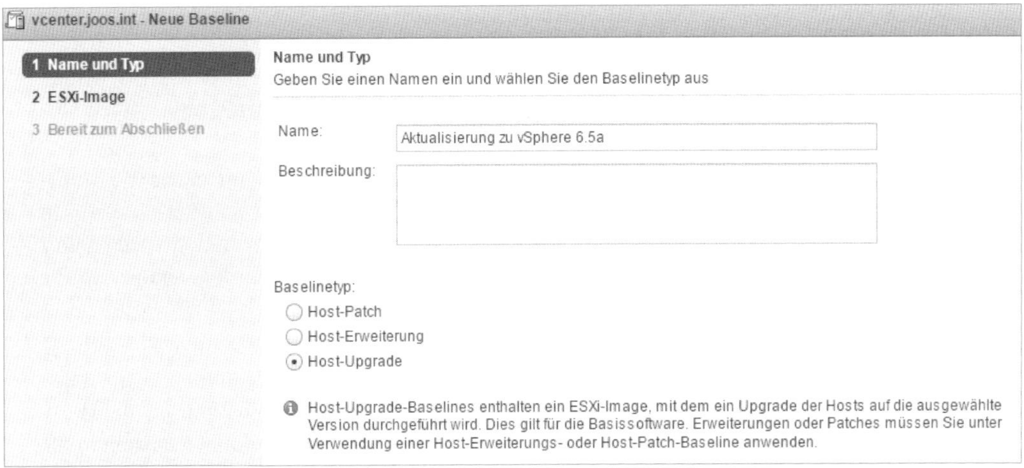

Abbildung 2.19 Erstellen einer neuen Baseline zum Aktualisieren zu vSphere 6.5

Auf der nächsten Seite wählen Sie das ESXi-Image mit der neuen Version aus. Wie Sie dazu vorgehen, lesen Sie in Kapitel 14 im Abschnitt „Der Update Manager im VMware-Netzwerk".

Anschließend legen Sie eine neue Baselinegruppe an. Hier wählen Sie dann die von Ihnen erstellte Baseline aus, die wiederum die neue ESXi-Version als Image verwendet. Auf der nächsten Seite des Assistenten können Sie festlegen, dass auf den Hosts nicht nur eine neue vSphere-Version installiert wird, sondern auch die Patches, die im Update Manager bereits importiert sind. Dazu wählen Sie im Fenster die passenden Baselines aus.

Auf den weiteren Seiten des Assistenten steuern Sie zum Beispiel noch die automatisierte Installation von Erweiterungen. Danach schließen Sie die Erstellung der neuen Baselinegruppe ab. Die Gruppe wird anschließend im Fenster angezeigt.

2.6.4.2 vSphere-Hosts zu einer neuen Version aktualisieren

Wenn Sie alle Vorbereitungen getroffen haben, können Sie einen ESXi-Host zu einer neuen Version aktualisieren. Da der Update Manager mit dem Distributed Resource Scheduler (DRS) zusammenarbeitet, werden die VMs automatisch auf freie Hosts verschoben, bevor der Host zu ESXi 6.5 aktualisiert wird.

Dazu markieren Sie zum Beispiel den Host im Webclient. Wechseln Sie danach zur neuen Registerkarte *Update Manager*. Achten Sie darauf, dass die Aktualisierung zu einer neuen vSphere-Version durch den vCenter-Server gesteuert wird.

Wird auf dem Host, den Sie aktualisieren wollen, der vCenter-Server als virtueller Server bereitgestellt, kann der Aktualisierungsvorgang fehlschlagen. Sie sollten daher vorher den virtuellen Server auf einen anderen Host übertragen.

Um nun einen veralteten Host zu aktualisieren, klicken Sie auf der Registerkarte *Update Manager* auf die Schaltfläche *Baseline anhängen*. Anschließend können Sie Baselines auswählen, die Sie diesem Host zuteilen wollen. Aktivieren Sie an dieser Stelle die neue Baseline zur Aktualisierung von vSphere, lässt sich dieser Host automatisiert zur neuen Version aktualisieren.

Anschließend klicken Sie auf die Schaltfläche *Patches bereitstellen*. Über einen Assistenten können Sie jetzt die notwendigen Aktualisierungen auf den Host herunterladen, sodass sich dieser aktualisieren kann.

Mit der Schaltfläche *Standardisieren* können Sie einen Download-Vorgang sowie die Aktualisierung sofort starten. Über einen Assistenten steuern Sie an dieser Stelle auch den Zeitplan für die Aktualisierung. Sie haben die Möglichkeit, die Aktualisierung entweder sofort durchzuführen oder zu einem von Ihnen gewünschten Zeitpunkt. Außerdem können Sie die Lizenzbedingungen bestätigen und veraltete Treiber deinstallieren.

Im Rahmen der Aktualisierung können Sie auch festlegen, wie die virtuellen Server während der Aktualisierung behandelt werden sollen. Sie können zum Beispiel alle virtuellen Server entweder herunterfahren oder pausieren lassen. Auch Einstellungen für die Hochverfügbarkeit können Sie an dieser Stelle vornehmen. Schließen Sie den Assistenten ab, wird die Aktualisierung durchgeführt.

Erhalten Sie die Meldung, dass ein Cluster nicht aktualisiert werden kann, müssen Sie im Assistenten, den Sie über die Schaltfläche *Standardisieren* starten, auf der Seite *Cluster-Standardisierungsoptionen* die Option *Deaktivieren Sie High Availability Zugangssteuerung* auswählen. Grundsätzlich kann es sinnvoll sein, auch die Option *Aktivieren Sie die parallele Standardisierung* zu wählen. In diesem Fall kann der Update Manager den kompletten Aktualisierungsvorgang automatisch durchführen.

Bei der Aktualisierung kann der Update Manager mehrere Hosts gleichzeitig in den Wartungsmodus versetzen und, falls notwendig, virtuelle Server automatisch auf andere Hosts verschieben. Danach wird die Aktualisierung durchgeführt und die entsprechenden Hosts werden neu gestartet. Der Update Manager deaktiviert in diesem Fall den Wartungsmodus wieder und aktualisiert die nächsten Hosts. Anschließend werden alle weiteren Hosts des Clusters aktualisiert, bis alle auf dem neuesten Stand sind.

Sobald der Aktualisierungsvorgang abgeschlossen ist, wird auf der Registerkarte *Update Manager* die erfolgreiche Aktualisierung gemeldet. Klicken Sie auf den Host, sollte die neue Version ebenfalls erscheinen.

2.6.5 Virtuelle Server zur neuen Hardwareversion 13 aktualisieren

Wenn Sie Ihre Hosts zu vSphere 6.5 aktualisiert haben, kann es sinnvoll sein, die Hardwareversion Ihrer virtuellen Server auf die neue Version 13 zu setzen. Sie können diesen Vorgang zwar zeitlich nach hinten schieben, generell ist es aber sehr empfehlenswert, dass Sie die neueste Version verwenden. Die Aktualisierung können Sie entweder manuell oder über den Update Manager durchführen.

Bevor Sie virtuelle Server zur Hardwareversion 13 aktualisieren, müssen die VMware Tools auf den virtuellen Servern aktualisiert werden. Sehen Sie sich dazu den Status der virtuellen Server in vCenter an. Sie können die Version der virtuellen Server sowie den Versionsstatus der VMware Tools anzeigen lassen. Dadurch können Sie überprüfen, welche virtuellen Server noch der alten Version entsprechen beziehungsweise welche Server noch nicht über die neuesten VMware Tools verfügen.

Achten Sie aber darauf, dass bei der Aktualisierung der VMware Tools in den meisten Fällen auch der virtuelle Server neu gestartet werden muss. So aktualisieren Sie virtuelle Server über den Update Manager zur Hardware Version 13:

1. Öffnen Sie den Webclient und wechseln Sie zur Registerkarte *Update Manager*.
2. Klicken Sie auf *Zur Administratoransicht wechseln* und dann auf *Verwalten*.
3. Wechseln Sie zur Registerkarte *VMs/VAs-Baselines*.
4. Erstellen Sie eine neue Gruppe, über die Sie die Hardwareversion der virtuellen Server aktualisieren. Klicken Sie dazu auf *Neue Baselinegruppe*.

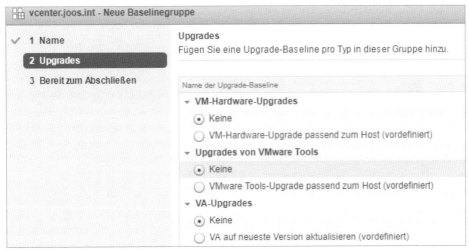

Abbildung 2.20 Mit dem Update Manager aktualisieren Sie auch VMs und setzen eine neue Hardwareversion.

5. Geben Sie der Gruppe einen passenden Namen, zum Beispiel „VMware Tools und Hardware-Version aktualisieren".
6. Aktivieren Sie im Fenster die beiden Optionen *VM-Hardware-Upgrades* und *Upgrades von VMware Tools*.

7. Schließen Sie den Assistenten ab. Die neue Baselinegruppe wird jetzt im Fenster angezeigt.
8. Klicken Sie danach in der Standardansicht des Webclients auf das Datacenter.
9. Wechseln Sie zur Registerkarte *Update Manager*.
10. Klicken Sie auf den Link *Baseline anhängen*.
11. Hier haben Sie nun die Möglichkeit, die neu erstellte Gruppe anzufügen.

2.6.6 Patches auf ESXi-Hosts installieren

VMware veröffentlicht regelmäßig Updates für vSphere. Diese Updates lassen sich entweder über den Update Manager installieren, oder Sie installieren Updates manuell auf den einzelnen Hosts. Das ist zum Beispiel dann sinnvoll, wenn Sie kein vCenter einsetzen oder die Updates lieber manuell nach und nach auf den Servern installieren wollen.

Sinnvoll ist die manuelle Aktualisierung von vSphere-/ESXi-Hosts vor allem dann, wenn Sie eine überschaubare Anzahl an Hosts einsetzen oder einzelne Server in der Testumgebung aktualisieren wollen. Auch wenn Sie umfangreichere Aktualisierungen installieren wollen, ist es sinnvoll, die Aktualisierungen manuell zu starten.

Wenn sich einzelne Hosts manuell aktualisieren lassen, können Sie die Updates in den Update Manager einbinden und die restlichen ESXi-Hosts automatisiert aktualisieren. In größeren Umgebungen sollten Sie in jedem Fall den VMware Update Manager für die Aktualisierung von Hosts einsetzen.

Die Konfigurationen, die im Webclient notwendig sind, können Sie entweder über eine Verbindung mit dem vCenter herstellen oder Sie rufen den Webclient des einzelnen Hosts auf. Dazu verwenden Sie die URL *https://<IP-Adresse des Hosts>*.

2.6.6.1 ESXi-Konfiguration mit der PowerCLI sichern und wiederherstellen

Normalerweise bereiten vSphere-Updates keine Schwierigkeiten. Es kann aber durchaus passieren, dass bei der Aktualisierung eines Hosts Probleme auftreten. Daher sollten Sie nicht einfach die Updates installieren, sondern ganz gezielt vorgehen und vorher die Konfiguration des Hosts sichern.

Vor allem, wenn es sich bei dem ESXi-Host um einen produktiven Server handelt, sollten Sie im Vorfeld die Konfiguration des Servers sichern und laufende VMs auf einen anderen Host übertragen. Die Übertragung der VMs nehmen Sie am besten über vMotion und den Einsatz von vCenter vor. Haben Sie nur einen Server im Einsatz oder wollen Sie einen einzelnen Testserver aktualisieren, können Sie die VMs natürlich auch auf dem Server belassen. Dennoch ist es sinnvoll, vorher die Konfiguration des Servers zu sichern. Dazu steht zum Beispiel die PowerCLI zur Verfügung.

Sie können mit der PowerCLI alle Konfigurationen von allen vSphere-Hosts auf einmal sichern, wenn Sie sich mit dem vCenter-Server verbinden. Sie können aber auch nur einzelne Hosts über die PowerCLI sichern. In diesem Fall verbinden Sie sich mit diesen Hosts. Der folgende Befehl baut die Verbindung auf:

Connect-VIServer-Server <IP-Adresse>-Protocol https

Nach der erfolgreichen Verbindung erscheint ein Anmeldefenster. Hier melden Sie sich zum Beispiel mit dem lokalen Root-Benutzer oder einem anderen berechtigten Benutzer am Host an.

Wenn Sie mit einem Host oder vCenter verbunden sind, sollten Sie bei der ersten Verwendung von PowerCLI zunächst die Ausführung von Skripten erlauben. Dazu geben Sie in der PowerCLI den nachfolgenden Befehl ein. Damit dieser Befehl funktioniert, müssen Sie jedoch beim ersten Start die PowerCLI über das Kontextmenü mit Administratorrechten starten:

Set-ExecutionPolicy RemoteSigned

Nach der erfolgreichen Verbindung lassen Sie sich mit dem Cmdlet *Get-VMHost* die angebundenen Hosts anzeigen, wenn Sie sich mit vCenter verbunden haben. Wollen Sie mehrere Hosts aktualisieren, die mit vCenter verbunden sind, ist es effizienter, wenn Sie die Konfiguration von allen Hosts auf einmal sichern. Stellen Sie aber vorher sicher, dass alle Hosts mit der PowerCLI verbunden und eingeschaltet sind. Danach rufen Sie die Systemkonfiguration der Hosts mit dem folgenden Cmdlet ab:

Get-VMHost | Get-VMHostFirmware

In diesem Beispiel wird das Verzeichnis *C:\temp\host-backup* verwendet. Sie müssen dieses Verzeichnis aber vorher auf Ihrem Rechner anlegen. Danach sichern Sie über die PowerCLI die Konfiguration der Hosts in dieses Verzeichnis. Dazu nehmen Sie den Befehl:

Get-VMHost | Get-VMHostFirmware -BackupConfiguration -DestinationPath „C:\temp\host-backup"

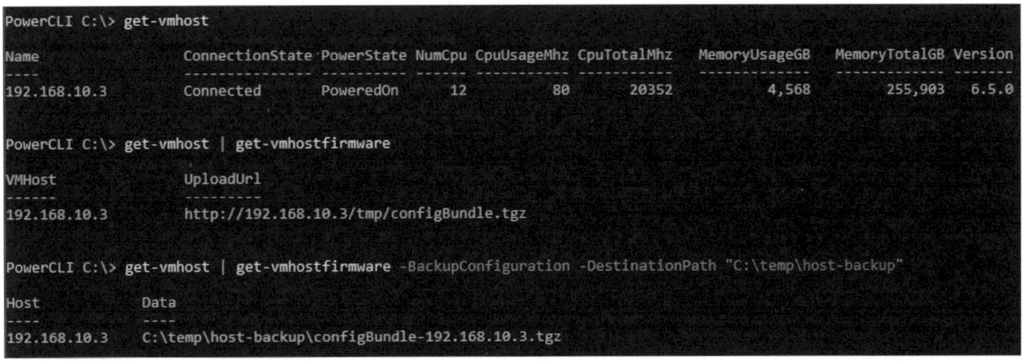

Abbildung 2.21 Vor der Aktualisierung eines ESXi-Hosts sollten Sie die Konfiguration zumindest mit der PowerCLI sichern.

Treten bei der Aktualisierung des ESXi-Hosts Probleme auf, können Sie für die Wiederherstellung der Konfiguration ebenfalls die PowerCLI verwenden. Dazu setzen Sie den Host zunächst in den Wartungsmodus:

Set-VMHost -VMHost <IP-Adresse oder Name> -State „Maintenance"

Danach stellen Sie den Host auf Basis der gesicherten Daten wieder her:

Set-VMHostFirmware -VMHost <IP> -Restore -Force -SourcePath <Pfad>

2.6.6.2 Aktualisierungen für vSphere herunterladen

Sobald VMware Aktualisierungen für vSphere zur Verfügung stellt, finden Sie diese über die Adresse http://tinyurl.com/42zqwhz. Nachdem Sie sich mit Ihrem Konto angemeldet haben, wählen Sie zunächst das gewünschte Produkt aus, das Sie aktualisieren wollen. Die Aktualisierungen werden als ZIP-Datei zur Verfügung gestellt. Laden Sie die ZIP-Datei auf Ihren PC herunter. Danach laden Sie das Archiv auf den vSphere-Host, den Sie aktualisieren wollen. Sie können dazu den Webclient verwenden oder die Freeware WinSCP (http://tinyurl.com/y7sod9jb).

Im Webclient klicken Sie dazu auf den Host und dann auf *Datenspeicher*. Klicken Sie den Datenspeicher mit der rechten Maustaste an und wählen Sie *Dateien durchsuchen*. Über das Upload-Symbol oben rechts können Sie den Patch für ESXi 6.5 in den Datenspeicher hochladen. Erhalten Sie eine Zertifikatwarnung, rufen Sie im Browser zunächst die Adresse *https://<IP-Adresse des Hosts>* auf. Akzeptieren Sie das Zertifikat. Danach können Sie die Datei hochladen.

Sie müssen das ZIP-Archiv vorher nicht extrahieren, sondern Sie können direkt die einzelne ZIP-Datei hochladen. Verbinden Sie sich mit dem Webclient mit dem Host, klicken auf den Hostnamen oder seine IP-Adresse und öffnen die Registerkarte *Übersicht*. Im Client sehen Sie im oberen Bereich die genaue Version des Hosts. Nachdem Sie eine umfangreichere Aktualisierung installiert haben, verändert sich diese Nummer. So können Sie nach der Aktualisierung auch überprüfen, ob die Aktualisierung funktioniert hat.

Achten Sie darauf, dass in Umgebungen mit mehreren vSphere-Hosts auf Dauer nur identische Versionen eingesetzt werden. Natürlich können Sie während des Zeitraums der Aktualisierung durchaus verschiedene ESXi-Versionen einsetzen. Für die Leistung, Stabilität und effiziente Verwaltung ist es aber besser, wenn Sie die neuesten Versionen einsetzen. VMware integriert nicht nur Fehlerbehebungen in die Aktualisierungen, sondern häufig auch neue Funktionen in den Webclient oder generell in vSphere 6.5.

Abbildung 2.22 Im vSphere-Client erkennen Sie im oberen Bereich der Konsole die genaue Version des installierten Hosts.

Sobald der Upload abgeschlossen ist, können Sie sich an die Aktualisierung machen. Dazu können Sie zum Beispiel mit SSH arbeiten.

2.6.6.3 SSH auf Hosts aktivieren

Die Aktualisierung von Hosts nehmen Sie normalerweise über eine Secure Shell-(SSH-)Konsole vor. Dazu verwenden Sie normalerweise den kostenlosen Open-Source-Client Putty (http://www.putty.org). Standardmäßig ist der SSH-Zugriff auf vSphere-Hosts aber deaktiviert. Das ist aus Sicherheitsgründen auch sinnvoll.

 HINWEIS: Nachdem Sie die Aktualisierung durchgeführt haben, sollten Sie SSH auf den Hosts wieder deaktivieren.

Um SSH für die Aktualisierung zu aktivieren, verwenden Sie den Webclient. Klicken Sie dazu auf *Konfigurieren* und dann bei *System* auf den Menübefehl *Sicherheitsprofil*. Im oberen Bereich finden Sie die aktivierten Dienste auf dem Server.

Klicken Sie in der Mitte bei *Dienste* auf *Bearbeiten* und markieren Sie den Dienst „SSH". Über die Schaltfläche *Starten* können Sie festlegen, dass der Dienst gestartet wird. Sobald Sie SSH gestartet haben, öffnen Sie Putty. Geben Sie die IP-Adresse des Hosts ein und melden Sie sich am Host an. Die Anmeldung muss ohne Fehlermeldung erfolgen.

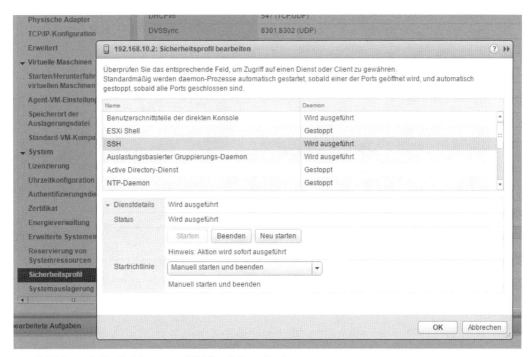

Abbildung 2.23 Aktivieren von SSH für vSphere-Hosts

Bevor Sie die Aktualisierung ausführen, sollten Sie aber möglichst die VMs auf dem Host über vMotion auf einen anderen Host übertragen. Danach sollten Sie den Server in den Wartungsmodus versetzen. Dies können Sie zum Beispiel in vCenter über dessen Kontextmenü durchführen.

2.6.6.4 Aktualisierung durchführen und überprüfen

Der nächste Schritt besteht darin, dass Sie den Host aktualisieren. Dazu verwenden Sie Putty und verbinden sich per SSH und den lokalen Root-Benutzer mit dem Host. Nachdem Sie per SSH verbunden sind, geben Sie den folgenden Befehl ein:

> esxcli software vib update -d /vmfs/volumes/<Name des Datenspeichers>/<Name der ZIP-Datei>

Achten Sie auf Groß- und Kleinschreibung. Durch die Option *update* bleibt ihre Konfiguration vorhanden. Auch manuell angepasste Treiber werden bei dieser Aktualisierung nicht überschrieben. Verwenden Sie stattdessen die Option *install*, überschreibt die Aktualisierung auch einige von Ihnen konfigurierte Bereiche. Die Aktualisierung kann, abhängig von der Größe des Patches, einige Minuten dauern. Sie sehen den Status im Fenster.

Sobald die Installation abgeschlossen ist, können Sie in der Eingabeaufforderung weitere Befehle eingeben. Anschließend starten Sie den Host über den Webclient und sein Kontextmenü neu. Überprüfen Sie nach dem Neustart die neue Version im Webclient und stellen Sie sicher, dass der SSH-Dienst aus Sicherheitsgründen wieder gestoppt wurde.

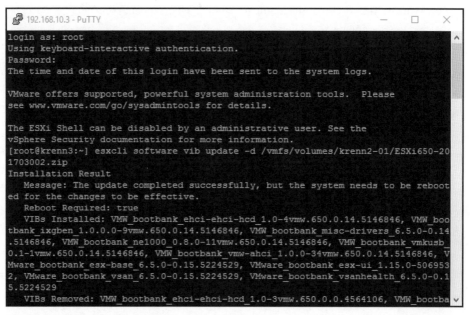

Abbildung 2.24 Aktualisieren eines vSphere-Hosts

Haben Sie den Host neu gestartet, verbinden Sie sich mit dem Webclient. Im oberen Bereich des Clients sollte die neue Version zu sehen sein. Sie können die Version des Clients aber auch per SSH abfragen. Dazu verwenden Sie den Befehl *esxcli system version get*. Benötigen Sie zur Verwaltung des Servers kein SSH, sollten Sie den Dienst nach der Aktualisierung wieder deaktivieren.

2.7 ESXi nach der Installation einrichten

Nachdem Sie sich mit dem Webclient zum neu installierten ESXi-Server verbunden haben, sollten Sie zunächst die Lizenznummer eintragen und andere grundlegende Einstellungen vornehmen.

2.7.1 Lizenznummer in ESXi oder vCenter eintragen

Auch für die kostenlose Verwendung von ESXi ist eine Lizenznummer notwendig. Arbeiten Sie mit vCenter, können Sie die Lizenzierung natürlich auch zentral verwalten. Über den Menübefehl *Host/Verwalten* finden Sie die Registerkarte *Lizenzierung*. Mit *Lizenz zuweisen* können Sie eine neue Seriennummer eintragen. Wenn Sie mit vCenter verbunden sind, finden Sie die Lizenzierung auch über die Registerkarte *Konfigurieren* bei *Lizenzierung*, wenn Sie auf einen Host klicken.

Erst dann lässt sich ESXi uneingeschränkt nutzen, das gilt auch bei der kostenlosen Version. Die Lizenznummer wird Ihnen kostenlos zur Verfügung gestellt, wenn Sie sich für ESXi 6.5 (Hypervisor 6.5) bei VMware registrieren.

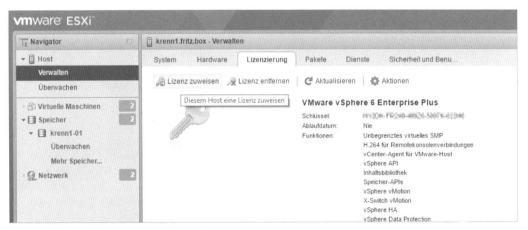

Abbildung 2.25 Nach der Installation müssen Sie den Server noch lizenzieren, auch wenn Sie die kostenlose Version einsetzen.

Haben Sie ESXi 6.5 an vCenter angebunden, müssen Sie natürlich nicht die einzelnen ESXi-Hosts lizenzieren, sondern können die Einstellungen zentral im Webclient von vCenter vornehmen. Dazu klicken Sie im Webclient auf den jeweiligen Host und wählen den Menübefehl *Konfigurieren/Lizenzierung* aus. Sie können an dieser Stelle mit der Schaltfläche *Lizenz zuweisen* die vorhandenen Lizenzen auswählen oder neue Lizenzen hinzufügen.

Auch in vCenter können Sie die Lizenzen verwalten, indem Sie in der Home-Ansicht im Bereich *Verwaltung* auf *Lizenzierung* klicken. In diesem Bereich verwalten Sie alle Lizenzen der vSphere-Umgebung.

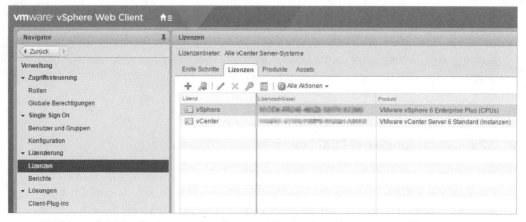

Abbildung 2.26 In vCenter verwalten Sie zentral die einzelnen Lizenznummern für die Umgebung.

Die hier eingetragenen Lizenznummern lassen sich im Webclient den einzelnen Hosts oder anderen Produkten wie vCenter zuweisen. Sie können also zentral alle Lizenzen eintragen und dann die Lizenzen zuweisen. Bei *Assets* sehen Sie alle bereits zugewiesenen Lizenzen zu den einzelnen Produkten im vSphere-Netzwerk. Im Lizenz-Fenster lassen sich die einzelnen Lizenzen auch mit benutzerdefinierten Namen versehen, um so Lizenzen einfacher zuweisen zu können.

Die Lizenzierung von vCenter finden Sie wiederum, wenn Sie im Webclient auf den vCenter-Server klicken und dann auf der rechten Seite die Registerkarte *Konfigurieren* aufrufen. Die Lizenzen verwalten Sie über *Lizenzierung/Lizenz zuweisen*.

2.7.2 DNS-Einstellungen anpassen

Um die DNS-Einstellungen von ESXi-Hosts zu bearbeiten, klicken Sie nach dem Verbindungsaufbau des Hosts zu vCenter auf die IP-Adresse oder den Namen des Hosts im Webclient, der mit vCenter verbunden ist. Wählen Sie danach auf der rechten Seite die Registerkarte *Konfigurieren*. Klicken Sie auf *Netzwerk/TCP/IP-Konfiguration* und dann auf das Stiftsymbol für die Bearbeitung der Einstellungen für den Systemstack „Standard". Hier können Sie die Einstellungen manuell definieren oder von einem VMkernel-Netzwerkadapter übernehmen.

Haben Sie noch keine Anbindung an vCenter vorgenommen, können Sie die Einstellungen auch direkt im Webclient des Hosts anpassen. Die Einstellungen dazu finden Sie unter *Netzwerk/TCP/IP-Stacks*. Auch hier können Sie den Standard-TCP/IP-Stack bearbeiten und die DNS-Einstellungen festlegen. Dazu klicken Sie auf *Einstellungen bearbeiten*. Haben Sie die Einstellungen angepasst, sehen Sie nach einem Klick auf den Menübefehl *Host* zum Beispiel auch das neue Domänensuffix. Arbeiten Sie mit mehreren Domänen, können Sie diese hier ebenfalls eintragen.

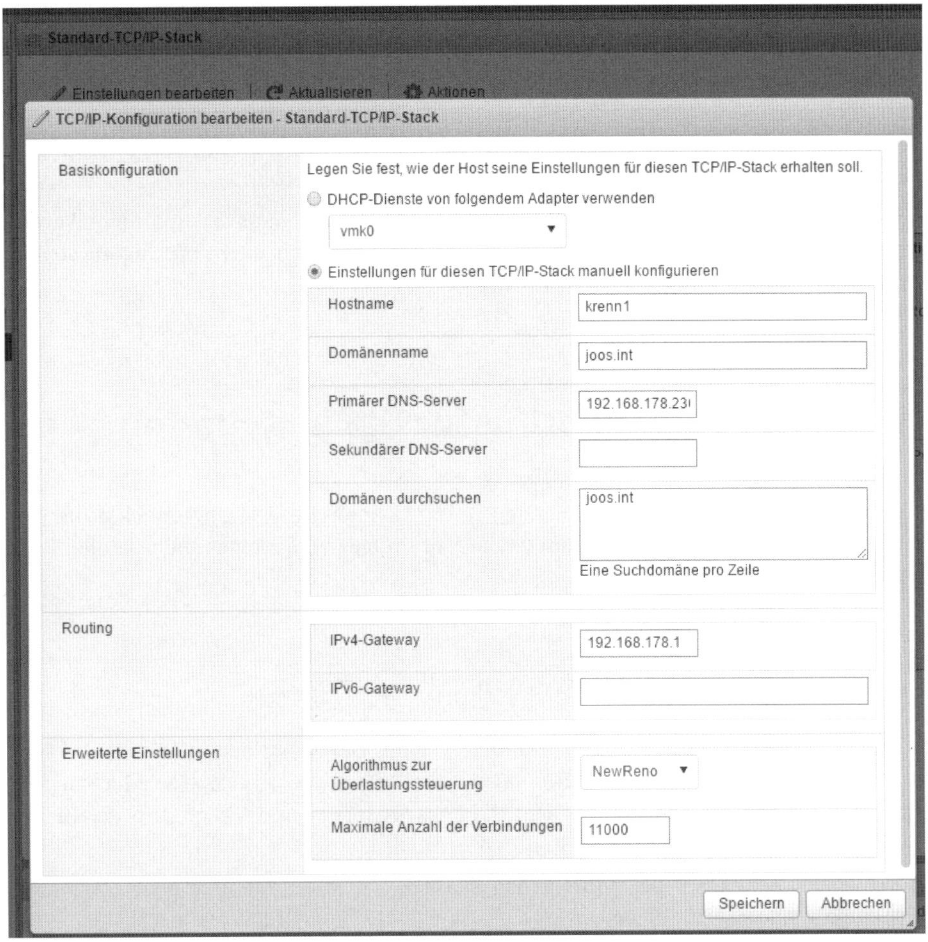

Abbildung 2.27 Die DNS-Einstellungen von Hosts sollten Sie nach der Installation anpassen.

2.7.3 ISO-Dateien in den Datenspeicher hochladen

Um virtuelle Server mit ESXi zu erstellen, ist der beste Weg, wenn Sie die ISO-Dateien zuerst auf den Server übertragen. Erstellen Sie danach eine VM, können Sie die ISO-Dateien als virtuelle Laufwerke verbinden. Der Upload findet im Webclient des ESXi-Hosts über den Menübefehl *Speicher/<Name des Datenspeichers>* und die Auswahl von *Datenspeicherbrowser* statt. Hier sehen Sie die ISO-Dateien, die bereits auf den Server geladen wurden, und Sie können mit *Upload* weitere Dateien in den Datenspeicher laden.

2.7.4 ESXi mit der PowerShell verwalten

Laden Sie sich die PowerShell-Erweiterung von VMware mit der Bezeichnung PowerCLI herunter, können Sie die Server auch mit der PowerShell über das Netzwerk verwalten. Installieren Sie dazu PowerCLI auf dem Windows-Rechner, mit dem Sie ESXi verwalten wollen. Achten Sie darauf, möglichst die neueste Version zu verwenden.

Mit dem Cmdlet *Connect-VIServer -Server <IP-Adresse> -Protocol https* bauen Sie eine Verbindung zum Server auf. Der Aufruf von *Get-VICommand* zeigt Ihnen die zur Verfügung stehenden Befehle an.

■ 2.8 Troubleshooting für die Installation

Normalerweise gibt es bei der Installation von ESXi keine Schwierigkeiten, auch nicht nach der Einrichtung. In Einzelfällen kann es aber zu Problemen kommen, die sich allerdings recht schnell lösen lassen.

2.8.1 Startprobleme bei Servern mit UEFI beheben

Wenn Sie den Hypervisor/ESXi auf einem Server mit UEFI installieren, können Startprobleme auftreten. Diese werden dadurch verursacht, dass der Hypervisor/ESXi die Startfestplatte des Systems nicht immer aus dem UEFI des Servers auslesen kann. Drücken Sie die Taste (F11), während die Fehlermeldung angezeigt wird.

Anschließend sehen Sie die Startoptionen des Servers. Fügen Sie eine neue Startoption hinzu und wählen Sie die Datei *\EFI\BOOT\BOOTx64.EFI* auf der Festplatte aus, auf der Sie den Hypervisor installiert haben. Ändern Sie die Startreihenfolge des Servers, damit die entsprechende Festplatte auch verwendet wird.

2.8.2 Netzwerkprobleme beheben

Über den Menübefehl *Network Restore Options* können Sie die Standardeinstellungen des Netzwerks wiederherstellen und auch Distributed Switches reparieren, wenn sich der Host nicht mehr über das Netzwerk verwalten lässt. Mit dem Befehl *Reset System Configuration* wird der komplette Server in den Werkszustand versetzt.

Diese Option sollten Sie nur verwenden, wenn der Server nicht mehr funktioniert. Zuvor sollten Sie aber die VMs sichern, wenn auf dem Server bereits VMs erstellt wurden.

2.8.3 Troubleshooting-Hilfen verwenden

Im Hauptmenü finden Sie auch den Menübefehl *Troubleshooting Options*. Hierüber besteht die Möglichkeit, den Zugang über die Shell oder per SSH (Secure Shell) zu steuern, zum Beispiel wenn Sie mit Putty (http://www.putty.org) auf die Konsole zugreifen wollen.

Bezüglich der Fehlerbehebung sind auch die beiden Menübefehle *View System Logs* und *View Support Information* wichtig. Hier erhalten Sie Zugriff auf Protokolldateien und auf Informationen für den Support, zum Beispiel Lizenzen, Seriennummern und verschiedene Informationen zur Verschlüsselung.

■ 2.9 ESXi-Hosts an vCenter anbinden

Wenn Sie im Netzwerk vCenter im Einsatz haben, können Sie nach der Installation und der Grundeinrichtung eines Hosts diesen dem vCenter zuordnen. Dazu verbinden Sie sich mit dem Webclient und klicken mit der rechten Maustaste auf den Cluster, dem Sie einen Host zuweisen wollen. Wählen Sie im Kontextmenü die Option *Host hinzufügen* aus.

Danach geben Sie die IP-Adresse des ESXi-Hosts und den Benutzer „root" sowie dessen Kennwort ein, um sich an dem Host anzumelden. Nach der Bestätigung des Zertifikats des Hosts erhalten Sie eine Information zum Host sowie den VMs, die auf dem Host bereits eingerichtet sind.

Im Rahmen der Anbindung können Sie auch gleich eine Lizenz aus vCenter zuweisen, wenn Sie die Lizenzen in der Umgebung eingetragen haben.

Danach schließen Sie den Assistenten ab, und der neue Host wird an vCenter angebunden. Nach kurzer Zeit ist der Host im Cluster zu erkennen und lässt sich mit dem Webclient aus vCenter heraus verwalten. Das ist eine der Stärken von VMware vSphere im Vergleich zu Microsoft mit Hyper-V und System Center Virtual Machine Manager (SCVMM). Hier ist die Anbindung wesentlich komplizierter.

3 ESXi-Hosts einrichten und verwalten

In diesem Kapitel lernen Sie die ersten Schritte nach der Installation des Servers zur Grundeinrichtung und Bedienung von ESXi-Hosts kennen. Wenn Sie einen ESXi-/Sphere-Host installiert haben sowie vCenter Server im Einsatz ist, haben Sie die Möglichkeit, mit verschiedenen Clients auf die Umgebung zuzugreifen.

Ab vSphere 6.5 basieren beide Clients auf einer webbasierten Verwaltung. Der herkömmliche Webclient auf Flash-Basis bietet erweiterte Verwaltungsmöglichkeiten. Der neue HTML5-Client verfügt aktuell noch nicht über alle Funktionen, die der herkömmliche Webclient kennt, wird aber ständig erweitert.

Für Windows und Linux bietet VMware bis vSphere 6.0 einen Client zur Verwaltung über eine lokale Arbeitsstation an. Dieser trägt die Bezeichnung vSphere-Client und muss auf dem jeweiligen Rechner installiert werden.

In vSphere 6.5 ist dieser sogenannte vSphere-Client nicht mehr verfügbar und der Client der vSphere-Vorgängerversion kann auch nicht dazu verwendet werden, um vSphere 6.5-Clients zu verwalten. Den Webclient müssen Sie nicht installieren, diesen rufen Sie über die Weboberfläche des vCenter-Servers beziehungsweise des ESXi-Hosts auf.

Alle Aufgaben für die Verwaltung von vSphere 6.5 können Sie nur im Webclient vornehmen. Der neue HTLM5-Client bietet aktuell noch nicht alle Funktionen, die der herkömmliche vSphere-Webclient bietet.

Insbesondere wenn Sie zusätzliche Funktionen wie beispielsweise die Replikation oder die Datensicherung für vSphere installieren möchten, müssen Sie zur Konfiguration auf den Webclient setzen.

 HINWEIS: Der Webclient kommuniziert standardmäßig über die Ports 80 und 443 mit vCenter und ESXi-Hosts. vCenter-Server arbeitet als Webservice. Wenn in Ihrer Umgebung ein Proxy verwendet werden muss, kann vCenter auch über diesen verbunden werden. Das gilt für beide Webclients.

3.1 Mit dem Webclient auf vCenter oder ESXi zugreifen

Den Webclient müssen Sie nicht installieren, da es sich hierbei um die Weboberfläche von vCenter beziehungsweise des ESXi-Servers handelt. Die Weboberfläche von ESXi 6.5 oder vCenter 6.5 rufen Sie am schnellsten über die Adresse *https://<IP-Adresse>* auf. Die Anmeldung an vCenter erfolgt gemäß der Syntax „Administrator@<SSO-Domäne>". Geben Sie das Kennwort für den Benutzer ein, damit sich die Oberfläche öffnet. Verwalten Sie einen ESXi-Host, verwenden Sie als Benutzernamen "root" und das Kennwort, das Sie bei der Installation angegeben haben.

3.1.1 Zertifikate für den Webclient installieren

Wenn Sie sich mit dem vCenter verbinden, erhalten Sie bei den meisten Browsern eine Zertifikatwarnung, die eine Verbindung verhindert. In Kapitel 12 erfahren Sie, wie Sie mit eigenen Zertifikaten in vSphere arbeiten. Die Zertifikate werden durch die vCenter-Server-Appliance ausgestellt. Diese können Sie in Ihrer Umgebung auch als untergeordnete Zertifizierungsstelle (Certification Authority, CA) einbinden. Dazu installieren Sie in der Appliance ein Zertifikat Ihrer Umgebung und verwenden dieses als Stammzertifikat für die Appliance.

Um den Fehler nach der Installation zu vermeiden, müssen Sie vor der Verwaltung von vCenter mit dem Browser die Zertifikate herunterladen und installieren. Dazu rufen Sie die URL *https://<Name oder IP des vCenter>* auf. Hier können Sie im unteren Bereich die Zertifikate von vCenter herunterladen und anschließend auf den PC importieren. Mehr zu diesem Thema erfahren Sie auch in Kapitel 12.

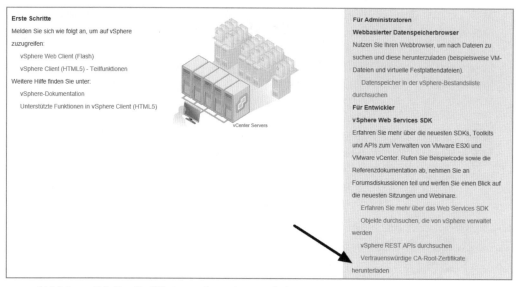

Abbildung 3.1 Das Zertifikat von vCenter herunterladen

Nach dem Download entpacken Sie die ZIP-Datei. Anschließend können Sie die Zertifikate auf dem lokalen Computer installieren, zum Beispiel über *certlm.msc* im Computerkonto für alle Benutzer des PC oder mit *certmgr.msc* für das entsprechende Benutzerkonto.

3.1.2 Erste Schritte mit dem Webclient

Im Webclient navigieren Sie über den Navigator im linken Bereich durch die verschiedenen Funktionsbereiche von vSphere. Wenn Sie ein Objekt im linken Bereich markieren, sehen Sie im mittleren Bereich des Clients weitere Optionen.

In den meisten Fällen finden Sie oben noch verschiedene Registerkarten, über die Sie die einzelnen Unterfunktionen verwalten. Zusätzlich gibt es im Webclient, nachdem Sie eine Registerkarte geöffnet haben, weitere Untermenüs, mit denen Sie zwischen den einzelnen Funktionen umschalten können. Alle Aufgaben, die Sie durchführen, werden im unteren Bereich angezeigt. Hier sehen Sie auch den Status, ob Aufgaben erfolgreich durchgeführt wurden, sowie eventuelle Fehler.

ACHTUNG: In Windows Server 2016 kann es vorkommen, dass Sie beim Aufruf des Flash-Webclients in Ihrem Browser einen Hinweis erhalten, dass der Flash Player deaktiviert sei. Den Klick auf den angebotenen Link für weiterführende Informationen können Sie sich allerdings in diesem Fall sparen. Die daraufhin angezeigte Erläuterung hilft Ihnen in diesem Fall nicht weiter. Obwohl der Adobe Flash Player tatsächlich in Windows Server 2016 bereits vorhanden ist, müssen Sie diesen häufig zunächst aktivieren. Dazu gehen Sie folgendermaßen vor:

1. Öffnen Sie eine Eingabeaufforderung (mit Administratorrechten).
2. Geben Sie den folgenden Befehl ein:

    ```
    Dism /online /add-package /packagepath:"C:\Windows\servicing\
    Packages\Adobe-Flash-For-Windows-Package~31bf3856ad364e35~amd64
    ~~10.0.14393.0.mum"
    ```

3. Sollte anschließend der Aufruf der Flash-Version des Webclients weiterhin nicht funktionieren, müssen Sie Ihren Server neu starten.

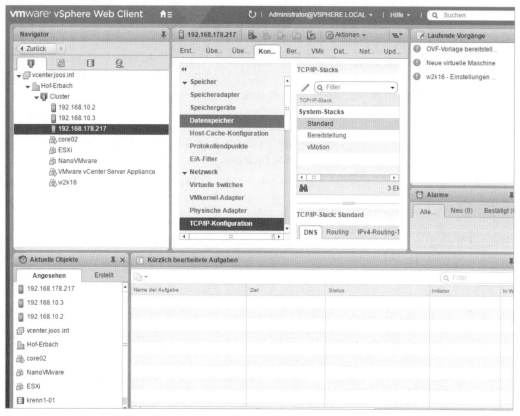

Abbildung 3.2 Im Webclient verwalten Sie umfassend die einzelnen Bereiche von vSphere 6.5.

Im Menü oben links können Sie zwischen den verschiedenen Bereichen und auch zur vorhergehenden Ansicht wechseln. Im Webclient funktioniert durchgehend auch die rechte Maustaste, sodass Sie die meisten Einstellungen über das Kontextmenü genauso erreichen wie im früheren vSphere-Client bis zur vSphere-Version 6.0.

Abbildung 3.3 Das Kontextmenü lässt sich in der Verwaltung von vSphere 6.5 in der Weboberfläche verwenden.

Über die Registerkarte *Konfigurieren* erreichen Sie die wichtigsten Einstellungen, die speziell für das vCenter gelten, wenn Sie im Webclient direkt auf den Namen des vCenter-Servers oder der vCenter-Appliance klicken. Hier haben Sie im linken Bereich über verschiedene Menübefehle die Möglichkeit, Einstellungen im vCenter vorzunehmen. Zusätzliche Konfigurationsmöglichkeiten erreichen Sie auch über die weiteren Menübefehle.

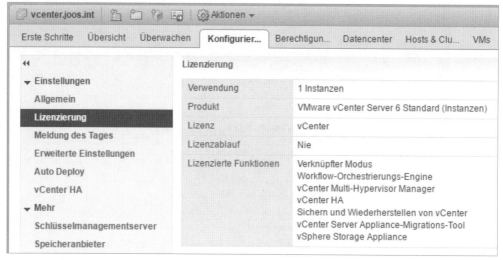

Abbildung 3.4 vCenter-Einstellungen zentral verwalten

Um Einstellungen der vSphere-Hosts, also der einzelnen ESXi-Server anzupassen oder Informationen abzurufen, können Sie auch den neuen, auf HTML5 basierenden, vSphere-Client verwenden. Diesen erreichen Sie über die URL *http://<vCenter-Server oder ESXi>/ui*. Besonders interessant ist hier die Registerkarte *Konfigurieren*, wenn Sie auf einen Host klicken. Anschließend sehen Sie im linken Bereich des Hauptfensters zahlreiche Verknüpfungen, mit denen Sie die Einstellungen des Hosts anpassen können.

Oftmals finden Sie oben rechts weitere Links, mit denen Sie ebenfalls Einstellungen vornehmen können. Außerdem ist der vSphere-Client kompatibel mit der rechten Maustaste. Das heißt, für viele Objekte erhalten Sie Optionen angezeigt, wenn Sie auf das entsprechende Objekt mit der rechten Maustaste klicken.

Auf der Registerkarte *Übersicht* erhalten Sie die wichtigsten Informationen zu diesem Host. Sie sehen hier den aktuellen Ressourcenverbrauch des Hosts, wie dieser Host eingestellt ist, welche Verwaltungsmöglichkeiten Sie mit dem Host haben sowie weitere Funktionen, die Sie in vSphere aktivieren können. Auch der zur Verfügung stehende Datenspeicher und virtuelle Netzwerke sowie das verwendete Hostprofil lassen sich an dieser Stelle anzeigen.

Über diesen Weg können Sie zum Beispiel auch erkennen, ob Sie genügend Lizenzen für die einzelnen vSphere-Hosts einsetzen. Klicken Sie auf den Menübefehl *CPU*, sehen Sie, wie viele Sockel im Server eingebaut sind, wie viele physische Prozessoren zur Verfügung stehen und mit welcher Frequenz diese betrieben werden.

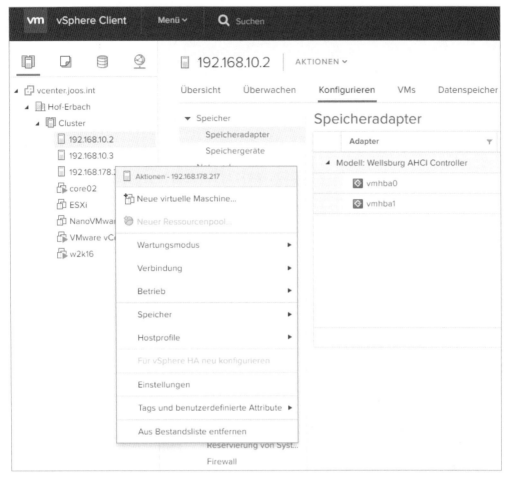

Abbildung 3.5 Auch im neuen vSphere-Client können Sie zahlreiche Einstellungen vornehmen und Informationen abrufen.

Über diesen Bereich erkennen Sie auch, ob die Virtualisierungsfunktionen für die CPUs aktiviert sind. Unterstützt dies der Hersteller, sehen Sie an dieser Stelle auch genauere Informationen zum entsprechenden Server, zum Beispiel auch eventuell vorhandene Inventarisierungsmarkierungen oder Service-Tags.

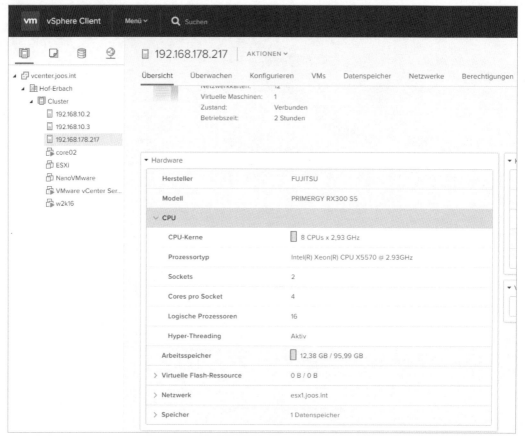

Abbildung 3.6 Auch im neuen vSphere-Client lassen sich Informationen zum Server anzeigen.

Einen wichtigen Bereich finden Sie auch unterhalb von *Konfigurieren* über den Link *TCP/IP-Konfiguration*. Hier sehen Sie die DNS-Server, die verwendet werden, und das Standardgateway, wenn Sie ein solches verwenden. Über den Link zum Bearbeiten oben links können Sie die Einstellung im Fenster anpassen.

Findet vSphere Konfigurationsprobleme oder Fehler auf einem Host, sehen Sie das an dem Symbol, mit dem die entsprechenden Hosts im Webclient angezeigt werden. Liegen Warnungen vor, zeigen die Clients ein gelbes Warnsymbol an, bei schwerwiegenderen Fehlern wird der Status des Servers rot angezeigt.

Klicken Sie im Webclient auf einen Host und wechseln auf die Registerkarte *Übersicht*, wird die entsprechende Warnung im Fenster angezeigt. Hier haben Sie die Möglichkeit, die Warnung zurückzusetzen oder den Fehler zu bestätigen. Sobald Sie also mit einem Client eine Verbindung zur vSphere-Infrastruktur aufbauen, sehen Sie den Status Ihrer Hosts auf einen Blick.

3.1.3 Grundlegende vCenter-Einstellungen im Webclient

Wollen Sie generelle Einstellungen für vCenter im Webclient vornehmen, klicken Sie im Navigator direkt auf den Namen des vCenters. Anschließend erhalten Sie im Hauptfenster verschiedene Menüs und Registerkarten angezeigt, über die Sie Einstellungen zum vCenter vornehmen können.

Arbeiten Sie mit dem Webclient, handelt es sich hierbei immer um die Version, die mit dem entsprechenden vCenter Server oder der jeweiligen vCenter-Appliance ausgeliefert wird. Auch hier gilt wieder, dass Sie vor der Aktualisierung der vSphere-Hosts (siehe Kapitel 2) zunächst den vCenter Server oder die vCenter-Appliance aktualisieren sollten. Denn es ist problemlos möglich, mit der aktuellen vSphere 6.5-Appliance ältere vSphere-Hosts zu verwalten. Mit einer veralteten vCenter-Version können Sie allerdings keine aktuellen vSphere-Versionen verwalten, das gilt auch für vSphere-Clients aus vSphere 6.0.

Wollen Sie also ältere vSphere-Hosts einsetzen, aktualisieren Sie zunächst Ihre vCenter-Server. Sobald diese aktuell sind, können Sie nach und nach die ESXi-Server zur neusten Version aktualisieren. Die aktuelle Version des vCenter-Servers sowie die Unterversion (Build) sehen Sie im Webclient, wenn Sie auf den vCenter Server klicken und zur Registerkarte *Übersicht* wechseln. Im Kasten *Versionsinformationen* sind die entsprechenden Informationen zu sehen.

vSphere-Hosts mit einer älteren Version werden genauso angebunden wie aktuelle Hosts mit vSphere 6.5. Sie sehen die aktuelle Version des Hosts im Assistenten zur Anbindung des Hosts, müssen aber keinerlei Maßnahmen durchführen. Sobald der ältere Host angebunden ist, kann es aber passieren, dass der Zustand einzelner VMs Warnungen anzeigt. Das ist dann der Fall, wenn eine VM nicht kompatibel mit einem Host ist, weil sie zum Beispiel eine neuere Hardwareversion verwendet.

3.1.4 Mit Tags arbeiten – Metadaten für vSphere

Sie haben in vSphere die Möglichkeit, einzelne Objekte mit Markierungen (Tags) zu versehen. Dadurch erhalten Sie eine Metadatenverwaltung für alle Objekte in der vSphere-Umgebung. Der Vorteil dabei: Wenn Sie eine große Umgebung verwalten müssen, können Sie über diese Markierungen bestimmte Objekte schneller finden und selbst festlegen, welche Eigenschaften für diese Objekte genutzt werden sollen.

So können Sie zum Beispiel für die vSphere-Hosts einer bestimmten Abteilung eigene Markierungen festlegen und über die Suche im Webclient explizit nach diesen Hosts suchen. Sie können aber nicht nur mit Markierungen für Hosts arbeiten, sondern auch einzelnen VMs eigene Markierungen zuweisen. Im Webclient finden Sie dazu den Kasten *Tags*, sobald Sie die Registerkarte *Übersicht* aufrufen.

Bei den Tags handelt es sich aber nicht nur um einfache Attribute, die Sie Objekten zuweisen können. Sie haben auch die Möglichkeit, diese Tags zu kategorisieren. Auch die Kategorien können Sie selbst anlegen. Die von Ihnen verwendeten Tags werden im Webclient gespeichert. Wenn Sie einen Tag für eine VM festlegen, zum Beispiel das Tag *Buchhaltung*, speichert vSphere diesen Tag ab.

Wenn Sie jetzt einer weiteren VM das gleiche Tag zuweisen wollen, können Sie dieses über den Kasten *Tags* auf der Registerkarte *Übersicht* zuweisen. Alle Markierungen (Tags), die Sie in der kompletten Umgebung verwenden, können Sie im Webclient auch über den Menübefehl *Tags und benutzerdefinierte Attribute* im Navigator verwalten. Hier haben Sie auch die Möglichkeit, neue Tags anzulegen, neue Kategorien zu erstellen oder die veralteten benutzerdefinierten Attribute umzuwandeln.

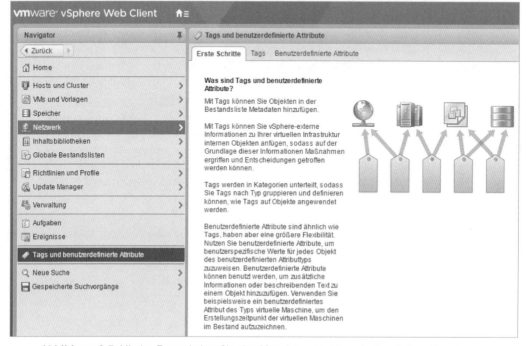

Abbildung 3.7 Mit den Tags erhalten Sie eine Metadatenverwaltung in der vSphere-Umgebung.

Sinnvoll können Tags zum Beispiel auch sein, wenn Sie bestimmte VMs oder Serverdienste gruppieren wollen. Sie können dadurch zum Beispiel alle Server mit einem gemeinsamen Tag markieren, die zum Beispiel für virtuelle Exchange-Server benötigt werden. Wenn Sie eine Kategorie anlegen, können Sie bestimmen, ob diese Kategorie einmal verwendet werden kann oder das Tag auch mehrmals verwendet werden darf. Anschließend können Sie im Fenster festlegen, für welche Objekte diese Kategorie und die darin gespeicherten Tags verwendet werden dürfen.

Haben Sie ein Tag angelegt, das nur für VMs gelten soll, aktivieren Sie bei der Option für die zugreifbaren Objekttypen, dass die entsprechende Kategorie und die darin gespeicherten Tags nur für virtuelle Maschinen gesetzt werden dürfen.

Sobald Sie eine Kategorie angelegt haben, können Sie innerhalb dieser Kategorie ein neues Tag anlegen. Für jedes Tag haben Sie die Möglichkeit, eine Beschreibung und eine passende Kategorie zu konfigurieren. So können Sie zum Beispiel innerhalb der Kategorie *Exchange* ein neues Tag mit der Bezeichnung *Postfachserver* festlegen. Beim Anlegen eines neuen Tags stehen die von Ihnen bereits angelegten Kategorien zur Verfügung, Sie können aber für jedes neue Tag auch eine neue Kategorie direkt im Fenster zum Anlegen eines neuen Tags erstellen.

Anschließend lässt sich für ein Objekt im Webclient (zum Beispiel den hier besprochenen virtuellen Exchange-Server) die Registerkarte *Übersicht* aufrufen und anschließend im Kasten *Tags* die Markierungen verwalten. Hier können Sie der VM eines der angelegten Tags zuweisen. Die Tags haben den Vorteil, dass Sie nach diesen auch im Suchfeld des Webclients suchen können. Geben Sie zum Beispiel den Begriff eines Tags im oberen rechten Suchfeld ein, werden Ihnen alle Objekte angezeigt, denen Sie das Tag zugewiesen haben. Dadurch können Sie bestimmte Server, Hosts oder andere Objekte wesentlich schneller finden und im Webclient verwalten.

3.1.5 VMware Remote Console – VMs über den Webclient steuern

Wenn Sie eine VM im Webclient markieren, sehen Sie den aktuellen Bildschirm über die Remote-Konsole in der Menüleiste der VM. Allerdings ist der Webclient nicht ohne eine Zusatzanwendung dazu in der Lage, sich mit der Konsole einer VM zu verbinden.

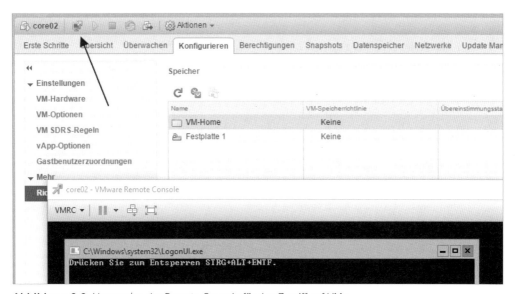

Abbildung 3.8 Verwenden der Remote Console für den Zugriff auf VMs

Die Erweiterung müssen Sie auf dem Rechner installieren, mit dem Sie über den Webclient VMs verwalten wollen. Die VMware Remote Console (VMRC) ist notwendig, wenn Sie über den Webclient auf die Konsole einer VM zugreifen wollen. Für die herkömmliche Verwaltung benötigen Sie auch für den Webclient keine zusätzliche Software. Wenn Sie die Konsole installiert haben, können Sie im Webclient über den entsprechenden Link zu jeder VM eine Verbindung herstellen.

3.2 Einstieg in die Verwaltung von ESXi-Hosts

Zur Verwaltung von ESXi-Hosts verwenden Sie entweder den vSphere-Webclient oder den aktuellen HTML5-Webclient. Dieser wird in Zukunft immer mehr Aufgaben übernehmen. Sie können mit dem alten und dem neuen Webclient parallel arbeiten. VMware hat angekündigt, dass es in absehbarer Zeit nur noch ein Verwaltungstool geben wird, und zwar den neuen HTML5-Webclient. Die grundlegenden Einstellungen können Sie mit beiden Clients durchführen.

3.2.1 ESXi-Hosts herunterfahren und neu starten

Sie können jeden ESXi-Host mit dem klassischen Webclient auf Flash-Basis und dem HTML5-Client herunterfahren und neu starten. Beim Herunterfahren eines Hosts wird dessen Verbindung mit dem Server getrennt, er wird aber nicht aus der Bestandsliste entfernt.

Vor dem Herunterfahren eines Hosts sollten Sie alle virtuellen Maschinen, die auf dem ESXi-Host ausgeführt werden, ausschalten oder mit vMotion auf einen anderen Host verschieben (siehe Kapitel 15).

Klicken Sie den entsprechenden Host mit der rechten Maustaste im Client an. Wählen Sie aus dem Kontextmenü den Unterpunkt *Betrieb* aus. Hier können Sie festlegen, welche Aktion Sie durchführen wollen. Vor dem Herunterfahren können Sie noch den Grund angeben. Dieser wird in das Protokoll eingetragen.

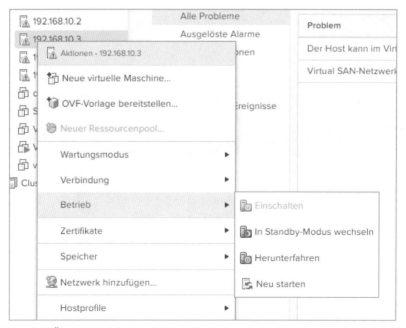

Abbildung 3.9 Über das Kontextmenü führen Sie Aufgaben wie den Neustart oder das Herunterfahren von ESXi-Hosts durch.

3.2.2 Aufgaben verwalten und abbrechen

Alle Aufgaben, die Sie durchführen, werden im Kasten *Aktuelle Aufgaben* bei alleinstehenden Hosts und *Kürzlich bearbeitete Aufgaben* bei der Anbindung an vCenter angezeigt. Hier sehen Sie, ob Aufgaben erfolgreich durchgeführt oder mit einem Fehler abgebrochen wurden. Außerdem können Sie an dieser Stelle Aufgaben abbrechen, indem Sie auf das rote Symbol neben der Aufgabe klicken.

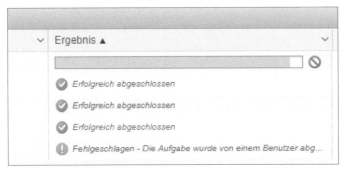

Abbildung 3.10 Überwachen und abbrechen von aktuellen Aufgaben

4 vCenter installieren und Appliance einrichten

Die Verwaltung einer größeren vSphere-Umgebung findet weiterhin mit vCenter statt. Allerdings hat VMware ab vSphere 6.5 einen Schwerpunkt auf die vCenter-Appliance gelegt. Ab vSphere 6.5 unterstützt die Appliance mehr Funktionen als die Windows-Installation von vCenter. Bisher war dies nicht der Fall.

Funktionen, die bisher der Windows-Installation des vCenters vorbehalten waren, wie zum Beispiel der Update Manager, lassen sich jetzt auch auf der Appliance betreiben. Im Installations-Assistenten der Appliance stehen außerdem Funktionen zur Migration bestehender Umgebungen aus vCenter-Server-Installationen zur Verfügung.

■ 4.1 Grundlagen zur zentralen Verwaltung von vSphere-Umgebungen

VMware hat in vCenter 6.5 auch die Installationsoberfläche aktualisiert. Diese lässt sich aber weiterhin auch auf Rechnern mit Windows sowie auf macOS- und Linux-Computern starten.

Der neue HTML5-Client wird am schnellsten über die Adresse *https://<vcenter>/ui* aufgerufen. Wie bei vSphere 6.0 ist der Standard-Webclient über *https://<vCenter>/vsphere-client* erreichbar.

Für den vSphere-Webclient 6.5 wird Adobe Flash Player (Version 16 bis 23) benötigt. Die beste Leistung und Sicherheit erreichen Sie mit Adobe Flash Player 23.

vCenter 6.5 Virtual Appliance (vCSA) basiert auf Linux und erhält in vSphere 6.5 auch bessere Möglichkeiten für die Hochverfügbarkeit und zur Sicherung der eigenen Konfiguration. Das vCenter bietet dazu eine integrierte Hochverfügbarkeit. Hier lassen sich zum Beispiel eine Active-Passive-Konfiguration inklusive eines Zeugenservers umsetzen. Die eigentliche Umgebung ist vom Rest der vSphere-Infrastruktur abhängig.

In der Verwaltungsoberfläche der Appliance (VAMI) stehen neue Funktionen zur eigenen Überwachung und Sicherung der Appliance zur Verfügung. Hier erkennen Sie auch, ob die Appliance noch ordnungsgemäß funktioniert. Zusätzlich sind hier Informationen und Statistiken abrufbar und auch Daten zum noch verfügbaren Speicherplatz oder zur Auslastung von CPU und Arbeitsspeicher, welcher der Appliance zugewiesen wurde.

Die vCSA setzt nicht mehr auf SUSE Enterprise Server, sondern nutzt ein eigenes Linux von VMware mit dem Codenamen „Photon".

 HINWEIS: Bevor Sie Ihre ESXi-Hosts zu vSphere 6.5 aktualisieren, sollten Sie Ihre vCenter-Umgebung zur vCenter-Appliance 6.5 aktualisieren. Mit vCenter 6.5 verwalten Sie alle ESXi-Versionen ab vSphere 5.5.

■ 4.2 vCenter-Server-Linux-Appliance installieren und einrichten

Administratoren, die das vCenter nicht auf einem Windows-Server installieren wollen, können auch auf die vorgefertigte Linux-Appliance zurückgreifen. Ab vSphere 6.5 ist das auch der empfohlene Weg. Die Appliance ist wesentlich schneller einsatzbereit und bietet die gleichen Funktionen und mehr als die herkömmliche Installation von vCenter-Server auf Windows-Servern.

Die Installationsdatei der Appliance steht als ISO-Datei auf der Seite von VMware zum Download bereit. Die Installation dieser Appliance unterscheidet sich von den vorhergehenden vSphere-Versionen. Die Installationsdateien werden jetzt als ISO-Datei zur Verfügung gestellt, nicht mehr als Appliance-Vorlagendatei (OVA). Mit der neuen Version können Sie auch VMware Fault Tolerance (FT) in vSphere 6/6.5 verwalten.

Auch wenn die vCenter-Appliance in der neuen Version 6.5 weiter zu vCenter-Server unter Windows aufgeschlossen hat, waren immer noch nicht alle Möglichkeiten zur Verwaltung integriert. Nutzen Sie zum Beispiel VMware Update Manager (VUM), mussten Sie zusätzlich noch auf eine Windows-VM setzen, da die Appliance VUM noch nicht unterstützt.

Außerdem können Sie die Appliance nicht an einen Microsoft SQL-Server anbinden. Als Datenbank müssen Sie entweder auf die beigefügte PostgreSQL-Datenbank oder auf Oracle setzen. Ab vSphere 6.5 bietet die Appliance mehr Möglichkeiten, zum Beispiel die Unterstützung des Update Managers.

4.2.1 Grundlagen zur vCenter-Server-Appliance

Bei der Appliance handelt es sich um eine fertige Linux-Installation inklusive einer vCenter-Installation, die Sie nach der Appliance-Installation lediglich noch einrichten müssen. Die Installation wurde in vSphere 6 vereinfacht und mit vSphere 6.5 weiter verbessert. Die neue vCenter-Server-Appliance 6.0 wird mit der virtuellen Hardwareversion 10 bereitgestellt, der Vorgänger hat noch die Version 8 verwendet.

Sie können die Hardwareversion der vCenter-Server-Appliance aktualisieren, um mehr virtuelle CPUs zu nutzen. Dies ist dann sinnvoll, wenn Sie im Netzwerk nur aktuelle Hypervisor/ESXi-Hosts einsetzen. ESXi 5.5.x bietet Unterstützung bis zur virtuellen Hardwareversion 10. Diese bietet Unterstützung für 64 virtuelle CPUs pro virtueller Maschine. ESXi 6.0 kann bis zur Hardwareversion 11 mit bis zu 128 virtuellen CPUs pro virtueller Maschine angewandt werden. ESXi 6.5 bietet die neue Hardwareversion 13. Diese unterstützt ebenfalls bis zu 128 logische Prozessoren und 129 Kerne (virtuelle CPUs) pro Sockel. Allerdings wird die Hardwareversion 13 für bis zu 6.128 GB Arbeitsspeicher für VMs sowie für NVMe-Controller eingesetzt.

Bei der Bereitstellung der vCenter-Server-Appliance nehmen Sie einige Einstellungen vor, die für die Installation eine besondere Rolle spielen. Die Einrichtung führen Sie am besten von einer Arbeitsstation aus durch. Auf dieser kann macOS X, Linux oder Windows installiert sein, um die Appliance bereitzustellen.

Sie können während der Installation der Appliance entweder eine Anbindung an eine vorhandene Installation durchführen, eine neue Installation starten oder auch einen bereits vorhandenen Platform Services Controller (PSC) verwenden. Wollen Sie die interne Datenbank in der vCenter-Appliance nutzen, setzen Sie auf die bereits integrierte Installation.

4.2.2 Voraussetzungen für den Betrieb der vCenter-Appliance

Das Installationsprogramm für die Appliance ist in der ISO-Datei integriert.

Verwalten Sie eine vSphere 6.5-Umgebung, müssen Sie auf die Version 6.5 der Appliance setzen. Mit der neuen Version können Sie auch ältere vSphere-Umgebungen verwalten.

Sie können in der neuen Version nicht nur einen ESXi-Server als Ziel auswählen, sondern sich direkt an einen bereits existierenden vCenter-Server anbinden und aus bereits vorhandenen Datacentern und Clustern das Ziel der Appliance auswählen. Außerdem können Sie in der neuen Version mit */bin/cmsso-util* nachträglich eine Anbindung an einen bereits installierten Platform Services Controller (PSC) durchführen. Diese Techniken hat VMware mit vSphere 6.0 eingeführt und in vSphere 6.5 verbessert.

Während der Installation der Appliance können Sie auswählen, ob Sie das vCenter mit integriertem Platform Services Controller installieren wollen oder ob Sie die Appliance an einen bereits installierten Controller anbinden möchten. Abhängig von dieser Auswahl, aber auch der Auswahl, wie viele Hosts Sie mit der Appliance und vCenter verwalten wollen, muss auch der Virtualisierungshost entsprechend ausgestattet sein.

Die vCenter-Appliance benötigt mindestens zwei CPUs und 10 GB Arbeitsspeicher, wenn Sie eine sehr kleine Umgebung verwalten, also bis zu 10 Hosts oder 100 VMs. Bei größeren Umgebungen benötigen Sie mindestens 16 bis 48 GB Arbeitsspeicher. Dieser muss auf dem Host natürlich zur Verfügung stehen. Sie benötigen außerdem mindestens 250 GB freien Festplattenplatz.

■ 4.3 Installation der Appliance vorbereiten

Um die vCenter-Appliance zu installieren, laden Sie die ISO-Datei der Appliance herunter. Danach stellen Sie die ISO-Datei auf einem Rechner bereit, mit dem Sie auch Zugriff auf die Hypervisor-Hosts haben. Klicken Sie doppelt auf die Installationsdatei der Appliance. Diese befindet sich im Verzeichnis *vcsa-ui-installer*. Für die Installation auf Windows-Rechnern starten Sie im Verzeichnis *win32* die Datei *installer.exe*. Dadurch startet der Installations-Assistent, der bei der Installation einer neuen Appliance hilft. Im Installations-Assistenten können Sie aber auch vorhandene Appliances oder bestehende Installationen von vCenter-Server zu vCSA 6.5 aktualisieren.

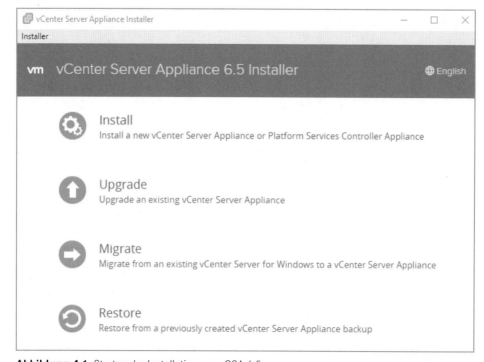

Abbildung 4.1 Starten der Installation von vCSA 6.5

■ 4.4 Installation der Appliance durchführen

Haben Sie die Installation der Appliance auf einer Arbeitsstation gestartet, führt Sie der Installations-Assistent durch die Einrichtung. Achten Sie darauf, dass der Client eine Verbindung zum entsprechenden Hypervisor/ESXi-Server aufbauen kann, auf dem Sie die Appliance installieren wollen. Bestätigen Sie zunächst die Lizenzbedingungen.

Im ersten Schritt legen Sie fest, ob Sie auf der Appliance auch gleich den Platform Embedded Controller (PEC) installieren wollen oder dafür einen eigenen Server betreiben. Sie können eine eingebettete Installation durchführen, inklusive dem Platform Services Controller, oder Sie können einen bereits installierten Server mit Platform Services Controller auswählen. Hier ist auch eine Anbindung an einen bereits installierten vCenter-Server möglich, der über den Platform Services Controller verfügt.

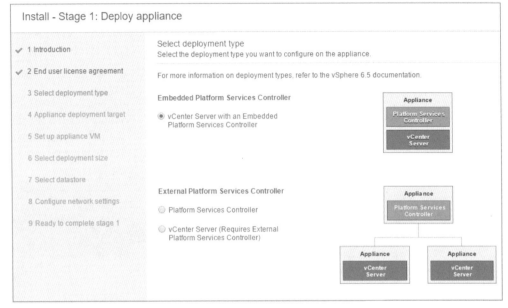

Abbildung 4.2 Auswählen der Bereitstellungsvariante für die vCSA 6.5

Im nächsten Schritt geben Sie den Namen oder die IP-Adresse des Hosts an sowie die Anmeldedaten für den Verbindungsaufbau. Anschließend baut der Installations-Assistent eine Verbindung zum Hypervisor auf. Nach dem erfolgreichen Verbindungsaufbau geben Sie den Namen ein, unter dem die Appliance auf dem Host erscheinen soll, sowie das Kennwort zur Anmeldung.

Im nächsten Schritt wählen Sie aus, in welchem Datenspeicher auf dem Host die Daten der Appliance gespeichert werden sollen.

Danach konfigurieren Sie die Netzwerkverbindung der Appliance. Dazu zeigt der Assistent die Netzwerke an, die auf dem entsprechenden Host zur Verfügung stehen. Achten Sie darauf, bereits vor der Installation die entsprechenden DNS-Einträge festzulegen. Zum Abschluss erhalten Sie noch eine Zusammenfassung angezeigt und können die Integration der Appliance schließlich starten. Dieser Vorgang kann durchaus einige Zeit dauern.

Achten Sie darauf, dass der Name der Appliance und die IP-Adresse manuell auf den DNS-Servern eingetragen werden müssen, damit die Namensauflösung funktioniert. Während der Installation versucht der Assistent, den Namen der Appliance im Netzwerk per DNS aufzulösen. Gelingt ihm das nicht, erhalten Sie eine Fehlermeldung.

Sie sollten daher bereits vor der Installation der Appliance den DNS-Namen festlegen und in der DNS-Zone anlegen, in der Sie die Appliance hinterlegen. Geben Sie bei der Installation der Appliance einen DNS-Namen an, der nicht aufgelöst werden kann, erhalten Sie eine Fehlermeldung, und die Installation schlägt fehl.

Wenn die Installation nicht erfolgreich abgeschlossen werden kann, schließen Sie das Installationsfenster. Bevor Sie eine erneute Installation durchführen können, müssen Sie zuerst die VM auf dem Host ausschalten und löschen. Nachdem Sie den Fehler behoben haben, starten Sie den Installations-Assistenten erneut.

4.4.1 Die erfolgreiche Installation überprüfen

Kann der Assistent die Appliance erfolgreich integrieren, erhalten Sie eine entsprechende Information. Sie sehen den Status der Appliance auch in der Verwaltung des Hosts oder eines vorhandenen vCenter-Servers, wenn Sie die Appliance an eine bereits durchgeführte Installation angebunden haben. Nach der Installation beginnt der Assistent mit der Einrichtung der Appliance.

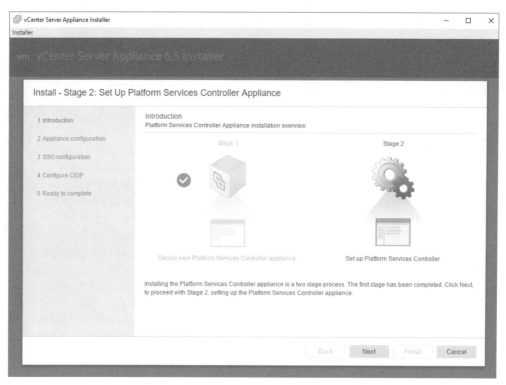

Abbildung 4.3 Nach der Installation der Appliance erfolgt die Einrichtung.

Im Rahmen der Einrichtung legen Sie fest, wie die Appliance die Uhrzeit synchronisieren soll. Sie können hier bestimmen, dass entweder die Uhrzeit des ESXi-Hosts oder ein NTP-Server aus dem Internet verwendet werden soll. Danach legen Sie fest, ob Sie eine neue Single Sign-On-(SSO-)Domäne für die Anmeldung an vSphere definieren oder eine bereits vorhandene Domäne nutzen wollen.

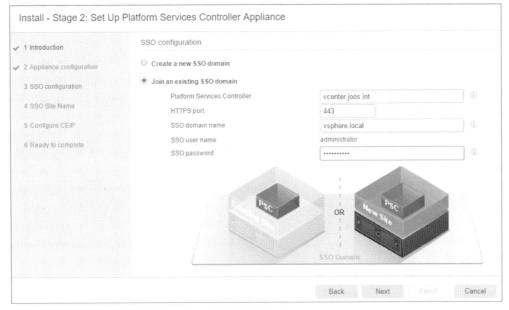

Abbildung 4.4 Festlegen der SSO-Domäneneinstellungen für vCenter

Die Domäne wird für die Anmeldung an die verschiedenen Verwaltungsoberflächen von vCenter benötigt. Im Anschluss können Sie noch festlegen, ob die vCenter-Appliance im gleichen Rechenzentrum betrieben werden soll oder ob Sie ein neues Datencenter erstellen wollen. Danach erhalten Sie eine Zusammenfassung angezeigt und die Appliance wird integriert.

Nach der Integration können Sie die Appliance genauso nutzen und verwalten wie bei der vCenter-Server-Installation auf Windows-Servern. Die Bedienung entspricht ebenfalls den Vorgehensweisen der herkömmlichen Installation. Nachdem die Appliance zur Verfügung steht, testen Sie den Webclient und den vSphere-Client auf Basis von HTML5. Die URL des Webclients ist *https://<FQDN der Appliance>/vsphere-client*, die neue HTML5-Oberfläche erreichen Sie über *https://<FQDN der Appliance>/ui*.

Die Vorgehensweise dazu entspricht den Vorgängen, die bereits in Kapitel 2 bei der Installation und Einrichtung des vCenter-Servers unter Windows besprochen wurden.

4.4.2 Aktionen nach der Installation

Zusätzlich können Sie nach der Installation auf das VMware Appliance Management Interface (VAMI) zugreifen. Dazu verwenden Sie die URL *https://[VCSA]:5480*. Die auf HTML5 basierende Oberfläche bietet alle wichtigen Einstellungen für das vCenter, unabhängig von der auf HTML5 basierenden Oberfläche zur Verwaltung der vSphere-Umgebung. An dieser Stelle melden Sie sich aber nicht mit dem SSO-Administrator an, sondern mit dem Root-Benutzer, den Sie beim Installieren der Appliance angegeben haben.

Mit der VAMI verwalten Sie nicht die vSphere-Umgebungen im Allgemeinen, sondern den lokalen Server, also die Appliance. URL-based Patching ist in VAMI integriert und lässt sich über die Weboberfläche aufrufen. Sie finden diese Einstellungen im Bereich *Update* des VMware Appliance Management Interface. In den Einstellungen können Sie nach Updates suchen oder manuell Updates installieren lassen.

Abbildung 4.5 Mit VMware Appliance Management Interface verwalten Sie die lokalen Einstellungen der Appliance.

Zusätzlich zur VAMI-UI können Sie über den Webdienst der Appliance noch die UI des Platform Services Controllers (PSC) aufrufen. Auch diese baut auf HTML5 auf. Sie öffnen die UI mit der Adresse *https://[VCSA]/psc*. Zur Anmeldung müssen Sie den Administrator der SSO-Domäne angeben, den Sie beim Erstellen festgelegt haben.

Die UI bietet im Grunde genommen die gleichen Möglichkeiten wie der Webclient, kann aber genutzt werden, wenn sich nicht auf den Webclient zugreifen lässt oder wenn ausschließlich Einstellungen für PSC vorgenommen werden sollen. Sie können hier zum Beispiel auch die Zertifikate in der UI steuern.

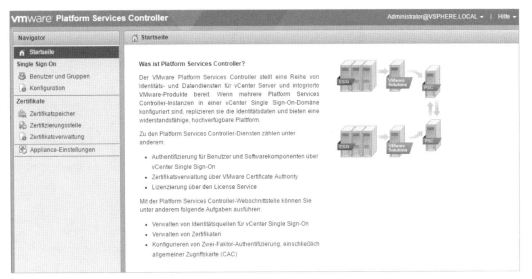

Abbildung 4.6 Den Platform Services Controller (PSC) verwalten Sie auf Wunsch in einer eigenen UI, auch auf der vCenter-Appliance.

Neben der Möglichkeit, die vCenter-Appliance über den Webclient oder den PSC-Client zu verwalten, können Sie auch über die Konsole das Linux-System der vCenter-Appliance konfigurieren. Auch der Zugriff über die PowerShell mit PowerCLI ist möglich. Der Zugriff über die Konsole entspricht im Grunde genommen der Verwaltung eines Hypervisor/ESX-Hosts.

4.4.3 vCenter-Appliance aktualisieren

Nach der Einrichtung der vCenter-Appliance sollten Sie überprüfen, ob diese dem neusten Stand entspricht. Sie können dazu die Weboberfläche der Appliance verwenden, wenn die Appliance mit dem Internet verbunden ist.

Die Weboberfläche rufen Sie über *https://<IP-Adresse oder FQDN der Appliance>:5480* auf. Melden Sie sich mit dem Benutzer „root" und dem Kennwort an, das Sie bei der Einrichtung der Appliance angegeben haben.

Über den Menübefehl *Update* rufen Sie den Eintrag *Nach Updates suchen* auf. Dadurch verbindet sich die Appliance mit dem Internet und überprüft, ob eine neue Version zur Verfügung steht. Wählen Sie für die Suche nach Updates im Internet die Option *URL prüfen*. Die URLs konfigurieren Sie wiederum über *Einstellungen*.

Hat die Appliance Updates gefunden, können Sie diese mit *Updates installieren* in die Appliance integrieren. Der Status dazu ist im Fenster zu sehen.

Sie können Patches natürlich auch als ISO-Datei herunterladen und bei der Funktion für die Update-Suche das Laufwerk auswählen, über das Sie die ISO-Datei zur Verfügung gestellt haben. Updates für vCenter 6.5 laden Sie, wie die Updates für ESXi-Hosts, über die URL *http://tinyurl.com/42zqwhz* herunter.

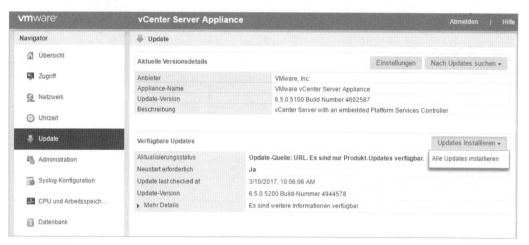

Abbildung 4.7 In der Weboberfläche der Appliance integrieren Sie vCenter schnell und einfach.

Verbinden Sie die ISO-Datei als virtuelles DVD-Laufwerk über die Einstellungen der VM der Appliance. Manchmal stellt VMware mehrere ISO-Dateien mit verschiedenen Updates zur Verfügung. Nachdem Sie die Aktualisierungen der ersten ISO-Datei installiert haben, verbinden Sie die zweite ISO-Datei und starten den Befehl erneut.

Nachdem alle Updates installiert sind, starten Sie die Appliance neu. Sobald Sie alle Aktualisierungen installiert haben und der Server neu gestartet ist, sehen Sie im Konsolenfenster und im Webclient der Appliance die neue Version der Appliance.

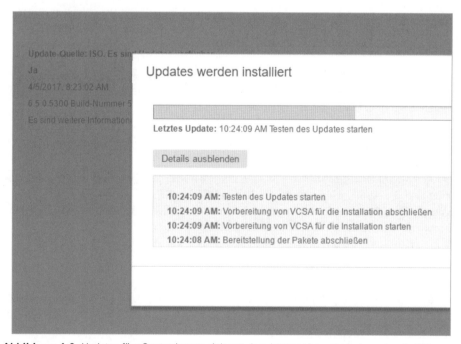

Abbildung 4.8 Updates für vCenter lassen sich aus dem Internet herunterladen oder als ISO bereitstellen.

HINWEIS: Die vCenter-Appliance nutzt zur Datenspeicherung die interne PostgreSQL-Datenbank. Aktualisieren Sie von einer Vorversion zur vCenter-Appliance 6.5, stellt der Installations-Assistent die Datenbank auf eine interne PostgreSQL-Datenbank um, falls Sie eine externe Datenbank eingesetzt haben.

4.4.4 Von älterer vSphere-Appliance migrieren

Aktualisieren Sie mit dem Installationsprogramm der vCenter-Appliance 6.5 eine vorhandene Installation, müssen Sie – falls Sie auf eine externe Datenbank wie zum Beispiel Oracle setzen – auch die Übernahme der Datenbanken planen. Dazu können Sie auch eine vorhandene Installation des Update Managers nutzen (siehe die Kapitel 2 und 14).

Hierzu kopieren Sie das Verzeichnis *migration-assistant* auf die Update Manager-Quellmaschine. Anschließend doppelklicken Sie im Verzeichnis *migration-assistant* auf *VMware-Migration-Assistant.exe*.

4.4.5 Daten von externer Oracle- oder SQL-Datenbank migrieren

Die Daten der vCenter-Appliance können Sie auch aus einer Oracle-Datenbank migrieren. Damit das funktioniert, müssen Sie sicherstellen, dass die neue interne PostgreSQL-Datenbank eine korrekte Größe hat. Die Größe der Kerntabelle finden Sie in Oracle mit dem nachfolgenden Befehl heraus. Diese Größe ist wichtig für die neue Datenbankpartition (*/storage/db*) der PostgreSQL-Datenbank:

```
SELECT ROUND(SUM(s.bytes)/(1024*1024)) SIZE_MB
  FROM   user_segments s
  WHERE  (s.segment_name,s.segment_type)
             IN (SELECT seg_name, seg_type FROM
                     (SELECT t.table_name seg_name, t.table_name tname,
                        'TABLE' seg_type
                        FROM   user_tables t
                     UNION
                     SELECT i.index_name, i.table_name,
                        'INDEX'
                        FROM   user_indexes i
                     ) ti
                 WHERE  (ti.tname LIKE 'VPX_%'
                        OR ti.tname LIKE 'CL_%'
                        OR ti.tname LIKE 'VDC_%')
                    AND ti.tname NOT LIKE 'VPX_SAMPLE_TIME%'
                    AND ti.tname NOT LIKE 'VPX_HIST_STAT%'
                    AND ti.tname NOT LIKE 'VPX_TOPN%'
                    AND ti.tname NOT LIKE 'VPX_SDRS_STATS_VM%'
                    AND ti.tname NOT LIKE 'VPX_SDRS_STATS_DATASTORE%'
                    AND ti.tname NOT LIKE 'VPX_TASK%'
                    AND ti.tname NOT LIKE 'VPX_EVENT%'
                    AND ti.tname NOT LIKE 'VPX_PROPERTY_BULLETIN%');
```

Ähnlich gehen Sie beim Ermitteln dieser Daten bei Microsoft SQL-Servern vor. Hier verwenden Sie den folgenden Befehl:

```
SELECT SUM(p.used_page_count * 8)/1024 AS disk_size
  FROM sys.dm_db_partition_stats p
  JOIN sys.objects o
    ON o.object_id = p.object_id
 WHERE o.type_desc = 'USER_TABLE'
   AND o.is_ms_shipped = 0 AND UPPER(o.name) NOT LIKE 'VPX_HIST_STAT%'
   AND UPPER(o.name) NOT LIKE 'VPX_SAMPLE_TIME%'
   AND UPPER(o.name) NOT LIKE 'VPX_TOPN%'
   AND UPPER(o.name) NOT LIKE 'VPX_TASK%'
   AND UPPER(o.name) NOT LIKE 'VPX_EVENT%'
   AND UPPER(o.name) NOT LIKE 'VPX_SDRS_STATS_VM%'
   AND UPPER(o.name) NOT LIKE 'VPX_SDRS_STATS_DATASTORE%'
   AND UPPER(o.name) NOT LIKE 'VPX_PROPERTY_BULLETIN%';
```

Die Größe der Datenbankpartition der eingebetteten PostgreSQL-Datenbank muss mindestens doppelt so groß sein wie der hier ausgegebene Wert. Zusätzlich benötigen Sie die Größe der Ereignis- und Aufgabentabelle:

```
SELECT ROUND(SUM(s.bytes)/(1024*1024)) SIZE_MB
FROM   user_segments s
WHERE  (s.segment_name,s.segment_type)
            IN (SELECT seg_name, seg_type FROM
                    (SELECT t.table_name seg_name, t.table_name tname,
                      'TABLE' seg_type
                     FROM   user_tables t
                    UNION
                    SELECT i.index_name, i.table_name,
                      'INDEX'
                     FROM   user_indexes I
                    ) ti
                WHERE
                    ti.tname LIKE 'VPX_TASK%'
                OR ti.tname LIKE 'VPX_EVENT%');
```

Um auch die Größe der Statistiktabelle zu erfahren, verwenden Sie den folgenden Aufruf:

```
SELECT ROUND(SUM(s.bytes)/(1024*1024)) SIZE_MB
FROM   user_segments s
WHERE  (s.segment_name,s.segment_type)
            IN (SELECT seg_name, seg_type FROM
                    (SELECT t.table_name seg_name, t.table_name tname,
                      'TABLE' seg_type
                     FROM   user_tables t
                    UNION
                    SELECT i.index_name, i.table_name,
                      'INDEX'
                     FROM   user_indexes I
                    ) ti
                WHERE
                    ti.tname LIKE 'VPX_SAMPLE_TIME%'
                OR ti.tname LIKE 'VPX_TOPN%'
                OR ti.tname LIKE 'VPX_TASK%'
                OR ti.tname LIKE 'VPX_EVENT%'
                OR ti.tname LIKE 'VPX_HIST_STAT%');
```

Auf SQL-Servern verwenden Sie diesen Befehl:

```
SELECT SUM(p.used_page_count * 8)/1024 AS disk_size
  FROM sys.dm_db_partition_stats p
  JOIN sys.objects o
    ON o.object_id = p.object_id
 WHERE o.type_desc = 'USER_TABLE'
   AND o.is_ms_shipped = 0 AND ( UPPER(o.name) LIKE 'VPX_TASK%'
    OR UPPER(o.name) LIKE 'VPX_EVENT%');
```

Die beiden letzteren Werte spielen für die Partition der Daten für Statistiken, Aufgaben, Ereignisse und Alarme eine wichtige Rolle (*/storage/seat*). Generell gilt, dass die Partition, in der die neue PostgreSQL-Datenbank gespeichert werden soll, mindestens doppelt so groß ist wie die gemessenen Datenbankgrößen.

■ 4.5 vCenter-Server 6.5 installieren

Generell gibt es aber auch die Möglichkeit, vCenter auch in vSphere 6.5 zu installieren anstatt als Linux-Appliance zu betreiben. In diesem Abschnitt lernen Sie die Installation einer herkömmlichen vCenter-Installation auf Basis von Windows Server 2016 kennen. Grundsätzlich besteht auch die Möglichkeit, alle beteiligten Server als virtuelle Server zu betreiben.

Für den Betrieb von vCenter auf einem Windows-Server benötigen Sie einen Server mit Windows Server 2012 R2 oder Windows Server 2016. Diesen können Sie natürlich auch virtualisieren. Generell können Sie den vCenter-Server auch in Hyper-V virtualisieren, zum Beispiel für Testumgebungen auf einer Arbeitsstation. Und in produktiven Umgebungen können Sie vCenter auch auf physischen Servern installieren.

Wichtig ist, dass der vCenter-Server über mindestens 2 CPUs und 8 GB Arbeitsspeicher verfügt, da ansonsten der Installations-Assistent für vCenter 6.5 mit einem Fehler abbricht.

4.5.1 Datenbankserver für vCenter vorbereiten

In kleinen Netzwerken oder Testumgebungen reicht es aus, wenn Sie die interne Datenbank für vCenter auf dem lokalen Server nutzen. Allerdings sollten Sie in produktiven Umgebungen darauf achten, die Datenbanken für vCenter auf einem dedizierten Datenbankserver abzulegen, der vor Ausfall geschützt ist und dessen Daten gesichert werden.

In der Datenbank werden alle Konfigurationen des vSphere-Netzwerks gespeichert. Geht die Datenbank verloren, kann es zu Problemen in der Virtualisierungsumgebung kommen. Neben den Konfigurationsdaten werden hier auch Überwachungsdaten gespeichert. Generell sollten Datenbankserver und vCenter-Server voneinander getrennt werden. In idealen Umgebungen werden die Datenbankserver noch durch einen Cluster geschützt.

VMware unterstützt verschiedene Datenbanksysteme von IBM, Microsoft und Oracle. Sie sollten vor der Verwendung einer Datenbank in der VMware Product Interoperability Matrix (*http://tinyurl.com/7ql4n4l*) überprüfen, ob diese für VMware vCenter-Server 6.5 geeignet ist. Hier erhalten Sie auch notwendige Versionshinweise zu den Datenbanken.

4.5.2 Datenbanken für vCenter anlegen

Vor der Installation von vCenter können Sie die Datenbanken für den vCenter-Server bereits anlegen oder durch die Datenbank-Administratoren anlegen lassen. Verwenden Sie Microsoft SQL Server, können Sie eine neue Datenbank mit dem Management Studio anlegen. Legen Sie auf dem Server einen eigenen Benutzer für VMware an, wenn die lokale Authentifizierung unterstützt wird.

Der Name der Datenbank spielt keine Rolle, wichtig ist nur, dass Sie den angelegten Benutzer als Besitzer der Datenbank konfigurieren. Außerdem sollten Sie darauf achten, dass das Wiederherstellungsmodell der Datenbank auf *Full* oder *Vollständig* gesetzt wird. Legen Sie eine weitere Datenbank für den Update Manager des vCenter an, wenn Sie diese Funktion nutzen. Auch hier verwenden Sie den Benutzer der Datenbank für vCenter.

Auf dem vCenter-Server erstellen Sie eine neue ODBC-Verbindung zum Datenbank-Server. Installieren Sie auf dem vCenter-Server den SQL Server Native Client für die eingesetzte Version des SQL-Servers. Diesen Client laden Sie kostenlos bei Microsoft herunter. Im ODBC-Manager können Sie eine direkte Verbindung zur Datenbank herstellen und testen. Die Verbindung muss funktionieren, bevor Sie vCenter installieren. Den ODBC-Manager starten Sie über *%Windir%\SysWOW64\odbcad32.exe*. Erstellen Sie einen System-DSN.

4.5.3 vCenter 6.5 installieren

Bevor Sie vCenter 6.5 installieren, sollten Sie den Server über Windows-Update auf den neusten Stand bringen. Haben Sie die vCenter-Installations-DVD oder ISO-Datei mit dem Server verbunden, startet der Assistent zur Installation von vCenter 6.5. Klicken Sie im ersten Fenster auf *Installieren*.

Anschließend startet der Installations-Assistent. Klicken Sie sich durch die einzelnen Fenster. Sie können vCenter-Server und den Platform Services Controller auf verschiedenen virtuellen Maschinen oder Servern installieren. Installieren Sie zuerst den Platform Services Controller und danach vCenter-Server. Verbinden Sie vCenter-Server mit dem Platform Services Controller. Sie können in diesem Bereich problemlos mehrere vCenter-Server-Instanzen mit einem Platform Services Controller verbinden. Wählen Sie für eine einfache Installation auf der Seite *Bereitstellungstyp auswählen* die Option *Eingebettete Bereitstellung*. Dadurch werden alle notwendigen Komponenten auf einem einzelnen Server installiert.

Sie haben natürlich auch die Möglichkeit, die Option *Externe Bereitstellung* zu verwenden. In diesem Fall können Sie die verschiedenen Komponenten von vCenter-Server auf verschiedene Server verteilen. Das ist vor allem in großen Umgebungen sinnvoll.

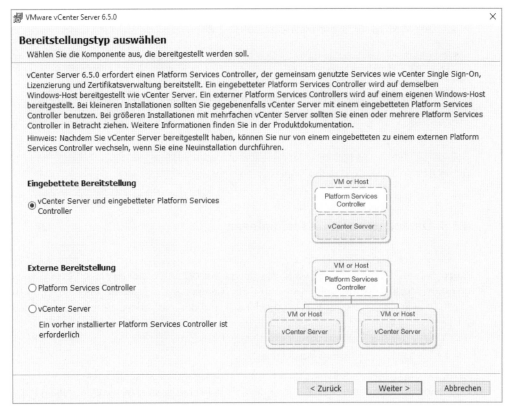

Abbildung 4.9 Während der Installation von vCenter-Server haben Sie ähnliche Einstellungsmöglichkeiten wie bei der Einrichtung der vCenter-Appliance.

Während der Installation von vCenter legen Sie auch den Namen des Servers in der VMware-Umgebung fest. Der Assistent übernimmt an dieser Stelle den FQDN des Windows-Servers. Stellen Sie sicher, dass die DNS-Einträge im Netzwerk funktionieren und der Name aufgelöst werden kann.

In den weiteren Fenstern belassen Sie am besten die Standardeinstellungen. Die generelle Einrichtung entspricht an dieser Stelle den Möglichkeiten, die Sie bereits bei der vCenter-Appliance gelesen haben. Im Rahmen der Installation können Sie entweder eine neue Single Sign-On-Domäne erstellen oder einer vorhandenen Domäne beitreten.

 ACHTUNG: Achten Sie darauf, dass die Single Sign-On-Domäne in vSphere 6.5 nicht mit der Domäne in Active Directory übereinstimmt. Beide Systeme benötigen eigene Namen.

Im Rahmen der Einstellung legen Sie die Ports, den Namen des Systemdiensts sowie die Datenbank für das vCenter fest. Für eine Testumgebung reicht die interne Datenbank aus, in produktiven Umgebungen sollten Sie natürlich auch vorhandene Datenbankserver verwenden. Achten Sie darauf, dass die ODBC-Verbindung dafür zuerst angelegt werden muss.

Während der Installation müssen Sie auch die Anmeldenamen für das Dienstkonto eingeben, mit dem vCenter gestartet werden soll.

 TIPP: Erhalten Sie eine Fehlermeldung beim Zugriff auf den Datenbankserver, geben Sie dem VMware-Benutzer für die Systemdatenbank *MSDB* das Recht *db_owner*. Nach der Installation von vCenter entfernen Sie das Recht wieder.

Über das zuletzt angezeigte Fenster starten Sie schließlich die Installation des Servers. Dieses dauert einige Zeit und es sollten keine Fehler gemeldet werden.

4.5.4 Datacenter und Cluster anlegen

Sobald Sie den Verbindungsaufbau zum vCenter-Server durchgeführt haben, erstellen Sie Ihre Datacenter, nehmen die Hosts in das Center mit auf und erstellen einen Cluster. Auch hier unterscheiden sich vCenter-Server und die vCenter-Appliance nicht voneinander. Dazu klicken Sie auf den Link im Verwaltungsfenster, um das Datacenter zu erstellen. Danach klicken Sie auf vCenter-Home, öffnen die Registerkarte *Übersicht* und erstellen das Datacenter. In den nächsten Kapiteln wird noch ausführlicher auf die Möglichkeiten zur Erstellung von Datacentern und Clustern eingegangen.

Nachdem das Center erstellt ist, können Sie über dessen Kontextmenü einen neuen Cluster erstellen. Für Cluster und Datacenter können Sie beliebige Namen verwenden. Sobald Datacenter und Cluster zur Verfügung stehen, binden Sie über das Kontextmenü des Clusters Ihre Hosts ein. Schließen Sie den Assistenten ab. Die Fenster dazu sind selbsterklärend.

Abbildung 4.10 In den verschiedenen Webclients von vSphere 6.5 verwalten Sie die Umgebung unabhängig davon, ob Sie vCenter-Server oder die vCenter-Server-Appliance einsetzen.

In einer Testumgebung können Sie den Cluster mit den Standardoptionen erstellen. Wenn Sie sich einige Zeit mit VMware vSphere beschäftigt haben, können Sie Einstellungen jederzeit ändern. Sobald Sie das Datacenter und den Cluster erstellt sowie Ihre Hosts hinzugefügt haben, steht vCenter zur Verfügung und Sie können mit der Umgebung genauso arbeiten wie bei der vCenter-Appliance. Alle VMs auf den Hosts werden automatisch in den Cluster integriert.

4.5.5 VMs in vCenter erstellen und installieren

Sobald Sie Ihre Hosts zum vCenter-Datacenter hinzugefügt und den Cluster erstellt haben, können Sie im Webclient oder dem neuen HTML5-vSphere-Client neue VMs erstellen. Die Vorgehensweise zur Erstellung von VMs in vCenter entspricht im Grunde genommen der Erstellung auf alleinstehenden Hosts und der vCenter-Server-Appliance, die Sie mit dem vSphere-Client auf HTML5-Basis oder dem Webclient auf Flash-Basis verwalten.

Sie klicken mit der rechten Maustaste auf den Cluster und wählen *Neue virtuelle Maschine*. Im Assistenten wählen Sie danach aus, ob Sie eine benutzerdefinierte oder eine typische VM erstellen wollen. Im Assistenten zum Erstellen von VMs können Sie anschließend festlegen, auf welchem Host im Cluster die VM zunächst positioniert werden soll. Die Erstellung und Verwaltung von neuen VMs wird in jeweils eigenen Kapiteln behandelt.

5 Cluster erstellen und erste Schritte mit vSphere-Clustern

Grundlage für den Betrieb von vSphere 6.5 zusammen mit vCenter 6.5 sind weiterhin Cluster. Mit Clustern verbinden Sie die einzelnen ESXi-Hosts im vSphere-Netzwerk über vCenter zu einer logischen Einheit. Zwischen den ESXi-Hosts, die Bestandteil des Clusters sind, können Sie VMs verschieben und gemeinsam betreiben. Arbeiten Sie mit vCenter beziehungsweise in einer größeren Infrastruktur mit mehreren vSphere-Hosts, bietet es sich an, einen Cluster aufzubauen.

Außerdem können Sie gemeinsamen Datenspeicher erstellen und einen gewissen Lastenausgleich sowie eine Hochverfügbarkeit konfigurieren. Um einen Cluster mit vSphere aufzubauen, benötigen Sie zunächst vCenter als Windows-Version oder als vCenter Server-Appliance.

Anschließend binden Sie an vCenter die einzelnen Hosts an und erstellen auf dieser Basis den Cluster. Ein Cluster ist im Grunde genommen also eine Gruppierung aller Hosts, die Ressourcen gemeinsam nutzen können. Sie können zwar weiterhin auf die einzelnen Hosts zugreifen, um diese zu verwalten, aber die zentrale Verwaltung erfolgt über vCenter und den Cluster.

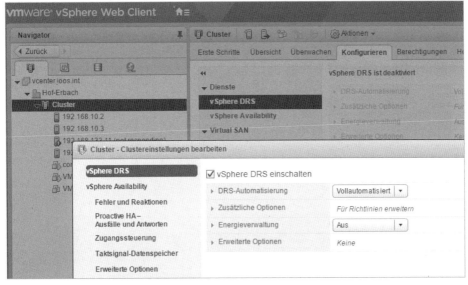

Abbildung 5.1 Nachdem Sie einen Cluster erstellt haben, können Sie dessen Funktionen über seine Eigenschaften bearbeiten.

Erstellen Sie einen Cluster, haben Sie mehrere Möglichkeiten, die Ressourcen der angebundenen Hosts gemeinsam zu nutzen. Dabei ist es von den aktivierten Funktionen des Clusters abhängig, welche davon Sie innerhalb des Clusters nutzen können.

Im Grunde genommen unterscheiden sich die Cluster-Qualitäten vor allem zwischen der Hochverfügbarkeit (High Availability, HA) und dem Lastenausgleich (Distributed Resource Scheduling, DRS). Aktivieren Sie die HA-Funktion, erkennt vSphere, wenn ein Host ausfällt, und kann alle laufenden VMs auf einen anderen Host im Cluster verschieben.

Fällt ein Host aus, wird die Maschine auf einem anderen Host, auf den sie verschoben wurde, neu gestartet. vSphere überprüft über das Verwaltungsnetzwerk, ob die einzelnen Hosts im Netzwerk noch funktionieren, und reagiert entsprechend

■ 5.1 Datencenter und Cluster anlegen und verwalten

Sie können ein Rechenzentrum in mehrere Datencenter aufteilen und auch mehrere Cluster erstellen, in denen Sie Ihre Hosts aufteilen. Zusätzlich lassen sich in einem einzelnen Rechenzentrum mehrere Cluster erstellen. In vSphere 6.5 gibt es auch die Möglichkeit, VMs zwischen verschiedenen Datencentern zu verschieben.

Der erste Schritt beim Aufbau einer vCenter-Umgebung besteht darin, zunächst ein neues Datencenter einzurichten. Dieses ist der Container für den ersten Cluster, in den Sie wiederum die verschiedenen Hosts aufnehmen. Grundsätzlich ist es sinnvoll, im Datencenter zunächst einen Cluster zu erstellen, in den Sie Ihre Hosts aufnehmen. Es gibt aber auch die Möglichkeit, Hosts im Datencenter zu betreiben, ohne dass diese Bestandteile eines Clusters sind.

Ein Cluster ist wiederum ein Container, der unterhalb des Containers eines Datensenders angebunden ist. Sie können also generell zunächst einen leeren Cluster anlegen, Hosts direkt dem Datencenter und anschließend diese Hosts zum Cluster hinzufügen. vSphere 6.5 bietet die Möglichkeit, mehrere Funktionen in einem Cluster freizuschalten.

Sie haben generell die Möglichkeit, die Hochverfügbarkeit zu aktivieren, Sie können aber auch mit dem Lastenausgleich arbeiten. Welche Funktionen Sie nutzen wollen, können Sie bereits beim Anlegen eines Clusters festlegen. Zwingend erforderlich ist dies aber nicht, da Sie eventuelle Änderungen auch später vornehmen können.

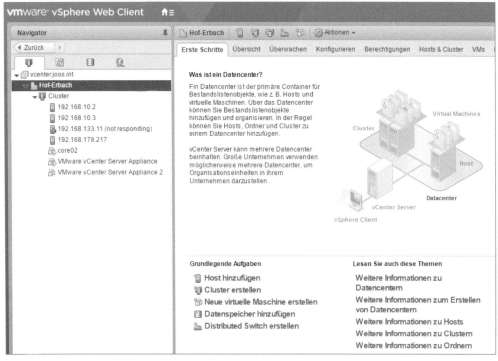

Abbildung 5.2 Datencenter stellen die Grundlage in der Zusammenfassung von vSphere-Hosts dar.

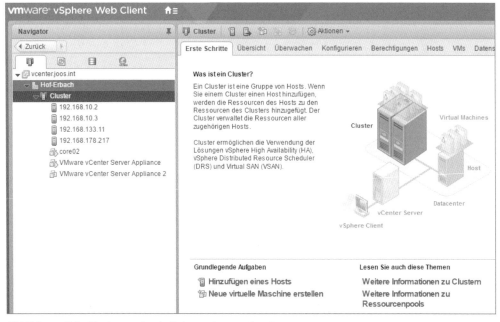

Abbildung 5.3 Cluster werden in Datencenter angebunden.

Über das Kontextmenü des entsprechenden Datencenters legen Sie einen neuen Cluster an. Beim Anlegen geben Sie einen Namen für den Cluster ein. Bereits beim Anlegen können Sie die einzelnen Funktionen für den Lastenausgleich (DRS), Hochverfügbarkeit (vSphere HA) und andere Funktionen nutzen. Dies ist beim Anlegen aber nicht notwendig, sondern es genügt, zunächst nur den Cluster anzulegen.

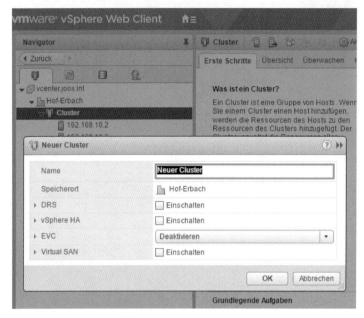

Abbildung 5.4
Beim Erstellen eines Clusters konfigurieren Sie generell.

Nachdem der Cluster-Container angelegt wurde, sehen Sie ihn als Objekt im Datencenter, genauso wie Ihre Hosts. Hosts können Sie sehr einfach in einem Cluster verschieben. Dazu klicken Sie auf den jeweiligen Host im Webclient und ziehen diesen auf den Cluster. Der Vorgang dauert nur wenige Sekunden.

Erweitern Sie danach den Cluster, sehen Sie, dass dieser alle Hosts sowie alle VMs enthält, die Sie auf den einzelnen Hosts betreiben. Auf dem gleichen Weg können Sie weitere Cluster erstellen und den jeweiligen Hosts zuweisen. VMs funktionieren nach der Zuweisung ihres Hosts zu einem Cluster ohne Veränderung weiter.

Natürlich sollten Sie bei der Inbetriebnahme eines Clusters die Einstellungen der VMs überprüfen und unter Umständen anpassen. Wenn Sie einen Host in einen VMware-Cluster verschieben, funktionieren die einzelnen VMs zunächst genauso weiter, als ob der Host keinem Cluster beigetreten wäre.

 ACHTUNG: Sie können einen Host nicht einfach zwischen verschiedenen Clustern verschieben, indem Sie diese von einem Cluster in den anderen Cluster ziehen.

Um einen Host auf einem Cluster zu entfernen oder als Mitglied in einen anderen Cluster aufzunehmen, müssen Sie zuerst alle VMs auf diesem Host ausschalten und den Host anschließend über das Kontextmenü in den Wartungsmodus versetzen. Erst danach können Sie einen Host aus einem Cluster entfernen oder in einen anderen Cluster verschieben.

Den aktivierten Wartungsmodus sehen Sie, wenn Sie den Host anklicken und zur Registerkarte *Übersicht* wechseln. Über das Kontextmenü des Hosts aktivieren oder deaktivieren Sie den Wartungsmodus. Betreiben Sie einen Host bereits in einem Cluster, können Sie die VMs vor dem Aktivieren des Wartungsmodus auf einen anderen Knoten verschieben.

Abbildung 5.5 Verwalten des Wartungsmodus von Hosts

5.2 Grundlagen zu VMware High Availability (HA) und vMotion

Über die High Availability(HA)-Funktion eines vSphere-Clusters erkennen die Hosts, wenn ein anderer Host ausfällt, und können die VMs dieses Hosts übernehmen. Das heißt, die auf diesem Host positionierten VMs werden auf die anderen Hosts im Cluster verteilt und automatisch gestartet. Das soll die Verfügbarkeit der VMs in der virtuellen Umgebung verbessern. Mehr zur Hochverfügbarkeit lesen Sie in Kapitel 15.

Die Überprüfung, ob die Hosts aktuell noch laufen, findet wie bei Windows-Clustern über die Heartbeat-Funktion statt. Diese Netzwerkkommunikation wird über die Verwaltungsschnittstelle im virtuellen Netzwerk durchgeführt (siehe Kapitel 9). Damit Sie diese Technik nutzen können, müssen Sie im Cluster einen gemeinsamen Datenspeicher betreiben, auf dem die Konfigurationsdateien und virtuellen Festplatten der VMs gespeichert sind.

Fällt ein Host aus, sind auch die auf diesem Host gestarteten VMs ausgeschaltet. Für die VMs sieht der Zustand so aus, als ob sie hart ausgeschaltet worden wären. Der Inhalt des Arbeitsspeichers geht bei diesem Vorgang verloren. Auf einem neuen Host werden die VMs also komplett neu gestartet.

Anders sieht es mit der vMotion-Technik aus. Bei diesem Vorgang lassen sich VMs im laufenden Zustand zwischen Hosts verschieben. Bei diesem Verschiebevorgang wird auch der Inhalt des Arbeitsspeichers berücksichtigt. Das heißt, auf dem neuen Host läuft die VM mit dem gleichen Status weiter wie auf dem alten Host. Dazu muss der Quellhost gestartet sein. Beim Einsatz von VMware vSphere wird das Verschieben von VMware über vMotion auch als Migration bezeichnet. Während einer Migration bleiben die Benutzer mit dem Server verbunden.

> **HINWEIS:** Wenn Sie eine VM umbenennen, wird für die Bezeichnung der Systemdateien, virtuellen Festplatten und andere Informationen dennoch der frühere Name verwendet. Nur im Webclient wird der neue Name angezeigt.
>
> Verschieben Sie eine VM über vMotion auf einen anderen Host oder in einen anderen Datenspeicher, werden die Systemdateien und die Dateien der virtuellen Festplatten auf den neuen Namen geändert. Dies gilt auch für die Verzeichnisse der VM.

VMware hat in vSphere 6.5 die Flexibilität von vMotion verbessert. Sie können VMs zwischen Datencentern, vCenter und auch zwischen verschiedenen Netzwerken verschieben. Außerdem können Sie die neuen Prioritäten in vSphere 6.5 nutzen.

■ 5.3 Cluster-HA einrichten

Während der Erstellung eines Clusters müssen Sie weder die Hochverfügbarkeit (High Availability, HA) noch die anderen Funktionen aktivieren. Sie können die einzelnen Cluster-Funktionalitäten jederzeit nachträglich einrichten. Mehr zur Hochverfügbarkeit lesen Sie in Kapitel 15.

5.3.1 Cluster-HA im Webclient anpassen

Aktivieren Sie den Schutz vor dem Verlust einer Speicherverbindung, überwacht vSphere, ob VMs den Zugriff auf ihren Speicher verlieren, und fährt die VM in diesem Fall herunter. Verfügt ein Host im Cluster noch über eine Verbindung zum Datenspeicher, wird die VM verschoben und auf diesem Host aktiviert.

Die Funktion lässt sich über die vSphere HA-Einstellungen aktivieren. Allerdings dürfen in diesem Fall nur Hosts auf Basis von ESXi 6/6.5 Bestandteil des Clusters sein. Nachdem Sie HA aktiviert haben, können Sie Einstellungen bezüglich der Überwachung von VMs vornehmen. Die einzelnen Optionen, die Sie hier aktivieren können, sind selbsterklärend.

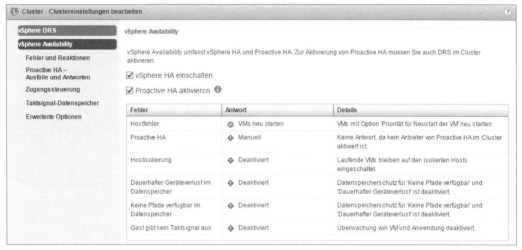

Abbildung 5.6 In den Clustereinstellungen wird die Hochverfügbarkeit aktiviert.

Natürlich können Sie auch während der Erstellung eines Clusters die Konfiguration vornehmen. Generell existieren aber keine Unterschiede zur nachträglichen Aktivierung der Funktion.

Ein Knoten im Cluster wird als Master bezeichnet. Fällt der Master aus, wird einer der untergeordneten Hosts (Slaves) als neuer Master definiert. Der Master steuert die Anbindung des Clusters an vCenter und verwaltet die einzelnen Statusinformationen der angebundenen Hosts. Außerdem legt der Master auch fest, auf welchem Host eine VM neu gestartet werden muss, falls der Quellhost ausfällt.

Wenn Sie HA nach der Einrichtung eines Clusters aktivieren, rufen Sie über das Kontextmenü des Clusters dessen Einstellungen auf. Über die verschiedenen Menübefehle aktivieren Sie die beiden Hauptfunktionen HA und DRS. In den folgenden Abschnitten beschreiben wir die Einrichtung der HA-Funktion.

Sobald Sie das Kontrollkästchen *vSphere HA einschalten* aktiviert haben, erscheinen auf der linken Seite weitere Menübefehle, über die Sie die Hochverfügbarkeit genauer konfigurieren können. Mit einem Klick auf den Menübefehl *vSphere Availability* setzen Sie zunächst die generellen Optionen für diese Funktion.

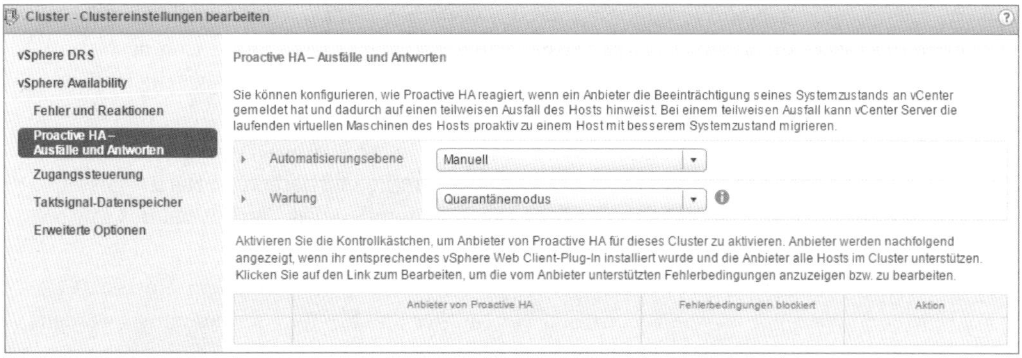

Abbildung 5.7 In den Eigenschaften eines Clusters konfigurieren Sie die Clusterfunktionen, zum Beispiel vSphere High Availability.

5.3.2 Zugangssteuerung verstehen

Über den Bereich *Zugangssteuerung* legen Sie fest, wie sich vSphere verhalten soll, wenn auf den Zielhosts nicht genügend Ressourcen für alle VMs zur Verfügung stehen, falls ein Host im Netzwerk ausfällt. Setzen Sie die Option auf *Aktivieren*, werden VMs, für die nicht genügend Ressourcen zur Verfügung stehen, nicht gestartet. Ist die Option auf *Deaktiviert* gesetzt, werden die Hosts gestartet, erhalten aber weniger Ressourcen zugewiesen.

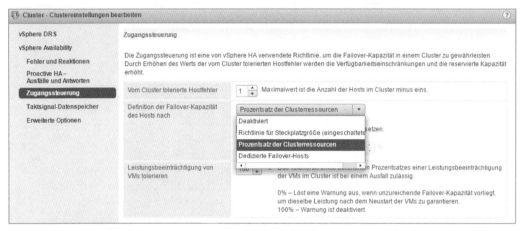

Abbildung 5.8 Die Zugangssteuerung ermöglicht die Konfiguration von Maximalwerten für den Ressourcenverbrauch.

Wenn Sie den Cluster belasten, zum Beispiel Updates installieren, kann es notwendig sein, dass Sie diese Option auf *Deaktiviert* setzen. Dies gilt insbesondere dann, wenn Sie im Cluster nur wenige Hosts betreiben. Wenn Sie zum Beispiel 20 % der Ressourcen für das Failover zur Verfügung stellen, fehlen dem Cluster insgesamt 40 % Ressourcen, wenn Sie nur zwei Host einsetzen.

In diesem Zusammenhang spielt auch die Option *Vom Cluster tolerierte Hostfehler* eine Rolle. Hier wählen Sie aus, wie viele Hostfehler Sie tolerieren wollen. Sie können als Maximalwert die Anzahl der Hosts im Cluster minus 1 festlegen. Außerdem steuern Sie hier, wie viele Ressourcen der einzelnen Hosts für den Betrieb des Clusters reserviert werden sollen.

Muss ein Failover durchgeführt werden, müssen auf den Zielhosts genügend Ressourcen zur Verfügung stehen. Die Zielhosts müssen weiterhin die VMs effizient zur Verfügung stellen können, die bereits auf den Hosts positioniert sind. Zusätzlich müssen noch genügend Ressourcen zur Verfügung stehen, damit der Cluster die VMs des ausgefallenen Hosts auf die Zielhosts verteilen kann.

Dafür müssen natürlich Ressourcen reserviert werden. Wie viele Sie reservieren wollen, legen Sie im Fenster zur Anpassung der Zugangssteuerung fest. Die reservierten Ressourcen stehen für keine VM auf dem Zielhost zur Verfügung, sondern erst, wenn der Cluster ein Failover durchführen muss.

Über die Option *Dedizierte Failover-Hosts* können Sie die Einstellungen für einzelne Hosts im Cluster definieren. Erst wenn im Cluster ein Failover durchgeführt werden muss, werden

VMs auf dem Host positioniert. Sie können sich über diese Option alle im Cluster zur Verfügung stehenden Hosts anzeigen lassen. Anschließend können Sie einen oder mehrere Hosts als Failover-Hosts definieren.

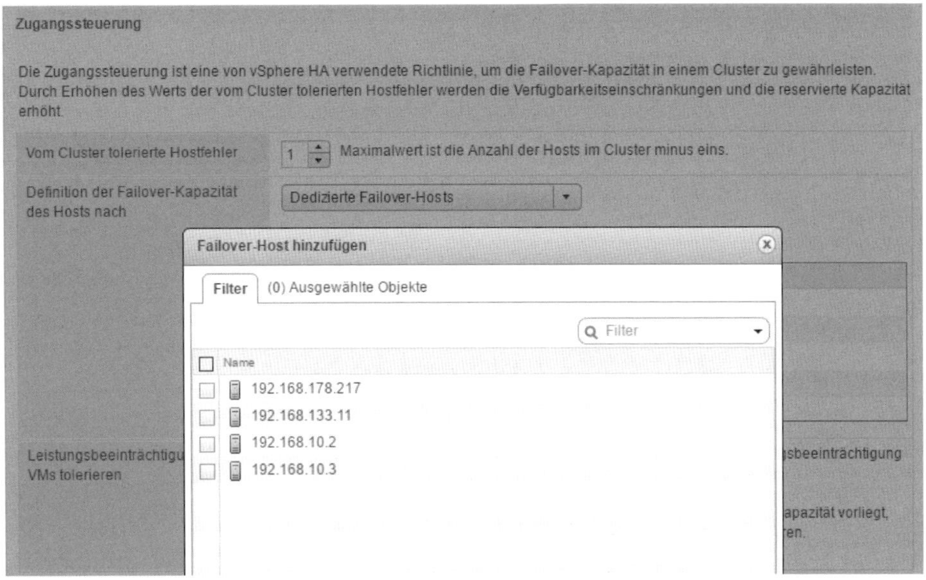

Abbildung 5.9 Festlegen von dedizierten Failover-Hosts

Über den Menübefehl *Taktsignale-Datenspeicher* steuern Sie weitere Optionen für die Hostisolierung. Wenn ein Host nicht mehr mit den anderen Hosts und dem Master im Cluster kommunizieren kann, wird auch überprüft, ob der gemeinsame Datenspeicher zur Verfügung steht. Erreicht der Host auch seine Datenspeicher nicht mehr, betrachtet er sich selbst als isoliert.

Es handelt sich dabei um eine zusätzliche Instanz zur Überprüfung der Verfügbarkeit. Sie können über diesen Menübefehl festlegen, welche gemeinsamen Datenspeicher dazu verwendet werden. Die Datenspeicher, die Sie hier aktivieren, erhalten ein zusätzliches Verzeichnis zugewiesen, über die vSphere den Zugriff von Hosts überprüfen kann.

Bestätigen Sie die Einstellungen, richtet vSphere HA ein, und die Funktion steht zur Verfügung. Um HA zu testen, können Sie zum Beispiel einen Host mit VMs ausschalten und überprüfen, ob die VMs auf einen anderen Host übertragen werden. Sie können dies testen, indem Sie die Übersichtsseite einer VM anzeigen lassen, die sich auf dem ausgefallenen Host befindet. Nach ein bis zwei Minuten sollte sich der Host dieser VM ändern. Es dauert einige Zeit, bis das System erkennt, dass ein Host ausgefallen ist. Dadurch soll verhindert werden, dass ein Failover stattfindet, obwohl dieser gar nicht notwendig ist.

Nachdem Sie HA aktiviert haben, finden Sie auf der Registerkarte *Überwachen* den Menübefehl *vSphere HA*. Klicken Sie auf diesen, erhalten Sie umfassende Informationen zum Cluster. Sie sehen den hinterlegten Master und verschiedene Informationen zu den Hosts und den Clustern.

Hier ist auch zu erkennen, ob es im Cluster aktuell Hosts mit Problemen gibt, ob Konfigurationsfehler vorliegen und ob sich Clusterknoten im Wartungsmodus befinden. Außerdem steht hier ein Link zur Verfügung, um direkt die Einstellungen des HA-Clusters zu öffnen. Über den Menübefehl *Konfigurationsprobleme* sehen Sie, ob Probleme mit den einzelnen Hosts im Cluster auftreten.

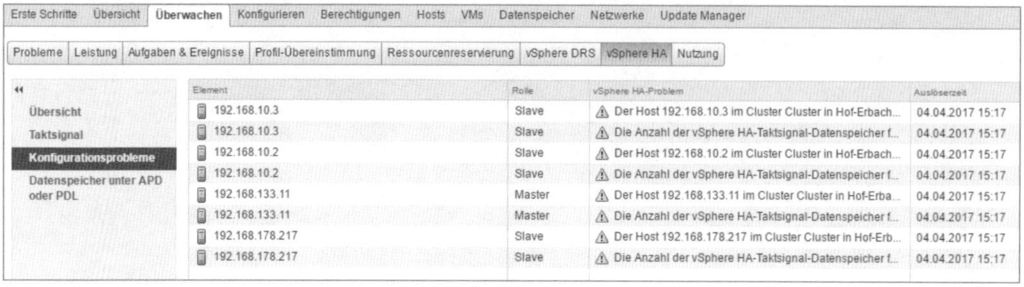
Erste Schritte Übersicht Überwachen Konfigurieren Berechtigungen Hosts VMs Datenspeicher Netzwerke Update Manager
Probleme Leistung Aufgaben & Ereignisse Profil-Übereinstimmung Ressourcenreservierung vSphere DRS vSphere HA Nutzung
Übersicht
Taktsignal
Konfigurationsprobleme
Datenspeicher unter APD oder PDL
Element Rolle vSphere HA-Problem Auslösezeit
192.168.10.3 Slave Der Host 192.168.10.3 im Cluster Cluster in Hof-Erbach... 04.04.2017 15:17
192.168.10.3 Slave Die Anzahl der vSphere HA-Taktsignal-Datenspeicher f... 04.04.2017 15:17
192.168.10.2 Slave Der Host 192.168.10.2 im Cluster Cluster in Hof-Erbach... 04.04.2017 15:17
192.168.10.2 Slave Die Anzahl der vSphere HA-Taktsignal-Datenspeicher f... 04.04.2017 15:17
192.168.133.11 Master Der Host 192.168.133.11 im Cluster Cluster in Hof-Erba... 04.04.2017 15:17
192.168.133.11 Master Die Anzahl der vSphere HA-Taktsignal-Datenspeicher f... 04.04.2017 15:17
192.168.178.217 Slave Der Host 192.168.178.217 im Cluster Cluster in Hof-Erb... 04.04.2017 15:17
192.168.178.217 Slave Die Anzahl der vSphere HA-Taktsignal-Datenspeicher f... 04.04.2017 15:17

Abbildung 5.10 Überwachen der Hochverfügbarkeit im vSphere-Cluster

5.4 Lastenausgleich in vSphere – Distributed Resource Scheduling (DRS)

Die Distributed-Resource-Scheduling-(DRS-)Funktion ist die zweite umfassende Cluster-Funktionalität in vSphere. Über DRS werden die Ressourcen, die den einzelnen VMs zugewiesen sind, innerhalb des Clusters gesteuert.

5.4.1 DRS aktivieren

Sie können über DRS Ressourcen automatisiert zuweisen oder entziehen. Außerdem kann DRS einzelne VMs oder ganze Gruppen von einem überlasteten Host automatisiert auf einen Host mit weniger Last über vMotion verschieben. Da bei diesem Vorgang auch der Inhalt des Arbeitsspeichers verschoben wird, ist dieser Vorgang für die Anwender vollkommen transparent. Sie können komplexe Regeln für das Zuteilen von Ressourcen erstellen und Hosts oder VMs gruppieren. Die Regeln werden auf Basis der erstellten Gruppen konfiguriert.

Sie können DRS gemeinsam mit HA auf einem Cluster betreiben. Für die Einrichtung der Funktion aktivieren Sie die Option *vSphere DRS einschalten* in den Einstellungen eines Clusters, die Sie über die Registerkarte *Konfigurieren* und die Schaltfläche *Bearbeiten* erreichen. Anschließend sehen Sie im linken Bereich weitere Menübefehle, über die Sie vSphere DRS konfigurieren. Über den Menübefehl *vSphere DRS* legen Sie zunächst die generelle Automatisierungsebene für DRS im Cluster fest.

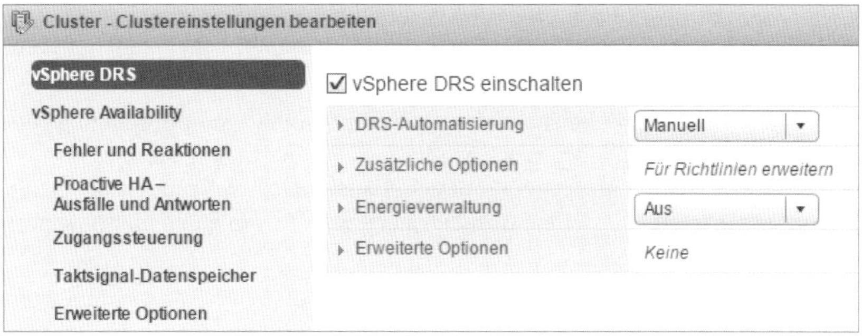

Abbildung 5.11 Konfigurieren von DRS im vSphere-Cluster

In vSphere DRS steuern Sie auch die Automatisierungsebene für den Cluster. Sie können DRS manuell nutzen oder vollständig automatisiert.

Aktivieren Sie die Option *Manuell*, zeigt Ihnen vCenter Empfehlungen für VMs an, verschiebt aber keine VM automatisch. Setzen Sie die Option *Teilautomatisiert*, verschiebt DRS die VMs nicht im laufenden Betrieb, überprüft aber beim Neustart der VM, auf welchem Host die VM am besten positioniert wird, und verschiebt danach die VM auf den entsprechenden Host.

Nutzen Sie die Option *Vollautomatisiert*, verschiebt vCenter beim Starten einer VM diese auf den Host mit der geringsten Auslastung. Außerdem werden gestartete VMs verschoben, wenn ein Host überlastet und andere Hosts nicht genügend ausgelastet sind. In größeren Umgebungen ist es in den meisten Fällen am besten, wenn Sie DRS vollautomatisiert nutzen. Dies setzt jedoch voraus, dass Sie die Hosts und die DRS-Konfiguration entsprechend optimal konfigurieren.

Grundsätzlich ist es empfehlenswert, wenn Sie die einzelnen Werte auf dem Standardwert belassen. Setzen Sie einzelne Optionen zu aggressiv, werden die VMs bereits verschoben, wenn sie kurzfristig mehr Last verursachen. Dadurch erreichen Sie nicht unbedingt eine Leistungssteigerung. Generell hängt die Einstellung aber auch von den Anforderungen des Unternehmens ab.

Auch bei einer aggressiven Einstellung verschiebt vSphere nicht unkontrolliert ständig VMs, sondern beachtet gewisse Regeln. Allerdings werden beim Verschieben Hosts und das Netzwerk belastet. Wie bei der Konfiguration von HA finden Sie auch bei der Aktivierung von DRS einen Menübefehl zur Überwachung und zur Anzeige der Konfiguration.

5.4.2 DRS-Regeln und DRS-Gruppen definieren

Aktivieren Sie für einen Cluster-DRS, sollten Sie Regeln definieren sowie VMs und Hosts in Gruppen zusammenfassen, um die Ressourcen optimal zu planen und im Regelfall optimal zu verteilen. Nicht immer verteilt vCenter die VMs optimal, sondern Administratoren müssen häufig in die Verteilung eingreifen.

Sie können über Gruppen festlegen, dass bestimmte VMs als Gruppe zusammengefasst werden, und Sie können festlegen, dass bestimmte VMs immer voneinander getrennt werden.

Im Praxisumfeld ist dies zum Beispiel sinnvoll, wenn Sie eine Serveranwendung betreiben, die Zugriff auf einen Datenbankserver benötigt. Es kann notwendig sein, dass Sie die VM mit der Server-Anwendung und die VM mit dem Datenbankserver gemeinsam gruppieren, damit diese auf einem gemeinsamen Host betrieben werden, um effizienter miteinander zu kommunizieren.

Wenn Sie zum Beispiel noch einen weiteren Server für die Server-Anwendung betreiben, zum Beispiel für die Hochverfügbarkeit der Server-Anwendung oder als Ausfall-Server für den ersten Anwendungsserver, ist es sicherlich nützlich, wenn Sie den zweiten Anwendungsserver vom ersten trennen und das entsprechend in vSphere über DRS konfigurieren.

Ein weiteres Beispiel wäre das Betreiben eines virtuellen Windows-Clusters. Zur Ausfallsicherheit ist es hier notwendig, dass die einzelnen virtuellen Clusterknoten auch auf verschiedenen vSphere-Hosts betrieben werden. In diesem Fall würden Sie diese Server voneinander separieren. Wie Sie diese Struktur in Ihrem produktiven Netzwerk aufbauen, ist im Grunde genommen abhängig von den Anforderungen im Netzwerk.

Gruppieren Sie in vSphere verschiedene VMs, spricht VMware auch von Zusammenhalten. Trennen Sie die VMs voneinander, wird das in vSphere als Separieren bezeichnet. Das Zusammenhalten ist zum Beispiel immer dann effizient, wenn Server über das Netzwerk miteinander kommunizieren. Sind diese Server auf einem gemeinsamen Host positioniert, findet die Netzwerkkommunikation auf dem lokalen Host statt, ist also deutlich schneller als über das Netzwerk, wenn VMs über verschiedene Hosts miteinander kommunizieren müssen.

Bevor Sie Regeln erstellen, auf deren Basis Sie VMs separieren oder zusammenhalten, müssen Sie über den Menübefehl *VM/Host-Gruppen* in den Eigenschaften eines Clusters entsprechende Gruppen definieren.

Im unteren Bereich des Fensters steuern Sie die Host-Gruppen für DRS. Im oberen Bereich des Fensters gruppieren Sie einzelne VMs. Generell dürfen VMs und Hosts auch Mitglied in verschiedenen Gruppen sein. Das müssen Sie aber später bei der Erstellung von Regeln berücksichtigen, damit Sie keine Regeln erstellen, die sich gegenseitig ausschließen.

5.4 Lastenausgleich in vSphere – Distributed Resource Scheduling (DRS)

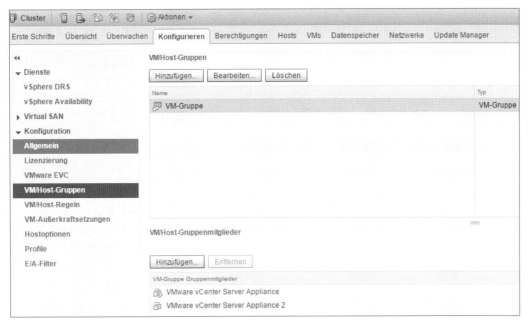

Abbildung 5.12 Im Gruppen-Manager des Clusters legen Sie in den Einstellungen verschiedene Gruppen von VMs und Hosts fest.

Nachdem Sie Gruppen erstellt haben, können Sie über den Menübefehl *VM/Host-Regeln* mit *Hinzufügen* die dazu passenden DRS-Regeln erstellen. Im oberen Bereich geben Sie zunächst einen Namen für die Regel ein und legen danach im Feld *Typ* fest, ob die VMs in dieser Regel gruppiert *(Virtuelle Maschinen zusammenhalten)* oder voneinander getrennt *(Separate virtuelle Maschinen)* werden.

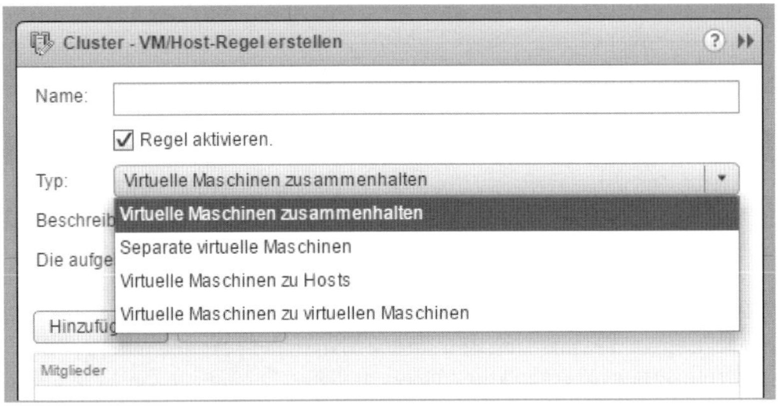

Abbildung 5.13 Erstellen von DRS-Regeln

Außerdem steuern Sie über die Option *Virtuelle Maschinen zu Hosts*, auf welchen Hosts bestimmte VM-Gruppen betrieben oder nicht betrieben werden dürfen. Sobald Sie diese Option auswählen, können Sie festlegen, welche VM-Gruppe mit welcher Cluster-Host-gruppe über die Regeln in Beziehung stehen soll. Sie können hier definieren, dass eine bestimmte VM-Gruppe immer auf den gleichen Hosts in der jeweiligen Gruppe betrieben werden oder ob vSphere die entsprechende Host-Gruppe nur bevorzugen soll.

Auf der anderen Seite können Sie festlegen, ob eine bestimmte VM-Gruppe oder fest definierte VMs nicht auf einer Host-Gruppe betrieben werden dürfen oder ob vSphere diese Gruppe bei der Berücksichtigung nur vernachlässigen soll, generell aber der Betrieb möglich ist. Welche Optionen Sie hier wählen, hängt von Ihren Anforderungen ab. Sie können in diesem Fenster verschiedene Regeln erstellen. Alle Regeln werden an dieser Stelle angezeigt und lassen sich jederzeit anpassen.

Außerdem haben Sie die Möglichkeit, einzelne Regeln auch vorübergehend zu deaktivieren. Definieren Sie fehlerhafte Regeln, also Regeln, die sich gegenseitig beeinflussen, führt vSphere automatisch die zuerst definierte Regel aus. Erstellen Sie Regeln, die sich gegenseitig ausschließen, kann es passieren, dass DRS nicht korrekt funktioniert und damit auch verschiedene andere Komponenten im Cluster nicht richtig verwendet werden können. Sie sollten also bei der Erstellung von Gruppen und Regeln sehr sorgfältig vorgehen. Bei der Überwachung des DRS-Clusters erhalten Sie ebenfalls entsprechende Fehlermeldungen, wenn Regeln nicht konsistent sind.

■ 5.5 Distributed Power Management – Energieverwaltung im DRS-Cluster

Bei Distributed Power Management (DPM) handelt es sich um die Energieverwaltung eines DRS-Clusters. DPM arbeitet eng mit DRS zusammen. Bei dieser Art der Energieverwaltung im Cluster werden VMs auf andere Hosts im Cluster migriert und einer der Hosts anschließend pausiert. Das soll beim Energiesparen helfen. Sinnvoll ist der Einsatz vor allem in großen Rechenzentren mit vielen Hosts. Setzen Sie nur wenige Hosts ein, ist es selten sinnvoll, einzelne Hosts zu deaktivieren.

Es geht bei dieser Technologie nicht darum, auf einzelnen Servern etwas Energie zu sparen, indem Sie die CPU heruntertakten oder einzelne Hardwaregeräte ausschalten, sondern vSphere erkennt, wenn in einem Cluster nicht mehr alle Hosts notwendig sind, und kann einzelne Hosts abschalten, pausieren oder die Energiesparoptionen des Serverherstellers nutzen. Dazu werden die VMs dieser Hosts auf die anderen Hosts im Cluster verteilt. Steigt der Ressourcenverbrauch von VMs im Netzwerk an, aktiviert DPM die ausgeschalteten beziehungsweise pausierten Hosts wieder und kann erneut VMs positionieren.

DPM kann auch Hosts automatisiert neu starten, damit alle VMs über die ihnen zugewiesenen Ressourcen verfügen, wenn aktuell nicht genügend Ressourcen zur Verfügung stehen. Erst wenn die verbleibenden Hosts zu stark ausgelastet sind, verschiebt DPM einzelne VMs auf einen der pausierten Hosts.

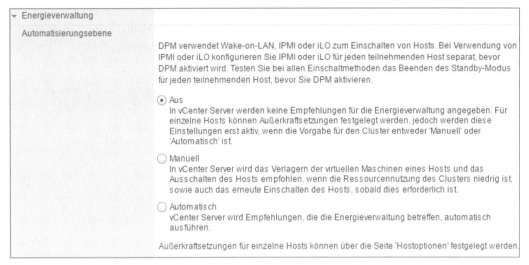

Abbildung 5.14 vSphere kann über DRS-Cluster auch Energie für Unternehmen sparen.

Die Konfiguration für DPM nehmen Sie über den Menübefehl *Energieverwaltung* in den Eigenschaften eines DRS-Clusters vor. Standardmäßig ist die Funktion ausgeschaltet. Sie können die Konfiguration auf *Manuell* zu setzen oder die automatische Konfiguration aktivieren. Diese Einstellung verhält sich ähnlich wie die Automatisierungsebene eines DRS-Cluster. Über den Menübefehl *Hostoptionen* können Sie DPM für einzelne Hosts deaktivieren.

5.6 Enhanced vMotion Compatibility (EVC)

Beim Einrichten eines vSphere-Clusters können Sie die Enhanced vMotion Compatibility (EVC) aktivieren. Diese Technik benötigen Sie vor allem dann, wenn Sie im Cluster Hosts mit verschiedenen Prozessoren betreiben. Dies könnte zum Beispiel der Fall sein, wenn Sie die Hardware in Ihrem Cluster ersetzen und die neuen Hosts über andere Prozessoren als die alten Hosts verfügen. In produktiven Umgebungen ist das allerdings nicht optimal. Hier sollten Sie möglichst auf identische Hardware setzen.

Nutzen Sie in einem Cluster die gleichen CPUs, benötigen Sie diese Funktion nicht. Setzen Sie im Netzwerk verschiedene Hosts mit unterschiedlichen Prozessoren ein, kann es sinnvoll sein, besser verschiedene Cluster zu definieren und in diesen Clustern die Hosts mit identischen CPUs zusammenzufassen.

Ist dies nicht möglich oder ist es für Ihren produktiven Betrieb notwendig, Hosts mit verschiedenen CPU-Architekturen in einem gemeinsamen Cluster zu betreiben, können Sie EVC nutzen, um VMs davon abzuhalten, Prozessorfunktionen zu nutzen, die auf den anderen Hosts nicht unterstützt werden. Dadurch können Sie die VMs mit vMotion auch dann zwischen den Hosts verschieben, wenn sich die CPUs unterscheiden.

Sie steuern den EVC-Modus über die Eigenschaften eines Clusters mit dem Menübefehl *VMware EVC*. Anschließend können Sie die Einstellungen für den Modus aktivieren. Damit Sie den Modus effizient einsetzen können, sollte es sich bei den neuen Servern mit den neuen Prozessoren um den gleichen Prozessortyp handeln wie bei den alten Servern.

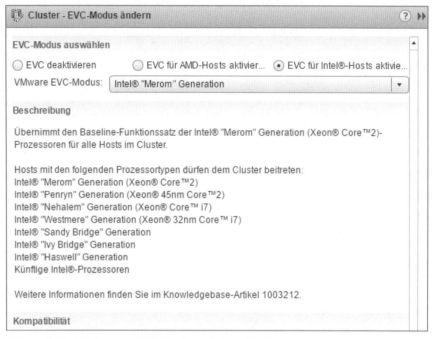

Abbildung 5.15 Aktivieren von EVC für einen vSphere-Cluster

Wechseln Sie den Hersteller zwischen Intel und AMD, lässt sich EVC nicht effizient nutzen. Wechseln Sie von einer veralteten AMD-Version zu einer neuen Version oder von einem veralteten Intel-Prozessor zu einem neuen Intel-Prozessor, können Sie EVC nutzen. Sie können mit EVC keine Kompatibilität zwischen Intel-Prozessoren und AMD-Prozessoren herstellen.

Sobald Sie die Funktion aktivieren, können Sie über das Menü *VMware EVC-Modus* die Kompatibilität einstellen. Wenn Sie eine Funktion aktivieren, überprüft vSphere automatisch die Kompatibilität. Ist diese gegeben, können Sie den Modus aktivieren. Erhalten Sie einen Fehler angezeigt, können Sie EVC nicht nutzen, da die Prozessoren nicht zueinander kompatibel gesetzt werden können. Sobald Sie EVC aktiviert haben, können Sie zwischen den einzelnen Hosts vMotion auch dann nutzen, wenn unterschiedliche Prozessoren im Einsatz sind. So haben Sie zum Beispiel die Möglichkeit, VMs von älterer Hardware auf neue Server zu verschieben und die veraltete Hardware zu ersetzen.

Für den dauerhaften Betrieb ist EVC nicht empfehlenswert. Bei manchen Serverherstellern ist es leider notwendig, dass Sie die Funktion aktivieren, da sich die Prozessoren unterscheiden. Für einen stabilen und leistungsstarken Betrieb ist es aber besser, wenn Sie auf identische Hardware setzten und EVC nur für das Ersetzen veralteter Hardware nutzen.

5.7 Auslagerungsdatei für Cluster konfigurieren

Über den Menübefehl *Speicherort der Auslagerungsdatei* in den allgemeinen Einstellungen eines Clusters können Sie festlegen, wo die Auslagerungsdatei für VMs gespeichert werden soll, die auf Hosts in diesem Cluster betrieben werden. Die Auslagerungsdatei ist für die Leistung von VMs verantwortlich. Sie sollten darauf achten, dass der Datenspeicher, auf dem Sie die Auslagerungsdatei zur Verfügung stellen, effizient zur Verfügung steht.

5.8 Fault Tolerance für VMs nutzen

Die Fault-Tolerance-(FT-)Technologie stellt eine Hochverfügbarkeitsfunktion speziell für VMs zur Verfügung. Grundsätzlich handelt es sich bei FT nicht um eine Cluster-Funktionalität von vSphere, sondern um die Konfiguration einer Hochverfügbarkeit für VMs. Bei diesem Vorgang wird eine VM auf einem anderen Host gespiegelt. Beide VMs arbeiten mit dem gleichen Speicher. FT synchronisiert den Inhalt des Arbeitsspeichers und weitere Konfigurationsdaten zwischen den beiden VMs. In einer solchen Umgebung gibt es aber nur eine primäre VM, welche schreibend auf die Daten zugreifen darf.

Die sekundäre VM darf die Daten nur lesen, verfügt aber immer über alle Daten der primären VM. Fällt der Host der primären VM aus, erkennt das VMware und definiert die sekundäre VM automatisch als primäre VM. Ab diesem Moment darf die VM auch schreibend auf die Daten zugreifen.

6 Berechtigungen und Authentifizierung

In vSphere 6.5 lässt sich die Authentifizierung entweder mit internen Benutzern und Gruppen in vSphere konfigurieren oder Sie verwenden alternativ Active Directory. Auch beim Einsatz herkömmlicher vSphere-Hosts (ohne vCenter) können Sie die Server an Active Directory anbinden, um die Authentifizierung und die Berechtigungen zu steuern.

Natürlich können Sie die Benutzer und Gruppen auch direkt in vSphere verwalten, ohne Active Directory verwenden zu müssen. Unternehmen, die auf Active Directory setzen, profitieren von der einfacheren Verwaltung der Umgebung durch Active Directory.

■ 6.1 vSphere und Active Directory

Setzen Sie vSphere in einer Umgebung mit Active Directory ein, können Sie die Authentifizierung am Server auch über die Domänencontroller ablaufen lassen. Dazu muss der vSphere-Host mit Active Directory verbunden werden. In größeren Umgebungen binden Sie die einzelnen ESXi-Hosts nicht einzeln an Active Directory an, sondern verwenden den vSphere Authentication Proxy:

1. Starten Sie den Webclient und stellen Sie eine Verbindung her. Achten Sie darauf, dass in der Konfiguration der IP-Adressen auch der korrekte DNS-Name und die DNS-Server der Domäne eingetragen sind.
2. Klicken Sie auf *Verwalten* im linken Bereich und dann auf *Sicherheit und Benutzer*.
3. Wählen Sie im Fenster die Option zum Beitreten an der Domäne.
4. Tragen Sie den DNS-Namen der Domäne ein.

Sie müssen nur den Namen des Administrators eingeben, nicht noch einmal die Domäne selbst. Bei erfolgreicher Konfiguration ist der Server jetzt Mitglied der Domäne und hat auch ein Domänenkonto erhalten.

Abbildung 6.1 Beitreten eines ESXi-Hosts an eine Domäne

In einer größeren Umgebung ist es unter Umständen besser, wenn Sie den vSphere Authentication Proxy verwenden, um eine Anbindung an Active Directory vorzunehmen. Wie Sie diesen installieren, erfahren Sie in den folgenden Abschnitten.

Sobald Sie den Proxy installiert haben, haben Sie die Möglichkeit, anstatt die Anmeldedaten an Active Directory anzugeben, die IP-Adresse des Proxys zu verwenden. Den Namen der Domäne müssen Sie im Fenster konfigurieren. Da Sie aber den Proxy verwenden, ist es nicht notwendig, die Anmeldedaten eines Active Directory-Administrators anzugeben. Dadurch lässt sich die Domänenaufnahme delegieren und es müssen nicht immer wieder die Anmeldedaten eines Administrators in Active Directory eingegeben werden.

 TIPP: Wollen Sie einen Host in einer bestimmten Organisationseinheit ablegen, geben Sie nach dem FQDN der Active Directory-Domäne noch mit einem „/" den Pfad zur entsprechenden Organisationseinheit an.

Durch die Verwendung des vSphere Authentication Proxy wird die Sicherheit deutlich erhöht, da die einzelnen Hosts die Anmeldedaten nicht mehr speichern müssen. Sobald Sie die Anmeldung vorgenommen haben, sehen Sie bei den kürzlich bearbeiteten Aufgaben, ob die Anbindung funktioniert hat oder nicht.

6.1.1 vSphere Authentication Proxy – vCenter und Active Directory

Der Proxy ermöglicht die effiziente Anbindung von mehreren ESXi-Hosts an Active Directory. Im Gegensatz zur manuellen Anbindung müssen die einzelnen ESXi-Hosts nicht die Anmeldeinformationen von Administratoren nutzen. Die Anbindung der Hosts erfolgt über den zentralen Proxy.

Verwenden Sie im Netzwerk zahlreiche Hosts, die Sie unter Umständen sogar automatisiert mit Auto Deploy installieren, können Sie diese mit dem Authentication Proxy schnell und einfach an Active Directory anbinden, ohne dass auf einzelnen Hosts manuelle Maßnahmen notwendig sind.

Der Vorteil liegt darin, dass Sie keine Anmeldeinformationen in Skripten integrieren oder Eingaben an Hosts vornehmen müssen. Allerdings können Sie diese Funktionen nur dann nutzen, wenn vCenter im Einsatz ist.

 HINWEIS: In vSphere 6 musste der Authentication Proxy noch auf einem Windows-Server erfolgen. Das ist in vSphere 6.5 nicht mehr notwendig, da der Authentication Proxy in vCenter integriert ist.

Um den vSphere Authentication Proxy zu konfigurieren, rufen Sie den Webclient auf und wechseln zu *Verwaltung/Systemkonfiguration*. Klicken Sie auf *Knoten*. Wählen Sie den vCenter-Knoten aus und klicken Sie auf *Verwandte Objekte*.

Wählen Sie in der Liste den Eintrag *VMware vSphere Authentication Proxy* aus. Klicken Sie den Dienst mit der rechten Maustaste an und wählen Sie *Starttyp bearbeiten*. Setzen Sie den Starttyp auf *Automatisch*.

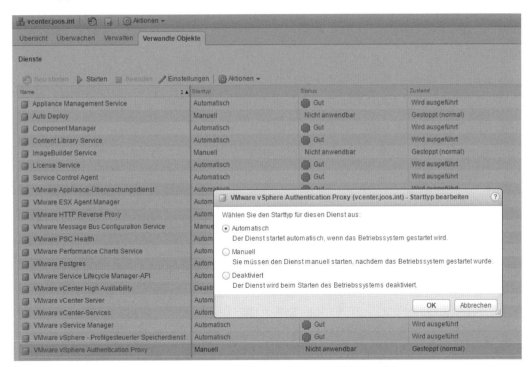

Abbildung 6.2 Anpassen des Starttyps eines Systemdienstes in VMware vSphere

Anschließend können Sie den Systemdienst im Kontextmenü oder durch das Anklicken des Menübefehls *Starten* ausführen. Danach können Sie die Einstellungen des Systemdiensts über das Kontextmenü bearbeiten. Tragen Sie in den Eigenschaften den Namen der Domäne ein sowie einen Domänenbenutzer, der über das Recht zur Erstellung von Domänenkonten verfügt.

Nach der Konfiguration können Sie auf dem bereits beschriebenen Weg ESXi-Hosts zur Domäne hinzufügen. Sie müssen lediglich noch den Namen des vCenter-Servers eingeben, auf dem Sie den vSphere Authentication Proxy konfiguriert haben.

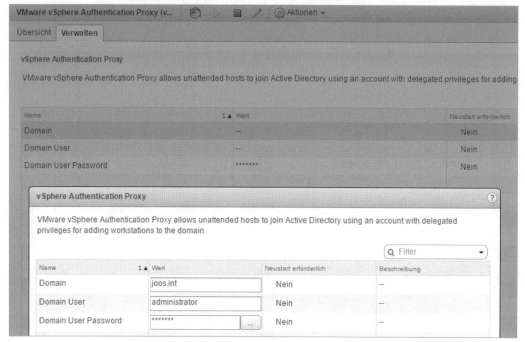

Abbildung 6.3 Konfigurieren des vSphere Authentication Proxy

6.1.2 vCenter-Server-Appliance an Active Directory anbinden

Standardmäßig melden sich die Administratoren der Umgebung mit den Anmeldedaten an vCenter an, die in der vSphere-Umgebung konfiguriert sind. In den meisten Fällen wird mit der Single Sign-On-(SSO-)Domäne aus vSphere gearbeitet. Sie können aber auch Active Directory als Anmeldeidentität für vCenter verwenden.

Zur Konfiguration melden Sie sich am Webclient zunächst mit einem Administratorkonto aus der SSO-Domäne an, die Sie in vSphere konfiguriert haben.

Anschließend klicken Sie auf die Home-Ansicht im Webclient im oberen Bereich des Fensters.

In der Home-Ansicht klicken Sie auf *Verwaltung* und bei *Single Sign On* auf *Konfiguration*. Bei Identitätsquellen können Sie entweder *Active Directory (Integrierte Windows-Authentifizierung)* oder *Active Directory als LDAP-Server* auswählen. Nutzen Sie Active Directory nur als LDAP-Server, müssen die beteiligten Hosts kein Mitglied der Active Directory-Domäne werden.

Die Anbindung erfolgt über einen Assistenten, in dessen Fenster Sie die Daten der Domäne eintragen. Anschließend wird die Domäne im Fenster angezeigt. Mehr zu diesem Thema erfahren Sie weiter hinten in diesem Kapitel im Abschnitt 6.3 „vCenter in Active Directory integrieren".

Abbildung 6.4 Aufrufen der Home-Ansicht in vSphere 6.5

6.1.3 Zertifikate aus vCenter auf ESXi-Hosts importieren

Damit der vSphere Authentication Proxy ordnungsgemäß funktioniert, muss die Verwaltung der Zertifikate in der Umgebung konfiguriert sein. In ersten Schritten können Sie das vCenter-Zertifikat auf die ESXi-Hosts importieren. Das Zertifikat von vCenter befindet sich in folgenden Verzeichnissen:

- vCenter-Server-Appliance: */var/lib/vmware/vmcam/ssl/rui.crt*
- vCenter-Server Windows: *C:\ProgramData\VMware\vCenterServer\data\vmcamd\ssl\rui.crt*

In der Weboberfläche des entsprechenden ESXi-Hosts importieren Sie das Zertifikat über den Menübefehl *Zertifikate*, den Sie bei *Verwalten/Sicherheit und Benutzer* finden. Verwenden Sie Auto Deploy, können Sie bei der Bereitstellung festlegen, dass eine Anbindung an Active Directory über den Authentication Proxy stattfinden soll. Die entsprechenden Einstellungen befinden sich bei den Sicherheitseinstellungen der Bereitstellung.

> **TIPP:** Sie können die Überprüfung des Zertifikats auch deaktivieren. Dazu müssen Sie auf dem entsprechenden ESXi-Host über *Verwalten/System/Erweiterte Einstellungen* die Option *UserVars.ActiveDirectoryVerifyCAMCertificate* auf 0 setzen. In produktiven Umgebungen ist dies allerdings nicht zu empfehlen.

Laden Sie das entsprechende Zertifikat zunächst lokal herunter und anschließend auf den Datenspeicher des ESXi-Hosts hoch, den Sie mit Active Directory verbinden wollen.

■ 6.2 Berechtigungen verwalten, Rollen erstellen und konfigurieren

In vSphere steht Ihnen ein umfangreiches Berechtigungsmodell zur Verfügung, und zwar auch dann, wenn Sie nicht auf vCenter setzen. Mit vCenter stehen natürlich noch mehr Möglichkeiten zur Verfügung. Nicht alle Administratoren, die sich über den Webclient mit der vSphere-Umgebung verbinden, benötigen vollständige Administratorrechte für alle Server oder die komplette vSphere-Umgebung.

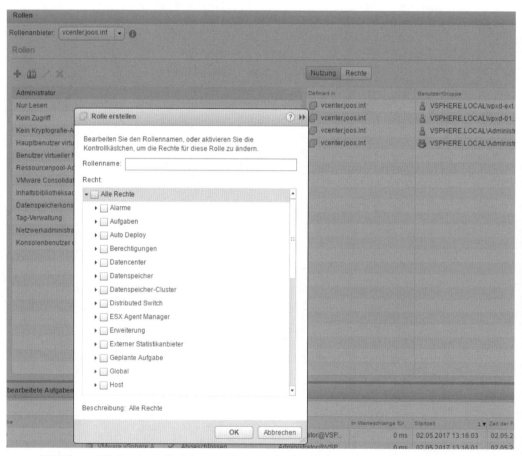

Abbildung 6.5 Festlegen der Benutzerrollen in Active Directory

Sie können als Administrator Verwaltungsrollen festlegen, Benutzer anlegen und den Rollen zuteilen sowie einzelnen virtuellen Servern diese Rollen zuweisen. Dadurch erhalten Sie ein sehr granulares Berechtigungsmodell. Sie können dazu auch Benutzerkonten aus dem Active Directory verwenden, sobald Sie die Umgebung an Active Directory angebunden haben.

Die angelegten Rollen sehen Sie, wenn Sie im Webclient in der Navigationsleiste auf *Home* klicken und dann auf *Rollen*. Im Fenster sehen Sie die Standardrollen, die das System angelegt hat. Über die Auswahl von *Hinzufügen* legen Sie neue Rollen an. Im Fenster geben Sie einen Namen für die Rolle ein und wählen die Rechte aus, die Administratoren erhalten sollen, welche dieser Rolle zugewiesen sind.

Klicken Sie in der Rollenverwaltung des Webclients auf eine Rolle, sehen Sie über den Menübefehl *Rechte*, welche Berechtigungen dieser Rolle zugewiesen sind. Um Benutzer einzuschränken, legen Sie am besten eine neue Rolle an. Alternativ können Sie auch eine bereits vorhandene Rolle klonen und deren Berechtigungen anpassen.

Passen Sie eine Rolle an, werden die entsprechenden Einstellungen sofort auf die Administratoren übertragen, und zwar auch dann, wenn diese bereits angemeldet sind. Über die Schaltfläche *Nutzung* sehen Sie die Benutzer, die der entsprechenden Rolle zugewiesen sind. Klonen Sie eine Rolle, werden die Gruppenmitgliedschaften nicht automatisch geklont. Sie müssen nach dem Klonen eine Rolle, also die entsprechenden Gruppen oder Benutzer, manuell zuweisen.

Alle Objekte in vSphere verfügen über die Registerkarte *Verwalten/Berechtigungen*. Hier sehen Sie, welche Benutzer das Recht haben, das entsprechende Objekt wie zum Beispiel einen vSphere-Host zu verwalten. Außerdem sehen Sie an dieser Stelle, über welche Rolle die Berechtigungen zugewiesen werden und auf welcher Basis die Berechtigung konfiguriert sind.

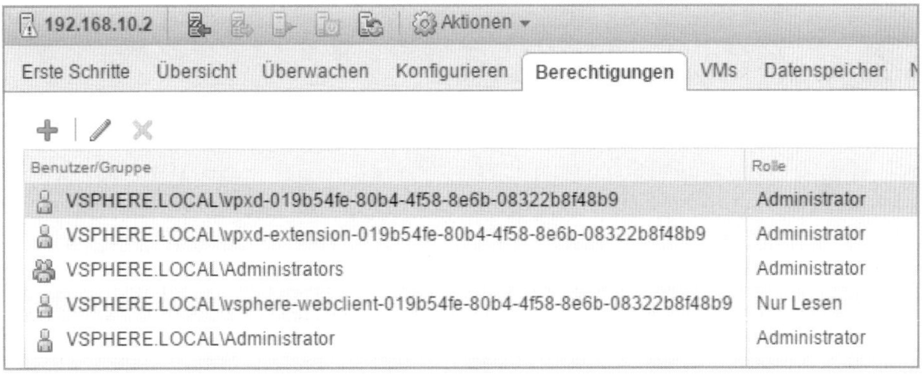

Benutzer/Gruppe	Rolle
VSPHERE.LOCAL\wpxd-019b54fe-80b4-4f58-8e6b-08322b8f48b9	Administrator
VSPHERE.LOCAL\wpxd-extension-019b54fe-80b4-4f58-8e6b-08322b8f48b9	Administrator
VSPHERE.LOCAL\Administrators	Administrator
VSPHERE.LOCAL\wsphere-webclient-019b54fe-80b4-4f58-8e6b-08322b8f48b9	Nur Lesen
VSPHERE.LOCAL\Administrator	Administrator

Abbildung 6.6 Für jedes Objekt in vSphere können Sie die Berechtigungen verwalten.

An dieser Stelle können Sie aber nicht nur die Berechtigungen anzeigen, sondern die Berechtigungen auch konfigurieren. Sie haben zum Beispiel die Möglichkeit, weitere Rollen einem Objekt zuzuweisen, zum Beispiel einen vSphere-Host. Bei der Zuweisung der Rechte haben Sie darüber hinaus die Möglichkeit, die Rechte auch nach unten zu vererben, zum Beispiel auf alle VMs eines vSphere-Hosts.

Vergeben Sie Rechte auf Basis eines Ressourcenpools, werden diese automatisch auf alle Hosts angewendet, die Bestandteil dieses Ressourcenpools sind. Dies gilt auch für die untergeordneten VMs. Nehmen Sie jedoch in einem untergeordneten Objekt Anpassungen an den Berechtigungen vor, überschreiben diese Berechtigungen immer die vererbten Berechtigungen des übergeordneten Objekts.

Wenn Sie mit verschiedenen Rollen und unterschiedlichen Rechten arbeiten, kann ein Benutzer auch Mitglied in mehreren Rollen sein. Zusätzlich kann ein Benutzer Mitglied von verschiedenen Gruppen sein. Wie in Windows erhalten die Anwender automatisch alle Rechte von allen Rollen und Gruppen, bei denen sie Mitglied sind.

6.2.1 Benutzer verwalten und Rollen zuweisen

Wenn Sie vCenter installieren, müssen Sie auch eine Single Sign-On-(SSO-)Domäne anlegen. Diese ermöglicht es, dass Sie zentral Benutzer und Gruppen anlegen können, die wiederum alle angebundenen Hosts verwalten dürfen. Sie finden die Konfiguration der Benutzer über den Menübefehl *Verwaltung/Rollen* im Webclient. Sie können im Fenster neue Benutzer anlegen, aber auch neue Gruppen.

In Active Directory sollten Sie auch in vSphere am besten mit Gruppen arbeiten. Dazu legen Sie die Rollen so an, wie Sie diese im Netzwerk benötigen, und weisen den Rollen die entsprechenden Gruppen zu. Die Benutzerkonten weisen Sie dann wiederum in Active Directory den Gruppen hinzu.

Dadurch können Sie schnell und einfach neue Benutzer hinzufügen, ohne jedes Mal Rechte anpassen zu müssen. Sie legen also nur einmal die Berechtigungsstruktur in vSphere fest und können dann über AD-Gruppenmitgliedschaften die Rechte steuern.

6.2.2 Kennwortrichtlinien bearbeiten

Achten Sie darauf, dass Administratoren sichere Anmeldedaten nutzen, um ESXi-Hosts oder vCenter zu verwalten. Standardmäßig ist vSphere bereits so konfiguriert, dass sich die verwendeten Kennwörter nicht ohne Weiteres auslesen lassen, also komplex definiert sein müssen. Verwenden Sie zu einfache Kennwörter, erhalten Sie eine entsprechende Fehlermeldung. Sie können aber auf die Konfiguration der Kennwörter Einfluss nehmen.

Dazu rufen Sie im Webclient den Bereich *Single Sign On/Konfiguration* auf. Über den Menübefehl *Kennwortrichtlinie* können Sie mit der Schaltfläche *Bearbeiten* exakt vorgeben, wie die Kennwörter der Benutzer aussehen sollen.

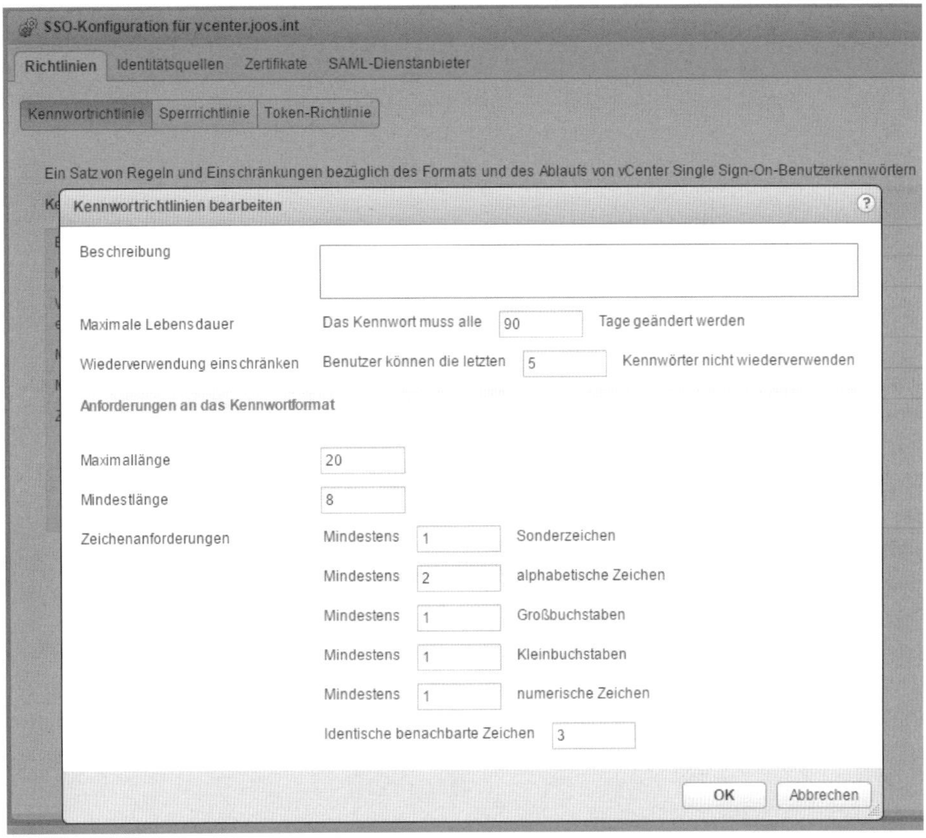

Abbildung 6.7 Über die Kennwortrichtlinie steuern Sie die Sicherheit der Kennwörter.

Sie haben hier die Möglichkeit, sowohl die maximale Lebensdauer eines Kennworts als auch dessen Aussehen zu konfigurieren. Legen Sie also nach der Integration von vCenter bereits vor dem Anlegen neuer Benutzer fest, wie die Kennwörter der Benutzer aussehen sollen. Dazu bearbeiten Sie zunächst die Kennwortrichtlinie.

6.3 vCenter in Active Directory integrieren

VMware vSphere können Sie ohne Active Directory betreiben. Neben der lokalen Benutzerverwaltung lässt sich über vCenter eine zentrale Benutzerverwaltung für Ihre Umgebung zur Verfügung stellen. Natürlich bietet vCenter aber auch die Möglichkeit, die Benutzerauthentifizierung an Active Directory zu delegieren. Der Vorteil dieses Vorgehens liegt auf der Hand, da in diesem Fall nur noch an einer Stelle die Benutzer gepflegt werden müssen.

Die Verwaltung der verschiedenen Rollen zur Administration von vCenter wird weiterhin über vCenter selbst vorgenommen. Sie können aber die Benutzerkonten aus Active Directory zu den Rollen hinzufügen. Die Benutzerverwaltung in vCenter wird dadurch nicht deaktiviert, sondern Sie fügen das Active Directory im Grunde genommen als zusätzliche Authentifizierungsebene hinzu.

6.3.1 Voraussetzungen für die Integration von vCenter in Active Directory

Bevor Sie vCenter in Active Directory integrieren können, müssen Sie sicherstellen, dass vCenter und die einzelnen vSphere-Hosts als DNS-Einträge vorhanden sind. Die Namensauflösung per DNS spielt in Active Directory eine wichtige Rolle. Viele DNS-Einstellungen müssen Sie manuell angeben, da vSphere nicht in der Lage ist, diese automatisch zu pflegen, so wie es zum Beispiel Windows-Server bei der dynamischen DNS-Registrierung durchführen können.

Neben der Windows-Version von vCenter können Sie auch seit vSphere 5.5 die vCenter-Appliance an Active Directory anbinden. Die Einrichtung finden Sie nicht in der Weboberfläche der Appliance, die Sie über die URL *https://<IP-Adresse>:5480* aufrufen, sondern im Webclient.

Bevor Sie die vCenter-Appliance in Active Directory aufnehmen, ergibt es Sinn, zum Beispiel mit Putty eine SSH-Verbindung zu öffnen. Überprüfen Sie in der Konsole mit dem Befehl *Nslookup*, ob der Name der Appliance in der DNS-Domäne von Active Directory genauso aufgelöst werden kann wie die Domänencontroller. Zusätzlich können Sie noch mit dem *Ping*-Befehl überprüfen, ob die Appliance fehlerfrei mit dem Active Directory-Domänencontroller kommunizieren kann. Dadurch vermeiden Sie Fehler bei der Anbindung.

6.3.2 Computerkonto für vCenter in Active Directory erstellen

Die vCenter-Appliance nehmen Sie am besten über den vSphere-Webclient in Active Directory auf. Gehen Sie dazu folgendermaßen vor:

1. Klicken Sie im Navigator zunächst auf *Verwaltung*.
2. Klicken Sie unter *Bereitstellung* auf *Systemkonfiguration*.
3. Klicken Sie unter *Systemkonfiguration* auf *Knoten*.
4. Wählen Sie unter *Knoten* die vCenter-Appliance aus und öffnen Sie die Registerkarte *Verwalten*.
5. Wählen Sie unter *Erweitert* die Option *Active Directory* und klicken Sie auf *Verknüpfen*.
6. Geben Sie hier die Daten von Active Directory ein. Wichtig sind hier der DNS-Name der Domäne sowie der Anmeldename eines Administrator-Benutzers im UPN-Format (*<Benutzer>@<Domäne>*). Sie müssen keine Organisationseinheit angeben, das Computerkonto wird standardmäßig in die Computer-OU aufgenommen.

Sobald die Integration erfolgreich durchgeführt ist, erhalten Sie eine Rückmeldung. Allerdings müssen Sie die vCenter-Appliance erst neu starten. Außerdem sehen Sie in *Active Directory-Benutzer und Computer* auf einem Domänencontroller das neu hinzugefügte Computerkonto.

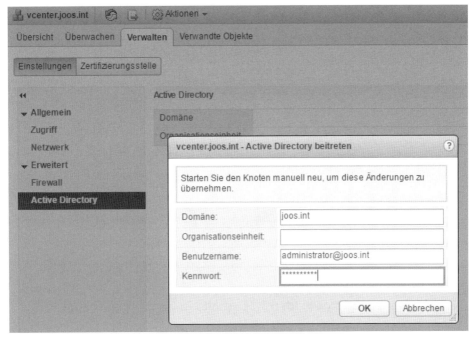

Abbildung 6.8 Aufnehmen von vCenter in Active Directory

Nachdem Sie den vCenter-Server neu gestartet haben, sollten Sie den gleichen Bereich noch einmal aufrufen und sicherstellen, dass die entsprechenden Daten eingetragen sind und die Integration an Active Directory funktioniert hat.

Allerdings werden die Informationen der Domäne nicht immer im Webclient angezeigt. Dies bedeutet aber nicht, dass die Anbindung fehlgeschlagen ist. Überprüfen Sie, ob in Active Directory das Computerkonto angelegt wurde und ob Sie Active Directory-Benutzerkonten für die Delegierung von Rechten verwenden können.

Nach der Anbindung an Active Directory müssen Sie die Appliance über das Kontextmenü immer neu starten, um die Änderungen zu übernehmen. Nach dem Neustart können Sie an der Stelle zur Aufnahme in Active Directory überprüfen, ob die Domäne und die konfigurierte Organisationseinheit angezeigt werden. An dieser Stelle haben Sie auch die Möglichkeit, Active Directory wieder zu verlassen. Nach der erfolgreichen Aufnahme in die Active Directory-Domäne konfigurieren Sie eine neue Identitätsquelle auf die gleiche Weise wie beim Einsatz der herkömmlichen vCenter-Installation.

 TIPP: Funktioniert die Anbindung nicht, müssen Sie unter Umständen Firewall-Einstellungen auf dem Domänencontroller vornehmen, damit die vCenter-Appliance mit dem Domänencontroller kommunizieren kann.

Abbildung 6.9 Überprüfung der erfolgreichen Domänenanbindung

6.3.3 Active Directory als Identitätsquelle in vSphere aufnehmen

Nachdem Sie die vCenter-Appliance als Computerkonto in Active Directory aufgenommen haben, können Sie als Nächstes das Active Directory als Identitätsquelle zur Authentifizierung einrichten:

1. Klicken Sie im Navigator zunächst auf *Verwaltung*.
2. Gehen Sie unter *Single Sign On* auf *Konfiguration*.
3. Rufen Sie die Registerkarte *Identitätsquellen* auf und klicken Sie auf das Plus-Symbol.
4. Wählen Sie *Active Directory (Integrierte Windows-Authentifizierung)* aus.

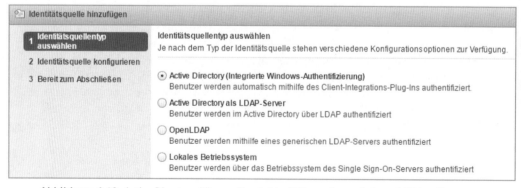

Abbildung 6.10 Active Directory können Sie als Identitätsquelle zu vSphere 6.5 hinzufügen.

6.3.4 vCenter-Appliance über SSH in Active Directory aufnehmen

Sie haben auch die Möglichkeit, die vCenter-Appliance über SSH, zum Beispiel mit Putty, in eine Domäne aufzunehmen. Dazu verwenden Sie den folgenden Befehl:

DomainJoin -Cli Join <Domäne> <Benutzername> <Kennwort>

Wird die ausführbare Datei nicht gefunden, können Sie diese über den Befehl *Find /-Name DomainJoin-Cli* suchen und in das Verzeichnis mit dem Tool wechseln. Sie erhalten eine positive Rückmeldung über die Aufnahme und können die weitere Konfiguration jetzt auch im Webclient vornehmen.

Auch hier müssen Sie die Appliance neu starten. Dazu können Sie zum Beispiel den Befehl *Reboot* verwenden.

6.3.5 SSO-Konfiguration für die Verwendung von Active Directory einrichten

Nachdem Sie vCenter an Active Directory angebunden haben, können Sie die Benutzeranmeldungen so anpassen, dass Benutzerkonten aus Active Directory zur Verwaltung der Umgebung akzeptiert werden. Auch diese Konfiguration nehmen Sie im Webclient vor.

Abbildung 6.11 Active Directory wird als Identitätsquelle hinzugefügt.

Wollen Sie Active Directory nutzen, aber die vCenter-Appliance nicht in die Domäne mit aufnehmen, müssen Sie die Option *Active Directory als LDAP-Server verwenden* selektieren, wenn Sie eine Identitätsquelle hinzufügen. Anschließend müssen Sie die Anmeldedaten und Verbindungsdaten zu Active Directory eingeben. Ist dies erfolgt, können Sie die Verbindung mit einer Schaltfläche testen. Bestätigen Sie anschließend die Konfiguration.

6.3.6 Berechtigungen für Active Directory-Benutzer erteilen

Nachdem Sie die Appliance in die Domäne mit aufgenommen oder auch beim Einsatz von vCenter-Server die SSO-Konfiguration so angepasst haben, akzeptiert vSphere Benutzerkonten aus Active Directory zur Authentifizierung Als Nächstes müssen Sie die Rechte für diese Benutzer erteilen.

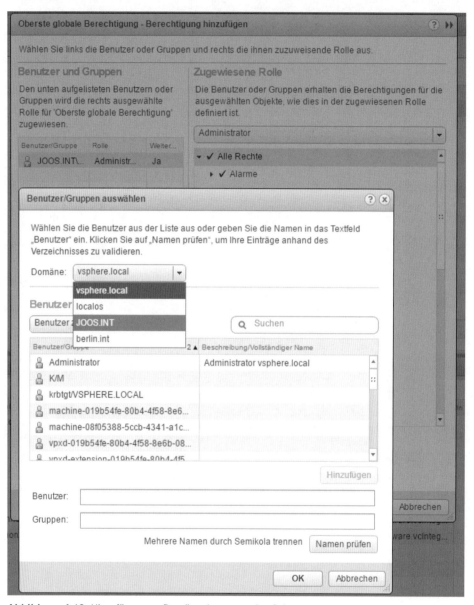

Abbildung 6.12 Hinzufügen von Domänenbenutzern in vSphere

Hier ist es generell sinnvoll, dass Sie nicht mit einzelnen Benutzerkonten arbeiten, sondern besser mit Active Directory-Gruppen. Wenn Sie ein Active Directory-Benutzerkonto für den Zugriff auf VMware konfigurieren wollen, müssen Sie dieses anschließend nur in die entsprechende Active Directory-Benutzergruppe aufnehmen, ohne nachträglich Änderungen an vSphere vornehmen zu müssen. In Testumgebungen können Sie natürlich auch einfach mit den Administratoren-Gruppen arbeiten, die automatisch angelegt werden.

Die Verwaltung der Rechte nehmen Sie im Bereich *Verwaltung* und dann durch die Auswahl von *Globale Berechtigungen* vor. Klicken Sie hier auf die Registerkarte *Verwalten*. Über das grüne Plus-Symbol können Sie auch hier wieder neue Benutzerkonten hinzufügen. Klicken Sie im neuen Fenster auf die Schaltfläche *Hinzufügen*. Hier haben Sie die Möglichkeit, im Feld *Domäne* Ihre Active Directory-Domäne auszuwählen. Anschließend werden alle vorhandenen Benutzer und Gruppen der Domäne angezeigt.

Nehmen Sie hier die Benutzer oder besser die Gruppen auf, denen Sie Berechtigungen in VMware geben wollen. Auf der rechten Seite wählen Sie aus, welche Rechte diese Benutzer erhalten sollen. Bestätigen Sie die Konfiguration, werden die Benutzer aufgenommen und im Fenster aufgelistet.

Abbildung 6.13 Über die Verwaltung der Berechtigungen im Webclient können Sie auch Benutzerkonten und Gruppen aus Active Directory aufnehmen.

Melden Sie sich nach der Konfiguration mit einem Active Directory-Benutzer an der Umgebung an. Die Anmeldung soll jetzt erfolgreich funktionieren. Sie können zur Anmeldung auch die Syntax *<Domäne>\<Benutzer>* verwenden.

7 Einstieg in virtuelle Server

In diesem Kapitel erfahren Sie, wie Sie virtuelle Server in vSphere 6.5 erstellen, verwalten und absichern. Außerdem lernen Sie die Installation und Verwaltung der VMware Tools kennen, mit denen sich virtuelle Maschinen (VMs) optimal in vSphere integrieren.

Virtuelle Maschinen erstellen Sie entweder mit dem Webclient oder mit dem neuen HTML5-vSphere-Client. Wenn in diesem Kapitel der vSphere-Client erwähnt wird, ist damit die neue HTML5-Version aus vSphere 6.5 gemeint. Alle Einstellungen, die Sie beim Erstellen einer VM festlegen, können Sie nachträglich anpassen und dazu auch den Webclient verwenden.

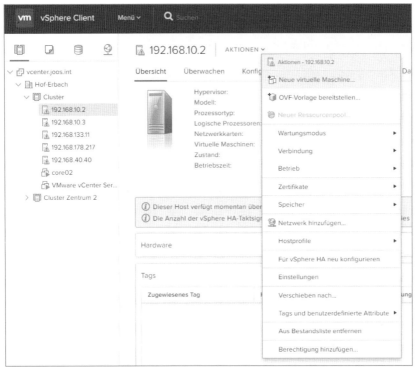

Abbildung 7.1 In vSphere 6.5 können Sie VMs auch mit dem neuen HTML5-vSphere-Client erstellen und verwalten.

Mit vSphere haben Sie darüber hinaus auch die Möglichkeit, eine eingebettete Virtualisierung (Nested Virtualization) zur Verfügung zu stellen. Dies eignet sich zum Beispiel für Testumgebungen oder ist bei bestimmten Szenarien sinnvoll, bei denen der Virtualisierungshost ebenfalls virtualisiert werden muss. Als Beispiel lässt sich dazu das Testen neuer Updates oder die Produktentwicklung nennen.

vSphere 6.5 hat den Vorteil, sehr flexibel beim Aufbau von virtuellen Servern zu sein. In der Version 6.5 können Sie auch mit dem neuen HTML5-Client VMs mit aktueller Hardware-Version erstellen, in diesem Fall in der Version 13. vSphere 6.5 erlaubt (mit etwas Nacharbeit) zum Beispiel auch die Virtualisierung eines Hyper-V-Hosts auf Basis von Windows Server 2012 R2 oder Windows Server 2016. Natürlich können Sie auch herkömmliche vSphere-Hosts virtualisieren.

Der Vorteil dabei besteht vor allem darin, dass Sie zum Beispiel die neuen Hyper-V-Funktionen von Windows Server 2012 R2 oder Windows Server 2016 in einer VM testen können. Auf diesem Weg lässt sich sogar ein Hyper-V-Cluster erstellen, um die Funktionen zu testen oder Produkte zu entwickeln. Die Erstellung einer solchen Infrastruktur entspricht im Grunde genommen dem Erstellen einer normalen neuen VM.

7.1 Virtuelle Maschinen erstellen und verwalten

In diesem Abschnitt wird Ihnen am Beispiel einer eingebetteten Virtualisierung die Erstellung einer neuen VM erläutert. Möchten Sie eine herkömmliche VM erstellen, können Sie die Schritte der besonderen Einstellungen für die eingebettete Virtualisierung selbstverständlich übergehen.

7.1.1 Virtuelle Maschinen mit Assistenten erstellen

Im Folgenden erfahren Sie, wie Sie zur Erstellung einer neuen VM auf einem ESXi-Host, der nicht an ein vCenter angebunden ist, vorgehen müssen. Die Vorgehensweise bei der Anbindung an ein vCenter ist im Grunde genommen identisch. Der Unterschied besteht darin, dass Sie hier nicht nur definieren, auf welchem Host die VM bereitgestellt werden soll, sondern Sie legen hier auch das Datencenter fest.

Auf Basis der Einstellungen im vCenter kann VMware die neue VM automatisch auf den am besten geeigneten Hosts bereitstellen. VMs lassen sich auf verschiedenen Wegen aber jederzeit auf andere Hosts im vSphere-Cluster verschieben.

Sie können in VMware neue VMs erstellen und bestehende VMs konvertieren. Außerdem lassen sich VMs exportieren und importieren oder klonen. Und schließlich können Sie VMs auf Basis einer Vorlage (Template) bereitstellen. Alle Optionen stehen allerdings nur dann zur Verfügung, wenn Sie vCenter einsetzen.

Arbeiten Sie mit vCenter, verbinden Sie sich mit dem neuen vSphere-Client oder dem Webclient direkt mit dem vCenter-Server. Ohne vCenter verbinden Sie sich mit dem ESXi-Host. In diesem Fall arbeiten Sie mit dem Webclient, der jetzt auch auf alleinstehenden ESXi-Hosts verfügbar ist. Diesen erreichen Sie am schnellsten über die URL *https://<IP-Adresse des Hosts>*. Gehen Sie in diesem Fall zur Erstellung einer neuen VM folgendermaßen vor:

Im vSphere-Client erstellen Sie zunächst über den Menübefehl *Virtuelle Maschinen* und den Menübefehl *VM erstellen/registrieren* eine neue VM. Wählen Sie im Assistenten die Option *Neue virtuelle Maschine erstellen* aus. In diesem Fall haben Sie verschiedene Einstellungsmöglichkeiten für die neue VM. Auch in einer produktiven Umgebung sollten Sie diese Option beim Erstellen von neuen VMs wählen, damit Sie alle notwendigen Einstellungen vornehmen können. Sie sehen die unterschiedlichen Einstellungsmöglichkeiten auch im linken Bereich.

Mit den beiden anderen Optionen importieren Sie neue VMs auf Basis von OVF-/OVA-Dateien oder registrieren neue VMs, die sich in den Datenspeichern des Hosts befinden.

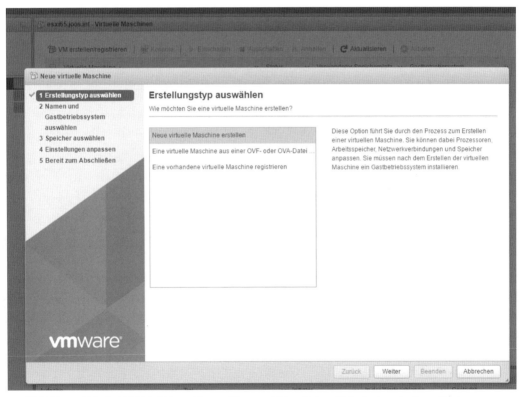

Abbildung 7.2 Auf ESXi 6.5-Hosts können Sie neue VMs mit dem Webclient auch ohne vCenter-Anbindung erstellen.

Bei der Anbindung an vCenter erstellen Sie neue VMs im Webclient oder in dem neuen HTML5-vSphere-Client über das Kontextmenü des Hosts.

Auf der ersten Seite des Assistenten geben Sie den Namen der VM an. Dieser Name wird auch in die Bestandsliste und in das Inventar von vSphere aufgenommen. Außerdem werden die Systemdateien der VM ebenfalls nach diesem Namen benannt.

 Benennen Sie eine VM um, müssen Sie diese zuerst in einen anderen Datenspeicher oder auf einen anderen Host verschieben, damit auch die dazugehörigen Systemdateien umbenannt werden.

Auch Verzeichnisse der VM, bestimmte Konfigurationen und andere Einstellungen werden auf Basis des Namens erstellt und entsprechend benannt. Es ist daher sinnvoll, bereits beim Erstellen der VM den Namen korrekt zu wählen. Groß- und Kleinschreibung werden beim Namen nicht berücksichtigt. Der Name, den Sie hier wählen, hat mit dem eigentlichen Namen der VM innerhalb des Betriebssystems nichts zu tun.

Für die bessere Übersicht kann es natürlich sinnvoll sein, den Namen der VM und den Namen des Computers im virtuellen Betriebssystem identisch zu wählen. Dies ist aber nur optional. Die Erstellung einer VM mit dem Webclient auf ESXi-Hosts ist schnell abgeschlossen.

Sie können aber auch mit dem neuen HTML5-vSphere-Client VMs auf Basis von vCenter erstellen. Auch hier verwenden Sie zum Beispiel den entsprechenden Befehl im Kontextmenü des jeweiligen Hosts. Nachdem Sie die Startseite bestätigt und den Namen der VM festgelegt haben, wählen Sie das entsprechende Rechenzentrum aus, in dem die VM erstellt werden soll. Danach legen Sie fest, auf welchem Cluster oder welchem Host die VM erstellt werden soll.

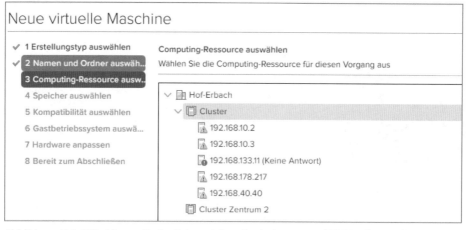

Abbildung 7.3 VMs können Sie in vSphere 6.5 auch mit dem neuen HTML5-vSphere-Client erstellen.

Auf der nächsten Seite legen Sie fest, in welchem Datenspeicher die VM abgelegt werden soll. Hier stehen alle Datenspeicher zur Verfügung, die Sie an vCenter/ESXi angebunden haben.

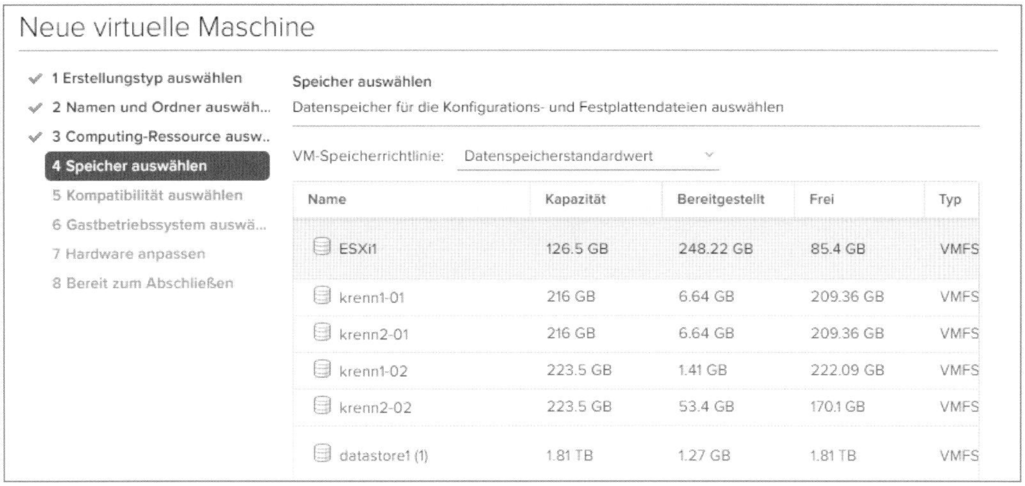

7.1 Virtuelle Maschinen erstellen und verwalten

Neue virtuelle Maschine

Name	Kapazität	Bereitgestellt	Frei	Typ
ESXi1	126.5 GB	248.22 GB	85.4 GB	VMFS
krenn1-01	216 GB	6.64 GB	209.36 GB	VMFS
krenn2-01	216 GB	6.64 GB	209.36 GB	VMFS
krenn1-02	223.5 GB	1.41 GB	222.09 GB	VMFS
krenn2-02	223.5 GB	53.4 GB	170.1 GB	VMFS
datastore1 (1)	1.81 TB	1.27 GB	1.81 TB	VMFS

Abbildung 7.4 Beim Erstellen einer neuen VM legen Sie auch den Speicherort der Systemdateien fest.

Wählen Sie im Fenster *Kompatibilität* die aktuelle Version aus, wenn Sie in der Infrastruktur nur vSphere 6.5 einsetzen. In den Vorgängerversionen von vSphere 6.5 bis hin zu vSphere 5.5 konnten Sie vSphere-Client unter Windows lediglich die Hardwareversion bis 8 konfigurieren.

Mit dem neuen HTML5-vSphere-Client 6.5 bietet VMware die Möglichkeit, die aktuelle Hardware-Version 13 zu verwenden. Mit dem Windows-Client können Sie in vSphere 6.5 keinerlei Aufgaben mehr vornehmen. Sind noch andere vSphere-Versionen im Einsatz, wählen Sie am besten jeweils die aktuelle Version aus, die zu Ihrer Infrastruktur kompatibel ist. Sie können die Hardware-Version einer VM nachträglich ändern. Dazu müssen Sie die VM aber ausschalten.

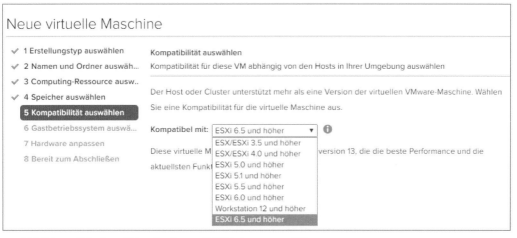

Abbildung 7.5 Auswählen der Kompatibilität einer neuen VM

Über den Menübefehl *Kompatibilität* von VMs im Webclient finden Sie dazu den Befehl *Upgrade der VM-Kompatibilität*. Achten Sie aber vor dem Heraufstufen der Kompatibilität darauf, dass die neueste Version der VMware Tools installiert ist.

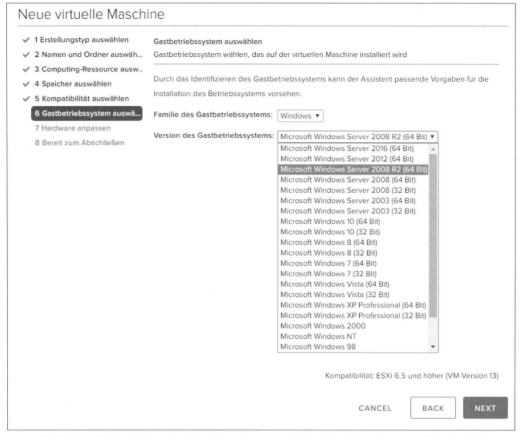

Abbildung 7.6 Im Rahmen der Erstellung einer neuen VM wählen Sie auch aus, welches Betriebssystem installiert werden soll.

Auf der nächsten Seite des Assistenten wählen Sie das Gastbetriebssystem aus, also zum Beispiel die neueste Windows-Version, die zur Verfügung gestellt wird. Hier stehen neben Windows auch Linux und andere Betriebssysteme zur Verfügung. Wollen Sie eine eingebettete Installation von vSphere 6.5 durchführen, wählen Sie die Option *Andere*.

Auf den nächsten Seiten des Assistenten steuern Sie die Hardware der VM. Alle Einstellungen, die Sie hier vornehmen, können Sie nachträglich ändern. Sie legen hier zum Beispiel fest, wie viele CPUs, wie viel Arbeitsspeicher, welche Netzwerkanbindung, welche Art von SCSI-Controller und welche virtuellen Festplatten angebunden werden sollen. Bei der Konfiguration der virtuellen Netzwerke können Sie festlegen, wie viele virtuelle Netzwerkadapter der VM zugewiesen werden und welche virtuellen Netzwerke Sie nutzen wollen.

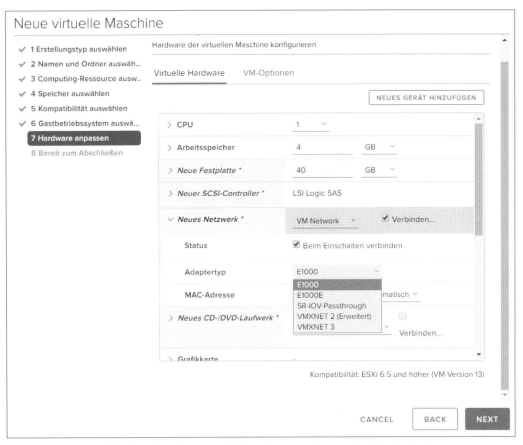

Abbildung 7.7 Beim Erstellen einer neuen VM konfigurieren Sie auch die virtuelle Hardware.

Hier werden auch die virtuellen Netzwerke angezeigt, die Sie zuvor in vCenter konfiguriert haben. Außerdem legen Sie hier die Art des virtuellen Netzwerkadapters fest. Die kompatibelste Karte ist die E1000, allerdings bietet diese nicht die Leistung der beiden Adapter VMXNET 2 und 3. Unterstützt das virtuelle Betriebssystem diese aktuellen Adapter, sollten Sie diese auch verwenden. Diese beiden Adaptertypen sind paravirtualisiert, also in den meisten Fällen deutlich leistungsstärker.

Die Möglichkeiten, die hier zur Verfügung stehen, hängen von der Ausstattung der Hardware und der Lizenzierung Ihrer Umgebung ab. Sie können einer VM zum Beispiel nicht mehr CPU-Kerne zuweisen, als dem Host tatsächlich zur Verfügung stehen. Welche Werte Sie hier festlegen, hängt natürlich auch von den Voraussetzungen des Betriebssystems ab, welches Sie auf der VM installieren. Der maximale Arbeitsspeicher einer VM hängt auch von der gewählten Hardware-Version ab. Alle Einstellungen, die Sie hier vornehmen, können Sie nachträglich in den Eigenschaften einer VM anpassen.

7.1.2 Optimale SCSI-Adapter wählen

Im Rahmen der Erstellung einer neuen VM können Sie auch den gewünschten SCSI-Adapter festlegen, an dem die virtuellen Festplatten betrieben werden. Sie können natürlich jederzeit weitere Adapter hinzufügen. Für ältere Gastbetriebssysteme ist vor allem BusLogic geeignet. Die LSI-Adapter bieten eine bessere Leistung für aktuelle Betriebssysteme. Hier stehen verschiedene Möglichkeiten zur Verfügung.

Die SAS-Option (Serial Attached Storage) steht ab Hardware-Version 7 zur Verfügung. Dieser Adapter wird vor allem dann eingesetzt, wenn Sie Windows-Server ab Windows Server 2008 R2 virtualisieren. Sie haben später auch die Möglichkeit, die passenden Treiber direkt auf der Webseite von LSI Logic herunterzuladen. Paravirtuelle Adapter bieten einen deutlich höheren Durchsatz. Diese Adapter werden vor allem dann eingesetzt, wenn Sie ein sehr schnelles Speichersystem, zum Beispiel ein SAN einsetzen. Sie sollten solche Adapter jedoch lediglich als Zusatzadapter und speziell für den Zugriff auf das schnelle Speichersystem nutzen. Windows-Server lassen sich mit diesem paravirtualisierten Treiber nicht starten.

Nachdem Sie den virtuellen SCSI-Adapter festgelegt haben, können Sie auch neue virtuelle Festplatten erstellen und der neuen VM zuweisen. Natürlich haben Sie auch hier die Möglichkeit, jederzeit nachträglich weitere virtuelle Festplatten einer VM zuzuweisen. Wenn Sie einen vSphere-Host an ein SAN angebunden haben, können Sie die Daten einer VM auch direkt in einer SAN-LUN ablegen. In diesem Fall erhält die VM direkten Zugriff auf das SAN.

Erstellen Sie eine neue virtuelle Festplatte, müssen Sie auch festlegen, auf welchem Datenspeicher die Systemdateien der virtuellen Festplatte gespeichert werden sollen. Außerdem legen Sie bereits beim Erstellen der virtuellen Festplatte deren Größe fest.

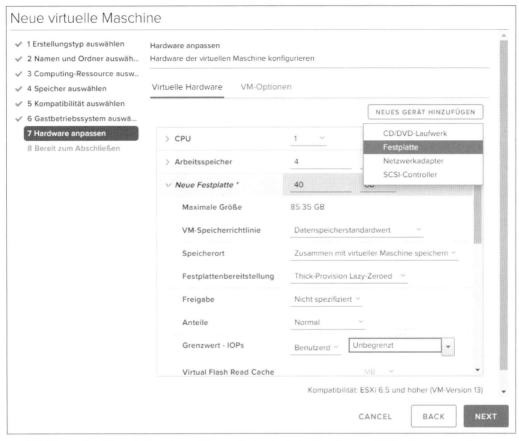

Abbildung 7.8 Virtuelle Festplatten können Sie bereits beim Erstellen von VM konfigurieren und anpassen.

7.1.3 Festplattenformate korrekt setzen

Beim Erstellen einer neuen virtuellen Festplatte können Sie die Festplattenbereitstellung konfigurieren. Hier stehen die drei Optionen *Thick-Provision Lazy-Zeroed*, *Thick-Provision Eager-Zeroed* und *Schlanke Speicherzuweisung* (Thin Provision) zur Verfügung.

Wählen Sie die Option *Schlanke Speicherzuweisung* aus, wird der virtuellen Festplatte nur so viel Platz zur Verfügung gestellt, wie sie aktuell braucht. Benötigt die virtuelle Festplatte mehr Speicher, wird dieser nach und nach bereitgestellt. Darunter leidet natürlich die Leistung der VM, da die Dateien ständig vergrößert werden müssen. Die Dateien können bis zur Maximalgröße der virtuellen Festplatte wachsen. Sie können virtuelle Festplatten von diesem Format jederzeit in eines der beiden anderen Formate ändern.

Abbildung 7.9 Anpassen der Festplattenbereitstellung von VMs

Das Format *Thick-Provision Lazy-Zeroed* ist das Standardformat für neue virtuelle Festplatten. Durch diese Auswahl werden die Dateien der virtuellen Festplatte automatisch auf die Größe gesetzt, die der Größe der virtuellen Festplatte entspricht. Das heißt, die Dateien der virtuellen Festplatte müssen nicht wachsen, was eine bessere Leistung mit sich bringt. Bei diesem Vorgang werden die einzelnen Bereiche der Festplatten zwar bereits reserviert, aber nicht mit Nullen gefüllt. Auch hier können Sie eine Konvertierung in ein anderes Format durchführen. Dies funktioniert allerdings nur in der Befehlszeile oder mit vMotion.

Die dritte Option *Thick-Provision Eager-Zeroed* wird vor allem dann ausgewählt, wenn Sie die VM spiegeln wollen (Fault Tolerance, FT). Bei dieser Option werden die reservierten Bereiche der Festplatte automatisch mit Nullen gefüllt. Daher dauert auch die Erstellung dieser virtuellen Festplatte länger als bei den beiden anderen Versionen. Diese Art der virtuellen Festplatte benötigen Sie zum Beispiel auch für einen virtuellen Windows-Cluster.

Grundsätzlich können Sie virtuelle Festplatten im gleichen Datenspeicher wie die VM speichern, aber natürlich auch in einem anderen Datenspeicher, mit dem der Host eine Verbindung aufgebaut hat. Nachdem Sie die virtuelle Festplatte erstellt haben, legen Sie fest, an welchem SCSI-Anschluss die virtuelle Festplatte angebunden wird.

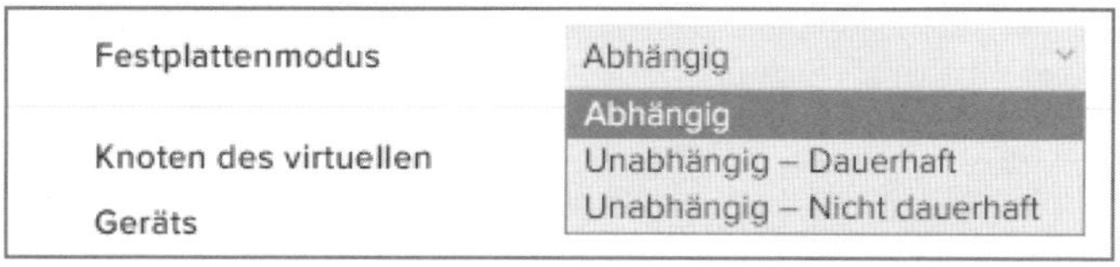

Abbildung 7.10 Festlegen des Modus für Festplatten

In diesem Bereich können Sie auch den Modus der virtuellen Festplatten definieren bzw. nachträglich ändern. Einfach ausgedrückt legen Sie hier fest, ob Änderungen an den virtuellen Festplatten beim Herunterfahren der VM gespeichert werden sollen oder nicht. Aktivieren Sie diese Option, lassen sich außerdem keine Snapshots erstellen. Sie können hier also festlegen, dass eine VM beim Starten immer exakt den gleichen Status hat, unabhängig davon, welche Einstellungen im Betrieb vorgenommen werden, denn diese Einstellungen werden beim Herunterfahren automatisch gelöscht.

Schließen Sie die Erstellung des Assistenten ab. Erst durch das Beenden des Assistenten wird die VM tatsächlich erstellt. Brechen Sie den Assistenten ab, hat vSphere noch keine Einstellungen an der Umgebung vorgenommen oder auch eine VM erstellt.

Sie haben beim Erstellen der VM auch die Möglichkeit, die Optionen der VM zu bearbeiten. Dazu klicken Sie auf der Seite *Hardware anpassen* auf den Menübefehl *VM-Optionen*. Dadurch werden vor dem Erstellen der VM die Einstellungen geöffnet. Sie können die Eigenschaften auch manuell aufrufen.

Bevor Sie eine VM starten, sollten Sie noch einige Einstellungen vornehmen und zum Beispiel festlegen, von welchem Datenträger die VM booten soll, um das Betriebssystem zu installieren. Das Bearbeiten der Einstellungen einer VM gehört in vSphere also im Grunde genommen zur Erstellung dazu. Wie Sie dazu vorgehen, erfahren Sie in den folgenden Abschnitten.

7.1.4 ISO-Dateien in vSphere zur Verfügung stellen

In vielen Fällen werden Sie die Betriebssysteme auf den VMs über ISO-Dateien installieren, die sich wiederum auf den Datenspeichern befinden. Damit die ISO-Dateien bei der Konfiguration zur Verfügung stehen, müssen Sie diese also zunächst in einen Datenspeicher hochladen. Alle ISO-Dateien, die Sie in vSphere zur Verfügung stellen, lassen sich in den einzelnen VMs verwenden, zum Beispiel für die Installation von Betriebssystemen, aber auch zur Installation von Serveranwendungen. Am Beispiel des HTML5-vSphere-Clients und der Anbindung an vCenter gehen Sie folgendermaßen vor:

Zunächst verbinden Sie sich über den HTML5-vSphere-Client mit dem vCenter und klicken auf den Menübefehl zur Verwaltung der angebundenen Datenspeicher. Das Hochladen von ISO-Dateien findet über das Kontextmenü und die Auswahl *Datenspeicher durchsuchen* statt. Wählen Sie anschließend den Menübefehl *Dateien hochladen*. Danach können Sie eine beliebige ISO-Datei auf den Server laden und diese später mit dem virtuellen Server verbinden, um die Daten als virtuelles Laufwerk auf dem virtuellen Betriebssystem zur Verfügung zu stellen.

Wenn Sie mehrere Betriebssysteme installieren wollen, können Sie auf diesem Weg alle notwendigen ISO-Dateien in vSphere zur Verfügung stellen. Anschließend können Sie in der Konfiguration von VMs die ISO-Datei als virtuelles DVD-Laufwerk angeben und über diesen Weg auch Betriebssysteme installieren. In größeren Umgebungen bietet es sich an, einen eigenen Datenspeicher für die ISO-Dateien zu erstellen und diese Dateien von den anderen wichtigen Daten der Infrastruktur zu trennen.

7.1.5 Betriebssysteme einer VM installieren

Generell entspricht die Installation eines Betriebssystems in einer VM der Installation eines herkömmlichen Servers. Teilweise kann es aber sinnvoll sein, die Boot-Reihenfolge im BIOS der VM anzupassen. Dazu verwenden Sie die (F2)-Taste. Funktioniert diese Taste nicht, rufen Sie die Einstellungen der VM im Webclient auf und wechseln zur Registerkarte *VM-Optionen*. Hier können Sie im Bereich *Startoptionen* festlegen, dass das BIOS/EFI automatisch gestartet wird. Nach dem Start des BIOS können Sie jetzt hier Einstellungen genauso vornehmen wie auf physischen Computern. Interessant ist hier vor allem der Menübereich *Boot*. Das BIOS verwalten Sie zum Beispiel über die Remotekonsole im Webclient. Diese starten Sie über das Kontextmenü von VMs oder über deren Symbol im oberen Bereich.

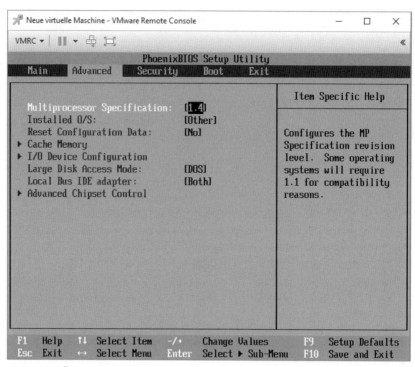

Abbildung 7.11 Über die VMware Remote Console können Sie auch BIOS/EFI-Einstellungen für VMs vornehmen.

Auch über das Menü *Advanced* lassen sich Einstellungen für das Startverhalten definieren.

 Installieren Sie Windows auf einer VM, verwenden Sie für die Anmeldung anstatt der Tastenkombination (STRG)+(ALT)+(ENTF) die Tastenkombination (STRG)+(ALT)+(EINFG).

Sobald die neue VM angezeigt wird, rufen Sie über das Kontextmenü deren Einstellungen auf. Wählen Sie dazu den Menübefehl *Einstellungen bearbeiten*. Wechseln Sie danach zur Registerkarte *Virtuelle Hardware* und wählen Sie *CD/DVD-Laufwerk* aus. Hier legen Sie fest, von welchem Datenträger oder über welche ISO-Datei die VM booten soll. Natürlich können Sie in großen Umgebungen auch einen Netzwerk-Boot durchführen und das Betriebssystem über das Netzwerk verteilen.

Möchten Sie das Betriebssystem auf Basis einer herkömmlichen DVD/ISO-Datei installieren, aktivieren Sie die Option *Datenspeicher-ISO-Datei* und wählen die ISO-Datei von Windows Server 2012 R2/2016 aus, die Sie zuvor in den Datenspeicher hochladen müssen. Aktivieren Sie danach noch das Kontrollkästchen *Beim Einschalten verbinden*. Andernfalls findet der virtuelle Server das Laufwerk beim Starten nicht. Auf diesem Weg können Sie jederzeit auch andere ISO-Dateien einbinden, zum Beispiel auch die ISO-Datei von vSphere 6.5, Linux oder anderen Betriebssystemen, die mit VMware kompatibel sind.

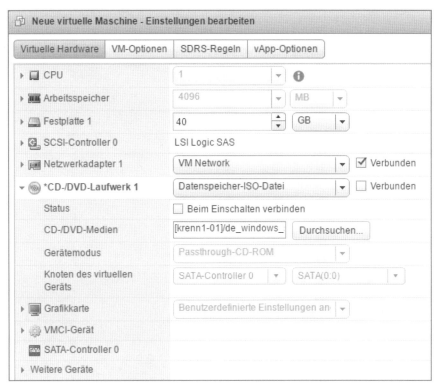

Abbildung 7.12 Verbinden von ISO-Dateien als virtuelles Laufwerk

Bestätigen Sie die Änderungen und starten Sie die VM. Danach beginnt der Installations-Assistent von Windows Server 2012 R2/2016, wenn Sie einen Windows-Server installieren wollen. Den Bildschirm sehen Sie, wenn Sie die Remote-Konsole über das Kontextmenü oder über das zugehörige Symbol im Menüband aufrufen.

7.2 Virtuelle Maschinen steuern

Neben der Möglichkeit, Einstellungen für VMs in den Eigenschaften einer VM anzupassen, können Sie auch verschiedene Steuerungsaktionen für VMs durchführen. Damit sind nicht nur das Starten oder Herunterfahren gemeint, sondern Sie können über das Kontextmenü einer VM auch Snapshots erstellen, VMs klonen, Vorlagen erstellen oder migrieren und weitere Aufgaben durchführen.

Die entsprechenden Befehle unterscheiden sich teilweise etwas zwischen dem klassischen Webclient, der auch in ESXi ohne vCenter verfügbar ist, und dem neuen HTML5-vSphere-Client. VMware will aber die Funktionen des HMTL5-vSphere-Clients weiter ausbauen, sodass dessen Funktionen in Zukunft den Funktionen des auf Adobe Flash basierenden Webclients entsprechen.

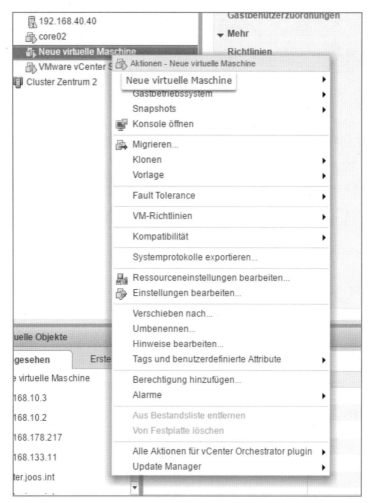

Abbildung 7.13 Für VMs stehen im HTML5-vSphere-Client und im Webclient zahlreiche Optionen zur Steuerung zur Verfügung.

Im Folgenden finden Sie einen Überblick über die verschiedenen Möglichkeiten zur generellen Steuerung von VMs. Sie können für das Steuern von VMs entweder den HTML5-vSphere-Client oder den Webclient verwenden. Dazu nutzen Sie entweder das Kontextmenü oder den Menübefehl *Aktionen*.

Im oberen Bereich finden Sie den Menübefehl *Betrieb*. Öffnen Sie das Menü, können Sie an dieser Stelle die VM einschalten, ausschalten, anhalten, zurücksetzen oder den Befehl erteilen, dass das Gastbetriebssystem heruntergefahren und neu gestartet wird.

Abbildung 7.14 Steuern von VMs im Webclient von vSphere 6.5

Über den Menübefehl *Gastbetriebssystem* konfigurieren Sie die automatisierte oder manuelle Installation der VMware Tools.

Der nächste Menübefehl ist *Snapshots*. Hier legen Sie Snapshots für VMs an. Wie Sie dabei genau vorgehen, ist in Kapitel 13 näher erläutert. Ein weiterer Menübefehl ist *Konsole öffnen*. Hier steuern Sie den virtuellen Bildschirm der VM.

7.2.1 Virtuelle Maschinen verschieben (migrieren)

Über den Menübefehl *Migrieren* starten Sie einen Assistenten, der Sie beim Verschieben einer VM auf einen anderen Host unterstützt. Zusätzlich haben Sie hier auch die Möglichkeit, den Speicherort der Systemdateien der VM anzupassen. Sie können diese Schritte getrennt voneinander durchführen oder eine VM auf einen anderen Host und gleichzeitig deren virtuelle Festplattendateien und Systemdateien verschieben. Außerdem legen Sie hier fest, in welcher Reihenfolge der Vorgang durchgeführt werden soll.

 HINWEIS: Haben Sie den Namen einer VM geändert, bleiben die Namen der Systemdateien gleich. Erst beim Verschieben passt vSphere auch den Namen der Systemdateien an.

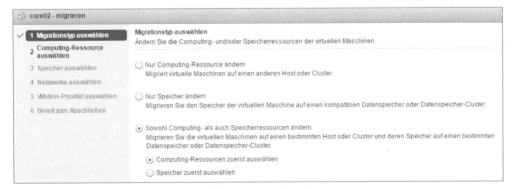

Abbildung 7.15 Im Webclient oder im HTML5-vSphere-Client können Sie VMs zwischen verschiedenen Hosts verschieben oder den Speicherort der Systemdateien ändern.

Der Verschiebevorgang wird erst dann durchgeführt, nachdem Sie den Assistenten abgeschlossen haben. Innerhalb des Assistenten wird keine direkte Veränderung durchgeführt und die VM verbleibt unverändert auf dem ursprünglichen Host.

Wählen Sie einen Host aus, prüft der Assistent, ob die VM auf dem Zielhost betrieben werden kann. Sind Probleme zu erwarten, erhalten Sie im unteren Bereich entsprechende Informationen angezeigt. Weiter unten in diesem Menü finden Sie noch die Möglichkeit zum Verschieben von VMs in einen anderen Cluster, Ordner, Datenspeicher oder ein anderes Netzwerk. Abhängig davon, welche Option zum Verschieben Sie hier auswählen, wird der gleiche Assistent gestartet wie bei der Migration.

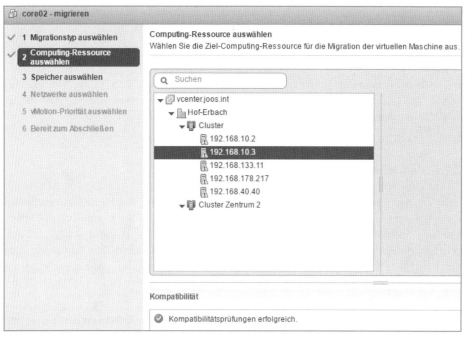

Abbildung 7.16 Auswählen des Zielhosts zum Verschieben einer VM

7.3 VMware Tools installieren

Die VMware Tools stellen eine wichtige Grundlage für die Leistung von virtuellen Servern dar. Sie installieren diese Tools auf Linux-Servern, aber auch auf Windows-Servern oder anderen Betriebssystemen. Außerdem stellt VMware Aktualisierungen für VMware Tools zur Verfügung. Wenn Sie die Hardware-Version eines virtuellen Servers aktualisieren, sollten Sie außerdem darauf achten, dass die VMware Tools aktuell sind.

Die VMware Tools sind immer abwärtskompatibel. Allerdings stehen in alten Versionen der VMware Tools keine Funktionen der aktuellen Hardware-Version 13 zur Verfügung. Daher sollten Sie immer darauf achten, die VMware Tools auf den virtuellen Servern im Netzwerk aktuell zu halten.

Im folgenden Abschnitt wird davon ausgegangen, dass Sie einen Windows-Server virtualisieren. Nachdem Sie Windows Server 2012 R2/2016 installiert haben, sollten Sie die VMware Tools auf dem neuen virtuellen Server einrichten. Erst durch die Installation dieser Tools steht eine VM optimal zur Verfügung.

Die VMware Tools installieren einige Dienstprogramme und Treiber für das Gastbetriebssystem. Dadurch wird die Leistung insbesondere hinsichtlich der Bedienung und Verwaltung des virtuellen Servers verbessert. Sie erhalten dadurch zum Beispiel die Möglichkeit, die Zwischenablage zwischen VM, Host und Verwaltungs-PC zu nutzen. Dies funktioniert allerdings nicht auf virtuellen Linux-Servern.

Nachdem Sie die Tools installiert haben, können Sie die verschiedenen Optionen im HTML5-vSphere-Client oder im Webclient nutzen, um den virtuellen Computer neu zu starten oder herunterzufahren. Außerdem lassen sich Maus und Tastatur erst nach der Installation der VMware Tools vernünftig bedienen. Das gilt für virtuelle Linux-Server und erst recht für virtuelle Windows-Server.

7.3.1 Grundlagen zur Installation der VMware Tools

Die VMware Tools werden als ISO-Datei mit der VM verbunden und dann im Konsolenfenster oder per Remotedesktop installiert. Um die ISO-Datei der Tools zu verbinden, müssen Sie die entsprechende Option im Kontextmenü der VM aufrufen. Dazu klicken Sie den neuen Server im Webclient mit der rechten Maustaste an und wählen im Kontextmenü *Gastbetriebssystem/VMware Tools installieren*.

Um sich am Server anzumelden, verwenden Sie in der Konsole die Tastenkombination (STRG)+(ALT)+(EINFG) (nicht die Taste (ENTF)!). Sie können die VMware Tools aber auch im Webclient installieren. Die Vorgehensweise dazu ist im Grunde genommen identisch mit dem HTML5-vSphere-Client. Da die Bereitstellung der VMware Tools als CD-Image erfolgt, müssen die VMs über ein virtuelles CD/DVD-Laufwerk verfügen.

Nachdem Sie die Tools installiert haben, startet der virtuelle Server einige Male neu und steht anschließend zur Verfügung. Auf der Registerkarte *Übersicht* sehen Sie den zugewiesenen Arbeitsspeicher, das Betriebssystem und den Ressourcenverbrauch. Außerdem sehen Sie hier, ob die VMware Tools auf einer VM installiert sind, und können auch deren Version überprüfen. Handelt es sich dabei um die aktuelle Version, erhalten Sie auch diesen Hinweis.

Abbildung 7.17 Auf der Registerkarte *Übersicht* im Webclient erhalten Sie wichtige Informationen zur VM angezeigt, darunter auch den Status der VMware Tools sowie deren Version.

Damit alle Informationen und Einstellungen von VMs zur Verfügung stehen, sollten Sie darauf achten, dass die VMware Tools auf allen virtuellen Servern installiert sind. Nachdem Sie die ISO-Datei der VMware Tools mit dem virtuellen Server verbunden haben, können Sie die Installation im virtuellen Betriebssystem durchführen. Die Installation ist in wenigen Sekunden abgeschlossen.

Die VMware Tools stehen auch in vSphere 6.5 als CD-Image zur Verfügung. Dieses wird auf den vSphere-Servern im Verzeichnis */vmimages/tools* gespeichert. Nachdem Sie die ISO-Datei im virtuellen Betriebssystem bereitgestellt haben, wird auf Windows-Server normalerweise der Autostart durchgeführt. Sie können die Installation aber auch manuell starten oder dazu ein Skript erstellen.

Wählen Sie die benutzerdefinierte Installation aus, können Sie festlegen, welche Komponenten Sie installieren wollen. Komponenten wie die Ordnerfreigabe werden in den meisten Fällen nicht benötigt und sollten daher von der Installation abgewählt werden. Generell dauert die Installation nur wenige Sekunden. Sobald Sie die aktuelle Version installiert haben, sind bei einer Aktualisierung der VMware Tools kaum noch Neustarts notwendig.

Bei der Erstinstallation der VMware Tools ist allerdings immer ein Neustart notwendig. Unter Windows finden Sie nach der Installation der VMware Tools ein neues Symbol im Infobereich der Taskleiste. Außerdem wurde durch den Installations-Assistenten eine neue Programmgruppe mit der Bezeichnung *VMware* angelegt. Hier können Sie zum Beispiel die VM-Statistikprotokollierung starten. Überprüfen Sie auf virtuellen Windows-Servern nach der Installation der VMware Tools den Geräte-Manager. Hier sollte für jedes virtuelle Hardware-Gerät ein passender Treiber installiert sein.

7.3.2 VMware Tools mit Linux nutzen

Achten Sie bei der Installation der VMware Tools auf virtuellen Linux-Servern darauf, nicht versehentlich wichtige Systemtreiber zu überschreiben. Vor allem auf Linux-Servern verfügt das Betriebssystem über Treiber, die häufig besser zur Virtualisierung geeignet sind als die Treiber in den VMware Tools. Hier sollten Sie sich vor der Installation der Tools ausführlich informieren. Grundsätzlich sollten die VMware Tools aber auch auf Linux-Servern installiert werden, da sie neben den verschiedenen Treibern wesentliche Verbesserungen des Betriebssystems mit sich bringen.

Im Gegensatz zu Windows-Servern wird das Installationsprogramm der VMware Tools nicht automatisch gestartet. Die VMware Tools liegen im Dateiformat **.tar.gz* vor und müssen manuell installiert werden. Wie bei Windows-Servern müssen Sie auch auf Linux-Servern zunächst das CD-Image der VMware Tools im virtuellen Betriebssystem bereitstellen. Danach verbinden Sie sich mit der Konsole des virtuellen Linux-Servers.

Damit in der Konsole das Installationsprogramm der VMware Tools nach dem Bereitstellen im HTML5-vSphere-Client zur Verfügung steht, müssen Sie mit *mount* das CD-Laufwerk ebenfalls erst bereitstellen. Kopieren Sie danach das Installationsprogramm mit der Endung *tar.gz* in ein temporäres Verzeichnis auf dem virtuellen Computer. Danach können Sie mit *tar* die Installationsressourcen entpacken. Anschließend wechseln Sie in das Unterverzeichnis mit den entpackten Installationsprogrammen und starten mit dem Perl-Skript *vmware-install.pl* die Installation der VMware Tools auf dem Linux-Server.

In der Befehlszeile können Sie entweder die Vorgaben des Installationsprogramms übernehmen oder eigene Verzeichnisse anlegen und Einstellungen durchführen. Nach der Konfiguration der entsprechenden Optionen beginnt die Installation. Ist die Installation abgeschlossen ist, sehen Sie den Status der VMware Tools auf der Registerkarte *Übersicht* im HTML5-vSphere-Client oder Webclient. Hier gibt es keine Unterschiede zur Installation auf Windows-Servern.

Wollen Sie Änderungen an den VMware Tools unter Linux vornehmen, müssen Sie die Kommandozeile verwenden. Hier steht ebenfalls das Perl-Skript *vmware-install.pl* zur Verfügung. Über dieses Skript können Sie verschiedene Funktionen installieren oder deinstallieren.

7.3.3 VMware Tools anpassen und optimieren

Nachdem Sie die VMware Tools installiert haben, können Sie zum Beispiel auch die Auflösung des Desktops der virtuellen Server anpassen. Außerdem lässt sich einfacher mit der Maus zwischen der VM und dem PC wechseln. Vor der Installation der VMware Tools benötigen Sie dazu die Tastenkombination (Strg)+(Alt).

Nach der Installation der VMware Tools werden auf Windows-Servern einige neue Systemdienste gestartet. In der Systemsteuerung können Sie außerdem das Verhalten der VMware Tools auf den virtuellen Server steuern. Ist eine VM nicht Bestandteil einer Active Directory-Domäne, können Sie die Uhrzeit der VM auch mit dem vSphere-Host synchronisieren lassen. Die Synchronisierung findet einmal pro Minute statt.

Rufen Sie die Eigenschaften einer VM auf, können Sie im Bereich *VMware Tools* auf der Registerkarte *VM-Optionen* Einstellungen für die VMware Tools vornehmen. Hier steuern Sie zum Beispiel auch die Ausführung der automatischen Skripts, die im nächsten Abschnitt behandelt werden. Darüber hinaus können Sie hier festlegen, welche Befehle durch die einzelnen Schaltflächen im HTML5-vSphere-Client ausgelöst werden. Auch die Zeitsynchronisierung aktivieren Sie an dieser Stelle.

Zusätzlich können Sie hier definieren, dass die VMware Tools automatisch beim Starten des Servers aktualisiert werden, falls eine neue Version zur Verfügung steht. Sobald auf dem vSphere-Host eine neue Version des CD-Image der VMware Tools vorliegt, erkennt dies der Assistent und aktualisiert die bereits installierten VMware Tools.

Achten Sie aber darauf, dass bei diesem Vorgang einige Einstellungen, die Sie unter Umständen geändert haben, überschrieben werden. Außerdem ist in manchen Fällen ein Neustart des virtuellen Servers notwendig. Falls dieser automatisch durchgeführt wird, können unter Umständen Anwender beeinträchtigt werden. Ein solcher Neustart ist aber vor allem bei den aktuellen VMware Tools-Versionen kaum mehr notwendig.

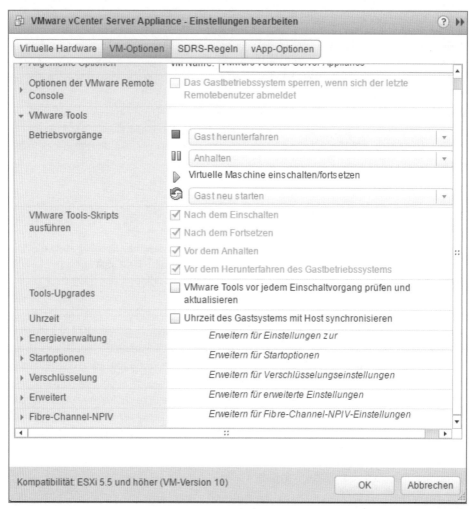

Abbildung 7.18 In den Einstellungen von VMs passen Sie Optionen der VMware Tools an.

7.3.4 VMware Tools über Skripte automatisiert installieren

Sie haben die Möglichkeit, auf Windows-Servern die Installation der VMware Tools zu automatisieren beziehungsweise zum Skripting zu wechseln. Dazu nutzen Sie das MSI-Paket beziehungsweise das Installationsprogramm *Setup.exe*:

Setup.exe /s /qn

Durch diesen Befehl wird das Dialogfeld ausgeblendet und keinerlei Meldungen werden angezeigt. Zusätzlich stehen noch die Optionen */v* und */l* zur Verfügung. Mit diesen Optionen können Sie die Installation protokollieren lassen. Verwenden Sie die Option */a* gefolgt von einer Freigabe im Netzwerk, können Sie ein angepasstes MSI-Paket für die automatisierte Installation angeben.

Auf Core-Servern mit Windows Server 2012 R2/2016 können Sie die Installation der VMware Tools mit *Setup.exe* starten. Hier steht ebenfalls die grafische Oberfläche der Tools zur Verfügung.

7.3.5 VMware Tools in der Befehlszeile nutzen

Standardmäßig werden die VMware Tools auf Windows-Servern im Verzeichnis *C:\Programme\VMware\VMware Tools* installiert. In diesem Verzeichnis befindet sich auch das Tool *VMwareToolboxCmd.exe*. Mit diesem Befehlszeilentool können Sie zum Beispiel Skripte für die Automatisierung von Einstellungen schreiben. Die wichtigsten Optionen für dieses Tool sind *device*, *disk*, *help*, *script*, *stat*, *timesync* und *upgrade*.

Um zum Beispiel die Zeitsynchronisierung auf einer VM zu beenden, verwenden Sie die Option *timesync disable*. Mit der Option *timesync enable* aktivieren Sie die Zeitsynchronisierung wieder.

Neben diesen beiden Optionen stehen noch weitere zur Verfügung. Beispielsweise können Sie mit der Option *stat* Informationen abrufen. Dazu stehen weitere Optionen zur Verfügung, die Sie im Befehl einfach hinter der Option *stat* eingeben.

Im Verzeichnis der VMware Tools befinden sich darüber hinaus einige Skriptdateien, die ausgeführt werden, wenn das Betriebssystem angehalten oder gestartet wird. Auch das Herunterfahren und Einschalten wird durch eine Batchdatei geregelt. Sie können in den einzelnen Batchdateien eigene Befehle integrieren. Achten Sie aber darauf, dass bei der Aktualisierung der VMware Tools diese Dateien überschrieben werden. Sie sollten daher entweder vorher eine Sicherung durchführen oder eigene Skripte für den jeweiligen Status hinterlegen. Möchten Sie zum Beispiel eine Batchdatei ausführen lassen, falls eine VM heruntergefahren werden soll, verwenden Sie die folgenden Befehle:

Vmwaretoolbox script shutdown enable

Vmwaretoolbox script shutdown set <Pfad und Name der Batchdatei>

Den Status können Sie sich mit dem folgenden Befehl anzeigen lassen:

Vmwaretoolboxcmd script shutdown current

Auf dem gleichen Weg passen Sie auch die Skripte für das Pausieren (*suspend*) oder die Wiederaufnahme (*resume*) an. Auch hier steht die Option zum Deaktivieren zur Verfügung.

7.4 Virtuelle Maschinen klonen und Vorlagen erstellen

Sie haben in vSphere die Möglichkeit, eine VM zu klonen und damit zu kopieren. Außerdem können Sie aus VMs Vorlagen erstellen, auf deren Basis sich später weitere VMs mit identischen Einstellungen erstellen lassen. Der Vorteil dabei liegt darin, dass Sie bei Vorlagen die Hardware und bestimmte Einstellungen vorgeben können.

Die Vorlage und deren Einstellungen werden auf VM automatisch angewendet, wenn Sie die Vorlage entsprechend auswählen. Dazu stehen im Kontextmenü der VMs die beiden Menübefehle *Klonen* und *Vorlage* zur Verfügung. Eine VM lässt sich auch im laufenden Zustand in eine neue VM klonen.

7.4.1 Virtuelle Maschinen klonen

Wollen Sie eine VM in eine neue VM klonen, rufen Sie den entsprechenden Befehl im Kontextmenü der ursprünglichen VM auf. Dadurch startet ein Assistent, der Sie beim Klonvorgang unterstützt. Im ersten Fenster legen Sie einen Namen für die neue VM fest und bestimmen einen Cluster, in dem die VM positioniert wird. Innerhalb des Clusters können Sie wiederum festlegen, auf welchem Host oder in welcher Ressourcengruppe Sie die neue VM positionieren wollen.

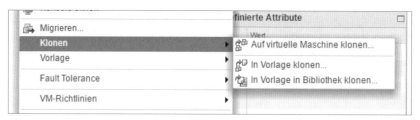

Abbildung 7.19 Klonen von neuen VMs in vSphere 6.5

Nachdem Sie den Host ausgewählt haben, prüft der Assistent, ob die VM auf dem neuen Host betrieben werden kann. Sie erhalten auch entsprechende Hinweise angezeigt, welche Anpassungen Sie nach dem Klonen auf der Ziel-VM durchführen müssen. Danach legen Sie fest, in welchem Datenspeicher die Systemdateien der geklonten VM gespeichert werden sollen.

Beim Auswählen des Speichers einer neuen VM können Sie bestimmen, wie die virtuelle Festplatte erstellt werden soll. Hier stehen die gleichen Optionen wie beim Erstellen einer herkömmlichen VM zur Verfügung.

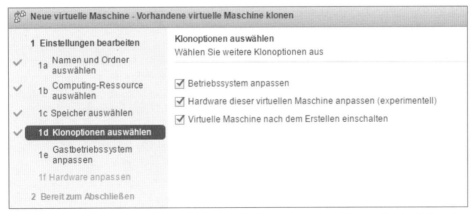

Abbildung 7.20 In den Aktionen einer VM (zum Beispiel im Webclient) können Sie eine VM auch in eine andere Ziel-VM klonen.

Anschließend legen Sie verschiedene Optionen für das Klonen fest; zum Beispiel, ob Sie das Betriebssystem anpassen wollen, die Ziel-VM automatisch angeschaltet werden soll und ob Sie die Hardware der VM nach dem Erstellen anpassen möchten. Nicht alle Optionen werden für Linux-Server unterstützt, die meisten aber zumindest für Windows-Server. Wollen Sie das Betriebssystem anpassen, erscheint ein weiterer Assistent, über den Sie eine Anpassungsdatei für Windows erstellen können, um zum Beispiel Konfigurationen zu Lizenz, Kennwörter, Zeitzone, Netzwerkeinstellungen, Einstellungen für Active Directory und andere Optionen definieren.

Sie können auf diesem Weg zum Beispiel die IP-Adresse anpassen oder DHCP aktivieren. Alle Anpassungen, die Sie hier vornehmen, werden in einem Konfigurations-Container gespeichert. Diesen können Sie im Assistenten beim Klonen einer neuen VM auf den Klon anwenden. Alle Einstellungen, die Sie hier vornehmen, werden in der entsprechenden VM gespeichert. Dieses Vorgehen ließ sich allerdings nur bei Windows-Servern problemlos durchführen.

Schließen Sie den Assistenten ab, wird die VM zuerst erstellt, anschließend konfiguriert und dann basierend auf Ihren Einstellungen gestartet. Sie sehen auch hier den aktuellen Zustand und erhalten eine entsprechende Information angezeigt, ob der Vorgang erfolgreich abgeschlossen werden konnte oder Fehler aufgetreten sind. Sobald der Klonvorgang abgeschlossen ist, handelt es sich bei der Ziel-VM um eine unabhängige VM. Das heißt, die beiden VMs funktionieren nach dem Klonvorgang komplett voneinander getrennt.

Sie können eine VM aber nicht nur in eine Ziel-VM klonen, sondern auch in eine neue Vorlage. Erstellen Sie auf Basis dieser Vorlage in vCenter eine neue VM, erhält diese die gleichen Einstellungen und Hardwarekonfigurationen wie die geklonte VM. Aber auch hier hat die neue VM nichts mehr mit der ursprünglichen Quell-VM zu tun.

7.4.2 Vorlagen für virtuelle Maschinen in der Praxis

Neben der Möglichkeit, eine VM in eine neue VM zu klonen, können Sie auf Basis einer bereits installierten VM inklusive des Betriebssystems, der Hardwarekonfiguration, und installierten Serveranwendungen eine Vorlage erstellen. Dazu sollte die VM am besten ausgeschaltet sein. Um eine Vorlage zu erstellen, klicken Sie die entsprechende VM mit der rechten Maustaste an und wählen den Menübefehl *Klonen/In Vorlage klonen*.

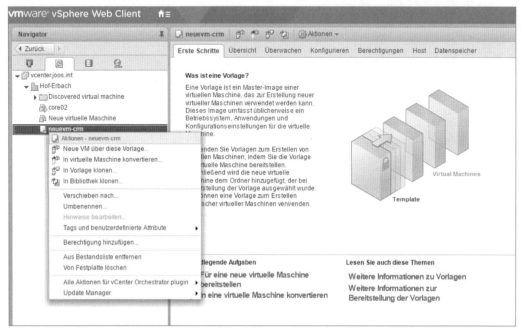

Abbildung 7.21 Mit Vorlagen lassen sich schnell und einfach neue VMs erstellen.

Anschließend startet wie beim herkömmlichen Klonen ein Assistent. Weisen Sie der Vorlage zunächst einen Namen zu. Anschließend wählen Sie einen Cluster sowie die Hosts aus, auf denen die Vorlage gespeichert werden soll. Auch einen Datenspeicher legen Sie beim Klonen fest. Danach wird die Vorlage erstellt. Im Gegensatz zum herkömmlichen Klonen erstellt der Assistent aber keine neue VM, sondern integriert die Vorlage in den Assistenten zum Erstellen neuer VMs in vCenter.

Der Vorgang dauert einige Zeit und Sie können Vorlagen anschließend jederzeit anpassen. Der Vorteil beim Erstellen einer Vorlage besteht darin, dass andere Administratoren die Vorlage nicht einfach als VM starten, sondern auf Basis der Vorlage nur neue VMs erstellen können. Das heißt, die Vorlage bleibt jederzeit unverändert und wird nicht versehentlich überschrieben.

Standardmäßig werden die Vorlagen nicht in der Liste der VMs angezeigt, wenn Sie sich im Webclient in der Host-Ansicht befinden. Wechseln Sie zur Ansicht der VMs (das zweite Symbol im Webclient), werden die Vorlagen mit einem eigenen Symbol angezeigt. Über das Kontextmenü von Vorlagen stehen Ihnen verschiedene Aktionen zur Verfügung. Sie können entweder eine neue VM auf Basis dieser Vorlage erstellen oder Sie können die Vorlage in eine herkömmliche VM umwandeln und Sie können eine Vorlage auch klonen. Zusätzlich lässt sich die Vorlage in die vCenter-Bibliothek übernehmen. Dadurch steht die Vorlage im gesamten Rechenzentrum zur Verfügung.

Wenn Sie die Quell-VM nicht mehr benötigen, sondern nur noch die VM-Vorlage, wählen Sie über das Kontextmenü der VM den Befehl *Vorlage/In Vorlage konvertieren* aus. Dadurch wird die VM in eine Vorlage umgewandelt und steht anschließend nicht mehr als herkömmliche VM zur Verfügung.

Soll eine Vorlage aktualisiert werden, um zum Beispiel eine Windows-Aktualisierung durchzuführen, Einstellungen zu ändern, Anwendungen zu installieren oder Anpassungen vorzunehmen, konvertieren Sie die Vorlage in eine VM zurück, starten die VM und nehmen die Anpassungen vor.

Sobald die VM wieder den von Ihnen gewünschten Status aufweist, konvertieren Sie diese wieder in eine Vorlage. Dadurch können Sie Ihre Vorlage jederzeit auf den aktuellsten Stand bringen. Da Sie auf Basis von Vorlagen weitere Vorlagen erstellen können, lassen sich auf Basis eines virtuellen Computers auch verschiedene Vorlagen mit unterschiedlichen Einstellungen und Konfigurationen anlegen.

7.4.3 Virtuelle Maschinen exportieren und importieren

Sie können VMs im Webclient exportieren. Den entsprechenden Menübefehl dazu finden Sie bei *Vorlage*. Wenn Sie die Option *OVF-Vorlage exportieren* auswählen, öffnet sich ein Assistent, über den Sie eine Datei erstellen können, welche alle notwendigen Daten der VM enthält, inklusive der virtuellen Festplatten und aller Daten auf diesen Festplatten.

Diese Exportdatei kann direkt auf Ihren Rechner heruntergeladen werden, über den Sie mit dem Webclient oder HTML5-vSphere-Client mit vCenter verbunden sind. Beim Exportieren können Sie festlegen, ob Sie ein Verzeichnis mit den notwendigen Dateien der VM oder eine einzelne Datei (OVA) erstellen möchten. Nach Bestätigung Ihrer Eingaben wird der Vorgang gestartet. Beim Exportieren haben Sie die Möglichkeit, Daten wie beispielsweise die MAC-Adresse zu exportieren, falls dies für die Lizenzierung eines bestimmten Produkts notwendig ist.

Die exportierte VM können Sie in einer anderen Infrastruktur oder auf einem anderen Host wieder importieren. Den Importvorgang starten Sie auf dem entsprechenden Host oder im vCenter über den Menübefehl *OVF-Vorlage bereitstellen*. Sie gehen im Grunde genauso vor wie beim Importieren von VMs, die Sie zum Beispiel bei VMware herunterladen können. Sie wählen die exportierte Datei aus und schließen den Assistenten für den Import ab.

7.4.4 Fault Tolerance, Richtlinien und Kompatibilität anpassen

Die drei nächsten Menübefehle *Fault Tolerance*, *VM-Richtlinien* und *Kompatibilität* legen die Hochverfügbarkeit fest und steuern die Speicherrichtlinien von VMs. Zusätzlich können Sie hier die VM-Kompatibilität planen. Dadurch aktualisieren Sie die Hardware-Version von VMs, wenn Sie zum Beispiel zu vSphere 6.5 aktualisiert haben.

vSphere 6.5 bietet die neue Hardware-Version 13, während vSphere 5.5 noch mit der Version 10 und vSphere 6.0 mit der Version 11 arbeitet. Haben Sie zu vSphere 6.5 aktualisiert, kann es sinnvoll sein, zur neuen Version zu aktualisieren. Achten Sie aber darauf, dass in diesem Fall die VM nicht mehr auf einen älteren vSphere-Hosts verschoben werden kann. Außerdem kann der Vorgang nicht mehr rückgängig gemacht werden. Sie können die Aktualisierung sofort oder zu einem definierten Zeitpunkt durchführen. Der Status der aktuell durchgeführten Aktion wird Ihnen, wie alle Aktionen, im unteren Bereich des Fensters angezeigt. Hier sehen Sie sowohl den erfolgreichen Abschluss der Aktion als auch eventuell aufgetretene Fehler.

Zusätzlich können Sie über das Kontextmenü von VMs auch die Systemprotokolle exportieren, wenn Sie zum Beispiel abgestürzte VMs untersuchen wollen. Die Ressourcenzuteilung von VMs lässt sich ebenfalls über das Kontextmenü starten.

7.4.5 Markierungen setzen oder virtuelle Maschinen löschen

Sie können über das Kontextmenü auch Markierungen und benutzerdefinierte Attribute zu VMs hinzufügen. Auch die Berechtigungen für VMs delegieren Sie an dieser Stelle über einen Assistenten. Dazu steht der Menübefehl *Berechtigungen hinzufügen* zur Verfügung. Darüber hinaus können Sie hier auch Alarmdefinitionen festlegen.

Über den unteren Bereich des Menüs lassen sich VMs aus der Bestandsliste des vCenter entfernen oder komplett löschen. Entfernen Sie eine VM aus der Bestandsliste, bleiben deren Dateien im Datenspeicher erhalten und Sie können die entsprechende VM jederzeit wieder importieren. Dazu klicken Sie beim Öffnen des Datenspeichers mit der rechten Maustaste auf die VMX-Datei der VM, um die Datei wieder neu in vCenter zu registrieren.

7.5 Virtuelle Maschinen härten

Grundsätzlich ist das Gastbetriebssystem in einer VM genauso angreifbar wie das Betriebssystem auf einem herkömmlichen Server. Virtualisieren Sie Server, sollten Sie also zunächst das Gastbetriebssystem selbst härten, Sie können aber auch Sicherheitseinstellungen in vSphere setzen.

Während es bei der Härtung des virtuellen Betriebssystems darum geht, dass das Betriebssystem selbst nicht angegriffen wird, können Sie über die Absicherung der eigentlichen VM sicherstellen, dass keine unberechtigten Änderungen an der Systemstruktur einer VM durchgeführt werden können.

7.5.1 Erste Schritte bei der Absicherung von VMs

Der erste Schritt bei der Absicherung von VMs besteht darin, dass Sie zunächst die Berechtigungen und Rollen in der vSphere-Infrastruktur optimal setzen. Stellen Sie sicher, dass nur diejenigen Administratoren Zugriff auf die VMs erhalten, für die dies tatsächlich erforderlich ist. Standardmäßig dürfen vSphere-Administratoren die meisten Administrator-Funktionen innerhalb der Gastbetriebssysteme durchführen.

Wollen Sie verhindern, dass vSphere-Administratoren zu stark auf die Gastbetriebssysteme zugreifen können, sollten Sie eine neue Rolle erstellen und dieser das Recht *Gastvorgänge* entziehen. Dadurch wird verhindert, dass vSphere-Organisatoren administrative Änderungen innerhalb der Gastbetriebssysteme durchführen können. Dazu deaktivieren Sie für die neue Rolle das Recht *Alle Rechte/Virtuelle Maschine/Gastvorgänge*.

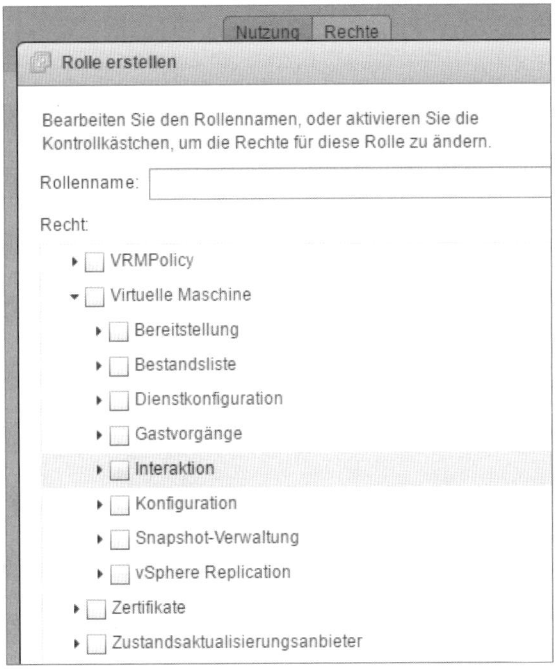

Abbildung 7.22 Über neue Rollen lassen sich VMs in vSphere 6.5 besser schützen.

Grundsätzlich ist es wichtig, sowohl den Versionsstand der VMware Tools als auch den Aktualisierungsstand des virtuellen Betriebsystems immer auf dem aktuellen Stand zu halten. Nur wenn die zugrunde liegende Software aktuell ist, können Sie sicherstellen, dass bekannte Sicherheitslücken geschlossen sind. Außerdem sollten Sie dafür sorgen, dass im Netzwerk eine Antivirensoftware installiert ist.

Deaktivieren Sie möglichst jede virtuelle Hardware, die Sie für eine VM nicht benötigen. Vor allem serielle Schnittstellen oder andere veraltete Hardware, die Sie nicht benötigen, belasten die Leistung des Hosts und sind unter Umständen auch für Sicherheitslücken verantwortlich.

Aber nicht nur serielle Schnittstellen bereiten Probleme, sondern auch die Einbindung physischer CD/DVD-Laufwerke. Wenn ein virtueller Server keinen Zugriff mehr auf eine bestimmte ISO-Datei oder ein physisches Laufwerk hat, sollten Sie diese Verbindung trennen. Sie können die Verbindung jederzeit wiederherstellen, falls die VM diese benötigt.

7.5.2 Standard-Sicherheitseinstellungen für VMs festlegen

Nachdem Sie eine VM erstellt haben, sollten Sie anschließend immer deren Einstellungen bearbeiten. Dazu rufen Sie zum Beispiel über den Webclient oder im HTML5-vSphere-Client die Einstellungen auf. Im Folgenden wird davon ausgegangen, dass Sie die Einstellungen im Webclient vornehmen.

Über den Menübefehl *VM-Optionen* finden Sie einige Einstellungen zur Verbesserung der Sicherheit. Hier können Sie zum Beispiel sicherstellen, dass das Gastbetriebssystem automatisch gesperrt wird, wenn sich ein Remotebenutzer abmeldet. Diese Option ist standardmäßig aber nicht gesetzt und muss von Ihnen zunächst aktiviert werden.

7.5.3 Die Sicherheit mit erweiterten Optionen verbessern

Aus Sicherheitsgründen sollte verhindert werden, dass innerhalb des Gastbetriebssystems Verbindungen zu Laufwerken oder Netzwerkadaptern unterbrochen werden. Dies ist vor allem dann sinnvoll, wenn die Hardware einer VM so konfiguriert ist, dass keinerlei neue Verbindungen mit zusätzlicher Hardware notwendig sind.

Sie nutzen dazu die erweiterten Konfigurationsoptionen. Um zu verhindern, dass Änderungen an der Hardware durchgeführt werden, setzen Sie die beiden folgenden Werte auf *True*:

isolation.device.connectable.disable

isolation.device.edit.disable

Zusätzlich sollten Sie noch verhindern, dass das Gastbetriebssystem Konfigurationsnachrichten an den Host sendet. Auch hier nutzen Sie eine erweiterte Konfigurationsoption und fügen als Konfigurationszeile den folgenden Wert hinzu:

isolation.tools.setinfo.disable

vSphere ermöglicht Ihnen, Vorlagen für die Erstellung von VMs zu speichern. Sie sollten daher Ihre VMs nicht immer benutzerdefiniert erstellen, sondern sichere Vorlagen definieren und auf Basis dieser Vorlagen neue VMs erstellen. Dadurch erhalten Sie eine Standardisierung Ihrer VMs und damit eine deutlich höhere Sicherheit.

Darüber hinaus sollten Sie auch sicherstellen, dass die Gastbetriebssysteme automatisiert installiert werden. Auch die zu installierenden Server-Anwendungen sollten Sie möglichst automatisiert und angepasst einrichten. Achten Sie darauf, möglichst aktuelle Installationsdateien zu verwenden und auch die Installationsdateien regelmäßig zu erneuern.

Sie können für den Ressourcenverbrauch von VMs Grenzwerte definieren. Dadurch verhindern Sie, dass eine kompromittierte VM alle anderen VMs und den Host beeinträchtigen kann. Dies ist vor allem dann sinnvoll, wenn eine VM Zugriff auf das Internet hat, zum

Beispiel ein Webshop oder eine Cloudanwendung. Sie haben zum Beispiel auch die Möglichkeit, solche VMs in einem Ressourcenpool zusammenzufassen.

Neben den Standardeinstellungen, die Ihnen in den Einstellungen von VMs zur Verfügung stehen, haben Sie auch die Möglichkeit, über den Menübefehl *Erweitert* weitere Sicherheitseinstellungen vorzunehmen. Besonders interessant ist hier die Schaltfläche *Konfiguration bearbeiten*. Hierüber können Sie direkt in der Konfigurationsdatei einer VM Einstellungen vornehmen. Klicken Sie auf die Schaltfläche *Hinzufügen*, können Sie weitere Optionen hinzufügen, welche auch die Sicherheit einer VM verbessern. Dazu muss die VM aber ausgeschaltet sein.

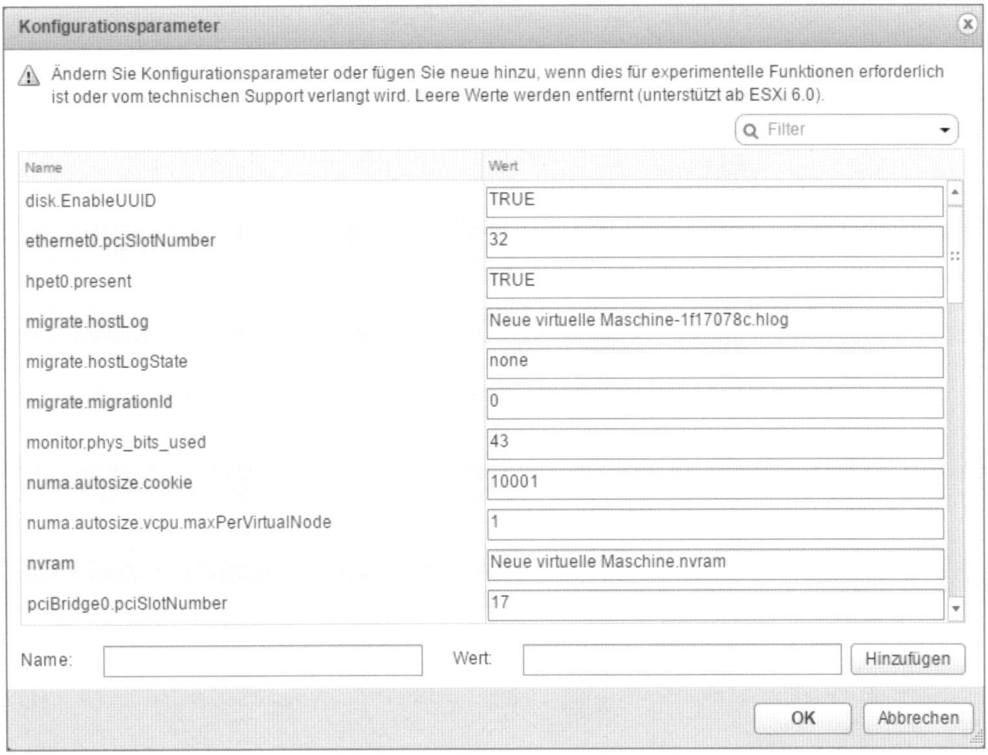
Konfigurationsparameter
Ändern Sie Konfigurationsparameter oder fügen Sie neue hinzu, wenn dies für experimentelle Funktionen erforderlich ist oder vom technischen Support verlangt wird. Leere Werte werden entfernt (unterstützt ab ESXi 6.0).
Filter
Name
Wert
disk.EnableUUID
TRUE
ethernet0.pciSlotNumber
32
hpet0.present
TRUE
migrate.hostLog
Neue virtuelle Maschine-1f17078c.hlog
migrate.hostLogState
none
migrate.migrationId
0
monitor.phys_bits_used
43
numa.autosize.cookie
10001
numa.autosize.vcpu.maxPerVirtualNode
1
nvram
Neue virtuelle Maschine.nvram
pciBridge0.pciSlotNumber
17
Name:
Wert:
Hinzufügen
OK
Abbrechen

Abbildung 7.23 Über die erweiterten Optionen einer VM können Sie die Sicherheit deutlich erhöhen.

Für besonders sichere VMs bietet es sich an zu verhindern, dass Administratoren virtuelle Festplatten verkleinern können. Dazu fügen Sie die beiden folgenden Zeilen hinzu und setzen den Wert jeweils auf *True*:

isolation.tools.diskWiper.disable

isolation.tools.diskShrink.disable

Neben diesen Einflussmöglichkeiten stehen Ihnen zusätzlich erweiterte Optionen zur Verfügung, über die Sie die Sicherheit von VMs erhöhen können. Wenn auf einer VM zum Beispiel eine Serveranwendung betrieben wird, können Sie die grafische Anzeige deutlich einschränken. Auch diese Option nehmen Sie in den erweiterten Einstellungen vor:

svga.vgaonly

mks.enable3d

Aktivieren Sie diese Optionen, benötigen Sie für eine VM keine virtualisierte Grafikkarte mehr. Diese Optionen ergeben vor allem dann Sinn, wenn Sie eine Serveranwendung betreiben, die über keine grafische Oberfläche verfügt.

Zusätzlich können Sie noch Funktionen deaktivieren, mit denen Sie eine VM nicht nur in vSphere betreiben können, sondern auch auf VMware Workstation oder Fusion. Auch hier nutzen Sie die erweiterten Einstellungen und setzen die folgenden Optionen auf *True*. Dadurch lässt sich die VM nur noch in vSphere verwenden und nicht mehr in Workstations oder Fusion importieren:

isolation.tools.unity.push.update.disable

isolation.tools.ghi.launchmenu.change

isolation.tools.memSchedFakeSampleStats.disable

isolation.tools.getCreds.disable

isolation.tools.ghi.autologon.disable

isolation.bios.bbs.disable

isolation.tools.hgfsServerSet.disable

Über das Host Guest File System (HGFS) können Hostsysteme Dateien auf Gastbetriebssysteme übertragen. Dies bietet sich zum Beispiel an, wenn Sie die VMware Tools automatisiert aktualisieren wollen. Für hochsichere VMs kann es sinnvoll sein, gänzlich zu verhindern, dass außerhalb der VM Serverdienste oder Hosts auf das Gastbetriebssystem zugreifen können. Sie nutzen auch hier wieder das Setzen einer erweiterten Konfigurationseinstellung. Setzen Sie diese auf den Wert *True*:

isolation.tools.hgfsServerSet.disable

Sobald Sie diese Option gesetzt haben, lassen sich aber auch die VMware Tools in der VM nicht mehr automatisiert aktualisieren. In diesem Zusammenhang spielt auch die Möglichkeit eine Rolle, dass Sie Daten über die Zwischenablage zwischen einem zugreifenden Rechner und einer VM kopieren können. Für eine hochsichere VM kann es sinnvoll sein, diese erweiterten Funktionen der Zwischenablage zu deaktivieren. Dazu setzen Sie die folgenden Werte auf *True*:

isolation.tools.copy.disable

isolation.tools.paste.disable

Wie die meisten Werte sind auch diese standardmäßig noch nicht integriert. Sie müssen also zunächst eine neue Zeile einfügen. Zusätzlich fügen Sie noch die folgende Option hinzu und setzen diese auf *False*:

isolation.tools.setGUIOptions.enable

7.5.4 Virtuelle Festplatten verschlüsseln

Erstellen Sie im Webclient eine verschlüsselte VM, werden auch die dazugehörigen virtuellen Festplatten verschlüsselt. Natürlich können Sie auch jederzeit weitere virtuelle Festplatten hinzufügen und deren Verschlüsselungsrichtlinie anpassen.

Allerdings kann keine verschlüsselte Festplatte zu einer unverschlüsselten VM hinzugefügt werden. Außerdem können Sie keine Festplatte verschlüsseln, wenn die virtuelle Maschine nicht verschlüsselt ist. Die Verschlüsselung einer virtuellen Maschine und ihrer Festplatten wird durch Speicherrichtlinien konfiguriert.

■ 7.6 Virtuelle Maschinen in vSphere 6.5 verschlüsseln

Virtuelle Maschinen lassen sich in VMware vSphere 6.5 verschlüsseln. Dies gilt auch bei der Übertragung auf andere Clusterknoten mit vMotion (siehe Kapitel 15). Die verschlüsselten VMs und deren Daten sind dauerhaft abgesichert, ähnlich wie bei den Shielded VMs in Hyper-V von Windows Server 2016.

Für die Verschlüsselung ist ein Key-Management-Server im Netzwerk notwendig sowie die Anbindung der vSphere-Hosts an vCenter erforderlich. vCenter und KMS werden miteinander verbunden und erlauben so die Verschlüsselung von VMs.

VMware hat außerdem auch die Funktionen von HA und DRS sowie FT verbessert und kompatibel mit der Verschlüsselung gemacht. Das heißt, die Verschlüsselung wird durch die komplette vSphere-Umgebung geschützt.

Verschlüsselte VMs bieten mehr Sicherheit für besonders heikle VMs, auf denen zum Beispiel wichtige Daten gespeichert sind oder die für besonders heikle Serverdienste genutzt werden. Sie können unverschlüsselte VMs jederzeit verschlüsseln lassen, aber auch verschlüsselte VMs wieder in unverschlüsselte VMs umwandeln.

Die neue VM-Verschlüsselung in vSphere unterstützt KMIP-konforme (Key Management Interoperability Protocol) Key-Management-Server. Die Verschlüsselung erfolgt auf Basis der vSphere-Hosts (ESXi). Die Gastmaschinen und das virtuelle Betriebssystem haben mit der Verschlüsselung also nichts zu tun.

Umgesetzt wird die Verschlüsselung über Speicherrichtlinien, mit denen die VMs verbunden werden. Sie können auf vSphere-Hosts verschlüsselte und unverschlüsselte VMs parallel betreiben. Migrieren Sie zu vSphere 6.5, können Sie unverschlüsselte VMs von Vorgängerversionen verschlüsseln lassen. Dazu müssen Sie aber die beteiligten vSphere-Hosts zu vSphere 6.5 aktualisieren.

7.6.1 Einstieg in die Verschlüsselung virtueller Maschinen

Die Verschlüsselung findet für das Gastbetriebssystem weitgehend transparent statt. Das heißt, die VM-Verschlüsselung lässt sich für nahezu alle Betriebssysteme nutzen, die vSphere 6.5 unterstützt. Sie müssen keinerlei Einstellungen auf dem Gastbetriebssystem vornehmen, um die Verschlüsselung zu nutzen.

vMotion kann in vSphere 6.5 seine Daten verschlüsselt übertragen. Dies ist für die Unterstützung verschlüsselter VMs besonders wichtig. Sie können also auch verschlüsselte VMs problemlos mit vMotion übertragen, genauso wie unverschlüsselte VMs. Für die generelle Verwaltung von vSphere und der integrierten VMs spielt die Verschlüsselung also zunächst keine Rolle. Mehr zu vMotion erfahren Sie in Kapitel 15.

Auch UEFI Secure Boot hält Einzug in vSphere 6.5. Die Sicherheitsfunktionen von virtuellen UEFIs lassen sich gemeinsam mit den verschlüsselten VMs nutzen. Die Sicherheit von VMS wird also deutlich verbessert, wenn Unternehmen auf vSphere 6.5 setzen.

Secure Boot nutzt UEFI. Bei dem Vorgang wird die digitale Signatur des ESXi-Hosts verifiziert. Dadurch wird sichergestellt, dass der zugrunde liegende vSphere-Host (ESXi) nicht manipuliert ist. Durch Secure Boot können Manipulationen des Kernels von ESXi 6.5 zuverlässig erkannt werden. Secure Boot arbeitet neben den ESXi-Hosts auch mit VMs zusammen, für die UEFI verwendet wird. In solchen VMs dürfen nur signierte Treiber eingesetzt werden, was ebenfalls Manipulationen ausschließt.

7.6.2 Virtuelle Maschinen verschlüsseln

In vSphere 6.5 können Sie die virtuellen Server, deren Einstellungen und die virtuellen Festplatten der VMs verschlüsseln. Dadurch werden auch die Daten jener VMs geschützt, die von außen stehenden Personen nicht mehr zugreifbar sind.

Für die Verschlüsselung benötigen Sie zunächst einen Schlüsselmanagementserver in der vSphere-Umgebung. Diesen konfigurieren Sie über den Menübefehl *Konfigurieren*, wenn Sie auf den vCenter-Server in der globalen Bestandsliste klicken. vCenter fordert Schlüssel immer von einem externen Key-Management-Server (Schlüsselmanagementserver, KMS) an. Der KMS generiert und speichert die Schlüssel und leitet sie an vCenter-Server zur Verteilung weiter. Der Schlüsselmanagementserver stellt den zentralen Bestandteil der Verschlüsselungsinfrastruktur dar.

Mit dem Menübefehl *KMS hinzufügen* erstellen Sie zunächst eine neue KMS-Verbindung. Dazu stellen Sie eine Verbindung zu einem KMS her, der in Ihrer Umgebung vorhanden sein muss. VMware empfiehlt den Betrieb eines KMS-Clusters und die Verwendung von mehreren vSphere-Hosts (ESXi). Für die Verschlüsselung von VMs müssen Sie also für die notwendige Infrastruktur sorgen. VMware vSphere 6.5 unterstützt die folgenden Hersteller:

- SafeNet KeySecure
- Vormetric Data Security Manager
- HyTrust KMIP Server
- Thales KMS

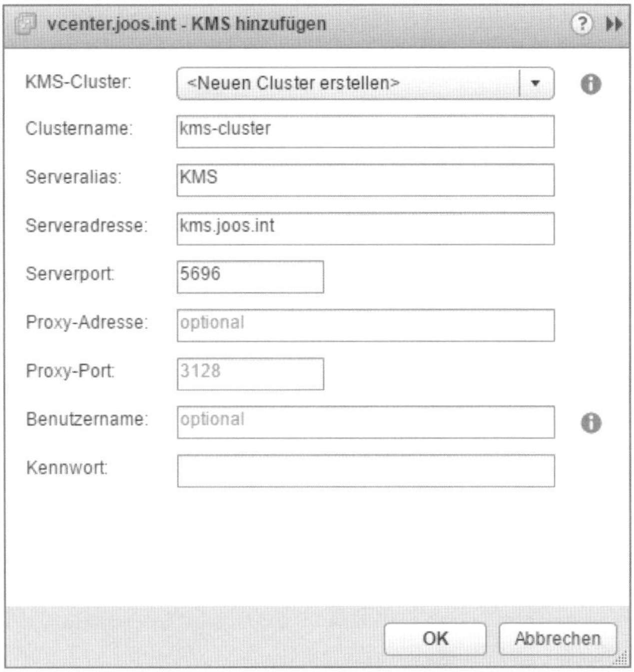

Abbildung 7.24 Zur Verschlüsselung von VMs benötigen Sie zuerst einen KMS-Server. Damit dieser funktioniert, müssen Sie vCenter mit dem KMS verbinden.

Von diesen Herstellern kann vCenter den Schlüssel vom KMS jederzeit abrufen. Wenn Sie mehrere KMS in einem Cluster verwenden, müssen alle Dienste vom gleichen Anbieter stammen und Schlüssel replizieren. vCenter muss von allen angebundenen KMS die passenden Schlüssel für eine VM erhalten können. Als KMIP-Client verwendet vCenter das Key Management Interoperability Protocol (KMIP). Die kompatiblen KMS sind dadurch einheitlich ansprechbar. Somit erreichen Sie eine zuverlässige und kompetente Kommunikation zwischen vCenter und KMS.

Nachdem die Verbindung hergestellt wurde, werden alle weiteren Verwaltungsaufgaben im Webclient vorgenommen. Verschlüsseln Sie nach der Verbindung von vCenter mit KMS eine VM, ruft vCenter die notwendigen Schlüssel automatisch vom KMS ab. Dazu ist es notwendig, dass sich KMS und vCenter gegenseitig vertrauen.

Im Rahmen der Verbindung zwischen vCenter und den vSphere-Hosts müssen Sie dem KMS vertrauen. Die entsprechenden Einstellungen müssen in der Umgebung integriert sein. Dazu blendet der Webclient ein Fenster ein, über das Sie die Verbindung als vertraut konfigurieren. Sobald der KMS und dessen Verbindung mit dem vCenter funktionieren, können Sie die VM-Verschlüsselung einrichten und nutzen. Dazu benötigen Sie zunächst eine neue Speicherrichtlinie, mit der Sie die Verschlüsselung durchführen lassen.

7.6.3 Speicherrichtlinie zur Verschlüsselung von virtuellen Maschinen konfigurieren

Über das Kontextmenü von VMs rufen Sie den Menübefehl *VM-Richtlinien* auf und klicken auf *VM-Speicherrichtlinie bearbeiten*. Wählen Sie in der Spalte *VM-Speicherrichtlinie* den Eintrag *VM Encryption Policy* aus und bestätigen Sie mit *OK*.

Abbildung 7.25 VMs verschlüsseln Sie über eine Speicherrichtlinie.

Achten Sie darauf, dass Sie die Speicherrichtlinie zur Verschlüsselung entweder beim Erstellen der VM zuweisen oder die VM vor Aktivierung der Speicherrichtlinie ausschalten. Sie können aber auch jederzeit neue Speicherrichtlinien erstellen und konfigurieren. Auf der Seite *Gemeinsame Regeln für von Hosts zur Verfügung gestellte Dateidienste* fügen Sie mit *Komponente hinzufügen* die Verschlüsselung hinzu.

Abbildung 7.26 Beim Erstellen neuer Speicherrichtlinien können Sie die Verschlüsselung jederzeit hinzufügen.

7.6.4 Nicht alle Funktionen werden von verschlüsselten virtuellen Maschinen unterstützt

Sie können verschlüsselte VMs nicht mehr anhalten oder fortsetzen, da sich Anpassungen an solchen VMs nur noch im eingeschalteten oder ausgeschalteten Zustand durchführen lassen. Außerdem lässt sich beim Erstellen eines Snapshots von verschlüsselten VMs der Arbeitsspeicher nicht berücksichtigen. Dieses Verhalten ist nur bei unverschlüsselten VMs möglich.

Liegen für eine VM Snapshots vor, können Sie diese nicht verschlüsseln. Ein solches Szenario kann zum Beispiel bei der Migration zu vSphere 6.5 vorliegen. Bevor Sie die VM verschlüsseln können, müssen Sie zunächst die Snapshots entfernen.

Verschlüsselte VMs unterstützen außerdem kein Fault Tolerance (FT). Sie können die VMs aber jederzeit klonen. Beim Klonen erbt die VM alle Schlüssel der VM. VMware vSphere Flash Read Cache wird von verschlüsselten VMs nicht unterstützt, das gilt auch für RDM (Raw Device Mapping).

Verschlüsselte VMs lassen sich nur schwer exportieren und in anderen Umgebungen importieren, zum Beispiel zu Testzwecken. Darin liegt auch einer der Gründe für die Verwendung dieser Technologie. Dazu kommt, dass Sie verschlüsselte VMs nur auf Hosts mit vSphere 6.5 einsetzen können. Daher sollten Sie vor der Verwendung dieser Technologie zunächst alle vSphere-Hosts auf vSphere 6.5 aktualisieren.

7.6.5 Hostverschlüsselungsmodus aktivieren

Bevor Sie die Verschlüsselung nutzen können, müssen Sie für ESXi-Hosts den Hostverschlüsselungsmodus aktivieren. Die Einstellungen dazu nehmen Sie im Webclient vor.

Verbinden Sie sich zunächst mit vCenter und wählen Sie den entsprechenden Host aus. Klicken Sie auf *Konfigurieren* und wählen Sie *System/Sicherheitsprofil* aus. Bei *Hostverschlüsselungsmodus* klicken Sie auf die Schaltfläche *Bearbeiten*. An dieser Stelle aktivieren oder deaktivieren Sie den Hostverschlüsselungsmodus.

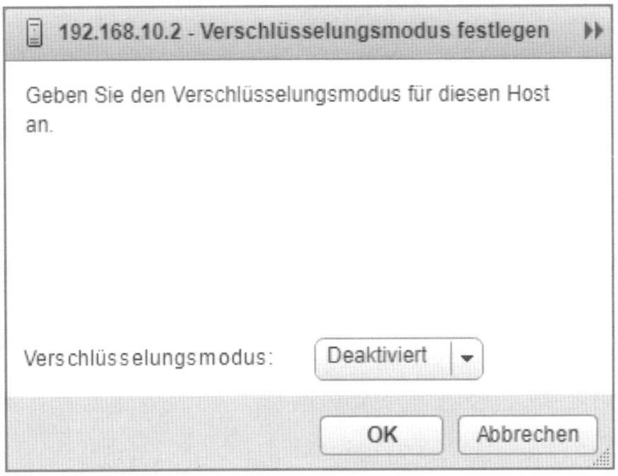

Abbildung 7.27 Bevor Sie verschlüsselte VMs verwenden können, müssen Sie den Hostverschlüsselungsmodus aktivieren.

7.6.6 Eine verschlüsselte virtuelle Maschine erstellen

Sobald Sie den KMS-Server eingerichtet und mit vCenter verbunden haben, können Sie neue VMs verschlüsselt erstellen. Dazu verwenden Sie den üblichen Assistenten zum Erstellen von neuen VMs. Auf der Seite *Speicher auswählen* aktivieren Sie bei *VM-Speicherrichtlinie* die Richtlinie *VM Encryption Policy*.

Erstellen Sie eine verschlüsselte VM, werden automatisch alle virtuellen Festplatten der VM verschlüsselt. Fügen Sie einer verschlüsselten VM weitere virtuelle Festplatten hinzu, werden auch diese verschlüsselt. Sie können verschlüsselte virtuelle Festplatten allerdings nicht zu einer unverschlüsselten VM hinzufügen.

Auf der anderen Seite können verschlüsselte VMs aber auch auf unverschlüsselte virtuelle Festplatten zugreifen. Auch ein Parallelbetrieb ist möglich. Das heißt, eine verschlüsselte VM kann sowohl über verschlüsselte als auch über nicht verschlüsselte virtuelle Festplatten verfügen.

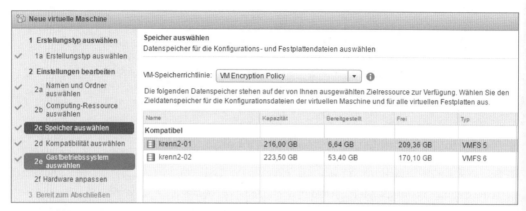

Abbildung 7.28 Beim Erstellen neuer VMs können Sie die Richtlinie zur Verschlüsselung auswählen.

Darüber hinaus können Sie in den Eigenschaften von VMs über den Menübefehl *VM-Optionen* im Bereich *Verschlüsselung* die verschlüsselte Übertragung der VM mit vMotion aktivieren. Die Einstellung dazu können Sie aber jederzeit anpassen.

Möchten Sie vorhandene VMs verschlüsseln, müssen Sie in den Einstellungen der VM für die entsprechenden Komponenten die Speicherrichtlinie so ändern, dass die Richtlinie zur Verschlüsselung verwendet wird.

7.6.7 So funktioniert die Verschlüsselung

Die Verschlüsselung in vSphere 6.5 verschlüsselt die Systemdateien der VMs, deren virtuelle Festplatten und Core-Dump-Dateien. NVRAM-, VSWP- und VMSN-Dateien werden verschlüsselt gespeichert, wenn Sie eine VM verschlüsseln lassen. Selbstverständlich werden auch die VMDK-Dateien verschlüsselt.

Die Protokolldateien von VMs werden allerdings nicht verschlüsselt. Dies ist aufgrund unwichtiger Daten normalerweise auch nicht notwendig. Auch die Konfigurationsdateien der virtuellen Maschine werden nicht verschlüsselt gespeichert. Die genaue Vorgehensweise beim Verschlüsseln einer VM ist folgende:

1. Ein Benutzer erstellt eine neue verschlüsselte VM.
2. vCenter fordert einen neuen Schlüssel vom Standard-KMS an. Dieser Schlüssel wird als sogenannter Schlüsselverschlüsselungsschlüssel (Key Encryption Key, KEK) verwendet.
3. vCenter speichert die Schlüssel-ID und gibt den Schlüssel an den ESXi-Host weiter. Beim Einsatz eines Clusters erhält jeder Host den KEK. Der Schlüssel wird nicht in vCenter gespeichert, sondern nur die Schlüssel-ID.
4. Der ESXi-Host generiert interne Schlüssel (DEKs, Data Encrypton Key) für die virtuelle Maschine und deren Festplatten. Der Server legt die internen Schlüssel im Arbeitsspeicher ab und verwendet die KEKs zum Verschlüsseln der internen Schlüssel. Nicht verschlüsselte interne Schlüssel speichert vSphere nicht. Es werden nur verschlüsselte Daten gespeichert. Da die KEKs vom KMS stammen, verwendet der Host die KEKs.
5. Der ESXi-Host verschlüsselt die virtuelle Maschine mit dem verschlüsselten internen Schlüssel.
6. Jeder Host, der über den KEK verfügt und auf die verschlüsselte Schlüsseldatei zugreifen kann, ist in der Lage, Vorgänge auf der verschlüsselten virtuellen Maschine oder Festplatte ausführen.

Schlüssel selbst werden also nie in vCenter gespeichert, sondern bleiben auf dem KMS. vCenter speichert die ID des Schlüssels. Die verschlüsselte VM wird auf Basis dieses Schlüssels codiert. Der jeweilige vSphere-Host erhält ebenfalls Zugriff auf die ID des Schlüssels, mit dem die jeweilige VM verschlüsselt wurde. vCenter fordert zum Verschlüsseln also einen Schlüssel aus dem KMS an. Der Schlüssel trägt die Bezeichnung Schlüsselverschlüsselungsschlüssel (Key Encryption Key, KEK). Dabei handelt es sich um einen AES-256-Schlüssel. vCenter-Server speichert nur die ID jedes KEK, nicht den Schlüssel selbst.

Der KEK wird auf den ESXi-Hosts im Arbeitsspeicher abgelegt, allerdings nicht auf der Festplatte. ESXi verwendet den KEK, der ihm von vCenter zur Verfügung gestellt wurde, zum Verschlüsseln der internen Schlüssel und speichert den verschlüsselten internen Schlüssel auf der Festplatte. ESXi speichert den KEK nicht auf der Festplatte.

ESXi-Hosts generieren und verwenden interne Schlüssel zum Verschlüsseln virtueller Maschinen und deren virtueller Festplatten. Diese Schlüssel werden als DEKs bezeichnet. Es handelt sich dabei um XTS-AES-256-Schlüssel. Nur vCenter verfügt über die Anmeldedaten für die Verbindung zum KMS. Die ESXi-Hosts kommunizieren nicht mit dem KMS, sondern nur mit vCenter im Netzwerk. vCenter ruft die notwendigen Schlüssel vom KMS ab und stellt diese den ESXi-Hosts zur Verfügung. Dabei speichert vCenter keine KMS-Schlüssel, sondern nur eine Liste mit den Schlüssel-IDs.

Startet ein Host neu, fordert vCenter den KEK mit der entsprechenden ID beim KMS an und stellt ihn für den entsprechenden vSphere-Host bereit. ESXi kann die internen Schlüssel nach Bedarf entschlüsseln. Startet ein ESXi-Host neu, muss er den Schlüssel zum Starten und Verwenden der ID von vCenter abfragen. vCenter muss wiederum den Schlüssel auf Basis der gespeicherten ID beim KMS abrufen. Das heißt, der Schlüssel für die verschlüsselten VMs verbleibt immer in der Hand des KMS. vSphere-Hosts erstellen auf Basis des

Schlüssels, der vom KMS zur Verfügung gestellt wird, die notwendigen Codes, um die codierten VMs zu entschlüsseln und zu starten.

7.6.8 Berechtigungen zur Verschlüsselung

Nur Benutzer, die über Berechtigungen für kryptografische Vorgänge verfügen, können VMs verschlüsseln. Die Berechtigungen sind flexibel steuerbar. Die standardmäßige Systemrolle *Administrator* verfügt über alle Berechtigungen in der vSphere-Umgebung. Das gilt natürlich auch für die Möglichkeit, VMs verschlüsselt zu erstellen oder VMs zu entschlüsseln.

In vielen Umgebungen ist es aber nicht unbedingt erwünscht, dass Administratoren der Umgebung auch die Verschlüsselung steuern können. Dies gilt vor allem dann, wenn es um die Entschlüsselung von VMs geht, auf denen sensible Daten wie zum Beispiel Personaldaten gespeichert sind. Aus diesem Grund gibt es in vShere 6.5 eine neue Rolle mit der Bezeichnung *Kein Kryptografie-Administrator*.

Benutzer, die Mitglied dieser Rolle sind, erhalten alle Administratorberechtigungen außer den Berechtigungen zur Verschlüsselung und Entschlüsselung von VMs. Natürlich können Sie auch hier zusätzliche benutzerdefinierte Rollen erstellen, um Rechte etwas flexibler zu delegieren. So kann zum Beispiel festgelegt werden, dass bestimmte Benutzer VMs zwar verschlüsseln, aber keine Aufgaben zur Entschlüsselung durchführen dürfen.

Zum Entschlüsseln einer verschlüsselten VM können Sie deren Speicherrichtlinie anpassen. Setzen Sie mehrere Speicherrichtlinien ein, können Sie einzelne Komponenten auch nach und nach entschlüsseln. Lassen Sie zum Beispiel erst die virtuellen Festplatten entschlüsseln und danach die VM selbst. Dazu passen Sie einfach die hinterlegte Speicherrichtlinie der entsprechenden VM und Ihrer virtuellen Festplatten an. Auf diesem Weg können Sie nicht verschlüsselte VMs jederzeit wieder verschlüsseln.

■ 7.7 Server zu vSphere per vCenter Converter migrieren

VMware stellt zur Migration von physischen Servern oder für die Konvertierung von virtuellen Servern anderer Systeme wie Hyper-V ein kostenloses Tool zur Verfügung. vCenter Converter kann über einen Assistenten virtuelle Server aus anderen Virtualisierungssystemen oder physische Server zu einer VM in vSphere migrieren. Das Tool funktioniert mit Windows-Servern, lässt sich aber auch für Linux-Server einsetzen. Darüber hinaus beherrscht VMware Converter Festplattenformate verschiedener Hersteller von Virtualisierungssoftware.

Aktuelle Windows-Systeme wie Windows Server 2012/2012 R2 und Windows Server 2016 lassen sich problemlos konvertieren. Auch ältere Windows-Versionen auf Basis von Windows Server 2003 oder Windows Server 2008/2008 R2 können Sie mit dem Converter zu einer vSphere-VM konvertieren.

Bevor Sie die Konvertierung einer physischen VM planen, sollten Sie genau überlegen, ob die Konvertierung überhaupt notwendig ist. In einigen Fällen kann es sinnvoller und auch einfacher sein, den Server einfach über eine neue VM neu zu installieren.

Vor allem bei der Konvertierung von Domänencontrollern sollten Sie sehr vorsichtig sein. Denn bei der Konvertierung wird auch die Datenbank von Active Directory berücksichtigt. Hier kann es zu Problemen kommen. Grundsätzlich ist es in einem solchen Fall besser, wenn Sie eine neue VM installieren und in die Umgebung mit einbinden.

7.7.1 vCenter Converter installieren

Der erste Schritt für die Migration über vCenter Converter besteht darin, das Tool herunterzuladen und auf einen virtuellen Server oder einem PC zu installieren. Das Tool benötigt keine Integration in vSphere und muss generell zunächst auch nicht mit vCenter kommunizieren können.

Erst wenn Sie eine Migration durchführen wollen, richten Sie die entsprechende Verbindung ein. Die grundlegende Installation und Einrichtung von vCenter Converter erfolgt aber komplett unabhängig von vCenter und Ihrer vSphere-Umgebung. Achten Sie darauf, von der VMware-Seite immer die aktuellste Version des Converters herunterzuladen. Die aktuelle Version unterstützt bereits Windows 10 und Windows Server 2016.

Grundsätzlich besteht auch die Möglichkeit, dass Sie vCenter Converter auf dem physischen Computer installieren, den Sie in eine VM konvertieren wollen. vCenter Converter beherrscht aber auch Sicherungsformate von zahlreichen Drittherstellern. Sie können Images von Acronis oder Symantec genauso verwenden wie virtuelle Server auf Basis von Hyper-V. Zur Migration wird der Agent von vCenter Converter installiert.

Abbildung 7.29 vCenter Converter unterstützt Sie mit einem Assistenten bei der Migration von physischen oder virtuellen Servern zu vSphere.

Nachdem Sie das Produkt installiert haben, können Sie das Client-Programm starten. Über den Menübefehl *Convert machine* starten Sie einen Assistenten, über den Sie auswählen, welchen Server Sie zu vSphere migrieren wollen. Hier haben Sie die Möglichkeit, einen eingeschalteten Computer, ein Image oder einen virtuellen Server auf Basis von Hyper-V zu verwenden. Auch der lokale Server lässt sich zur Migration auswählen.

In größeren Umgebungen können Sie vCenter Converter als Serverlösung auf einem Server betreiben. In diesem Fall installieren Sie nur den Server-Part. Auf Arbeitsstationen können Sie anschließend mit den Client über den Port 9089 auf den Converter zugreifen.

Wollen Sie nur einen Server konvertieren, können Sie den Converter auch auf diesem Server lokal installieren. Hier ist es wichtig, dass der Converter-Agent mit installiert wird. Dieser verbindet sich mit dem lokalen Betriebssystem und kann die entsprechenden Informationen in eine VM konvertieren.

7.7.2 Server migrieren, auch von anderen vSphere-Umgebungen

vCenter Converter unterstützt die Migration von VMs von älteren oder von externen vSphere-Umgebungen. Hier können Sie auch eine Anbindung an vCenter vornehmen. Dazu wählen Sie die entsprechende Option aus, verbinden sich mit dem vCenter-Server und legen fest, von welchem Host, Cluster oder Datencenter Sie VMs migrieren wollen.

Haben Sie die entsprechende VM, den physischen Computer oder das Image ausgewählt, bestimmen Sie anschließend, zu welchem Ziel Sie die VM oder den Computer migrieren wollen. Hier können Sie entweder direkt einen Host auswählen oder einen vCenter-Server in einem Datencenter.

Sobald vCenter Converter eine Verbindung zur Zielumgebung hergestellt hat, können Sie festlegen, wie Sie den entsprechenden Server konvertieren wollen. Setzen Sie vCenter ein, können Sie den Cluster oder den Host bestimmen, zu dem Sie die VM konvertieren wollen. Außerdem können Sie den Datenspeicher sowie die Version der Hardware auswählen.

7.7 Server zu vSphere per vCenter Converter migrieren

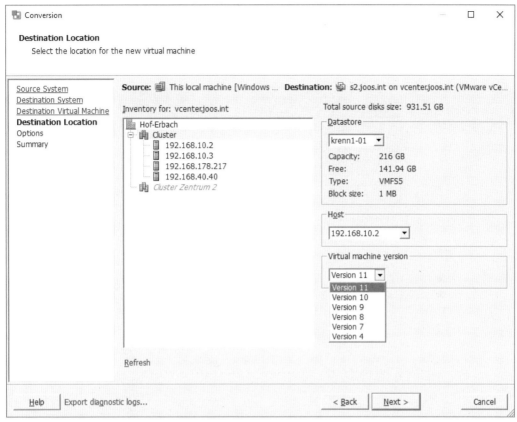

Abbildung 7.30 Im Rahmen der Migration haben Sie die Möglichkeit, zahlreiche Informationen der Zielumgebung auszuwählen.

Haben Sie das Zielsystem ausgewählt, können Sie verschiedene Optionen festlegen. Hierzu blendet vCenter Converter die Optionen im Fenster ein und Sie können über den Link *Edit* die gewünschten Einstellungen durchführen.

So lässt sich zum Beispiel festlegen, welche Daten kopiert, welche Einstellungen übernommen werden sollen, welche Netzwerkanbindung verwendet werden soll und vieles mehr. Welche Optionen zur Verfügung stehen, hängt schlussendlich von der Quelle ab, von der Sie die Maschine zu einer VM konvertieren.

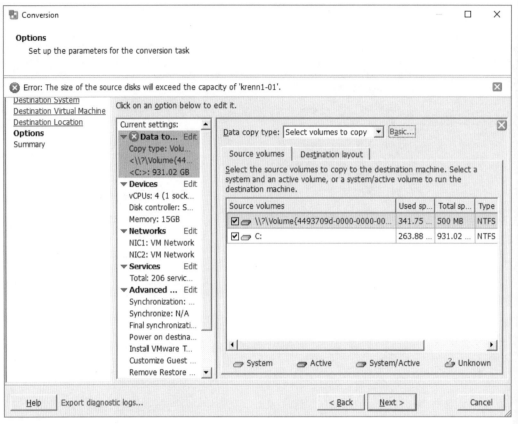

Abbildung 7.31 Im Assistenten zur Migration zu vSphere haben Sie auch die Möglichkeit, zahlreiche erweiterte Optionen im Rahmen der Konvertierung festzulegen.

Auf dem letzten Fenster erhalten Sie schließlich eine Zusammenfassung aller Informationen angezeigt. Hier sehen Sie den Quellserver und das Zielsystem. Sobald Sie auf die Schaltfläche *Finish* klicken, wird die Migration durchgeführt.

Der Vorgang kann einige Zeit dauern, da nicht nur Daten vom Quell- zum Zielsystem übertragen werden müssen, sondern auch zahlreiche Konvertierungsaktionen durchgeführt werden. Der Converter zeigt die Migration sowie den Status der Migration im Fenster an. Sie können auf diesem Weg auch mehrere VMs oder mehrere physische Server von unterschiedlichen Quellen migrieren.

Alle Aufgaben sind direkt in Converter zu sehen. Klicken Sie auf einen Übertragungsjob, erhalten Sie im unteren Bereich weitere Informationen angezeigt. Hier sehen Sie auch, wie weit der Vorgang abgeschlossen ist, ob Fehler aufgetreten sind, sowie den geschätzten Zeitraum, den der Migrationsvorgang benötigt. Über das Kontextmenü einer Konvertierungsaufgabe haben Sie darüber hinaus die Möglichkeit, die Übertragung zu beenden.

7.7.3 Besonderheiten beim Migrieren physischer Computer (P2V)

Migrieren Sie einen physischen Computer zu vSphere, stehen Ihnen zusätzliche Optionen zur Verfügung. Um eine physische Maschine zu migrieren, wählen Sie die Option *Powered-on machine*. Diese Option kann auch dabei helfen, wenn keine Verbindung mit einem virtuellen Server hergestellt werden kann. In diesem Fall behandelt vCenter Converter die VM genauso wie einen physischen Computer. Die Konvertierung sollte in diesem Fall problemlos durchgeführt werden können.

Bei der Migration physischer Computer führt der vCenter Converter einen Klonvorgang durch. Während dieses Vorgangs muss der physische Computer dauerhaft zur Verfügung stehen. Grundsätzlich kann es sinnvoll sein, solche Migrationsaufgaben über Nacht durchzuführen. Bei der Migration physischer Computer kann die Übertragung mehrere Stunden dauern. Achten Sie darauf, dass während der Übertragung der physische Server nicht durch Datensicherungsaktionen oder andere Wartungsaufträge beansprucht wird.

Für die Übertragung wird von vCenter Converter auf dem Quellsystem eine Software installiert. Diese hat administrative Rechte und kann die Daten des Quellcomputers komplett lesen und konfigurieren. Außerdem liest der Agent alle wichtigen Informationen zum installierten Betriebssystem und zur vorhandenen Hardware in den Converter ein. Auf Basis dieser Informationen kann der Converter die passende VM auf dem jeweiligen vSphere-Host erstellen.

Alle physischen Festplatten eines physischen Computers werden in virtuelle Festplatten auf Basis von VMDK-Dateien geklont. Im Rahmen der Einrichtung des Klonvorgangs können Sie die Einstellungen der virtuellen Festplatte wie beispielsweise die Größe und den Datenspeicher festlegen. Zusätzlich besteht die Möglichkeit, Partitionen auf physischen Festplatten zu eigenen virtuellen Datenträger konvertieren zu lassen.

Im Rahmen der Konvertierung können Sie außerdem den Arbeitsspeicher der VM sowie die virtuellen CPUs anpassen. Und zusätzlich können die Netzwerkverbindung sowie die laufenden Dienste auf dem Server konfiguriert werden.

7.7.4 Die Konvertierung nachbearbeiten

Bevor Sie eine konvertierte VM starten, unabhängig davon, ob es sich bei der Quellmaschine um eine virtuelle Maschine oder einen physischen Server handelt, sollten Sie einige Einstellungen vornehmen beziehungsweise überprüfen.

Überprüfen Sie zunächst in der virtuellen Hardware, ob unnötige virtuelle Hardware verbunden wurde. Diese sollten Sie nach Möglichkeit entfernen. Achten Sie auch darauf, dass die konvertierte VM die gleiche IP-Adresse wie das Zielsystem nutzt. Wenn das Zielsystem noch im produktiven Betrieb ist, sollten Sie vor dem Einschalten der VM die Netzwerkverbindung der VM trennen. Überprüfen Sie auch, ob in der neuen VM die VMware Tools installiert sind.

Bevor Sie eine konvertierte VM in den produktiven Betrieb überführen, sollten Sie diese daher ohne Netzwerkverbindung starten. Überprüfen Sie nach dem Start, ob alle Serverdienste und alle notwendigen Anwendungen auf der VM funktionieren. Stellen Sie zusätzlich sicher, dass alle Geräte funktionieren und das Betriebssystem keine Fehler meldet. Erst wenn sichergestellt ist, dass die VM fehlerfrei funktioniert, sollten Sie die Netzwerkverbindung herstellen. Achten Sie in diesem Fall aber darauf, dass Sie vorher das Quellsystem vom Netzwerk trennen.

Arbeiten Sie mit Active Directory, überprüfen Sie, ob die Domänenmitgliedschaft noch funktioniert. Teilweise kann es passieren, dass Sie die VM neu in die Domäne mit aufnehmen müssen. Normalerweise wird die SID des Quellsystems bei der Konvertierung übernommen.

Bei der Konvertierung von älteren Betriebssystemen kann es passieren, dass die VM nicht mehr startet. In diesem Fall können Sie innerhalb der VM eine Reparatur durchführen. Dies erfolgt genauso wie auf einem physischen Windows-Computer, wenn dieser nicht mehr startet. Vor allem bei der Migration von Windows Server 2003 kann es zu Problemen kommen. Microsoft geht darauf im Knowledge-Base-Beitrag KB324103 näher auf dieses Thema ein (http://tinyurl.com/y9ruewo7).

7.7.5 Probleme bei der Migration beheben

Nicht immer gelingt die Konvertierung zu einer vSphere-VM. Haben Sie zum Beispiel Probleme bei der Migration von Hyper-V zu vSphere, können Sie die einzelnen VMs über den Weg der physischen Konvertierung durch Auswahl der Option *Powered-on machine* konvertieren. Achten Sie auch darauf, dass zwischen vCenter Converter und den entsprechenden Quellservern und Zielsystemen keine Firewall positioniert ist oder die Ports für den Zugriff blockiert werden. Und achten Sie darauf, dass Sie über administrative Rechte auf den Zielsystemen und den Quellsystemen verfügen.

Im Rahmen der Konvertierung können Sie verschiedene Optionen im Assistenten festlegen. Gelingt die Konvertierung nicht, kann es häufig sinnvoll sein, einen virtuellen IDE-Controller erstellen zu lassen. Standardmäßig verwendet der vCenter Converter einen virtuellen SCSI-Controller für die Ziel-VM. Damit in diesem Fall die Konvertierung über einen virtuellen IDE-Controller funktioniert, sollten Sie nach der Konvertierung den Controller aber in einen virtuellen SCSI-Controller umwandeln.

Grundsätzlich ist es sinnvoll, während der Konvertierung vor allem die erweiterten Optionen durchzugehen und unter Umständen Einstellungen zu deaktivieren beziehungsweise Einstellungen zu setzen, welche Fehler vermeiden können. Wichtig ist zunächst, dass ein Server zur VM konvertiert wird. Eventuelle Einstellungen und Optimierungen können Sie nachträglich immer noch vornehmen.

8 Virtuelle Server verwalten und optimieren

Nachdem Sie virtuelle Server erstellt haben, können Sie deren Einstellungen jederzeit anpassen. Neben den Standardeinstellungen, die Sie nach der Erstellung einer VM vornehmen müssen, können Sie nach der Erstellung jederzeit auch erweiterte Konfigurationen vornehmen. Im vorherigen Kapitel wurden die grundlegenden Einstellungen von VMs behandelt. In diesem Kapitel erfahren Sie, welche generellen Verwaltungsmöglichkeiten von VMs Ihnen zur Verfügung stehen.

Für viele Einstellungen muss der virtuelle Server ausgeschaltet sein. Andere Optionen stehen auch im laufenden Betrieb zur Verfügung. Rufen Sie die Eigenschaften von virtuellen Servern auf, werden diejenigen Einstellungen, die Sie nur im ausgeschalteten Zustand ändern können, als deaktivierte Option angezeigt.

Die Einstellungen von VMs passen Sie entweder im vSphere-Client oder im Webclient an. In diesem Kapitel handelt es sich beim vSphere-Client um den neuen HTML5-basierten neuen Client in vSphere 6.5. Die Oberfläche des Webclients sieht etwas anders aus. Teilweise sind die Einstellungen im Webclient schneller zu finden als im vSphere-Client. Wo Sie die Einstellungen vornehmen, ist schlussendlich Geschmackssache. Achten Sie jedoch darauf, dass nicht unbedingt alle Einstellungen, die im Webclient zur Verfügung stehen, auch im vSphere-Client verfügbar sind. Geht es aber um die Konfiguration der Hardware von VMs, verfügt der Webclient in der Regel über mehr Einstellungsmöglichkeiten. VMware bessert jedoch nach und wird in den vSphere-Client weitere Funktionen integrieren, bis dieser über den gleichen Funktionsumfang wie der Webclient verfügt.

■ 8.1 Grundsätzliche Vorgehensweise zur Konfiguration von VMs

Sie können für die Konfiguration der virtuellen Server entweder den HTML5-vSphere-Client oder den Webclient verwenden. Auch die PowerCLI ist dafür nutzbar. Welchen Client Sie dabei verwenden, spielt in vSphere 6.5 keine Rolle. Im Gegensatz zu den Vorgängerversionen können Sie keine Einstellungen, die im Webclient oder im neuen HTML5-vSphere-Client zur Verfügung stehen, auch im Windows-vSphere-Client vornehmen. Dieser wird in vSphere 6.5 nicht mehr unterstützt.

Generell ist es nach dem Erstellen einer VM sinnvoll, wenn Sie sich die einzelnen Optionen einer VM genau ansehen und an Ihre Anforderungen anpassen. Bereits beim Erstellen sollten Sie aber darauf achten, dass die Konfiguration der Hardware dem beabsichtigten Serverdienst entspricht. Auch wenn Sie nachträglich Änderungen an einer VM vornehmen, sollten Sie darauf achten, dass Sie der VM nicht mehr Ressourcen zur Verfügung stellen, als diese benötigt. Weisen Sie einer VM zu viele Ressourcen zu, stehen diese unter Umständen anderen VMs nicht zur Verfügung.

Generell ist es sinnvoll, dass Sie alle nicht notwendigen Geräte in den Einstellungen einer VM deaktivieren. Standardmäßig stehen den VMs vielfältige Hardware-Geräte zur Verfügung, die selten verwendet werden. Beispiele dafür sind Diskettenlaufwerke, nicht verwendete Anschlüsse oder virtuelle CD-Laufwerke. Das virtuelle Betriebssystem muss auch dann Geräte verwalten, wenn diese nicht verwendet werden.

Auch wenn die Leistung aktueller Hardware dafür ausreicht, ist es sinnvoll, diese nicht notwendigen Ressourcen zu deaktivieren. Denn durch die Verwaltung im virtuellen Betriebssystem wird häufig auch Arbeitsspeicher verschwendet. Außerdem sollten Sie so schnell wie möglich nach der Installation die VMware Tools installieren. Wie Sie dazu vorgehen, wurde im vorherigen Kapitel 7 bereits erläutert.

Nachdem Sie das Betriebssystem installiert haben, sollten Sie auch innerhalb der VM Optimierungen vornehmen. Hier gibt es in Windows, aber auch in Linux, zahlreiche Bereiche, die Sie optimieren können. Dabei gibt es grundsätzlich keine Unterschiede, ob Sie den Server physisch oder virtuell betreiben. Beobachten Sie bei der Optimierung auch die Auslastung der VM über den Webclient oder den vSphere-Client beziehungsweise über die Überwachung von vCenter; denn dadurch erhalten Sie oft Hinweise, wie Sie die virtuellen Server optimieren können. Sie finden diese Leistungsdaten im Webclient oder im vSphere-Client auf der Registerkarte *Überwachen* über den Menübefehl *Leistung*.

Neben den Optimierungen in den Einstellungen einer VM, beziehungsweise im virtuellen Betriebssystem, sollten Sie sich das virtuelle BIOS/EFI der VM ansehen. Auch hier können Sie häufig nicht verwendete Geräte deaktivieren, zum Beispiel virtuelle Diskettenlaufwerke.

■ 8.2 Virtuelle Hardware in VMs hinzufügen oder entfernen

Über das Kontextmenü einer VM können Sie über den Bereich *Einstellungen bearbeiten* die Konfiguration von VMs anpassen. Sie können hier nicht nur die vorhandene Hardware konfigurieren, sondern auch neue Hardware hinzufügen. Dies ist zum Beispiel notwendig, wenn Sie auf einem virtuellen Server eine neue Serveranwendung installieren. Auf der Registerkarte *Virtuelle Hardware* können Sie über die Schaltfläche *Hinzufügen* zusätzliche Hardware der VM hinzufügen.

8.2 Virtuelle Hardware in VMs hinzufügen oder entfernen

Abbildung 8.1 In den Einstellungen einer VM können Sie nach der Erstellung weitere Hardware hinzufügen.

In den meisten Fällen müssen Sie für den Großteil der Änderungen die virtuelle Maschine ausschalten. Sie erkennen dies, wenn die entsprechende Option deaktiviert ist. Sie haben beim Hinzufügen von virtueller Hardware die Möglichkeit, verschiedene Geräte einer VM hinzuzufügen.

Neben veralteten Geräten wie serielle und parallele Schnittstellen können Sie einen USB-Controller für VMs zur Verfügung stellen. Hier wird auch die Version USB 3.0 unterstützt, allerdings natürlich nur dann, wenn auch der Host über eine USB 3.0-Schnittstelle verfügt. Virtuelle USB-Controller können Sie im laufenden Betrieb hinzufügen. Haben Sie auf dem Host ein USB-Gerät verbunden, wird dieses im laufenden Betrieb in der VM erkannt.

Sie haben in vSphere 6.5 auch die Möglichkeit, USB-Geräte in VMs zu verwenden, die an den PC angeschlossen sind und mit denen Sie per vSphere-Client eine Verbindung zu vCenter aufgebaut haben. Das funktioniert allerdings nicht bei gespiegelten VMs. Zusätzlich lassen sich auch über den RDP-Client oder einen USB-Server USB-Geräte einer VM hinzuzufügen.

Sie können an dieser Stelle natürlich nicht nur Hardware hinzufügen, sondern nicht mehr verwendete Hardware auch entfernen. Im vSphere-Client verwenden Sie dazu die Schaltfläche *Entfernen*. Im Webclient klicken Sie auf das kleine X, das neben der jeweiligen Hardware erscheint.

Sie können einer VM mehrere virtuelle Netzwerkadapter zur Verfügung stellen, die wiederum unterschiedliche virtuelle Switches nutzen können. Dabei haben Sie auch die Möglichkeit, den Adaptertyp zu steuern. Zusätzlich lässt sich definieren, mit welchem virtuellen Netzwerk der virtuelle Netzwerkadapter verbunden wird und ob er beim Einschalten bereits automatisch verbunden werden soll. Es gibt also viele Einstellungsmöglichkeiten, die berücksichtigt werden sollten.

Bei älteren Betriebssystemen verwenden Sie Adapter des Typs E1000. Setzen Sie aber auf neuere Betriebssysteme, zum Beispiel Windows Server 2008 R2/2012/2012 R2 oder auf Windows Server 2016, sollten Sie Adapter des Typs VMXNET 3 verwenden. Diese verfügen über moderne Netzwerkfunktionen wie zum Beispiel Jumbo Frames und andere Funktionen. Im Gegensatz zu E1000-Adaptern muss für die Verwendung von VMXNET-Adaptern sichergestellt sein, dass die VMware Tools in der VM installiert sind. Außerdem muss die VM als Hardware-Version 7 und neuer installiert sein.

Im Webclient werden sämtliche angebundenen Netzwerkadapter angezeigt. Auch hier können Sie alle vorhandenen Einstellungen vornehmen und auch die jeweiligen Portgruppen ändern. Außerdem haben Sie hier die Möglichkeit, die MAC-Adresse des jeweiligen Netzwerkadapters zu steuern. Sie können die MAC-Adresse entweder automatisch zuweisen lassen oder Sie verwenden eine manuelle MAC-Adresse.

Abbildung 8.2 Im Webclient können Sie auch die Einstellungen der virtuellen Netzwerkadapter anpassen.

8.2.1 CPU und Arbeitsspeicher anpassen

In den Einstellungen von virtuellen Servern passen Sie nicht nur die Hardware an, sondern auch die Systemeinstellungen der VM. Auch hier gilt, dass für die meisten Einstellungen der virtuelle Server heruntergefahren werden muss, zum Beispiel für die Anpassung des Arbeitsspeichers.

Wie sich vSphere diesbezüglich verhält, können Sie in den Einstellungen einer VM auf der Registerkarte *Virtuelle Hardware* in den erweiterten Optionen festlegen. Achten Sie aber darauf, dass bei einigen Änderungen der Hardware wie beispielsweise der Zuweisung zusätzlicher CPUs zur VM ein Neustart der VM erfolgen muss. Dabei lädt das virtuelle Betriebssystem die notwendigen Treiber und Kerneldaten nach.

Öffnen Sie die Einstellungen einer VM im Webclient, können Sie über die einzelnen Menüs die Einstellungen aufklappen. Hier lassen sich auch erweiterte Einstellungen vornehmen, zum Beispiel die Aktivierung von Leistungsindikatoren. Optionen, die von der VM oder der Hardware des Hosts nicht unterstützt werden, werden im Einstellungsfenster deaktiviert.

Standardmäßig ist vSphere so voreingestellt, dass Sie den Arbeitsspeicher nicht im laufenden Betrieb anpassen können. Sie können dieses Verhalten aber in den Optionen einer VM anpassen. Ist eine VM ausgeschaltet, können Sie den Arbeitsspeicher jedoch immer uneingeschränkt anpassen. Sie geben die Größe des Arbeitsspeichers direkt im zugehörigen Feld ein.

Sie haben hier auch die Möglichkeit, einem virtuellen Server mehr Arbeitsspeicher zuzuweisen, als dem physischen Host tatsächlich zur Verfügung steht. Allerdings bricht in diesem Fall deutlich die Leistung des Hosts und auch der VM ein, da der Host den fehlenden Arbeitsspeicher auf die Festplatte auslagern muss. Der maximal zur Verfügung stehende Arbeitsspeicher hängt auch von dem virtuellen Betriebssystem ab, das Sie installiert haben. Ein weiterer wichtiger Faktor ist die Hardware-Version des virtuellen Servers.

Über den Bereich *CPU* legen Sie fest, wie viele virtuelle CPUs und wie viele Kerne der VM zur Verfügung stehen sollen. Die Anzahl, die hier angezeigt wird, hängt jeweils von der eingesetzten Hardware ab. Im Webclient werden die CPU-Einstellungen vor der Konfiguration des Arbeitsspeichers angezeigt. Für beide Bereiche können Sie im Webclient direkt auf der Einstellungsseite festlegen, ob Sie die Hotplug-Funktion nutzen wollen. Aktivieren Sie jeweils diese Option und unterstützt das virtuelle Betriebssystem dies auch, können Sie im laufenden Betrieb den Arbeitsspeicher und die CPU anpassen. In den meisten Fällen müssen Sie das virtuelle Betriebssystem neu starten, wenn Sie die Anzahl der virtuellen CPUs einer VM erhöhen.

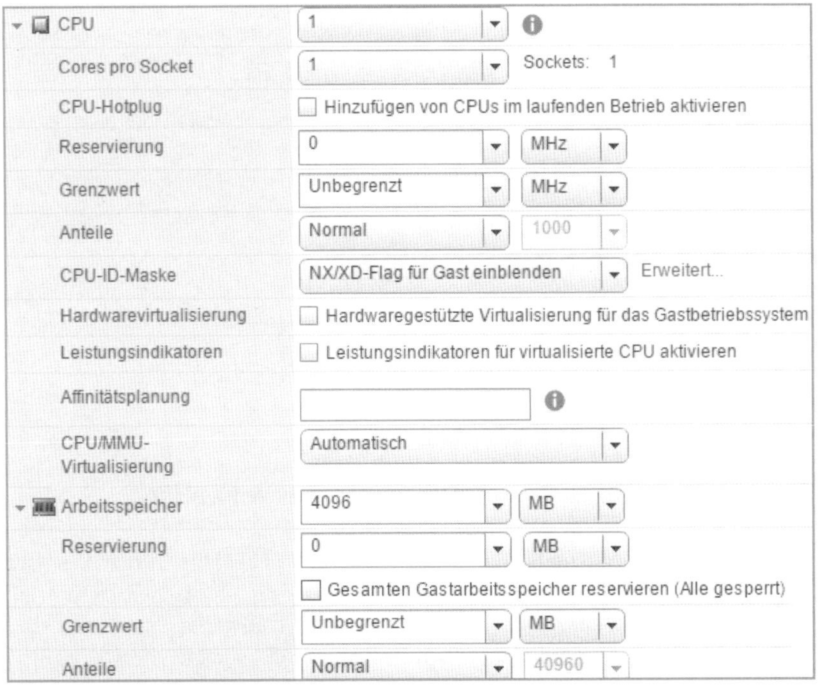

Abbildung 8.3 Anpassen der CPU- und Arbeitsspeicher-Einstellungen für eine VM

Wollen Sie auf Basis der aktuell angepassten VM eine Vorlage erstellen, sollten Sie mindestens zwei CPUs zuweisen. Dadurch erhalten Sie die Möglichkeit, einfacher mehr CPUs hinzuzufügen. Achten Sie bei der Zuweisung von CPUs auch darauf, dass viele Serveranwendungen auf Basis der CPU- oder der CPU-Kerne lizenziert werden. Das heißt, es ist sinnvoll, nur so viele CPUs und CPU-Kerne zuzuweisen, wie tatsächlich benötigt werden. Wie viele CPUs Sie einer VM zuweisen können, hängt auch von der eingesetzten Lizenz und dem virtuellen Betriebssystem ab.

8.2.2 Virtuelle Grafikkarten konfigurieren

Über den Menübefehl *Grafikkarte* können Sie festlegen, wie viele virtuelle Grafikkarten die VM nutzen und wie viel Arbeitsspeicher den Karten zur Verfügung stehen soll. Die Einstellungen, die Sie hier vornehmen können, hängen nicht von der Grafikkarte des physischen Hosts ab. Unterstützt zum Beispiel die physische Grafikkarte die Hardwarebeschleunigung oder 3D-Unterstützung, können Sie diese Funktion deaktivieren. Allerdings muss vSphere über einen entsprechenden Treiber für die Grafikkarte verfügen.

In vSphere 6.5 besteht die Möglichkeit, Funktionen der physischen Grafikkarte des vSphere-Hosts auch für die virtuellen Grafikkarten der VMs zur Verfügung zu stellen. Über die Schaltfläche *Videoarbeitsspeicher-Rechner* können Sie über einen Assistenten den notwendigen Grafikspeicher, den Sie basierend auf der Anzahl der Anzeigen und der notwendigen Auflösung nutzen wollen, berechnen lassen.

Abbildung 8.4 Anpassen der Einstellungen für virtuelle Grafikkarten

8.2.3 Laufwerke und virtuelle SCSI-Controller verwalten

Virtuelle Laufwerke und virtuelle Controller steuern Sie ebenfalls in den Eigenschaften einer VM im Webclient. Sie können auch in vSphere 6.5 die physischen Laufwerke eines Hosts in einer VM zu nutzen, zum Beispiel virtuelle DVD-Laufwerke. Sie können aber auch ISO/FLP-Dateien verwenden und in VMs bereitstellen. Die Dateien können dabei direkt auf dem vSphere-Host gespeichert sein oder in einem eigenen Laufwerk im SAN zur Verfügung stehen. In größeren Umgebungen ist es empfehlenswert, wenn Sie für ISO-Dateien ein eigenes Laufwerk erstellen oder einen dedizierten Datenspeicher dafür verwenden.

Sie sollten auf virtuellen Windows-Servern die Autostart-Funktion für virtuelle DVD-Laufwerke deaktivieren. Wenn Sie auf mehreren VMs das physische DVD-Laufwerk des Hosts verbunden haben und eine DVD in das Laufwerk einlegen, startet auf allen VMs das festgelegte Autostart-Programm.

Sie können die Konfiguration des SCSI-Controllers nachträglich anpassen und weitere SCSI-Controller einer VM hinzufügen. Die Vorgehensweise dabei entspricht dem Hinzufügen eines SCSI-Controllers beim Erstellen einer neuen VM. Aktivieren Sie zum Beispiel im Webclient die gemeinsame Verwendung des SCSI-Busses, können sich mehrere VMs eine gemeinsame virtuelle Festplatte teilen. Dies wird zum Beispiel verwendet, wenn Sie einen virtuellen Windows-Cluster erstellen wollen. Diese Einstellungen finden Sie unterhalb des zugewiesenen SCSI-Controllers im Webclient.

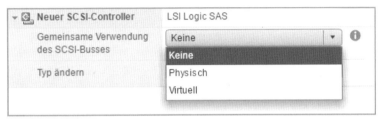

Abbildung 8.5 Hinzufügen eines neuen SCSI-Controllers

In den Einstellungen einer VM können Sie auch die Konfiguration der virtuellen Festplatten anpassen. Hier spielt nach der Erstellung einer VM vor allem der Bereich *Festplattenmodus* eine Rolle. Sie können hier auch die Größe einer virtuellen Festplatte nachträglich anpassen.

Achten Sie aber darauf, dass bei der Vergrößerung einer virtuellen Festplatte die Partition im virtuellen Betriebssystem nicht angepasst wird. Wenn Sie also Speicherplatz hinzufügen, müssen Sie im virtuellen Betriebssystem die Partition entsprechend anpassen oder ein neues Laufwerk erstellen.

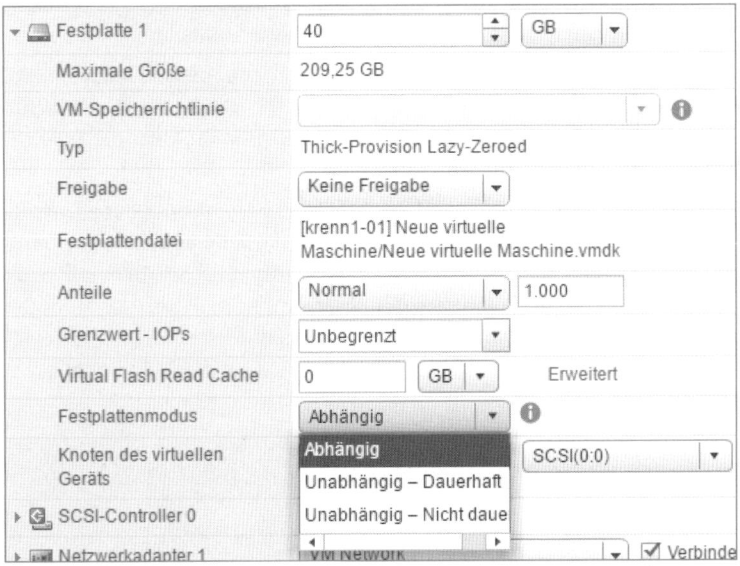

Abbildung 8.6 Anpassen virtueller Laufwerke in vSphere 6.5

Aktivieren Sie die Option *Unabhängig* für virtuelle Festplatten, wird die jeweilige virtuelle Festplatte in Snapshots nicht berücksichtigt. Darüber hinaus können Sie mit den beiden Optionen *Dauerhaft* und *Nicht dauerhaft* festlegen, ob Änderungen im laufenden Betrieb auf der virtuellen Festplatte gespeichert werden sollen oder nicht. Dadurch können Sie zum Beispiel festlegen, dass eine VM immer mit dem gleichen Zustand startet, unabhängig davon, welche Änderungen oder Einstellungen im laufenden Betrieb vorgenommen wurden.

8.2.4 Zeitsynchronisierung anpassen

Die Synchronisierung der Uhrzeit von virtuellen Servern ist eine sehr wichtige Konfiguration, vor allem wenn Sie virtuelle Server in Active Directory-Umgebungen betreiben. Virtuelle Windows-Server, die Bestandteil einer Active Directory-Domäne sind, synchronisieren ihre Zeit automatisch mit den Domänencontrollern. Virtualisieren Sie Domänencontroller, synchronisieren diese ihre Zeit mit anderen Domänencontrollern und schließlich mit dem PDC-Master der obersten Domäne in der Gesamtstruktur. Virtualisieren Sie auch diesen Server, müssen Sie die Zeitsynchronisierung konfigurieren. Hier haben Sie entweder die Möglichkeit, mit den Konfigurationen in Windows zu arbeiten, oder Sie nutzen zur Zeitsynchronisierung die VMware Tools und die vSphere-Hosts. In diesem Fall müssen Sie aber darauf achten, dass die Uhrzeit auf den Hosts korrekt gesetzt ist und mit dem Internet synchronisiert wird.

Durch die Installation der VMware Tools lässt sich die Zeit zwischen ESXi-Host und virtuellen Servern einmal in der Minute synchronisieren. Damit diese Synchronisierung stattfinden kann, müssen Sie Ihre vSphere-Hosts natürlich entsprechend konfigurieren. Haben Sie den PDC-Master in Ihrer Active Directory-Umgebung auf einer physischen Maschine installiert, ist es sinnvoll, die vSphere-Hosts an diesen zur Zeitsynchronisierung anbinden. In Active Directory-Umgebungen ist eine synchrone Zeit sehr wichtig für die Authentifizierung. Daher ist es enorm wichtig sicherzustellen, dass die vSphere-Hosts, die VMs, die Domänencontroller sowie alle anderen Server über eine identische Zeit verfügen und sich unter Umständen mit einem NTP-Server im Internet synchronisieren.

Bei der Verwendung von vCenter navigieren Sie zum entsprechenden vSphere-Host und markieren diesen. Wechseln Sie anschließend auf die Registerkarte *Konfiguration*. Im Bereich *System* finden Sie den Menübefehl *Uhrzeitkonfiguration*. Über die Schaltfläche *Bearbeiten* steuern Sie die Uhrzeitkonfiguration.

Hier legen Sie auch fest, von welchem NTP-Server der vSphere-Host seine Uhrzeit beziehen soll. Hier verwenden Sie entweder einen Server im Internet oder den PDC-Emulator in der Umgebung, wenn Sie auf Active Directory setzen. Aktivieren Sie die Option *Netzwerkzeitprotokoll verwenden (NTP-Client aktivieren)* und legen Sie die IP-Adresse eines Servers fest. Durch diesen Vorgang öffnet vSphere automatisch den entsprechenden Firewall-Port auf dem jeweiligen vSphere-Host. Wichtig ist aber auch, dass Sie den NTP-Client aktivieren und dieser fehlerfrei gestartet wird.

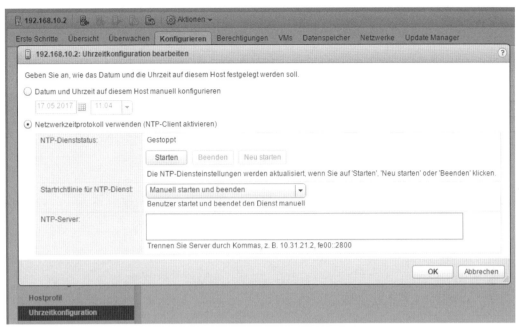

Abbildung 8.7 Damit die VMs über eine korrekte Zeit verfügen, sollten Sie die Uhrzeitkonfiguration auf den vSphere-Hosts anpassen.

 TIPP: Um die Uhrzeit einer VM mit dem vSphere-Host zu synchronisieren, können Sie zum Beispiel den Webclient verwenden. Rufen Sie die Einstellungen der VM im Webclient auf, können Sie auf der Registerkarte *VM-Optionen* im Bereich *VMware Tools* die Option *Uhrzeit des Gastsystems mit Host synchronisieren* aktivieren.

8.2.5 Optionen von VMs anpassen

Auf der Registerkarte *VM-Optionen* in den Einstellungen von VMs passen Sie wichtige Konfigurationen für den Betrieb an. Hier stehen zum Beispiel Konfigurationsmöglichkeiten für die VMware Tools zur Verfügung. Sie haben hier auch die Möglichkeit, den Namen der virtuellen Maschine anzupassen. Allerdings sind die Systemdateien der VM von diesem Vorgang nicht betroffen. Das heißt, die Konfigurationsdateien der VM tragen nach der Umbenennung noch den gleichen Namen, zumindest zunächst.

Das ist auch einer der Gründe, warum Sie den Namen der VM bereits während der Erstellung korrekt setzen sollten. Verschieben Sie eine VM in einen anderen Datenspeicher, werden die Systemdateien an den neuen Namen der VM angepasst.

In den allgemeinen Optionen sehen Sie den Namen der VM sowie den Speicherort und die Bezeichnung der Konfigurationsdateien der VM. Außerdem ist hier das Arbeitsverzeichnis angegeben. Zusätzlich finden Sie hier Informationen zum installierten Gastbetriebssystem und zur Version des Betriebssystems. Hier haben Sie auch die Möglichkeit, Anpassungen durchzuführen. Dies ist zum Beispiel sinnvoll, wenn Sie das Gastbetriebssystem aktualisieren und die neue Version einstellen wollen. Außerdem steuern Sie in den allgemeinen Optionen im Webclient auch die Konfiguration der Konsole, also den Zugriff auf den virtuellen Bildschirm einer VM. Hier können Sie zum Beispiel das automatische Sperren oder ein Sitzungslimit festlegen.

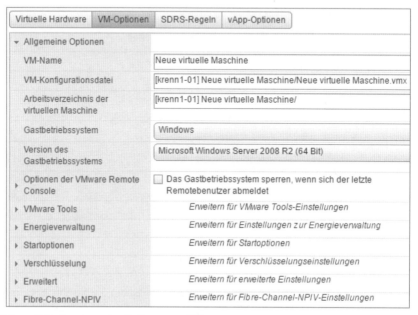

Abbildung 8.8 Anpassen der Optionen von VMs

8.2.6 VMware Tools steuern

Im Webclient finden Sie die Konfiguration der VMware Tools über die Registerkarte *VM-Optionen*. Über den Menübefehl *VMware Tools* lassen sich wichtige Optionen anzeigen. Sie können zum Beispiel die automatische Aktualisierung der VMware Tools aktivieren. Allerdings ist dies nur auf Windows-Servern empfohlen, virtuelle Linux-Server sollten Sie besser manuell aktualisieren. Um die VMware Tools auf Windows-Servern automatisch zu aktualisieren, aktivieren Sie die Option *VMware Tools vor jedem Einschaltvorgang prüfen und aktualisieren*. Die Option ist standardmäßig deaktiviert.

In aktuellen Versionen der VMware Tools ist nach der Aktualisierung meist kein Neustart des virtuellen Betriebssystems notwendig, allerdings lässt sich das nicht garantieren. Teilweise kann bei der automatisierten Aktualisierung der VMware Tools der virtuelle Server automatisch neu gestartet werden.

8.2.7 Wake on LAN, Energieverwaltung und automatischen Neustart konfigurieren

Im Webclient finden Sie im Bereich *Energieverwaltung* die Möglichkeit, Wake on LAN zu aktivieren. Sie können hier auch festlegen, auf welchem Netzwerkadapter die VM auf einen Startbefehl warten soll. Darüber hinaus bestimmen Sie hier das Verhalten einer VM für den Stand-by-Modus.

Im Bereich *Startoptionen* können Sie definieren, dass beim Starten der VM automatisch das BIOS geöffnet wird. Sobald Sie die VM das erste Mal gestartet haben, wird diese Option wieder deaktiviert, sodass beim nächsten Start nicht automatisch das BIOS geöffnet wird, sondern die VM herkömmlich startet. Außerdem können Sie hier das automatische Startverhalten steuern, wenn der Startdatenträger der VM nicht gefunden wird.

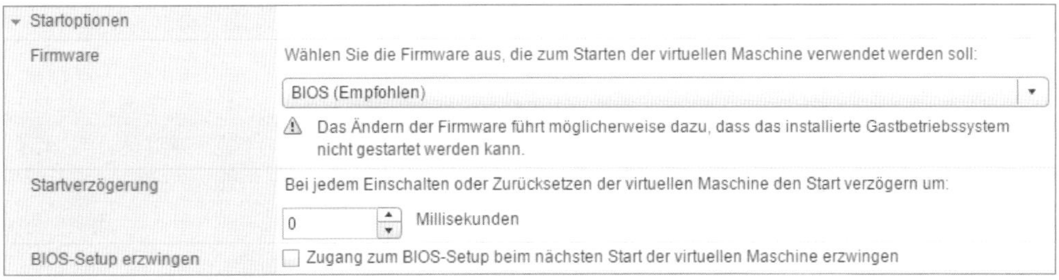

Abbildung 8.9 Festlegen der Startoptionen für VMs

Im gleichen Fenster können Sie bestimmen, dass anstatt eines herkömmlichen BIOS ein EFI verwendet wird.

8.2.8 Protokollierung, Konfigurationsparameter und Auslagerungsdatei steuern

Über den Menübefehl *Erweitert* konfigurieren Sie auch die Protokollierung der VM und legen den Speicherort für die Auslagerungsdatei fest. Standardmäßig erstellt vSphere automatisch eine Auslagerungsdatei für eine VM, die der Größe des zugewiesenen Arbeitsspeichers entspricht. Kann der Host der VM nicht genügend Arbeitsspeicher zuweisen, verwendet er für den restlichen Wert die Auslagerungsdatei.

Standardmäßig legt vSphere automatisch eine Auslagerungsdatei für virtuelle Server an. Diese wird im gleichen Verzeichnis wie die anderen Daten der VM gespeichert. In den meisten Einstellungen sind hier aber keine Einstellungen notwendig.

An dieser Stelle können Sie auch verschiedene Konfigurationsparameter der VM festlegen, die nicht in der grafischen Oberfläche angepasst werden können, sondern die direkt in der Konfigurationsdatei der VM gespeichert werden. Sie können zwar grundsätzlich die Konfigurationsdatei auch manuell anpassen, allerdings ist es empfehlenswert, die Option *Konfiguration bearbeiten* im Webclient zu verwenden.

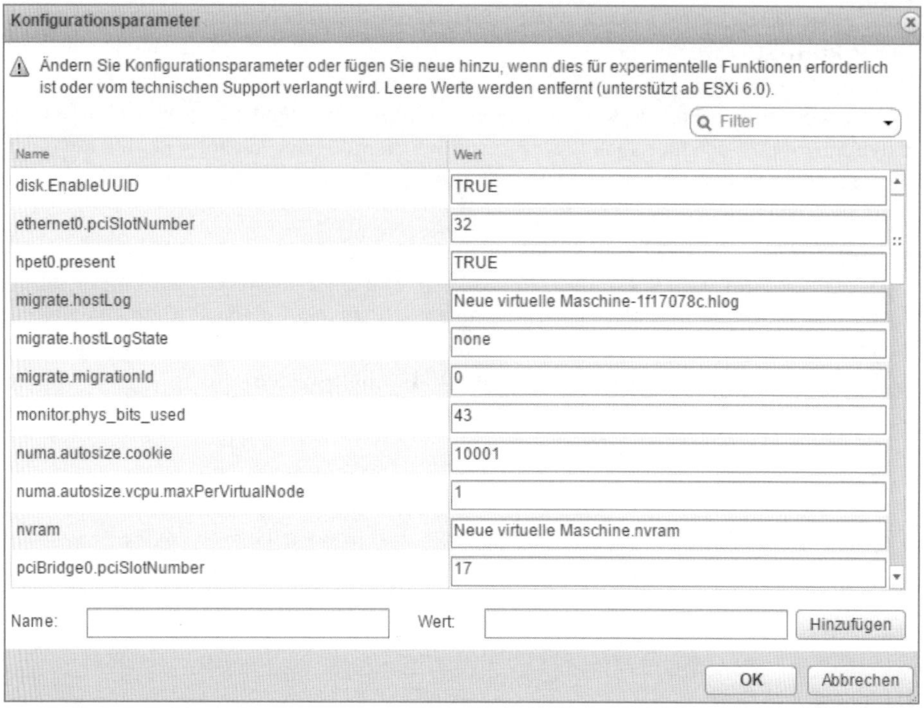

Abbildung 8.10 Im Webclient können Sie auch erweiterte Konfigurationsparameter der VMs steuern.

8.2.9 VMs an SANs anbinden

Sie können in vSphere außerdem ein Volume in einem SAN direkt einer VM zuweisen. Im Bereich *Fibre-Channel-NPIV* in den Optionen von VMs nehmen Sie dazu die entsprechenden Einstellungen vor. Mit den NPIV-Einstellungen können Sie einen einzelnen physischen Port mehreren virtuellen Ports zuweisen.

Dadurch können Sie mehreren VMs Zugriff auf ein SAN erlauben. Dazu werden die virtuellen Ports mit World Wide Name (WWN) und einem World Wide Port Name (WWPN) konfiguriert. Damit diese Technik funktioniert, dürfen Sie aber nicht mit herkömmlichen virtuellen Festplatten arbeiten, sondern müssen eine RDM-Festplatte zuweisen.

8.2.10 SDRS-Regeln und vApp-Optionen steuern

Im Webclient finden Sie in den Einstellungen von VMs noch die beiden Registerkarten *SDRS-Regeln* und *vApp-Optionen*. Über die Registerkarte *SDRS-Regeln* steuern Sie die Storage-DRS-Regeln für die VM. Nutzen Sie vApps in Ihrer vSphere-Umgebung, können Sie auf der Registerkarte *vApp-Optionen* Einstellungen vornehmen. Grundsätzlich haben aber die

Einstellungen auf diesen beiden Registerkarten nichts mit den Optionen von VMs zu tun, sondern mit den beiden VMware-Lösungen Storage DRS und vApp. Auf diese Themen wird im Verlauf dieses Buchs noch näher eingegangen.

8.3 Dateien von virtuellen Maschinen verstehen

Zu VMs gehören verschiedene Systemdateien, die auf den Datenspeichern der vSphere-Infrastruktur abgelegt sind. Die VM-Dateien sind im Virtual Machine File System (VMFS) des Datenspeichers, den Sie konfiguriert haben, gespeichert.

Die meisten der Dateien enthalten den Namen der VM. Auch wenn Sie die VM umbenennen, bleibt dieser Bestandteil auf dem alten Namen bestehen. Verschieben Sie die VM mit vMotion auf einen anderen Host, werden die Dateien umbenannt. Dies gilt allerdings nicht für alle Dateien.

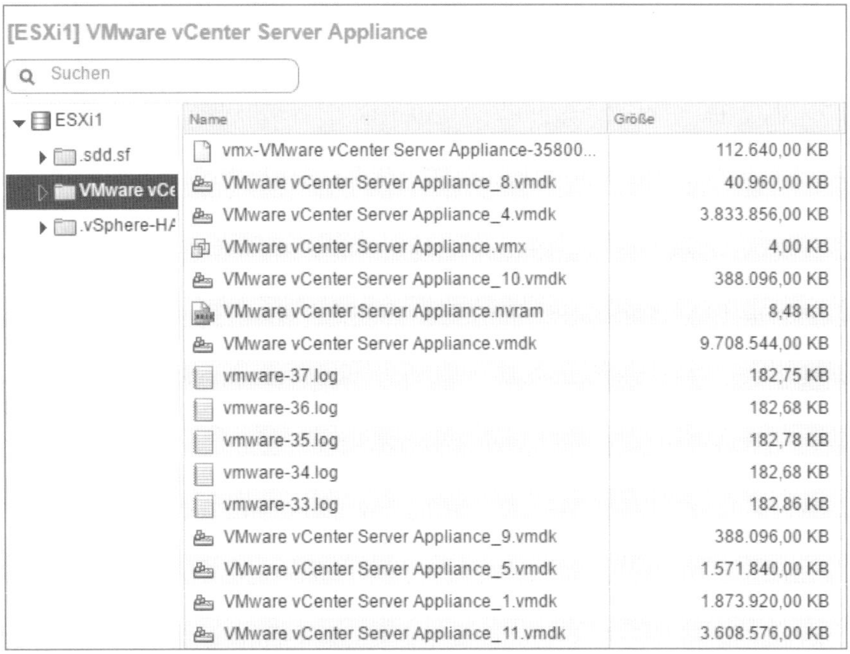
[ESXi1] VMware vCenter Server Appliance
Suchen
ESXi1
.sdd.sf
VMware vC
.vSphere-H
Name
Größe
vmx-VMware vCenter Server Appliance-35800...
112.640,00 KB
VMware vCenter Server Appliance_8.vmdk
40.960,00 KB
VMware vCenter Server Appliance_4.vmdk
3.833.856,00 KB
VMware vCenter Server Appliance.vmx
4,00 KB
VMware vCenter Server Appliance_10.vmdk
388.096,00 KB
VMware vCenter Server Appliance.nvram
8,48 KB
VMware vCenter Server Appliance.vmdk
9.708.544,00 KB
vmware-37.log
182,75 KB
vmware-36.log
182,68 KB
vmware-35.log
182,78 KB
vmware-34.log
182,68 KB
vmware-33.log
182,86 KB
VMware vCenter Server Appliance_9.vmdk
388.096,00 KB
VMware vCenter Server Appliance_5.vmdk
1.571.840,00 KB
VMware vCenter Server Appliance_1.vmdk
1.873.920,00 KB
VMware vCenter Server Appliance_11.vmdk
3.608.576,00 KB

Abbildung 8.11 VMs bestehen aus verschiedenen Systemdateien.

Weitere Bestandteile des Namens von Dateien sind die verschiedenen Dateierweiterungen, die den Dateityp bezeichnen. Auch der Zustand von VMs ist für die Anzeige der Dateien wichtig. Es gibt zum Beispiel die VSWP-Datei, die nur dann vorhanden ist, wenn die virtuelle Maschine gestartet ist. Im Gegensatz dazu ist die VMSS-Datei nur dann vorhanden, wenn eine VM pausiert (suspended) wird.

Die NVRAM-Datei einer VM enthält das BIOS der VM. Änderungen, die Sie im BIOS der VM vornehmen, werden in der NVRAM-Datei gespeichert. Diese Datei liegt im binären Format vor und kann automatisch neu erstellt werden, wenn eine virtuelle Maschine eingeschaltet wird.

Die VMX-Datei enthält Konfigurationsinformationen und Hardwareeinstellungen der virtuellen Maschine. Wenn Sie die Einstellungen einer virtuellen Maschine anpassen, werden diese Informationen im Textformat in dieser Datei gespeichert. Sie finden in dieser Datei wichtige Informationen zur Hardwarekonfiguration, wie zum Beispiel RAM, Netzwerkkarte, Festplatte und Ressourceneinstellungen. Auch die VMware Tools-Optionen und Power-Management-Einstellungen sind in dieser Datei enthalten. Sie können diese Datei generell bearbeiten, um Änderungen an einer VM-Konfiguration vorzunehmen.

Alle virtuellen Laufwerke von VMs bestehen aus zwei Dateien mit der Endung VMDK. Die größere Datei mit der Endung *flat.vmdk* entspricht der Größe der virtuellen Festplatte. Bei der zweiten Datei mit dieser Änderung handelt es sich um eine Textdatei. Diese enthält Informationen zur virtuellen Festplatte und zusätzlich eine Verknüpfung auf die große Datendatei sowie weitere Informationen zur virtuellen Festplatte. Standardmäßig haben diese Dateien den gleichen Namen wie die Datendatei, zum Beispiel *esx3.vmdk* und *esx3. flat.vmdk*.

Dateien mit der Endung *delta.vmdk* werden verwendet, wenn Sie Schnappschüsse erstellen. Erstellen Sie einen Snapshot, werden alle Schreibvorgänge in *flat.vmdk* angehalten. Die Dateien werden ab diesem Moment nur noch gelesen. Änderungen in der VM werden nach der Erstellung eines Snapshots in *delta.vmdk*-Dateien geschrieben. vSphere erstellt für jeden Snapshot eine Deltadatei. Die Dateinamen werden dabei numerisch erhöht. Löschen Sie einen Snapshot, werden diese Dateien gelöscht. Vorher werden aber die Änderungen in den Dateien in die ursprüngliche Festplattendatei geschrieben.

Wenn Sie VMs an ein SAN anbinden und auf diesem Weg direkt ein Volume einer VM zur Verfügung stellen, liegt normalerweise eine *rdm.vmdk*-Datei vor. Dabei handelt es sich um eine Mapping-Datei für das Raw-Device-Mapping (RDM-)Format. Diese Datei wird als Festplattendatei für die Dateisystemoperationen verwendet. In der VM wird die SAN-Anbindung als virtuelles SCSI-Gerät dargestellt. Diese Dateien erhalten die tatsächliche Größe der LUN, die Sie an die VM angebunden haben. Allerdings sind die Dateien nur dem Anschein nach so groß, die tatsächliche Größe dieser Datei ist geringer.

Beim Einschalten einer VM wird eine Swap-Datei für den Arbeitsspeicher erstellt. Dieser trägt die Endung VSWP. In dieser Datei wird der Arbeitsspeicher ausgelagert, wenn auf dem Host nicht genügend Arbeitsspeicher zur Verfügung steht. Die Datei ist so groß wie der Arbeitsspeicher, den Sie der VM zugewiesen haben. Abgezogen wird von der Größe der reservierte Speicher (Standard ist 0), den Sie für die VM gesetzt haben. Reservieren Sie Speicher für eine VM, wird diese auch tatsächlich physisch vom Host zur Verfügung gestellt, eine Auslagerungsdatei ist daher nicht notwendig.

Diese Dateien werden immer für virtuelle Maschinen auch dann erstellt, falls trotzdem genügend Arbeitsspeicher zur Verfügung steht. Verwendet werden die Dateien aber nur, wenn ein Host seinen physischen Speicher komplett belegt hat. Die Systemdateien von virtuellen Maschinen werden gesperrt, wenn die VM gestartet ist. Davon sind vor allem Dateien mit der Erweiterung *vswp*, *flat.vmdk*, *delta.vmdk*, *.vmx* und *.log* betroffen.

Die VMSS-Datei wird verwendet, wenn virtuelle Maschinen abgestürzt sind oder nicht mehr funktionieren. Mit den Dateien können Sie den Speicherinhalt der VM sichern, wenn eine Maschine ausgeschaltet und neu gestartet wird. Diese Datei hat normalerweise die gleiche Größe wie der zugewiesene Arbeitsspeicher. Versetzen Sie eine VM aus einem pausierten Zustand (suspended) wieder aktiv, wird der Inhalt dieser Datei wieder in den physischen Speicher des Hosts geschrieben. Gelöscht wird die Datei erst, nachdem eine VM ausgeschaltet ist.

VMSD-Dateien werden verwendet, um Metadaten und Informationen über die Snapshots einer VM zu speichern. Die Datei enthält Informationen zu allen Snapshots, die auf einer VM aktiv sind. Eine VMSD-Datei aktualisiert sich automatisch, sobald Sie einen Snapshot erstellen. Für jede VM existiert immer nur eine dieser Dateien. Es spielt keine Rolle, wie viele Snapshots Sie erstellen. Die Datei wird bei jedem Snapshot aktualisiert.

Die VMSN-Datei wird zusammen mit Snapshots angelegt, um den Zustand einer virtuellen Maschine zu speichern, wenn ein Snapshot angefertigt wird. VMware erstellt für jeden Snapshot eine VMSN-Datei. Die Dateien werden zusammen mit den Snapshots gelöscht.

LOG-Dateien werden in vSphere erstellt, um Informationen über virtuelle Maschinen zu speichern. Die Dateien werden zur Fehlersuche verwendet. Die aktuelle Protokolldatei trägt die Bezeichnung *vmware.log*. Zusätzlich gibt es ältere LOG-Dateien. Starten Sie eine VM neu, wird auch eine neue LOG-Datei erstellt. Erreicht eine Protokolldatei Ihre maximale Größenbeschränkung, wird ebenfalls eine neue Datei erstellt.

Bei VMXF-Dateien handelt es sich um zusätzliche Konfigurationsdateien, die für die Zusammenarbeit mit VMware Workstation gedacht sind. VMware-CTK-Dateien enthalten eine Liste der Änderungen einer VM zwischen Backups. Es gibt eine CTK-Datei pro VMDK. Änderungsverfolgungsdateien haben ihre Grundlage in der VMware Changed Block Tracking (CBT)-Technologie für inkrementelle Backups. Die CTK-Datei speichert Informationen darüber, was sich in VM-Informationsblöcken geändert hat.

■ 8.4 USB-Geräte an VMs anbinden

Wenn es um die Anbindung von USB-Geräten geht, ist VMware vSphere deutlich flexibler als Microsoft Hyper-V. Sie können ab Hardware Version 8 einen USB-Hostcontroller zur VM hinzufügen. Dadurch können Sie einer VM genügend USB-Anschlüsse zur Verfügung stellen, um alle notwendigen Geräte anzuschließen. Der Vorteil dabei besteht darin, dass Sie den USB-Hostcontroller auch im laufenden Betrieb hinzufügen können.

Die USB-Geräte können entweder am Host angeschlossen oder mit den Arbeitsstationen verbunden sein, mit denen Sie über den Webclient oder den vSphere-Client auf den Host zugreifen. Zusätzlich können Sie in vSphere auch über das RDP-Protokoll auf Windows-Betriebssysteme zugreifen und auch hier mit USB arbeiten.

Beim Einsatz des RDP-Protokolls können Sie USB-Geräte zur VM durchschleifen, die mit der jeweiligen Arbeitsstation verbunden sind. Die jeweiligen USB-Geräte sind dann an der Arbeitsstation angeschlossen und der Verbindungsaufbau erfolgt über den RDP-Client in

Windows. Damit die USB-Geräte verbunden werden, müssen vor dem Verbindungsaufbau zuerst Einstellungen angepasst werden. Dazu rufen Sie die Registerkarte *Lokale Ressourcen* auf und klicken auf die Schaltfläche *Weitere*. Hier lassen sich jetzt durch Aktivieren der entsprechenden Felder die USB-Geräte des lokalen Clients zur VM durchschleifen.

8.4.1 USB-Controller an VMs anbinden

Um einen USB-Controller mit einer VM zu verbinden, rufen Sie im vSphere-HTML5-Client oder im Webclient die Einstellungen der VM auf. Klicken Sie anschließend auf der Registerkarte *Virtuelle Hardware* auf die Schaltfläche *Hinzufügen* und wählen *USB-Controller* aus. An dieser Stelle stehen verschiedene Hardwaregeräte zur Verfügung, die Sie einer VM zuweisen können. Wählen Sie hier den Typ des gewünschten Controllers aus. Nachdem Sie den Controller hinzugefügt haben, können Sie festlegen, ob dieser USB 2.0 oder USB 3.0 unterstützt.

Abbildung 8.12 Anschließen eines neuen USB-Controllers

Aktuelle Linux-Distributionen unterstützen USB 3.0. Allerdings haben Sie beim Einsatz von Linux-Servern oft das Problem, dass Sie nach dem Verschieben der VM mit vMotion nicht mehr auf das USB-Gerät zugreifen können. Die Funktion wird ab Linux Kernel in der Version 2.6.35 unterstützt. Nutzen Sie aber den älteren Typ USB 2.0, lassen sich auch ältere Linux-Kernel-Versionen einsetzen.

Sie können mehrere USB-Geräte an ESXi-Hosts anschließen und mit verschiedenen VMs verbinden. Die Anzahl der anschließbaren USB-Geräte wird von der physischen Konfiguration des Hosts bestimmt.

8.4.2 USB-Geräte mit virtuellem USB-Controller verbinden

Sobald der USB-Controller zur Verfügung steht, können Sie USB-Geräte über die Einstellungen einer VM hinzufügen. Die USB-Geräte können dabei entweder mit dem Host oder mit dem Clientcomputer verbunden sein, mit dem Sie über den vSphere-HTML5-Client oder den Webclient auf die VM zugreifen. Stellen Sie sicher, dass das Plug-in zur Client-Integration installiert ist, wenn Sie von einem Clientcomputer aus ein USB-Gerät mit einer VM verbinden wollen. Der Verbindungsaufbau erfolgt nur, wenn Sie mit der entsprechenden VM einen USB-Controller verbunden haben. Erst dann lassen sich USB-Geräte anbinden.

Verwenden Sie den Webclient, lassen sich USB-Geräte des Clientcomputers auch über die VMware-Remotekonsolenanwendung verwenden. Sobald Sie mit der Remotekonsole verbunden sind, können Sie über die Symbolleiste die USB-Geräte des Clientcomputers in der VM anbinden.

Hier gehen Sie im Grunde genommen genauso vor wie beim Hinzufügen eines USB-Controllers, wählen aber *USB-Gerät* aus. Findet der Assistent das USB-Gerät auf dem jeweiligen Client oder direkt am entsprechenden Host, können Sie im Assistenten auswählen, welche der angeschlossenen USB-Geräte Sie in der VM nutzen wollen.

Auch das Hinzufügen einzelner USB-Geräte lässt sich im laufenden Betrieb durchführen. Sobald Sie das USB-Gerät verbunden haben, steht es in der VM zur Verfügung. Sie sehen es entweder im Infobereich der Taskleiste bei den angebundenen Geräten oder im Explorer, wenn es sich um ein USB-Laufwerk handelt.

Sie können mehrere USB-Geräte zu einer virtuellen Maschine hinzufügen, allerdings nicht gleichzeitig. Außerdem kann ein USB-Gerät nicht gleichzeitig an mehrere eingeschaltete virtuelle Maschinen angebunden werden. Wenn eine virtuelle Maschine eine Verbindung mit einem Gerät herstellt, steht das Gerät nicht mehr für andere virtuellen Maschinen zur Verfügung.

Verbinden Sie einen USB-Stick oder eine externe USB-Festplatte mit einer virtuellen Maschine, wird das entsprechende Gerät ebenfalls vom Host getrennt. Wenn Sie das Gerät wieder von der virtuellen Maschine trennen, wird es mit dem Betriebssystem des Clientcomputers erneut verbunden. Sie können also über diese Funktion keine Plattform für den gemeinsamen Datentransfer zwischen einem Client und einer VM herstellen.

USB 3.0-Geräte sind nur für das Passthrough von einem Clientcomputer zu einer virtuellen Maschine verfügbar. Sie können diese Geräte nicht verwenden, wenn Sie diese direkt an einen vSphere-Hosts anschließen. Wird die Verbindung zwischen dem vSphere-Webclient und vCenter-Server oder dem Host beendet, wird auch die Verbindung zum Gerät unterbrochen. Dies gilt auch dann, wenn Sie den entsprechenden Clientcomputer neu starten.

8.4.3 Umgang mit USB-Geräten an VMs

Binden Sie ein USB-Gerät an eine VM an, achten Sie darauf, dass das entsprechende Gerät nicht mehr verfügbar ist, wenn Sie die VM über vMotion auf einen anderen Host verschieben. Starten Sie eine VM neu, werden der USB-Controller sowie das USB-Gerät automatisch verbunden, genauso wie auf einem physischen Computer.

Wird das USB-Gerät zum Speichern von Daten verwendet, sollten Sie es immer trennen, wenn Sie Anpassungen an der VM vornehmen. Vor allem, wenn Sie zusätzliche CPUs oder Arbeitsspeicher hinzufügen, ist es empfehlenswert, das USB-Gerät zu entfernen. Auch beim Anhalten einer VM sollten Sie darauf achten, dass keine Schreibvorgänge auf dem USB-Gerät durchgeführt werden.

Nutzen Sie spezielle Funktionen in vSphere, zum Beispiel Fault Tolerance, DRS oder Distributed Power Management, müssen Sie ebenfalls einiges beachten. vSphere Distributed Power Management (DPM) unterstützt keine USB-Geräte. Das heißt, wenn ein Host in den Ruhezustand versetzt wird, werden auch die USB-Geräte von den entsprechenden VMs getrennt. Wenn sich ein Host mit angeschlossenen USB-Geräten in einem DRS-Cluster mit aktiviertem DPM befindet, müssen Sie DPM für diesen Host deaktivieren.

Das Gleiche gilt auch beim Einsatz von Fault Tolerance (FT). Das entsprechende USB-Gerät ist nur auf dem primären Server verfügbar. Auf der gespiegelten VM ist das USB-Gerät nicht verfügbar, sondern erst dann, wenn Sie das USB-Gerät auch tatsächlich mit dem entsprechenden Host verbinden und in der VM einrichten. Grundsätzlich werden durch Distributed Resource Scheduler (DRS) und vMotion die angeschlossenen USB-Geräte eines Hosts ohne Probleme unterstützt. Dazu müssen Sie beim Hinzufügen eines USB-Controllers aber zunächst die entsprechende Option aktivieren.

Verschieben Sie eine VM über vMotion oder verschiebt vSphere über DRS eine VM, bleibt die VM über das Netzwerk mit dem entsprechenden USB-Gerät auf dem Quellhost verbunden. Diese Funktion können Sie für jedes einzelne USB-Gerät aktivieren oder deaktivieren. Die Option steht beim Hinzufügen des USB-Geräts in den Einstellungen der VM zur Verfügung.

Wenn innerhalb einer VM ein oder mehrere Geräte nicht für vMotion aktiviert sind, kann die Migration nicht ausgeführt werden. In diesem Fall müssen Sie das entsprechende USB-Gerät von der VM trennen und nach der Migration mit vMotion wieder neu verbinden. Wenn Sie die virtuelle Maschine anhalten oder ausschalten, werden die USB-Geräte getrennt und können keine erneute Verbindung herstellen, wenn der Betrieb der virtuellen Maschine fortgesetzt wird. Geräteverbindungen können nur dann wiederhergestellt werden, wenn Sie die virtuelle Maschine wieder auf den ursprünglichen Quellhost zurückverschieben.

Verwenden Sie USB-Geräte zusammen mit Linux, müssen Sie darauf achten, dass bei der automatischen Verbindung eines USB-Geräts nach einem vMotion-Vorgang oder nach einem Neustart unter Umständen eine andere Partition verwendet wird.

9 Virtuelle Netzwerke verstehen und konfigurieren

Geht es um den Aufbau virtueller Netzwerke, müssen Administratoren in der jeweiligen Virtualisierungsumgebung sehr gut planen. VMware bietet verschiedene Möglichkeiten an, die aber im Grunde genommen auf eines hinauslaufen: Die ESXi-Hosts werden mit den physischen Netzwerkkarten an das Netzwerk angeschlossen, während die einzelnen VMs die virtuellen Switches auf den Servern nutzen. Hier lassen sich verschiedene Einstellungen und Funktionen nutzen, auch Netzwerkteams oder VLANs.

9.1 Grundlagen zu Netzwerken in vSphere 6.5

In diesem Abschnitt werden Ihnen die generellen Grundlagen von vSphere-Netzwerken vorgestellt. Sie können die Netzwerkeinstellungen entweder im Webclient verwalten oder im neuen vSphere-HTML5-Client.

9.1.1 Einstieg in vSphere-Netzwerke

Um Netzwerke in virtuellen Umgebungen mit vSphere optimal zu betreiben, sollten die physischen Switches idealerweise redundant ausgelegt sein. Da die physischen Switches die Grundlage des Netzwerkverkehrs darstellen, sind diese wichtig für den stabilen Betrieb von vSphere 6.5.

Die Netzwerkadapter der Virtualisierungshosts sind wiederum mit den physischen Switches verbunden, um den Datenverkehr zwischen den Hosts, den VMs und den einzelnen Anwendungen zu steuern. Auf den Hosts betreiben Sie virtuelle Switches. Diese gibt es in vSphere 6.5 in verschiedenen Ausführungen, auf die in diesem Kapitel noch ausführlich eingegangen wird. Die VMs kommunizieren über die virtuellen Switches mit den physischen Netzwerkadaptern und schließlich mit dem Rest des Netzwerks.

In einer idealen Umgebung betreiben Sie auf den Virtualisierungshosts mehrere virtuelle Switches, die auf diverse physische Netzwerkadapter zurückgreifen. Dadurch wird der Netzwerkverkehr einzelner Schnittstellen entlastet. Zusätzlich ist es empfehlenswert, auf den Virtualisierungshosts einen eigenen virtuellen Switch zu betreiben, der ausschließlich der Verwaltung des Servers und des VMkernels dient. Im VMkernel laufen die verschiedenen Systemdienste von vSphere. Ein Beispiel dafür ist vMotion, die Hochverfügbarkeitsumgebung von VMware, mit der Sie VMs zwischen verschiedenen Hosts verschieben können.

Auch die Anbindung an Speichersysteme zur Verwendung in vSphere werden über den VMkernel abgewickelt. Es ist also wichtig, dass auch dieser Systembereich über eine schnelle und stabile Netzwerkverbindung verfügt und nicht durch den Datenverkehr von VMs ausgebremst wird. Daher sollte diesem System ein eigener virtueller Switch mit eigenen redundanten Netzwerkverbindungen zur Verfügung stehen. Und auch die VMs sollten nicht nur mit einem einzelnen virtuellen Switch verbunden sein, sondern ebenfalls verschiedene virtuelle Switches nutzen, damit es auch hier keinen Single Point of Failure (SPOF) gibt.

Im Netzwerk sollten also mehrere physische Switches zur Verfügung stehen, die Hosts sollten über mehrere physische Netzwerkadapter an dieses ausfallsichere System angebunden sein, und die ESXi-Hosts nutzen mehrere virtuelle Switches für die Kommunikation mit dem physischen Netzwerk. Die virtuellen Switches unterstützen wiederum mehrere physische Netzwerkkarten, die an unterschiedlichen physischen Switches angeschlossen sind.

Da die VMs wiederum an mehreren virtuellen Switches angeschlossen sein können, ist der Netzwerkverkehr in der Regel stabil. Fallen einzelne Komponenten aus, unabhängig davon, ob es sich um einen physischen Switch oder einen physischen Netzwerkadapter handelt, muss der Datenverkehr im Netzwerk gewährleistet sein.

Die physischen Netzwerkadapter sollten Sie idealerweise an verschiedene Hardware-Switches anbinden. Wollen Sie den Netzwerkverkehr von einzelnen VMs trennen, kann es sinnvoll sein, auf einem Host oder im Datencenter mehrere virtuelle Switches anzulegen. Den Switches weisen Sie verschiedene physische Netzwerkadapter zu, die wiederum an verschiedene Hardware-Switches angebunden sind. Dadurch erreichen Sie eine höhere Ausfallsicherheit, da der Ausfall eines physischen Switches nicht in einem Ausfall eines virtuellen Switches resultiert.

Die internen Systemdienste in vSphere nutzen VMkernel-Portgruppen. Diese erstellen Sie über einen Assistenten im Webclient. Idealerweise nutzen die VMkernel-Portgruppen dedizierte Netzwerkadapter, die unter Umständen sogar eigenen virtuellen Switches zugewiesen werden. So trennen Sie die Systemdienste von vSphere (zum Beispiel Verwaltung, Replikation oder vSAN) vom Netzwerk der VMs und sorgen auch hier für eine Ausfallsicherheit.

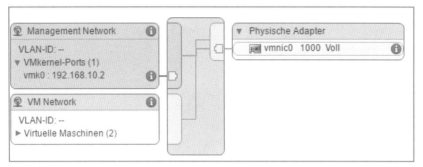

Abbildung 9.1 Im Webclient steuern Sie die einzelnen vSphere-Netzwerkfunktionen und deren Anbindung an physische Netzwerkadapter.

HINWEIS: vSphere arbeitet auch in der Version 6.5 maßgeblich mit zwei verschiedenen Arten von virtuellen Switches:

- Virtuelle Standard-Switches (vSS)
- Virtuelle Distributed Switches (vDS)

vSS können Sie auch ohne vCenter verwenden, für vDS benötigen Sie vCenter. Während vSS vor allem an einzelne Hosts gebunden sind, unterstützen vDS die zentrale Anbindung mehrerer Hosts und sind daher flexibler. Einstellungen, die Sie in einer vDS vornehmen, gelten automatisch für alle angebundenen Hosts.

vDS sind vor allem dann sinnvoll, wenn zahlreiche Hosts im Einsatz und keine dedizierten Einstellungen für einzelne Hosts notwendig sind.

9.1.2 vSphere-Netzwerke im Webclient verwalten

Die Verwaltung der Netzwerkeinstellungen in vSphere nehmen Sie im Webclient vor, wenn Sie mit vCenter verbunden sind. Klicken Sie auf einen Host, erreichen Sie durch Auswahl von *Konfigurieren/Netzwerk* die Einstellungen. Die zentralen Netzwerkeinstellungen aller Hosts verwalten Sie in der Netzwerkansicht, die Sie links oben im Webclient aktivieren. Auf der linken Seite stehen fünf Menübefehle zur Verfügung, wenn Sie *Konfigurieren/Netzwerk* für einen Host aufrufen:

- *Virtuelle Switches*
- *VMkernel-Adapter*
- *Physische Adapter*
- *TCP/IP-Konfiguration*
- *Erweitert*

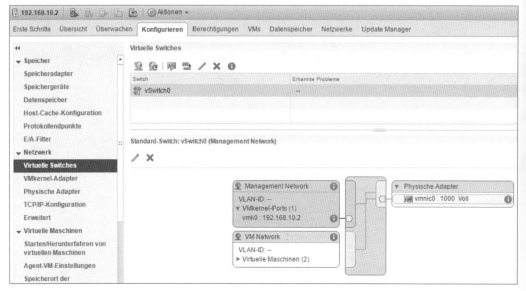

Abbildung 9.2 Verwalten der Netzwerkeinstellungen für vSphere-Hosts

Über *Virtuelle Switches* verwalten Sie die bereits vorhandenen virtuellen Standard-Switches auf vSphere-Hosts. Hier legen Sie auch neue Switches an, indem Sie das Symbol zum Erstellen eines neuen Netzwerks anklicken. Klicken Sie auf einen virtuellen Switch, sehen Sie im unteren Bereich, mit welchen physischen Netzwerken dieser verbunden ist und welche Portgruppen in vSphere den virtuellen Switch nutzen.

Bei *VMkernel-Adapter* sehen Sie die vorhandenen Portgruppen für interne Systemdienste in vSphere, wie zum Beispiel das Netzwerk, mit dem Sie die Verwaltung durchführen (Management Network). Hier legen Sie auch neue VMkernel-Portgruppen an und sehen, welche IP-Adressen zugewiesen sind.

Auch den virtuellen Switch, den der jeweilige VMkernel-Adapter nutzt, sehen Sie hier. Sie können also über Portgruppen die Systemdienste von vSphere von den Netzwerken der virtuellen Maschinen trennen. Beim Anlegen eines neuen Netzwerks können Sie auswählen, für welchen Bereich das Netzwerk genutzt werden soll, welche physischen Netzwerkadapter eingesetzt werden sollen und welchen virtuellen Switch Sie nutzen möchten.

Abbildung 9.3 Beim Erstellen neuer Netzwerke wird festgelegt, für welchen Zweck das Netzwerk arbeiten soll.

Über *Physische Adapter* sehen Sie die Netzwerkkarten des Hosts. Sie sehen auch, ob physische Netzwerkadapter bereits mit virtuellen Switches verbunden sind, und können über das Erstellen von neuen Netzwerken einem Adapter vorhandene Switches zuweisen oder neue virtuelle Switches erstellen, die den physischen Adapter nutzen.

Bei *TCP/IP-Konfiguration* legen Sie IP-Einstellungen fest, das gilt auch für *Erweitert*. Hier können Sie Netzwerkstacks konfigurieren und zum Beispiel festlegen, welche IP-Adresse ein VMkernel-Netzwerk nutzen soll. Dies gilt zum Beispiel zur Verwaltung eines Hosts, für die Replikation oder für die Verwendung von vSAN. Es besteht beispielsweise die Möglichkeit, für vMotion einen separaten VMkernel-Adapter zu erstellen und eigene IP-Einstellungen inklusive eigener IP-Adressen zu definieren.

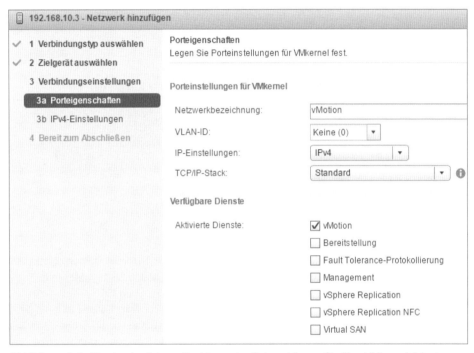

Abbildung 9.4 Für einzelne interne Funktionen in vSphere können Sie über VMkernel-Adapter auch eigene Netzwerkeinstellungen festlegen.

Erstellen Sie einen neuen VMkernel-Adapter (zum Beispiel für vMotion), können Sie im Rahmen der Erstellung auch dedizierte IP-Einstellungen speziell für den Adapter festlegen.

192.168.10.3 - Netzwerk hinzufügen	

✓ 1 Verbindungstyp auswählen
✓ 2 Zielgerät auswählen
    3 Verbindungseinstellungen
✓   3a Porteigenschaften
        3b IPv4-Einstellungen
    4 Bereit zum Abschließen
	IPv4-Einstellungen
	Legen Sie die IPv4-Einstellungen für VMkernel fest.
	
	○ IPv4-Einstellungen automatisch abrufen
	⦿ Statische IPv4-Einstellungen verwenden
	
	IPv4-Adresse: [. . .]
	Subnetzmaske: [. . .]
	Standard-Gateway: ☐ Für diesen Adapter Standard-Gateway überschreiben
	                     192 . 168 . 178 . 1
	DNS-Server-Adressen: 192.168.178.230

Abbildung 9.5 Jeder VMkernel-Adapter kann eigene IP-Einstellungen nutzen.

> **HINWEIS:** Sie weisen also zunächst physische Netzwerkadapter den virtuellen Switches zu und danach Portgruppen an die virtuellen Switches. Portgruppen bilden somit die Grundlage in vSphere, um interne Systemdienste (VMkernel) oder VMs an Netzwerke anzubinden.
>
> Virtuelle Server kommunizieren also über ihre Portgruppe mit dem zugeordneten virtuellen Switch, der wiederum mit den physischen Netzwerkadaptern verbunden ist. Idealerweise sollten virtuelle Switches mit mehreren physischen Netzwerkadaptern verbunden sein, die wiederum an verschiedenen physischen Netzwerkswitches angeschlossen sind.

Klicken Sie im Webclient auf einen Host, anschließend auf *Konfigurieren/Netzwerk/Virtuelle Switches* und dann auf den entsprechenden virtuellen Switch, sehen Sie im unteren Bereich, welche Portgruppen den virtuellen Switch nutzen. Sind Portgruppen für VMs eingerichtet, wird Ihnen zusätzlich angezeigt, welche VMs derzeit das Netzwerk nutzen und ob diese gestartet sind. Außerdem sehen Sie, mit welchen physischen Adaptern ein virtueller Switch verbunden ist. Grüne Verbindungen zeigen an, dass die Verbindung hergestellt ist und funktioniert.

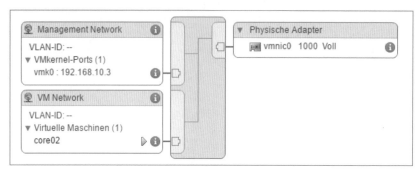

Abbildung 9.6 Der Status und die Informationen der Netzwerkverbindungen werden im Webclient angezeigt.

In den Einstellungen von VMs legen Sie wiederum auf der Registerkarte *Virtuelle Hardware* das virtuelle Netzwerk fest, das die VM nutzen soll. Das virtuelle Netzwerk stellt eine Portgruppe dar, die mit einer virtuellen Switch verbunden ist.

Abbildung 9.7 In den Einstellungen von VMs legen Sie fest, welche Portgruppe verwendet wird. Die Portgruppe ist wiederum an einen virtuellen Switch gebunden.

Die wichtigsten Netzwerkeinstellungen finden Sie im Webclient in den Eigenschaften von VMs und im Bereich *Konfigurieren/Netzwerk*. Portgruppen können an virtuelle Standard-Switches (vSS) oder an virtuelle Distributed Switches (vDS) gebunden sein.

9.2 Virtuelle Switches in VMware verstehen

In vSphere 6.5 gibt es mehrere Arten von virtuellen Switches. Während die Distributed Switches und Standard-Switches für die Kommunikation der virtuellen VMs und Apps mit dem Netzwerk zuständig sind, kann ein interner virtueller Switch die Kommunikation zwischen VMs auf einem Server herstellen. Interne Switches haben keine Anbindung an physische Netzwerkadapter und können daher nicht mit anderen Diensten im Netzwerk kommunizieren. Sinnvoll ist ein interner Switch zum Beispiel als Heartbeat-Netzwerk für einen virtuellen Cluster, der sich auf einem Host befindet.

Virtuelle Switches verbinden VMs miteinander, wobei eine VM auch mit einem internen Switch und gleichzeitig mit einem Standard-/Distributed Switch verbunden sein kann. Die Kommunikation mit einzelnen VMs auf dem gleichen Host kann mit dem internen Switch erfolgen, während die VM mit einer Standard-/Distributed Switch auch mit dem externen Netzwerk kommunizieren kann. Interne virtuelle Switches können sehr schnell mit VMs auf dem Host kommunizieren und verschiedene VMs vom Netzwerk abschotten.

Abbildung 9.8 Virtuelle Switches aller Art verwalten Sie am besten im Webclient des vCenters.

Geht es um die Einrichtung der Infrastruktur mit VMware vSphere, müssen Administratoren also sehr gut planen, wie sie die Netzwerkanbindung vornehmen wollen. Für virtuelle Server und deren ESXi-Hosts gibt es in erster Linie Standard-Switches und Distributed Switches, wenn es um die Kommunikation mit dem externen Netzwerk und anderen Servern im Netzwerk geht. Im nächsten Abschnitt gehen wir darauf ein, was es mit diesen beiden Varianten auf sich hat.

Die virtuellen Switches verbinden im Grunde genommen die virtuellen Netzwerkkarten der VMs über die physischen Netzwerkkarten der Hosts mit dem physischen Netzwerk. Die Daten im Netzwerk werden durch die Switches analysiert und intelligent an die Zieladresse weitergeleitet. Dieser Vorgang ist bei allen Arten von virtuellen Switches in VMware identisch. Die physischen Netzwerkadapter von ESXi-Hosts finden Sie im Webclient, wenn Sie den Bereich *Konfigurieren* aufrufen und auf *Netzwerk/Physische Adapter* klicken. Physische Adapter können Sie den virtuellen Switches zuordnen.

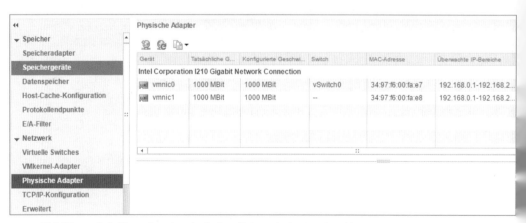

Abbildung 9.9 Verwalten der physischen Netzwerkadapter eines Hosts

In dieser Ansicht erkennen Sie auch, ob ein Netzwerkadapter bereits an einen Switch gebunden und wie dieser Switch benannt ist.

Sie müssen bei der Einrichtung lediglich noch entscheiden, ob Standard-Switches oder Distributed Switches eingesetzt werden sollen. In einem kleinen Video (http://tinyurl.com/y953cy98) zeigt VMware die generellen Unterschiede zwischen den beiden Switches. In kleinen Infrastrukturen haben Standard-Switches aber immer noch ihre Daseinsberechtigung. Im Folgenden erfahren Sie, warum das so ist.

Beim Erstellen eines neuen Netzwerks können Sie im Webclient auswählen, ob das Netzwerk und die dazugehörige Portgruppe für interne Dienste in vSphere verwendet werden (VMkernel) oder für die VMs auf den Hosts zur Verfügung stehen sollen (Portgruppe der virtuellen Maschine für einen Standard-Switch).

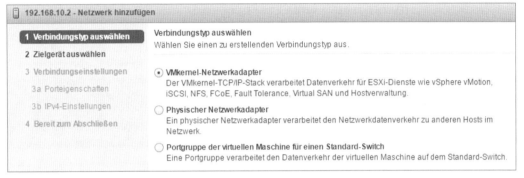

Abbildung 9.10 Ein weiteres Netzwerk hinzufügen

Mit der Option *Physischer Netzwerkadapter* legen Sie fest, dass ein noch nicht verwendeter Netzwerkadapter im Server mit einem vorhandenen Standard-Switch verbunden werden soll. Alternativ lässt sich auch ein neuer Standard-Switch erstellen, der den Adapter nutzen soll.

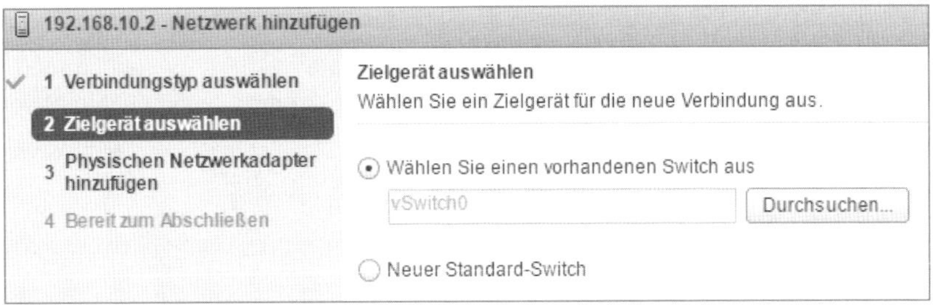

Abbildung 9.11 Hinzufügen eines neuen Netzwerkadapters zu vSphere

9.2.1 Standard-Switches versus Distributed Switches

Die Standard-Switches in VMware lassen sich auf einzelnen VMware vSphere-Hosts (ESXi) einsetzen. Diese Art von Switches ist daher recht einfach konfigurier- und verwaltbar, dafür aber nicht sonderlich flexibel und skalierbar. Wenn aber nur wenige Hosts im Einsatz sind, reicht diese Art von Switches häufig aus. Der Nachteil dabei ist, dass Sie für jeden neuen Host auch einen neuen Standard-Switch erstellen und konfigurieren müssen. Dies gilt auch für Portgruppen, VLANs und alle anderen Arten von Einstellung.

Die zweite Variante, Distributed Switches oder auch vDS genannt, lässt sich auf mehreren VMware-Hosts und -Clustern gemeinsam nutzen. Die grundsätzliche Funktion der beiden Switches ist identisch. Beide verbinden VMs über eine Schnittstelle mit dem physischen Netzwerk. Standard-Switches verwenden auf dem Host einen einzelnen Uplink zu einem einzelnen Port auf dem Host. Der Uplink von Distributed Switches ist zwischen den angebundenen Hosts verteilt.

Verschieben Sie eine VM zwischen ESXi-Hosts, kann beim Einsatz von vDS der Vorgang schnell und einfach abgeschlossen werden, da die Ports der VM sowie die notwendigen Konfigurationen der virtuellen Netzwerkverbindung der VM auf dem anderen Host bereits vorliegen. Beim Einsatz von Standard-Switches ist dies allerdings nicht der Fall, da hier auf allen Hosts manuelle Einstellungen vorgenommen werden müssen und VMs die zugewiesenen Ports nicht auf den neuen Host mitnehmen können. Beim Einsatz von vDS bleiben VMs also dauerhaft mit einem virtuellen Switch verbunden, unabhängig davon, auf welchem Host er sich befinden.

Bei Distributed Switches handelt es sich um ein Objekt des kompletten Datencenters, nicht nur eines einzelnen Hosts wie der Standard-Switch. Im Netzwerk muss nur ein vDS im Einsatz sein, der auf die angebundenen Hosts repliziert wird. Natürlich lassen sich auch mehrere vDS parallel einsetzen. Diese Aufgabe übernimmt vCenter. Wenn zum Beispiel im Unternehmen vier Hosts und 20 VLANs im Einsatz sind, müssen Sie 80 Portgruppen einrichten, wenn Standard-Switches im Einsatz sind. Diese Konfiguration entfällt mit vDS. Die Konfiguration und Erstellung nehmen Sie über das Kontextmenü des Datencenters vor.

Da die Konfiguration und Verwaltung über vCenter erfolgt, steuert dieses auch die Synchronisierung der Daten zwischen den Hosts. Damit keine Daten verloren gehen können, wenn der vCenter-Server ausfällt, speichert vCenter die Daten innerhalb seiner Datenbank und zusätzlich noch auf den angebundenen Hosts. In den meisten Fällen befinden sich die Daten in der Datei */etc/vmware/dvsdata.db*. Die Daten werden normalerweise alle fünf Minuten abgeglichen. Durch die lokale Kopie der Daten können der Host und dessen VMs auch dann weiterarbeiten, wenn der Cluster zeitweise nicht funktioniert oder keine Synchronisierung mit vCenter möglich ist.

Der Vorteil von Distributed Switches ist das schnellere Hinzufügen der Netzwerkkonnektivität zu einem Host. Wenn ein Distributed Switch verfügbar ist und Sie einen neuen Host zum Cluster hinzufügen, muss dieser neue Host lediglich dem Switch hinzugefügt werden. Weitere Konfigurationen sind nicht notwendig.

Alle Einstellungen der Switches werden bei der Aufnahme eines neuen Hosts übernommen, wenn Hosts zu einem vDS hinzugefügt werden. Bei der Verwendung von Standard-Switches müssen Sie für neue Hosts auch einen neuen Standard-Switch erstellen, konfigurieren und verwalten. Allerdings müssen sich beim Einsatz von Distributed Switches alle Hosts in einem Cluster befinden und mit VMware vCenter verwaltet werden. Unternehmen, die nicht auf vCenter setzen und/oder keinen Cluster betreiben, müssen daher auf die Vorteile der Distributed Switches weitgehend verzichten und weiter auf Standard-Switches setzen.

Die Konfiguration der VMs zur Anbindung an das Netzwerk ist einfacher und es gibt zahlreiche Methoden zur Überwachung des Netzwerks sowie zum Beheben von Netzwerkfehlern. vDS bieten dazu Netzwerkdiagnose-Funktionen, um die Anbindung der VMs und Hosts an das physische Netzwerk überwachen zu können und Diagnosen zu erstellen. Hier kommt auch die Unterstützung für die Protokolle RSPAN und ERSPAN hinzu. Außerdem wird IPFIX Netflow 10 und SNMP v3 unterstützt.

Erweiterte Funktionen wie die erwähnten Portgruppen und VLANs lassen sich nur mit vDS sinnvoll betreiben. Die Konfiguration von vDS können Sie im vSphere-Webclient sichern und auf anderen vCenter-Servern wiederherstellen. Die *Konfiguration* von vDS, genauso wie deren Sicherung, findet über den Bereich *Netzwerk* im vSphere-Webclient statt. Neben der kompletten Konfiguration können Sie auch einzelne Objekte aus vDS wiederherstellen, zum Beispiel einzelne Portgruppen.

9.2.2 vMotion und mehr bei der Planung berücksichtigen

vMotion funktioniert ab der vSphere-Version 6.0 auch über vCenter-Servergrenzen hinweg, entsprechend also auch bei vSphere 6.5. Bisher konnten Sie VMs nur in einem Rechenzentrum verschieben, wenn Quelle und Ziel vom gleichen vCenter-Server verwaltet wurden. Dies ist bei VMware vSphere/Hypervisor 6.x nicht mehr notwendig. Sie können VMs beliebig verschieben. Damit dies funktioniert, muss der Platform Service Controller im Einsatz sein, da die beteiligten vCenter-Server in einer gemeinsamen Sicherheitsdomäne betrieben werden müssen.

Die Abhängigkeit vom gleichen Distributed vSwitch hat VMware ebenfalls entschärft. Dadurch ist auch das Verschieben von VMs über WAN-Grenzen hinweg möglich, was Geocluster für VMware-Umgebungen deutlich verbessert. Sie können VMs zwischen verschiedenen Standard-Switches (vSS) und zwischen verschiedenen Distributed Switches (vDS) verschieben. Nicht möglich ist allerdings, VMs zwischen Distributed Switches (vDS) und Standard-Switches (vSS) zu verschieben. Hier muss auch beachtet werden, dass vMotion bei den Vorgängen nicht die IP-Adresse der VM ändern kann.

Viele der neuen Funktionen stehen bereits in der Standard-Edition zur Verfügung, für einige zusätzliche Funktionen benötigen Administratoren aber die Enterprise Plus-Lizenz. Auf der VMware-Webseite finden Sie dazu einen direkten Vergleich aller Editionen (http://tinyurl.com/y9ap9ca4).

vMotion nutzt in der neuen Version einen eigenen TCP-Stack. Bisher mussten Sie mindestens eine Portgruppe mit der Markierung für vMotion konfigurieren. Das heißt, es wird der gleiche TCP-Stack verwendet.

Die Hochverfügbarkeit von VMs über Fault Tolerance (FT) wurde ebenfalls verbessert. Ab vMotion 6 werden hochverfügbare VMs auf einem zweiten Host synchronisiert und als aktiver Server markiert, wenn der Quellserver ausfällt. Dadurch steht die VM unterbrechungsfrei zur Verfügung. Ebenfalls neu seit vSphere 6 ist die erweiterte Unterstützung der softwarebasierten Fehlertoleranz für Workloads mit bis zu vier virtuellen CPUs.

Virtuelle Server lassen sich durch die Instant-Clone-Funktion in vSphere 6.5 bis zu zehnmal schneller klonen als bisher. Auch das erhöht die Bereitstellung und die Hochverfügbarkeit im Netzwerk. Außerdem bietet die Technologie die Möglichkeit, eine große Anzahl von virtuellen Servern gleichzeitig zu kopieren.

■ 9.3 Virtuelle Netzwerke und Switches auf Hosts anlegen

Virtuelle Switches legen Sie beim Einsatz von vCenter über den Webclient an, indem Sie das erstellte Datencenter öffnen, den Cluster anzeigen und den Host anklicken, in dem Sie einen virtuellen Switch erstellen wollen. Sie finden die Netzwerkkonfiguration im Bereich *Konfigurieren/Netzwerk*.

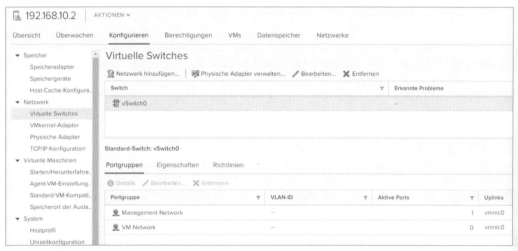

Abbildung 9.12 Im Webclient des vCenters verwalten Sie die Standard-Switches in den Einstellungen eines angebundenen Hosts.

Sobald Sie sich in der Netzwerkkonfiguration des Hosts befinden, sehen Sie bereits vorhandene Switches, deren Typ und welcher Netzwerkadapter verwendet wird. Hier können Sie auch Einstellungen ändern und weitere virtuelle Switches erstellen. Im Fenster sehen Sie im Kasten *Virtuelle Switches* die Bezeichnung des virtuellen Switches und im unteren Bereich dessen Konfiguration sowie die Portgruppen, die dem virtuellen Switch zugeordnet sind. Hier können Sie also auch herausfinden, welche Netzwerktypen sich einen virtuellen Switch teilen.

In produktiven Umgebungen ist es empfehlenswert, das Netzwerk der VMs vom Management Network und von dem Netzwerk für den VMkernel zu trennen. Das Management Network ist ohnehin nur ein Teil eines VMkernel-Netzwerks, sodass Sie beim Erstellen einer neuen Portgruppe für den VMkernel (*Konfigurieren/Netzwerk/VMkernel-Adapter*) auswählen können, welche Dienste in einer neuen Portgruppe für den VMkernel genutzt werden sollen.

Legen Sie neue Portgruppen an und weisen diese vorhandenen virtuellen Switches zu oder erstellen über den Assistenten einen neuen virtuellen Switch, können Sie jederzeit Portgruppen aus der Zuweisung eines virtuellen Switches löschen oder deren Einstellungen bearbeiten. Dazu markieren Sie die Portgruppe und wählen danach das Symbol zum Löschen oder zum Bearbeiten aus.

Im oberen Bereich erstellen Sie ein neues virtuelles Netzwerk auf dem Host. Hier haben Sie die Möglichkeit, zwischen den Optionen *VMkernel-Netzwerkadapter*, *Physischer Netzwerkadapter* und *Portgruppe der virtuellen Maschine für einen Standard-Switch* zu wählen.

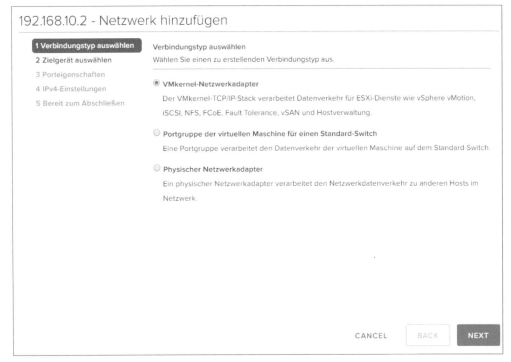

Abbildung 9.13 Erstellen eines neuen Netzwerks mit dem vSphere-HTML5-Client

Erstellen Sie in diesem Rahmen über *Portgruppe der virtuellen Maschine für einen Standard-Switch* eine neue Verbindung, können Sie entweder einen bereits vorhandenen Switch auswählen oder einen neuen Standard-Switch erstellen. Im Assistenten zum Anlegen eines neuen Standard-Switches legen Sie auch fest, welche Adapter mit dem virtuellen Switch verbunden werden sollen. Verwenden Sie an dieser Stelle keinen Adapter, wird automatisch ein interner Switch angelegt. Sie erhalten noch eine Warnung, wenn Sie keinen Adapter anlegen.

Anschließend geben Sie dem neuen virtuellen Netzwerk einen Namen und wählen die Konfiguration des VLAN aus. Die Einstellung *Keine (0)* legt fest, dass die VLAN-ID am Port der VM im virtuellen Switch ausgelesen wird.

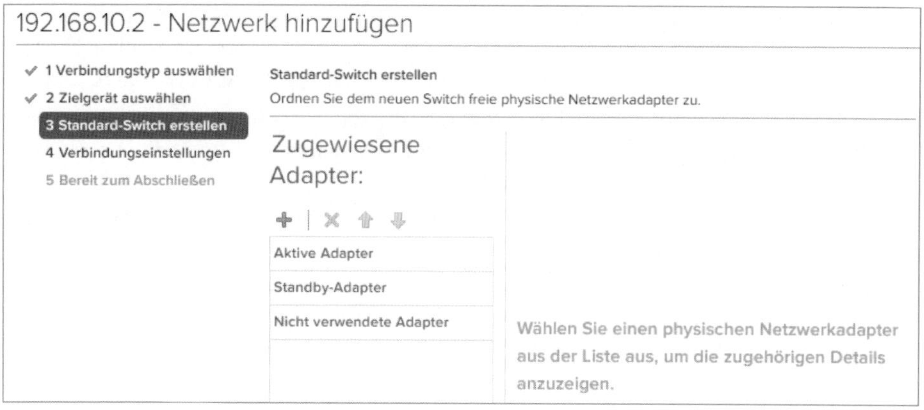

9 Virtuelle Netzwerke verstehen und konfigurieren

Abbildung 9.14 Erstellen eines neuen Standard-Switches

Die Einstellung *Alle (4095)* legt fest, dass das Betriebssystem innerhalb der VM für die VLAN-ID zuständig ist. Das heißt, bei der Einstellung *Alle (4095)* nimmt der virtuelle Switch alle Netzwerkpakete mit VLAN-Tag an und leitet diese an die VM weiter. Tragen Sie an dieser Stelle eine VLAN-ID ein, werden ausschließlich die Pakete dieser VLAN-ID angenommen.

Klicken Sie im Webclient über *Konfigurieren/Netzwerk* auf *Virtuelle Switches* und markieren einen virtuellen Switch, sehen Sie im unteren Bereich die Portgruppen, die diesen virtuellen Switch verwenden, und Sie erkennen auch, welche physischen Adapter mit dem virtuellen Switch verbunden sind. Über das Stift-Symbol erhalten Sie weitere Informationen und nach einem Klick auf den blauen Kreis mit weißem i erhalten Sie zusätzliche Informationen zum jeweiligen Objekt angezeigt.

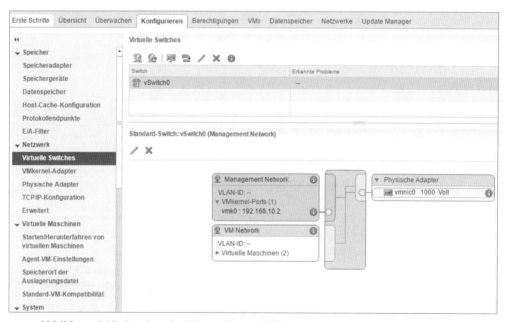

Abbildung 9.15 Anzeigen der Netzwerkkonnektivität

Schließen Sie die Erstellung des Switches ab, wird dieser in den Netzwerkeinstellungen des Hosts angezeigt. In den Einstellungen von VMs können Sie anschließend festlegen, welche Netzwerke auf einem Host durch die VM genutzt werden sollen. Sie können mit dem Assistenten jederzeit weitere Portgruppen anlegen und bereits vorhandenen virtuellen Switches zuordnen. Oder Sie erstellen für die Portgruppe einen neuen virtuellen Switch.

Achten Sie darauf, mindestens einen virtuellen Switch für die VMkernel-Komponenten einzurichten, also vor allem für die Übertragung von VMs zwischen verschiedenen Hosts und anderen internen Netzwerkdiensten von vSphere. Der Assistent ist im Grunde genommen identisch mit dem Assistenten zum Erstellen einer neuen Portgruppe für VMs.

Der neue virtuelle Switch wird allerdings nur durch den VMkernel verwendet. Sie können im Assistenten zum Anlegen eines neuen VMkernel-Netzwerks festlegen, welche VM-Dienste dieses Netzwerk nutzen dürfen und welche IP-Adresse des virtuellen Netzwerks genutzt werden soll. Dadurch haben Sie also auch die Möglichkeit, den Datenverkehr innerhalb des VMkernels aufzusplitten.

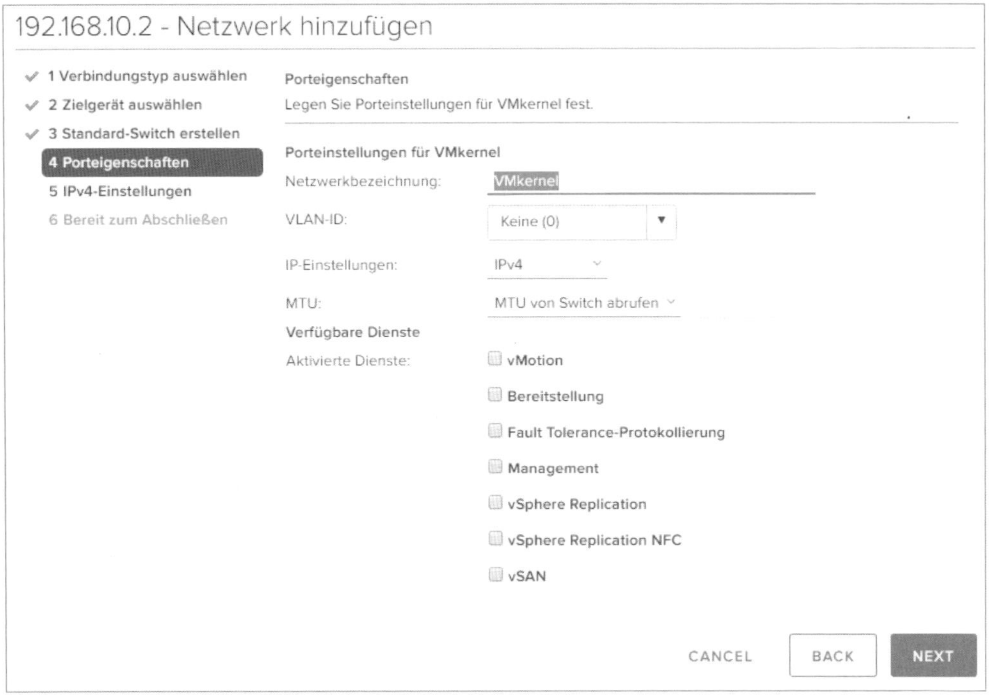

Abbildung 9.16 Beim Erstellen eines VMkernel-Adapters können Sie festlegen, welche VMkernel-Dienste den Adapter nutzen dürfen.

Sie müssen nicht für jede Portgruppe einen neuen virtuellen Switch anlegen, sondern können einer Gruppe auch einen bereits vorhandenen Switch zuweisen. Der Netzwerkverkehr der Portgruppe wird dann über die physischen Netzwerkadapter geleitet, die an den jeweiligen virtuellen Switch angebunden sind. Über diesen Assistenten konfigurieren Sie also, welche Komponenten in vSphere über die verschiedenen Netzwerkfunktionen miteinander verbunden werden sollen.

Dienste wie vMotion, aber auch vSAN, sollten eigene Switches und damit auch dedizierte Netzwerkverbindungen verwenden. Die Aufteilung erreichen Sie durch die Erstellung verschiedener Portgruppen, die unterschiedliche Switches (vSS oder vDS) und dadurch auch unterschiedliche Netzwerkadapter nutzen.

Arbeiten Sie mit mehreren Hosts, wollen aber keine Distributed Switches einsetzen, sollten Sie die Konfiguration aller virtuellen Netzwerke und aller virtuellen Switches möglichst identisch anlegen. Beim Verwenden von Distributed Switches ist dies nicht notwendig, da Sie in diesem Fall den Switch anlegen, die Konfiguration vornehmen und danach die einzelnen Hosts zuweisen. In diesem Fall gibt es zwischen den Hosts keine unterschiedliche Konfiguration.

9.3.1 Virtuelle Switches und Netzwerke anpassen

Während des Anlegens von neuen virtuellen Switches können Sie bereits zahlreiche Konfigurationen vornehmen. Sie können die Einstellungen der virtuellen Netzwerke, der konfigurierten Portgruppen und der hinterlegten Standard-Switches auf einem Host anpassen. Dazu rufen Sie im Webclient das Datencenter, den Cluster und anschließend den Host auf. Über die Registerkarte *Konfigurieren* finden Sie den Menübefehl *Netzwerk*. Hier sehen Sie alle vorhandenen Switches und alle Netzwerkkonfigurationen eines Hosts.

Über die Menübefehle auf der linken Seite schalten Sie zwischen den verschiedenen Einstellungsmöglichkeiten durch. Auf die einzelnen Menübefehle und deren Aufgabe wurde bereits im Überblick zu Beginn des Kapitels eingegangen.

Markieren Sie wiederum einen virtuellen Switch, sehen Sie im Fenster die zugewiesenen Portgruppen, die verwendeten physischen Netzwerkadapter und weitere Einstellungen. Markieren Sie eine Portgruppe, können Sie diese schnell und einfach bearbeiten, erweitern und auch löschen.

Nutzen virtuelle Server einen virtuellen Switch, wird dieser ebenfalls im Fenster angezeigt. Diese Informationen sehen Sie aber auch im Webclient oder in dem vSphere-HTML5-Client, wenn Sie die Netzwerkkonfiguration im oberen Bereich aufrufen.

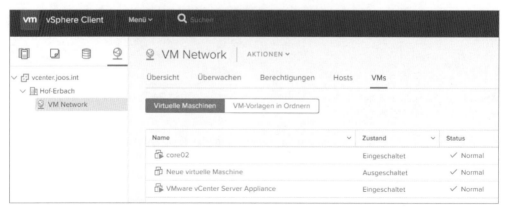

Abbildung 9.17 In den Einstellungen von virtuellen Switches sind auch die VMs zu sehen, welche mit dem virtuellen Switch verbunden sind.

Mit dem Stift-Symbol rufen Sie die Eigenschaften eines Objekts im Webclient auf, um dessen Einstellungen anzupassen.

Fügen Sie ein neues Netzwerk hinzu, können Sie einen noch nicht eingebundenen physischen Netzwerkadapter an vSphere anbinden. Im Rahmen der Konfiguration legen Sie auch die Verbindungsreihenfolge der Netzwerkadapter fest, wenn Sie für einen virtuellen Standard-Switch mehrere Adapter verwenden. Die Einstellungen dazu lassen sich jederzeit anpassen.

Abbildung 9.18 Hinzufügen eines neuen physischen Netzwerkadapters zu einem Switch

Mit den Pfeilschaltflächen können Sie aber nicht nur die Reihenfolge festlegen, sondern auch konfigurieren, dass ein Adapter als Stand-by-Adapter verwendet wird. In diesem Fall wird der Adapter nur dann verwendet, wenn die anderen Adapter nicht mehr korrekt funktionieren. Wollen Sie einzelne Adapter in einem Switch überhaupt nicht nutzen, können Sie diese auch in *Nicht verwendete Adapter* verschieben.

Im Webclient können Sie über die Registerkarte *Konfigurieren* im Bereich *Netzwerk* jederzeit Einstellungen für die virtuellen Standard-Switches des Servers und auch Einstellungen für die VMkernel-Adapter anpassen. Über diese legen Sie fest, wie sich die Systemdienste in vSphere verhalten sollen, welche IP-Adresse zugewiesen ist und vieles mehr.

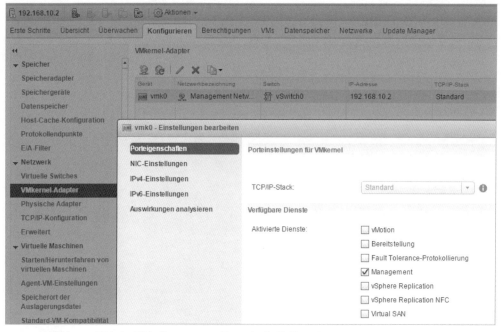

Abbildung 9.19 Im Webclient passen Sie auch die IP-Einstellungen und weitere Funktionen der VMkernel-Portgruppen (VMkernel-Adapter) an.

9.3.2 Promiscuous Modus, MAC-Adressänderungen und gefälschte Übertragungen steuern

In den Einstellungen virtueller Switches können Sie den Wert für die maximale Übertragungseinheit (Maximum Transmission Unit, MTU) festlegen oder Sicherheitseinstellungen definieren. Im Bereich *Sicherheit* aktivieren oder deaktivieren Sie die Optionen *Promiscuous Modus*, *MAC-Adressenänderungen* und *Gefälschte Übertragungen*. Für die drei Optionen können Sie nur jeweils den Wert *Akzeptieren* oder *Ablehnen* konfigurieren. Bei der Aktivierung des *Promiscuous Modus* können, einfach ausgedrückt, alle Netzwerkpakete immer an alle VMs gesendet werden. Bei diesem Vorgang werden keinerlei Filter gesetzt. Standardmäßig ist diese Funktion deaktiviert.

Sinnvoll ist das bei virtuellen VMs, die zur Netzwerküberwachung verwendet werden, oder in Testumgebungen, bei denen Sie vSphere ESXi virtualisieren. Hier können Sie auch dynamische MAC-Adressenänderungen der VMs deaktivieren. Wichtig ist dies häufig bei der Lizenzierung, bei der Verwendung von Loadbalancern oder anderen Diensten, die von der Konfiguration der MAC-Adresse abhängen.

Neben der Konfiguration dieser Einstellung für den kompletten virtuellen Switch lassen sich diese Einstellungen auch auf Ebene der Portgruppen anpassen. Dazu müssen Sie lediglich die Einstellungen der entsprechenden Portgruppe aufrufen.

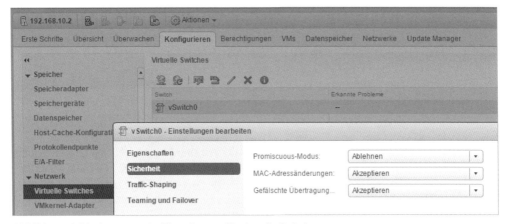

Abbildung 9.20 Anpassen der Einstellungen für virtuelle Switches

Einstellungen, die Sie für einen virtuellen Switch vornehmen, gelten immer auch für die angebundenen Portgruppen. Sie können die Einstellungen aber auch für einzelne Portgruppen anpassen. In diesem Fall gelten die Einstellungen dann nur für die Portgruppe und die Objekte, die diese Gruppe verwenden.

TIPP: Wollen Sie für bestimmte virtuelle Server zum Beispiel unterschiedliche Sicherheitseinstellungen nutzen, erstellen Sie für diese Server eigene Portgruppen, setzen hier die Einstellungen, die Sie für diese Server benötigen, und weisen den virtuellen Netzwerkadaptern dieser Server diese neue Portgruppe zu.

9.3.3 Ausfallsicherheit im Netzwerk konfigurieren

In den Einstellungen virtueller Switches lassen sich im Bereich *Traffic-Shaping* Bandbreiten festlegen, die für den virtuellen Switch gelten sollen. Über den Bereich *Teaming und Failover* können Sie den Lastenausgleich und die Ausfallerkennung der physischen Netzwerkadapter eines virtuellen Switches steuern.

Wichtig ist an dieser Stelle, dass die Einstellungen in vSphere mit den physischen Netzwerkswitches kompatibel sind. Außerdem müssen alle physischen Netzwerkadapter eines virtuellen Switches diese Funktionen unterstützen. Über die Option *Netzwerkausfallerkennung* im Bereich *Teaming und Failover* wird festgelegt, wie vSphere erkennen soll, dass eine Karte nicht mehr mit dem Netzwerk verbunden ist. Sinnvoll sind die Konfigurationen an dieser Stelle, wenn mindestens zwei Netzwerkadapter mit einem virtuellen Switch verbunden sind. Im unteren Bereich lässt sich die Reihenfolge der Anbindung festlegen und einzelne Adapter lassen sich als Stand-by- oder Hotplug-Adapter verwenden.

9.4 Distributed Switches erstellen und verwalten

Um einen Distributed Switch zu erstellen, müssen Sie zunächst das Gerüst des Switches erstellen und konfigurieren. Danach werden Hosts im Cluster hinzugefügt, die diesen Switch nutzen sollen. Beim Erstellen des Switches können Sie auch festlegen, welchen Kompatibilitätsgrad Sie zur Verfügung stellen wollen.

Da VMware die Funktionen von vSphere ständig erweitert, bietet es sich an, möglichst die neueste Variante zu verwenden. Die Version des Switches hängt aber auch vom Einsatzgebiet ab und ob Sie im Datencenter noch ältere Versionen von vSphere betreiben. Distributed Switches legen Sie auf Ebene des Datencenters an. Das Einstellen der Version ist aber keine Einbahnstraße. Wenn Sie die älteren vSphere-Versionen aus dem Netzwerk entfernt haben, können Sie Distributed Switches über deren Kontextmenü auf eine höhere Version aktualisieren.

9.4.1 Einen neuen Distributed Switch erstellen

Über das Kontextmenü des Datencenters im Webclient steht die Option zum Erstellen eines neuen Distributed Switches zur Verfügung. Außerdem besteht die Möglichkeit, einen solchen Switch zu importieren, wenn Sie die Konfiguration in ein anderes Datencenter exportiert haben.

Abbildung 9.21 Erstellen von neuen Distributed Switches im Webclient

Ab VMware vSphere 5.5 wurden einige Verbesserungen integriert. Die Diagnosemöglichkeiten wurden erweitert, genauso wie die Möglichkeit, die Netzwerkkonfiguration zu sichern und wiederherstellen zu können. Außerdem hat VMware einige neue Protokolle und Funktionen integriert. Integriert wurden zum Beispiel noch Link Aggregation Control Protocol (LACP), Single Root (SR) I/O Virtualization (SR-IOV) und Bridge-Protocol-Data-Unit-(BPDU-)

Filter. Diese Techniken beschleunigen auch die Netzwerkverbindungen der VMs. Achten Sie also darauf, dass die Netzwerkkarten der Hosts diese neuen Funktionen auch tatsächlich unterstützen.

Während der Erstellung eines Distributed Switches können Sie eine erste Portgruppe konfigurieren, die den Distributed Switch verwenden soll. Sie können die Portgruppen auch jederzeit nach dem Anlegen des Distributed Switches konfigurieren. Das Vorgehen dazu entspricht dem bei Standard-Switches.

Bei der Einrichtung helfen Assistenten, wie dies auch beim Anlegen von Standard-Switches der Fall ist. In der Konfiguration von Distributed Switches lassen sich Portgruppen anpassen und Filter konfigurieren.

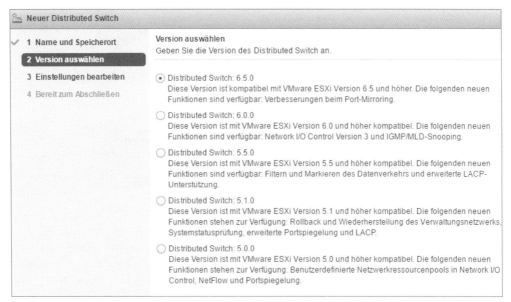

Abbildung 9.22 Erstellen eines neuen Distributed Switches in vSphere 6.5 und festlegen der neuen Version

Bei *Anzahl an Uplinks* können Sie festlegen, mit wie vielen Netzwerkadaptern die einzelnen Hosts mit dem Distributed Switch verbunden werden sollen. Weitere Einstellungen stehen beim Konfigurieren eines Distributed Switches zunächst nicht zur Verfügung, Sie können aber nachträglich weitere Maßnahmen durchführen. Sobald Sie das Gerüst eines Distributed Switches erstellt haben, erscheint dieses als Objekt im Datencenter. Bei den Hosts erscheint der Distributed Switch noch nicht, da Sie diesen noch nicht zugewiesen haben.

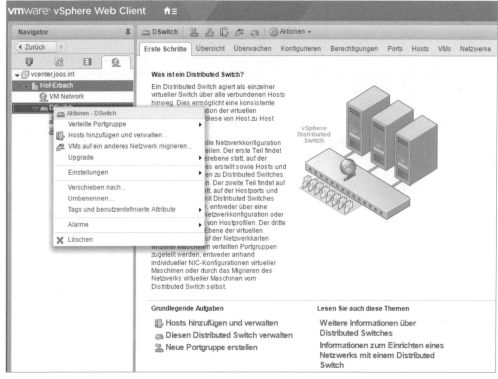

Abbildung 9.23 Verwalten eines virtuellen Distributed Switches

Klicken Sie die Uplink-Verknüpfung im Webclient an, können Sie auf der rechten Seite über die Registerkarte *Konfigurieren* weitere Einstellungen vornehmen. An dieser Stelle passen Sie die Konfiguration des Distributed Switches an. Dessen Objekt erscheint in der Netzwerkansicht im Webclient.

 TIPP: Über das Kontextmenü eines virtuellen Switches können Sie durch Auswahl von *Einstellungen/Konfiguration exportieren* die Konfiguration des vDS sichern. Über den Menübefehl *Konfiguration wiederherstellen* können Sie die Sicherung wieder in vSphere einlesen.

Auch über das Kontextmenü des Datencenters lässt sich eine Exportdatei importieren. So können Sie zum Beispiel einen vDS aus einem Rechenzentrum exportieren und in ein anderes wieder importieren.

9.4.2 Hosts und VMs an Distributed Switches anbinden

Nach der Erstellung eines Distributed Switches müssen Sie noch die Hosts hinzufügen, welche diesen Switch nutzen sollen. Falls die Synchronisierung zwischen den einzelnen Hosts bei einem Neustart noch Fehler meldet, können Sie auch eine manuelle Synchronisierung durchführen. Dazu wird das Kontextmenü der Hosts verwendet. Sobald der Distributed Switch eingerichtet ist, lassen sich Einstellungen in den Eigenschaften anpassen und überprüfen.

Über das Kontextmenü von Distributed Switches lassen sich zahlreiche Aktionen durchführen und auch Einstellungen ändern. Haben Sie noch keine Hosts angebunden, können Sie dies über diesen Weg nachholen. Rufen Sie im Kontextmenü die entsprechende Option auf, startet der Assistent zur Anbindung.

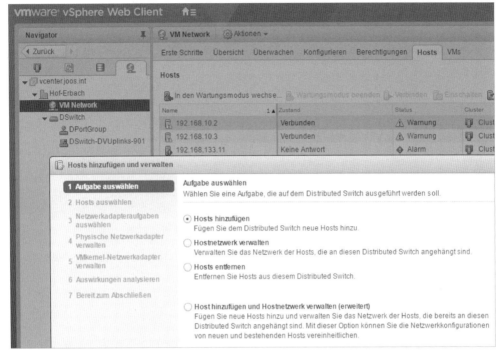

Abbildung 9.24 Nach dem Anlegen eines Distributed Switches fügen Sie die Hosts im Netzwerk hinzu.

Über das Kontextmenü der einzelnen Objekte unterhalb eines vDS können Sie in den Eigenschaften alle Anpassungen vornehmen, die bereits beim Erstellen zur Verfügung standen. Zusätzlich stehen weitere Einstellungsmöglichkeiten zur Verfügung.

Im Assistenten zum Hinzufügen von Hosts an einen vDS werden Ihnen alle Hosts im Datencenter angezeigt, und Sie können auf diesem Weg auch alle Hosts gleichzeitig anbinden.

Auf der nächsten Seite des Fensters legen Sie fest, welche Netzwerkadapteraufgaben der Hosts der Distributed Switch zugewiesen werden sollen. Abhängig von Ihrer Auswahl erscheinen auf der linken Seite weitere Seiten im Assistenten, mit denen Sie die Anbindung konfigurieren können. Der Assistent zeigt alle Hosts an, die sich an den vDS anbinden lassen.

Haben Sie die einzelnen Hosts ausgewählt, können Sie festlegen, welche Aufgaben Sie bei der Anbindung durchführen wollen. Auf Wunsch können Sie auch gleich die VMs der Hosts an die neue vDS anbinden.

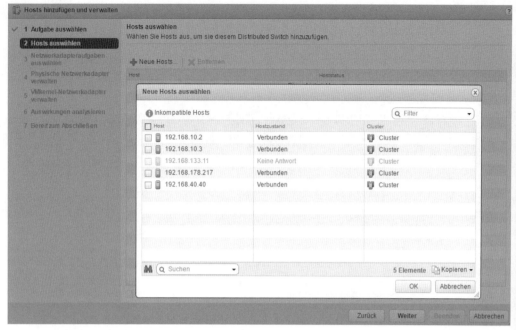

Abbildung 9.25 Auswählen der Hosts zur Anbindung an eine vDS

Eine solche Aufgabe können Sie aber auch jederzeit nachträglich vornehmen. Wichtig ist zunächst, dass Sie festlegen, welche physischen Netzwerkadapter und welche VMkernel-Adapter Sie an die neue vDS anbinden wollen.

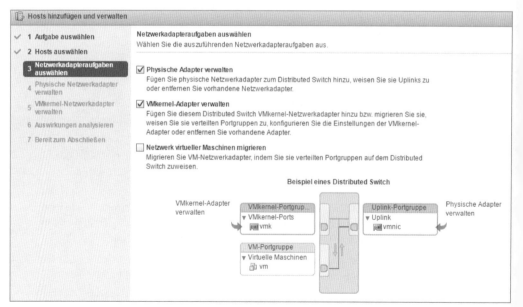

Abbildung 9.26 Auswählen der Aufgaben, die bei der Anbindung von Hosts an vDS vorgenommen werden sollen.

9.4 Distributed Switches erstellen und verwalten

Wichtig ist vor allem die Anbindung der physischen Adapter der einzelnen Hosts. So können Sie festlegen, welche Adapter auf den Hosts den Distributed Switch nutzen sollen. Sie sehen auf der Seite *Physische Netzwerkadapter verwalten* auch bereits, welche Karten belegt sind.

Außerdem haben Sie hier die Möglichkeit, den Uplink auszuwählen, dem die Adapter zugewiesen werden. Sie können natürlich jederzeit weitere Hosts und weitere physische Netzwerkadapter dem Distributed Switch zuweisen und auch Einstellungen ändern. Nachdem Sie den Assistenten beendet haben, wird der Host dem Distributed Switch zugeordnet.

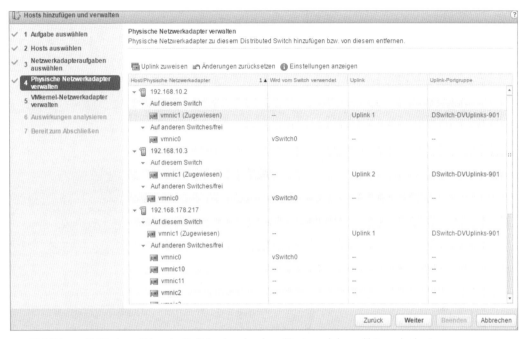

Abbildung 9.27 Auswählen der Uplinks der einzelnen Hosts und deren Netzwerkadapter

Rufen Sie die Netzwerkeinstellungen des Hosts auf, genauso wie beim Konfigurieren von Standard-Switches, wird der neue Distributed Switch angezeigt. Umgekehrt sehen Sie im Informationsbereich des Distributed Switches, welche Hosts bereits angebunden sind.

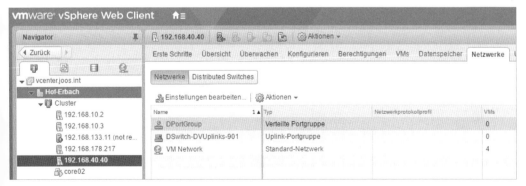

Abbildung 9.28 Haben Sie einen Host an einen vDS angebunden, werden die Portgruppen und die Uplinks in den Netzwerkeinstellungen des Hosts angezeigt.

Die meisten Einstellungen virtueller Switches werden über das Kontextmenü des Distributed Switches aufgerufen. Hierüber erstellen Sie zum Beispiel auch neue Portgruppen, die wiederum von VMs oder den VMkernel-Diensten genutzt werden können.

Auch hier haben Sie die Möglichkeit, Portgruppen zu bearbeiten oder exportierte Gruppen zum Beispiel von anderen Datencentern zu importieren. Haben Sie die Portgruppe angelegt, wird diese unterhalb des Distributed-Switches-Objekts angezeigt.

Anschließend können Sie die Portgruppe in den Einstellungen der VMs anpassen, wenn der entsprechende Host an den Distributed Switch angebunden ist. Auch beim Erstellen von neuen VMs auf diesem Host steht die Portgruppe zur Verfügung. In den Eigenschaften der Uplinks für einen Distributed Switch steuern Sie wiederum, wie die Distributed Switches an die physischen Netzwerkadapter angebunden werden.

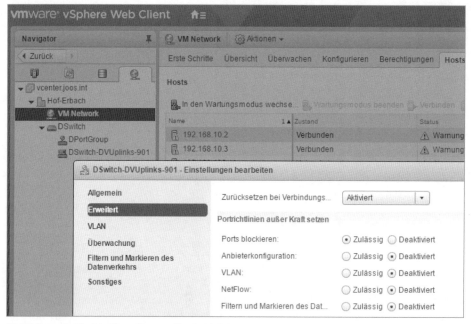

Abbildung 9.29 Die Einstellungen für die Uplinks nehmen Sie unterhalb des Distributed Switches vor.

Klicken Sie in der Host-Ansicht im Webclient auf einen Host und dann auf *Netzwerke*, können Sie sich über die beiden Schaltflächen *Netzwerke* und *Distributed Switches* die Einstellungen für lokale Standard-Switches und für Distributed Switches anzeigen lassen. Hier können Sie auch direkt zu den Einstellungen des jeweiligen Switches wechseln.

 TIPP: Wollen Sie einen Distributed Switch entfernen, löschen Sie diesen über das Kontextmenü des Distributed-Switches-Objekts.

9.4.3 Distributed Switches anpassen und optimieren

Um die Einstellungen eines Distributed Switches anzupassen, rufen Sie im Webclient die Konfiguration der Netzwerkobjekte auf. Am schnellsten geht das, wenn Sie das Netzwerksymbol mit der Weltkugel am oberen Rand auswählen. Klicken Sie den vDS an und rufen Sie danach in der Mitte des Fensters die Option *Konfigurieren* auf.

Anschließend stehen verschiedene Optionen zur Verfügung, mit denen Sie den vDS anpassen können. Über *Einstellungen* erreichen Sie grundlegende Konfigurationen. Haben Sie diese aufgerufen, erscheinen am linken Rand des Hauptfensters weitere Einstellungsmöglichkeiten. Sie können sich an dieser Stelle sowohl die Standardeinstellungen des vDS als auch die Topologie anzeigen lassen. Sie sehen die Uplinks, die Portgruppen und die Adapter der Hosts, die mit dem vDS angebunden sind.

Über *Eigenschaften* und die Auswahl von *Bearbeiten* können Sie Standardoptionen wie beispielsweise den Namen, die Uplinks oder die MTU-Einstellungen definieren. Außerdem können Sie verschiedene Protokolle aktivieren, deaktivieren oder anpassen, die durch den vDS verwendet werden.

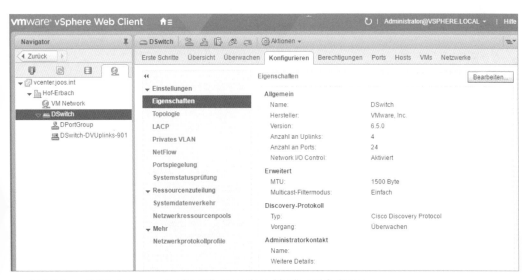

Abbildung 9.30 Anpassen der Einstellungen eines Distributed Switches

Über die Optionen *NetFlow*, *Portspiegelung* und *Systemstatusüberprüfung* überwachen Sie vDS und können den Datenverkehr mitschneiden.

Über den Menübefehl *Ports* im oberen Bereich können Sie sich die verwendeten Portgruppen, Ports, Uplinks und MAC-Adressen anzeigen lassen, die aktuell im vDS genutzt werden. Neben diesen Menübefehlen finden Sie an dieser Stelle weitere Optionen und Einstellungsmöglichkeiten für vDS. Distributed Switches arbeiten genauso mit Portgruppen wie Standard-Switches. Während der Erstellung eines neuen Distributed Switches können Sie auch eine erste Portgruppe erstellen. Die Portgruppen eines Distributed Switches sind auf allen Hosts verfügbar, die Sie an den Distributed Switch angebunden haben.

Die Eigenschaften einer Portgruppe verwalten Sie am schnellsten über das Kontextmenü im Webclient. Über das Kontextmenü von Distributed Switches können Sie wiederum neue Portgruppen erstellen. Portgruppen für Distributed Switches tragen auch die Bezeichnung „verteilte Portgruppe", da diese auf allen Hosts zur Verfügung steht, die an eine vDS angebunden sind.

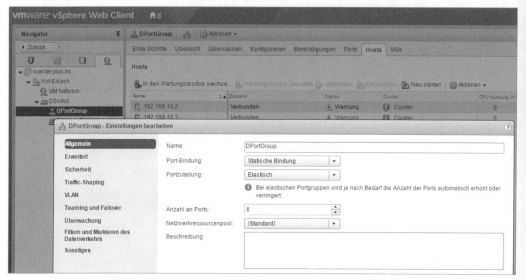

Abbildung 9.31 Im Webclient verwalten Sie die einzelnen Portgruppen eines Distributed Switches.

9.4.4 Distributed Switches sichern, wiederherstellen, exportieren und importieren

Die Einstellungen von vDS können Sie über das Kontextmenü und mit Auswahl von *Einstellungen/Konfiguration exportieren* in eine ZIP-Datei exportieren. Auf Basis der ZIP-Datei können Sie wiederum über das Kontextmenü eines Datencenters durch Auswahl von *Distributed Switch/Distributed Switch importieren* die Konfiguration wiederherstellen.

Sie können die Exportdatei aber nicht nur für den Import verwenden, sondern durch die Auswahl von *Einstellungen/Konfiguration wiederherstellen* auch einen vorhandenen Distributed Switch wiederherstellen oder Teile der Konfiguration reparieren.

Über das Kontextmenü der Portgruppen eines Distributed Switches können Sie auch nur einzelne Portgruppen exportieren und wieder importieren. Die restlichen Einstellungen des Distributed Switches sind davon nicht betroffen.

9.4.5 Mehrere Portgruppen gemeinsam verwalten – Richtlinien für Portgruppen

In größeren Umgebungen sind häufig mehrere Distributed Switches und meist auch mehrere verteilte Portgruppen im Einsatz. Wählen Sie im Kontextmenü eines Distributed Switches den Menübefehl *Verteilte Portgruppe/Verteilte Portgruppen verwalten*, können Sie Portgruppenrichtlinien erstellen, mit denen Sie mehreren oder allen Portgruppen gemeinsame Einstellungen zuweisen können.

Für jede Option, die Sie aktivieren, erscheinen weitere Seiten, auf denen Sie die Einstellungen zentral definieren, die Sie auf die ausgewählten Portgruppen verteilen wollen. Sie können über den Assistenten also bestimmen, welche Einstellungen Sie verteilen und auf welche Portgruppen Sie die Einstellungen verteilen wollen.

9.4.6 Uplinks und Portgruppen von Distributed Switches anpassen

Um die Uplinks eines Distributed Switches anzupassen, also die Anbindung an die physischen Netzwerkadapter der einzelnen Hosts oder die Portgruppen, klicken Sie einfach auf das entsprechende Objekt und wählen danach im Hauptfenster auf der rechten Seite die Optionen aus, die Sie einstellen wollen. Hier stehen grundsätzlich die gleichen Konfigurationsmöglichkeiten zur Verfügung wie beim Erstellen der anderen Objekte.

Die meisten Einstellungen erreichen Sie immer über die Auswahl von *Konfigurieren* und dann mit dem Menübefehl *Einstellungen*. Über *Eigenschaften* und *Bearbeiten* können Sie sich durch die verschiedenen Optionen der Portgruppen oder Uplinks klicken und diese an Ihre Anforderungen anpassen.

Sie können zum Beispiel bei Portgruppen festlegen, ob eine VM immer den gleichen Port erhalten oder ob die Portgruppe den VMs jeweils einen dynamischen Port zuweisen soll. Über den Menübefehl *Erweitert* können Sie Ports blockieren oder andere Anpassungen vornehmen, die auch bei Standard-Switches möglich sind. Die meisten Einstellungen sind selbsterklärend.

Der größte Unterschied bei der Konfiguration von Portgruppen auf Distributed Switches und Standard-Switches sind mehr Möglichkeiten bei der Konfiguration von Loadbalancern und der Ausfallsicherheit.

9.4.7 Von einem Standard-Switch zu Distributed Switches ohne Ausfallzeiten migrieren

Sie können von Standard-Switches auf Hosts zu einem Distributed Switch (vDS) wechseln, ohne virtuelle Maschinen herunterfahren oder andere Komponenten im Netzwerk migrieren zu müssen. Sie können vorhandene Portgruppen von Standard-Switches zu Distributed Switches migrieren.

Es sind aber immer mehrere Netzwerkkarten erforderlich, wenn Sie zu einer vDS ohne Ausfallzeiten migrieren wollen. Während der Migration entfernen Sie die Netzwerkadapter aus dem Standard-Switch und verbinden sie mit dem vDS. Sobald die Netzwerkübertragungen vollständig verteilt sind, können Sie den Standard-Switch entfernen und die restlichen physischen Netzwerkkarten mit der vDS verbinden. Die Konfiguration dazu nehmen Sie jeweils für den einzelnen Host vor. Dazu rufen Sie den Cluster im Webclient auf, klicken auf den Host, dessen Standard-Switches Sie zu Distributed Switches migrieren wollen, und wählen dann *Konfigurieren/Netzwerk*.

Sobald Sie einen Host zu einem Distributed Switch hinzugefügt haben, sehen Sie die Distributed Switches in den Einstellungen des Hosts, wenn Sie dessen Netzwerkkonfiguration öffnen.

In den Netzwerkeinstellungen des Hosts finden Sie in der Symbolleiste zur Verwaltung der virtuellen Switches auf dem Host das Symbol zur Migration physischer Netzwerkadapter, wenn Sie den Distributed Switch angeklickt haben.

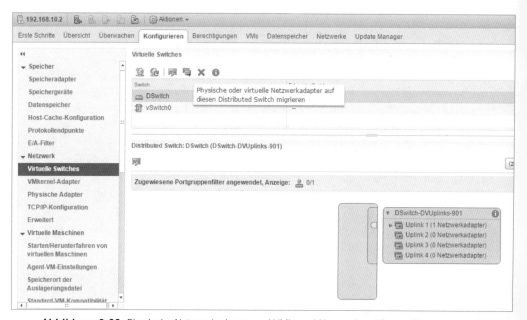

Abbildung 9.32 Physische Netzwerkadapter und VMkernel-Netzwerken können Sie, genauso wie die Portgruppen von VMs, von Standard-Switches zu Distributed Switches migrieren.

Rufen Sie die Option auf, startet ein Assistent, der Sie bei der Migration von Standard-Switches zu dem von Ihnen erstellten Distributed Switch unterstützt. Sie können die Übernahme von Netzwerkfunktionen von Standard-Switches zu Distributed Switches auch über den Assistenten zum Hinzufügen und Verwalten von Hosts eines Distributed Switches in dessen Kontextmenü vornehmen. Über das Kontextmenü können Sie dann später auch die einzelnen VMs von den Portgruppen des Standard-Switches zum Distributed Switch übernehmen.

Sie sollten möglichst nicht alle Optionen auf einmal migrieren, sondern nach und nach vorgehen. Erstellen Sie zunächst eine neue Portgruppe für die VMkernel-Ports. Sie sollten die beiden anderen Optionen *Physische Adapter verwalten* und *Netzwerk virtueller Maschinen migrieren* nicht auswählen, sondern nur die Option *VMkernel-Adapter verwalten*.

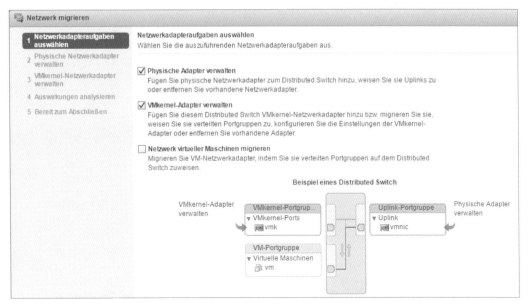

Abbildung 9.33 vSphere bietet einen Assistenten für die Migration von Netzwerkobjekten zu Distributed Switches.

Im Rahmen des Assistenten haben Sie zwar die Möglichkeit, die VMs zu migrieren, sollten diesen Vorgang aber zunächst überspringen. Migrieren Sie generell die virtuellen Maschinen erst nach den physischen Adaptern und nach den VMkernel-Ports. Im Assistenten sehen Sie, dass sich der VMkernel-Adapter noch auf einem anderen Switch befindet.

Markieren Sie den Adapter und klicken Sie danach auf *Portgruppe zuweisen*. Auf der nächsten Seite überprüft der Assistent, ob der Umzug Probleme bereiten kann. Gibt der Assistent keine Fehler aus, können Sie die Migration durchführen lassen. Die erfolgreiche Migration sehen Sie auch bei den zugewiesenen Portgruppen des Distributed Switches.

Anschließend können Sie die einzelnen VMs migrieren. Dazu verwenden Sie den gleichen Assistenten, wählen zur Migration aber die VMs aus. Sie müssen nicht jede VM einzeln verschieben, sondern können dazu auch den Netzwerkmigrations-Assistenten verwenden. Klicken Sie im Inventar mit der rechten Maustaste auf den virtuellen Distributed Switch und wählen Sie den Assistenten zum Verschieben von virtuellen Servern zum neuen Switch aus. Welchen Weg Sie wählen, ist schlussendlich die Entscheidung jedes Administrators.

Wählen Sie im Netzwerkmigrations-Assistenten die Quelle, das Netzwerk und Ihr Zielnetzwerk aus. Danach bestimmen Sie die virtuellen Maschinen, die Sie migrieren wollen. Nach diesem Vorgang sind alle VMs mit dem gewünschten Netzwerk verbunden. Verwenden Sie aber möglichst immer eine dedizierte Portgruppe, um die VMkernel-Ports auf den Distributed Switch zu migrieren. Obwohl Sie in der Theorie die gleiche Portgruppe verwenden können, in der sich auch die VMs befinden, hat sich in der Praxis eine dedizierte Portgruppe oft als bessere Lösung herausgestellt. Sinnvoll ist das zum Beispiel auch, wenn Sie ein VLAN für einen der VMkernel-Ports verwenden wollen.

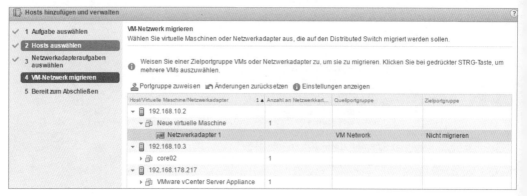

Abbildung 9.34 Nachdem Sie Distributed Switches erstellt haben, können Sie VMs, Netzwerkadapter und VMkernel-Adapter von Standard-Switches migrieren.

Nutzen Sie den Migrations-Assistenten in den Netzwerkeinstellungen des Hosts, können Sie für jede VM und jeden Netzwerkadapter die Quellportgruppe und danach mit *Portgruppe zuweisen* die Portgruppe des Distributed Switches auswählen. Im Fenster sehen Sie das Ergebnis. Bei *Zielportgruppe* sollte für die VMs die neue Portgruppe des Distributed Switches ausgewählt sein. Den Vorgang schließen Sie genau so ab wie im Assistenten zum Umziehen der VMkernel-Gruppe. Nach der erfolgreichen Migration sehen Sie in der Anzeige der Portgruppe des Distributed Switches die umgezogenen VMs in den gewünschten Portgruppen.

Der ursprüngliche Standard-Switch ist nach der Migration leer. Den Zustand können Sie kontrollieren, indem Sie sich durch die virtuellen Switches klicken. Im unteren Bereich muss für den entsprechenden Standard-Switch der Umzug angezeigt werden, es sollten also keine Objekte mehr vorhanden sein. Der alte Standard-Switch muss keine virtuellen Maschinen oder VMkernel-Ports mehr mit Daten versorgen. An dieser Stelle können Sie den alten Switch entfernen und die physischen Netzwerkkarten auf den Distributed Switch umstellen. Löschen Sie danach den Standard-Switch. Suchen Sie nach der Option, um physische Netzwerkkarten in der Distributed-Switch-Konfiguration auf dem Host zu verwalten.

Wählen Sie als Nächstes den Umzug der physischen Netzwerkkarten aus und ordnen Sie diese dem neuen Switch zu. Mit diesem letzten Schritt haben Sie den kompletten Netzwerkverkehr auf die neue vDS umgestellt. Die VMs nutzen den Distributed Switch. Achten Sie darauf, dass Sie in den Einstellungen der Distributed Switches genügend Uplinks für die physischen Netzwerkadapter konfiguriert haben. Klicken Sie in den Netzwerkeinstellungen eines Hosts auf den Distributed Switch, sehen Sie im unteren Bereich neben den Portgruppen die zugewiesenen Uplinks, und unterhalb der Uplinks finden Sie die jeweils verbundenen Netzwerkadapter. Außerdem werden hier die migrierten VMs aufgelistet.

9.4.8 Ressourcen im Netzwerk zuteilen und Netzwerkfluss kontrollieren

Sie können in vSphere 6.5 den Netzwerkverkehr in einem Distributed Switch überwachen und steuern. Dazu klicken Sie auf den Distributed Switch und dann auf *Konfigurieren/Ressourcenzuteilung/Systemdatenverkehr*. Sie können für verschiedene Protokolle und Netzwerkbereiche Werte vorgeben und vorhandene Werte steuern. Außerdem haben Sie die Möglichkeit, die Bandbreite und eigene Profile vorzugeben.

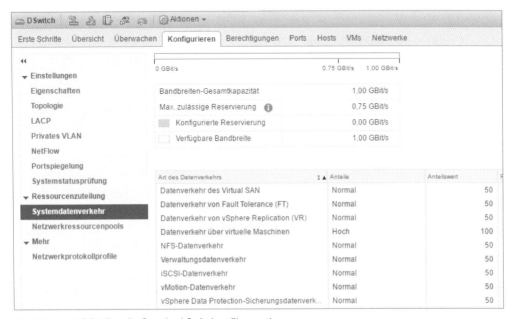

Abbildung 9.35 Virtuelle Standard-Switches überwachen

Sinnvoll ist das zum Beispiel, wenn Sie bestimmte Daten in der Bandbreite einschränken wollen, zum Beispiel den Zugriff auf den Webserver einer VM. Legen Sie am besten einen eigenen Netzwerkressourcenpool an und definieren dessen maximale Bandbreite.

Über *Netzwerkprotokollprofile* haben Sie weitere Steuerungsmöglichkeiten. Sie können zum Beispiel festlegen, dass neue virtuelle Appliances, die Sie anbinden, automatisch eine IP-Adresse durch das vCenter erhalten. Außerdem können Sie IPv6 und DNS-Daten oder Proxyserver zuweisen. Erstellen Sie dazu ein neues Profil auf der Registerkarte *Netzwerkprotokollprofile*. Wählen Sie zunächst aus, welches Netzwerk Sie mit dem Profil steuern wollen. Hier sind die auch die verschiedenen Portgruppen der Distributed Switches zu sehen. Sie können also für alle virtuellen Netzwerke ein solches Profil oder für jede Portgruppe ein eigenes Profil erstellen.

9.4.9 Netzwerke voneinander trennen (VLANs)

Mit virtuellen LANs, auch kurz VLANs genannt, lassen sich im Netzwerk auf einer einheitlichen physischen Infrastruktur mehrere logische Netzwerke mit unterschiedlichen Subnetzen erstellen. Der Vorteil dabei ist die Möglichkeit, Servergruppen voneinander zu trennen oder das Netzwerk in verschiedene Arbeitsbereiche wie Arbeitsstationen und Server aufzuteilen. Auch in virtuellen Umgebungen können Sie mit VLANs arbeiten, da Sie die VLAN-ID, die Sie auf den physischen Switches festgelegt haben, auch in den virtuellen Switches verwenden können.

Durch die Verbindung der VMs mit dem virtuellen Switch wird die VLAN-ID übernommen und über die verschiedenen Komponenten durchgereicht. Es spielt also keine Rolle, ob Sie VLANs auf physischen Servern oder verschachtelten VM-Infrastrukturen nutzen. Die Kommunikation innerhalb eines VLANs erfolgt immer transparent.

Mit VLANs werden auf Basis von Hardware-Netzwerkgeräten, oder auch auf Basis von virtuellen Switches für VMware, Netzwerke segmentiert. Die Kommunikation der VLANs kann über identische Hardware laufen, die Geräte sehen sich aber nicht, da auch Broadcasts und andere netzwerkübergreifende Abläufe nur innerhalb des VLAN stattfinden.

Unterstützen die physischen Netzwerkkarten die Verwendung von VLANS, lässt sich diese Funktion in den Einstellungen der Netzwerkkarte auf den Servern anpassen. Dies gilt auch für virtuelle Adapter. Die Einstellungen sind in Windows zum Beispiel in der erweiterten Konfiguration in den Eigenschaften des Adapters im Netzwerk- und Freigabecenter zu sehen.

Erweiterte Funktionen wie die Portgruppen und VLANs lassen sich nur mit vDS vernünftig betreiben. Distributed Switches unterstützen auch private VLANs (PVLANs). Die Einstellungen dazu finden sich in den Optionen von Distributed Switches über *Konfigurieren/Einstellungen/Privates VLAN*. Sinnvoll sind PVLANs, wenn Sie mehr als 4.095 VLANs im Netzwerk einsetzen wollen oder zusätzlich segmentieren müssen. Sie können innerhalb von VLANs auf diesem Weg weitere VLANs erstellen.

PVLANs bestehen aus einem Primary PVLAN und einem Secondary PVLAN. Das Primary PVLAN stellt eine Gruppierung des herkömmlichen VLAN dar. Die einzelnen ursprünglichen VLANs gehen als einzelne Secondary PVLAN im Primary VLAN auf. Jedes Secondary PVLAN verfügt über eine eigene VLAN ID. Die VLAN-ID bleibt in den Netzwerkpaketen erhalten, bis der virtuelle Switch diese am Portausgang der jeweiligen VM heraustrennt. Es gibt aber auch die Möglichkeit, dass die VLAN-ID über den virtuellen Switch hinaus erhalten bleibt und erst durch das Betriebssystem der VM herausgearbeitet wird. In diesem Fall muss also das virtuelle Betriebssystem die VLAN-ID auswerten.

9.5 Netzwerke mit der PowerCLI verwalten

VMware bietet auch die Verwaltung von Netzwerkkomponenten mit der PowerShell-Erweiterung von VMware an. Auch in vSphere 6.5 wurden dazu einige Neuerungen integriert. Dazu benötigen Sie PowerCLI 6.5 (http://tinyurl.com/ydxafoe3).

Die Cmdlets *New-VMHostNetworkAdapter* und *Set-VMHostNetworkAdapter* verfügen über die Option *VsanTrafficEnabled*. VMware hat außerdem Cmdlets integriert, mit denen sich I/O-Filter konfigurieren lassen. Dazu stehen die Cmdlets *Get-VAIOFilter*, *Set-VAIOFilter*, *New-VAIOFilter* und *Remove-VAIOFilter* zur Verfügung.

In der Service-Konsole können Sie durch Eingabe verschiedener Befehle Verwaltungsaufgaben durchführen. Das ist bei der Konfiguration der Netzwerkumgebung zum Beispiel sinnvoll, wenn Probleme bei der Anbindung an vCenter oder den vSphere-Client auftreten.

Der wichtigste Befehl dazu ist *service*. Mit diesem können Sie verschiedene Systemkomponenten in VMware starten, beenden und pausieren lassen. Die wichtigsten Komponenten in diesem Bereich sind *mgmt-vmware*, *vmware-vpxa*, *firewall*, *vmware-hostd* und *vmware Web Access*.

Über die Befehle *Ps* und *Kill* lassen sich VMs beenden, die nicht mehr reagieren. *Ps* zeigt den Status an. Die Option *EF* zeigt Informationen zu Prozessen an. Der Befehl *Kill* beendet Prozesse. Stellen Sie zum Beispiel Verbindungsprobleme zwischen der VMware-Umgebung und vCenter oder anderen Clients fest, können einige Dienste Probleme bereiten. Diese können Sie aber relativ einfach beenden und danach neu starten:

killall vmware-serverd

killall -9 vmware-serverd

Danach starten Sie die Dienste neu mit:

service httpd.vmware restart

service xinetd restart

Vmkping ist eine spezielle VMware-Variante des *Ping*-Befehls. Es nutzt Teile des VMkernel, um den VMkernel-Port anderer ESXi-Hosts anzupingen. *Vmkfstools* kann virtuelle Laufwerke steuern, insbesondere die Größe von virtuellen Laufwerken anpassen oder auch diese konvertieren. *Esxtop* zeigt Statistiken zur Nutzung von CPU, Arbeitsspeicher und Laufwerken an.

9.6 Probleme mit Netzwerkadaptern beheben

In kleinen Umgebungen oder auf Test- und Entwicklungsrechnern kann es passieren, dass bei der Installation von ESXi 6.5 der Netzwerkadapter des Servers nicht erkannt wird. In produktiven Umgebungen, in denen Sie VMs betreiben, sollten Sie in jedem Fall auf Hardware setzen, die kompatibel mit vSphere 6.5 ist.

Wenn Sie eine Test- oder Entwicklungsumgebung installieren wollen, und die Installation zum Beispiel auf einem älteren Server oder einem PC durchführen, kann es durchaus passieren, dass die Netzwerkadapter auf der entsprechenden Hardware nicht erkannt werden. Im folgenden Abschnitt finden Sie einige Hinweise, wie Sie solche Probleme beheben können.

9.6.1 Netzwerkadapter identifizieren

Wenn Sie ESXi auf einem Server installieren und der Netzwerkadapter nicht erkannt wird, erhalten Sie durch den Installations-Assistenten eine entsprechende Fehlermeldung. Unter *Netzwerkadapter zu identifizieren* verwenden Sie zunächst die Tastenkombination (ALT)+(F1). Dadurch öffnet sich die Konsole des Installations-Assistenten. Geben Sie hier als Benutzernamen *root* ein und drücken Sie die (EINGABE)-Taste. Ein Kennwort ist zur Anmeldung während der Installation nicht notwendig. Geben Sie danach den folgenden Befehl ein:

   lspci -v

Anschließend zeigt der Installations-Assistent alle Hardwaregeräte des Servers an. Hier sollten auch die Netzwerkadapter angezeigt werden. Merken oder notieren Sie sich den Hersteller des Adapters.

9.6.2 Treiber für Netzwerkadapter herunterladen und installieren

Von der Seite VMware Front Experience können Sie über http://tinyurl.com/ydx2bneg ein PowerShell-Skript herunterladen, welches die notwendigen Treiber automatisch aus dem Internet herunterladen und daraus eine aktuelle ISO-Datei für die Installation von ESXi 6.5 erstellen kann. Laden Sie sich das PowerShell-Skript auf den Rechner herunter, öffnen Sie die PowerShell und wechseln Sie in das Verzeichnis, in das Sie das Skript kopiert haben. Geben Sie anschließend den folgenden Befehl ein:

   .\ESXi-Customizer -PS-v2.5.ps1 -v65 -vft -load net55-r8168,net51-r8169,net51-sky2

Der Computer, auf dem Sie den Befehl ausführen, muss mit dem Internet verbunden sein, da das PowerShell-Skript den Treiber aus dem Internet herunterlädt und automatisch eine ISO-Datei zur Installation von ESXi 6.5 erstellt.

Handelt es sich bei dem Netzwerkadapter um einen anderen Hersteller, der durch diese Lösung nicht in die ESXi-Installation eingebunden werden kann, suchen Sie auf der Seite V-Front Online Depot for VMware ESXi (http://tinyurl.com/zwev46c) die ID für Ihre Netzwerkadapter. Anschließend können Sie den oben gezeigten Befehl mit einem anderen Treiber ausführen. Der vordere Teil des Befehls bis zur Option *-load* ist identisch, Sie müssen noch festlegen, welche Treiber das Skript herunterladen soll.

In manchen Fällen besteht auch die Möglichkeit, dass Sie einen passenden Treiber beim Hersteller Ihrer Netzwerkadapter finden, der kompatibel mit ESXi ist. Kopieren Sie die Installationsdateien für den Treiber in das Verzeichnis, in das Sie auch das Skript kopiert haben. Anschließend können Sie die Treiberdateien in eine ISO-Datei von vSphere einbinden:

   .\ESXi-Customizer-PS-v2.5.ps1 -pkgDir C:\TEMP

9.7 Virtuelle Netzwerke mit VMware NSX einrichten

Mit VMware NSX bietet VMware eine umfassende Suite für den Aufbau eines Software Defined Networking im Rechenzentrum. Auf Basis von NSX können Unternehmen logische Switches, Router, Firewalls, Lastenausgleichslösungen, VPNs und mehr effizient im virtuellen Rechenzentrum zur Verfügung stellen.

Mit VMware NSX erstellen Unternehmen ein vollständig separiertes, virtuelles Netzwerk mit allen notwendigen logischen Geräten. Die physische Hardware im Netzwerk spielt hier keine Rolle, da der Datenverkehr zwischen der virtuellen Welt und dem physischen Netzwerk über Gateways abgewickelt wird. Die Vernetzung der virtuellen Welt bleibt unabhängig von der physischen Hardware.

Generell können Unternehmen beim Einsatz von VMware NSX auf beliebige Netzwerkhardware setzen. Natürlich sollte es sich bei einem professionellen Einsatz um leistungsstarke Hardware handeln, die in der Lage ist, den Overhead des VXLAN-Protokolls innerhalb von NSX bereitzustellen. Dieses Protokoll stellt eine wichtige Grundlage für NSX dar. Außerdem muss die Netzwerkhardware in der Lage sein, mit einem erhöhten Maximum-Transfer-Unit-(MTU-)Wert zurechtzukommen. Im Netzwerk muss VMware vSphere eingesetzt werden, es lassen sich aber auch andere Hypervisoren und physische Netzwerke anbinden. Die grundlegenden Komponenten von VMware NSX laufen aber auf Basis von VMware vSphere. Die Netzwerke in NSX werden wiederum über Distributed Switches bereitgestellt.

9.7.1 Darum ist VMware NSX sinnvoll

In virtuellen Rechenzentren werden immer häufiger auch die Netzwerkdienste virtualisiert. Bei der Virtualisierung über VMware vSphere bietet es sich an, auf VMware NSX zu setzen. Die Software Defined Networking-Suite ist aber nicht nur auf VMware-Netze beschränkt, sondern kann auch mit anderen Hypervisoren und Netzwerktechniken zusammenarbeiten. VMware stellt dazu auch eine NSX-API zur Verfügung. Die RESTful-API ermöglicht eine Integration von VMware NSX in jede Plattform für Cloud-Management.

Vor allem große virtuelle Netzwerke mit zahlreichen virtuellen Servern profitieren von den Möglichkeiten von VMware NSX. Durch eine automatisierte Bereitstellung lassen sich die VMs effizient vernetzen. In größeren Netzwerken lassen sich mit VMware NSX auch Self-Service-Portale bereitstellen, mit denen Administratoren untergeordneter Netzwerke neue virtuelle Netzwerke beantragen können. Dies ermöglicht auch eine Delegierung von Netzwerken sowie mandantenfähige Netzwerkumgebungen für private oder hybride Clouds. Zusätzlich lassen sich mit NSX die einzelnen Netzwerke auch komplett voneinander trennen.

9.7.2 Die Funktionen von VMware NSX

VMware NSX kann vollständige L2- und L3-Switch-Funktionen in virtuellen Umgebungen über logische Switches bereitstellen. Beim Einsatz mehrerer logischer Switches kann NSX auch virtuelle Router zwischen Netzwerken erstellen. Und sogar ein virtueller Lastenausgleich ist in diesem Bereich möglich.

Zusätzlich kann NSX ein L2-Gateway für die Verbindung zwischen virtuellen und physischen Netzwerken bereitstellen. Für den Schutz des Netzwerks lassen sich virtuelle Firewalls einbinden. Diese schützen auch den Datenverkehr zwischen den virtuellen Switches. Zwischen verschiedenen Netzwerken lassen sich VPNs aufbauen, die durch die Firewalls geschützt sind. Auch ganze Standorte können mit VMware NSX verbunden werden.

9.7.3 Software Defined Networking mit NSX

Durch VMware NSX abstrahieren Unternehmen also die physischen Netzwerkgeräte wie Firewalls, Router und Switches von virtuellen Netzwerken. Es werden logische Einheiten geschaffen, die sich frei konfigurieren und zuordnen lassen. Herkömmliche Lösungen für die Virtualisierung von Netzwerken sind auf kompatible Server und vor allem auf kompatible Hardware beschränkt. Hier geht NSX einen anderen Weg.

Der NSX-Controller kommuniziert mit der NSX-Schicht und interagiert mit virtuellen Switches. NSX stellt eine direkte Verbindung mit den virtuellen Servern im Netzwerk her und kann deren Netzwerkverkehr umfassend verwalten. Die zugrunde liegende Hardware wie Switches, Router oder andere Geräte spielen hier keine Rolle. Um diese virtuelle Infrastruktur mit der physischen Netzwerkinfrastruktur zu verbinden, setzt NSX auf Gateways. Außerdem lassen sich über APIs Cloudverwaltungstools oder andere Netzwerksoftware anbinden.

9.7.4 Netzwerkfunktionen von VMware vSphere mit NSX erweitert

Mit NSX erweitern Unternehmen also die Netzwerkfunktionen von virtuellen Standard-Switches und verteilten Switches in virtuellen VMware vSphere-Umgebungen. Die Managementebene eines L3-Switches wird über den NSX-Manager verwaltet, der wiederum mit vCenter verbunden ist.

Zusätzlich zum vCenter lässt sich der NSX-Manager auch von anderen Tools wie VMware vRealize Automation, VMware Integrated Open Stack oder vCloud Directory nutzen. Die Verwaltung der Umgebung kann direkt über den vSphere-Webclient erfolgen.

Die Serverlösung hinter VMware NSX ist also der NSX-Manager. Dieser lässt sich virtuell betreiben, zum Beispiel in einem vSphere HA-Cluster. Ein möglicher Ausfall des NSX-Managers, zum Beispiel bei einem Problem mit vSphere, spielt für den Datenverkehr keine Rolle. Dieser läuft im NSX-Netzwerk auch ohne den Manager weiter, ist aber in diesem Fall nicht änderbar.

Die Steuerebene im L3-Switch wird durch den NSX-Controller übernommen. Dieser besteht aus einem Cluster und verschiedenen VMs. Er verwaltet das NSX-Netzwerk auf Basis von VXLAN. Hier werden alle integrierten logischen Geräte koordiniert. Die Kommunikation zwischen NSX-Manager und NSX-Controller findet über eine verschlüsselte Verbindung über das Management-Netzwerk in VMware statt. Die dritte Ebene im L3-Switch ist die Datenübertragungsebene. Diese wird durch eine Erweiterung des Distributed Switches in VMware erreicht. Dazu integriert NSX zusätzliche Kernels für VXLAN, Firewalls und das Routing.

9.7.5 NSX im Netzwerk integrieren

Die Basis einer NSX-Installation ist zunächst ein funktionierender Cluster mit vSphere. In diesem wird die NSX-Appliance integriert, die den Manager zur Verfügung stellt. VMware stellt diese über eine OVA-Datei zur Verfügung. Nach der Integration erfolgt die Verwaltung über ein eigenes Webinterface und den vSphere-Webclient. Auch die Verwaltung über SSH ist möglich.

Die Einrichtung des NSX-Netzwerks erfolgt entweder über den vSphere-Webclient oder automatisiert über die Schnittstelle, die der NSX-Manager zur Verfügung stellt. Dazu lassen sich auch Produkte wie vRealize Orchestrator nutzen.

Nachdem der NSX-Manager bereitsteht, wird der NSX-Controller im Cluster installiert. Auch hier stehen wieder Assistenten zur Verfügung, die bei der Einrichtung unterstützen. Der NSX-Controller ist ebenfalls eine Appliance, die in vSphere eingebunden wird. Anschließend werden die ESXi-Server erweitert, genauer gesagt die verteilten Switches (Distributed Switches, vDS). Diese erhalten zusätzliche Funktionen für Firewalls und das Routing im Netzwerk. Zum Abschluss wird VXLAN im NSX-Netzwerk bereitgestellt. Danach ist NSX bereit und lässt sich konfigurieren, wozu insbesondere der vSphere-Webclient verwendet wird.

9.7.6 Virtuelle Netzwerke mit NSX erstellen

Wenn die virtuellen Appliances für den NSX-Manager und den NSX-Controller zur Verfügung stehen, können Administratoren über den vSphere-Webclient oder die API von NSX virtuelle Netzwerke erstellen. Alle Netzwerke, die Administratoren in NSX anlegen, werden in einem physischen Netzwerk über VXLAN gekapselt. Ab dem Moment, an dem NSX im Netzwerk bereitsteht, ist keine Anpassung der physischen Netzwerkkomponenten oder von VLANs im Netzwerk mehr notwendig.

Sobald ein NSX-Netzwerk als L2 in der virtuellen Umgebung erstellt ist, werden dessen Einstellungen und Funktionen an die Distributed Switches verteilt, die an NSX angebunden sind. Dazu nutzt VMware verschiedene Portgruppen. Neben L2-Switches lassen sich aber auch L3-Netzwerke mit Routing erstellen. Hier können Administratoren auch Router zwischen virtuellen Netzwerken erstellen. Sobald ein Routing von NSX in ein außenstehendes physisches Netzwerk erfolgen soll, erstellt NSX eine VM auf Basis von NSX Edges. Diese verbindet NSX mit dem physischen Netzwerk.

9.7.7 Virtuelle Firewall mit NSX einrichten

Neben logischen Switches und Routern beherrscht NSX auch logische Firewalls. Die Firewall wird direkt zwischen den VMs und den virtuellen Switches an der virtuellen Netzwerkkarte der VM positioniert. Die Steuerung der Firewall erfolgt zentral über den NSX-Manager. Das Betriebssystem auf den VMs übernimmt keinerlei Steuerung der Firewall. Die Firewall wird durch den NSX-Controller verteilt und direkt im Kernel der virtuellen Netzwerke auf den angebundenen ESXi-Hosts gebunden.

Die Firewall kann nicht nur herkömmliche Regeln umsetzen, sondern versteht auch die Anbindung von VMs, Switches und anderen Objekten in vSphere. Dadurch lassen sich also spezielle Regeln umsetzen, die optimal an die vSphere-Umgebung angepasst sind. Die Firewall unterstützt dazu auch vSphere-Funktionen wie vMotion oder HA. Dies bedeutet, die Regeln einer VM wandern mit der VM mit, unabhängig davon, auf welchem Host sie gestartet wird.

Die Firewall bietet auch die Umsetzung von Richtlinien und Sicherheitsgruppen. Außerdem lassen sich weitere Lösungen anbinden, zum Beispiel ein Virenschutz. Dritthersteller erweitern die Funktionen der Firewall zusätzlich, falls die Standardfunktionen nicht ausreichen.

10 Storage in vSphere 6.5 verwalten

VMware bietet in vSphere zahlreiche Methoden zur Anbindung verschiedener Storage-Systeme. Um zusätzlichen Speicher an vSphere anzubinden, benötigen Sie nicht unbedingt vCenter und den Webclient. Sie können auch auf alleinstehenden ESXi-Servern zusätzlichen Speicher hinzufügen.

10.1 Einstieg in den Datenspeicher

Lokale Speichersysteme können direkt an die vSphere-Hosts angebunden werden. Hier gibt es grundsätzlich keinerlei Einschränkungen. Sie können an vSphere jeden Datenträger anschließen, der mit der entsprechenden Serverhardware kompatibel ist.

Zusätzlich können Sie auch iSCSI-Datenträger integrieren, und in größeren Umgebungen lässt sich vSphere auch an ein SAN anschließen. Eine weitere Option ist die Integration von NFS-Storage, der ebenfalls über Netzwerkadapter angebunden werden kann. Neben der Möglichkeit, ein SAN über iSCSI anzubinden, können Sie auch ein Fibre-Channel-SAN verwenden.

Die virtuelle Storage-Appliance ist seit vSphere 6 nicht mehr verfügbar. Diese wurde dazu verwendet, den lokalen Speicher der einzelnen vSphere-Hosts (ESXi) im kompletten Cluster gemeinsam zur Verfügung zu stellen. Diese Technik ist auch in vSphere 6.5 möglich, dazu nutzen Sie aber vSAN. Auf Basis dieser Technologie können Sie den lokalen Speicher von bis zu 64 ESXi-Servern im vSphere-Cluster zur Verfügung stellen.

 HINWEIS: Sie sollten bei der Anbindung von Storage darauf achten, dass dieser über genügend Bandbreite verfügt, wenn zahlreiche VMs gleichzeitig mit dem Netzwerk und untereinander kommunizieren müssen.

10.1.1 Grundlagen der Storage-Verwaltung

Sobald Sie den Speicher angebunden haben, können Sie mit den verschiedenen Technologien in vSphere virtuelle Maschinen auf den Servern und den angebundenen Datenspeichern ablegen. Dabei spielt es generell keine Rolle, an welchem vSphere-Host der entsprechende Speicher angeschlossen ist.

Die zentrale Verwaltung findet über vCenter statt. Sie können den gemeinsamen Speicher im Cluster auch für das Verschieben von VMs mit vMotion nutzen, die Hochverfügbarkeit im Cluster aktivieren oder den Lastenausgleich auf Basis von DRS herstellen. Auch Fault Tolerance (FT) von VMs können Sie auf Basis des gemeinsamen Speichers nutzen.

Um zum Beispiel einen weiteren lokalen Speicher an einen vSphere-Host anzubinden oder die bereits angebundenen Speicher zu verwalten, klicken Sie in der Bestandsliste auf den entsprechenden Host und wechseln zur Registerkarte *Konfigurieren*.

Über den Menübefehl *Speichergeräte* verwalten Sie die Treiber, mit denen die verschiedenen Speichersysteme angebunden werden können. Über den Menübefehl *Datenspeicher* verwalten Sie wiederum den Datenspeicher dieses Hosts. Wie Sie dazu vorgehen, zeigen wir Ihnen in den nächsten Abschnitten.

Abbildung 10.1 Verwalten der Speichergeräte für vSphere-Hosts

10.1.2 Speicheradapter einrichten

Soll zum Beispiel ein iSCSI-Datenträger angebunden werden, müssen Sie zuvor auf dem jeweiligen ESXi-Server dafür sorgen, dass der entsprechende Speicheradapter zur Verfügung steht. Dies gilt auch für andere Speichertechnologien, die Sie angebunden haben.

Klicken Sie dazu auf den Server und wechseln Sie zur Registerkarte *Konfigurieren*. Danach klicken Sie auf den Link *Speicheradapter*. Hier sehen Sie die bereits eingebundenen und verfügbaren Speicheradapter für den jeweiligen Host. Mit den Befehlen oben können Sie weitere Adapter hinzufügen, nicht mehr benötigte Adapter entfernen oder die Ansicht aktualisieren.

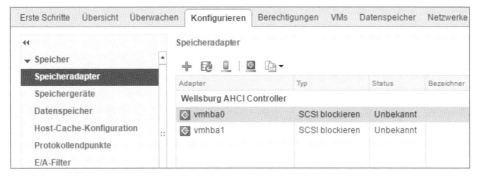

Abbildung 10.2 Verwalten der Speicheradapter in vSphere

Um zum Beispiel einen neuen Adapter für iSCSI hinzuzufügen, klicken Sie auf *Softwareadapter hinzufügen*. Anschließend erscheint eine Meldung und Sie können entweder einen Software-iSCSI-Adapter hinzufügen oder, wenn Sie entsprechende Hardware im Server integriert haben, auch einen Fibre-Channel-Adapter. Wenn im Server ein Hardware-Adapter für den Zugriff auf iSCSI eingebunden ist, müssen Sie natürlich keinen Software-iSCSI-Adapter hinzufügen. Das hängt schlussendlich von der Konfiguration ihrer Umgebung ab.

Sobald Sie den Adapter hinzugefügt haben, können Sie ihn verwalten. Dazu rufen Sie die Registerkarte des entsprechenden Adapters auf. Bei der Verwendung eines iSCSI-Adapters müssen Sie bei der Netzwerkkonfiguration der vSphere-Umgebung darauf achten, dass Sie einen VMkernel-Port für die Datenübertragung konfigurieren.

Da beim Zugriff auf einen iSCSI-Speicher die Netzwerkadapter eine besonders wichtige Rolle spielen, sollten Sie unter Umständen einen zusätzlichen Netzwerkadapter in den Hosts einbauen und entsprechend eigene virtuelle Switches konfigurieren. Sie können problemlos mehrere VMkernel-Ports für iSCSI konfigurieren, allerdings dürfen Sie für jede iSCSI-Portgruppe nur einen aktiven Adapter verwenden. Sie haben auch die Möglichkeit, für den Zugriff auf iSCSI mit einem VLAN zu arbeiten. Dies ist aber optional.

In den Eigenschaften des Speicheradapters legen Sie auf der Registerkarte *Netzwerk-Port-Bindung* die Portgruppe fest, die für die Kommunikation mit dem iSCSI-Speicher verwendet werden soll. Neben herkömmlichen Switches können Sie hier auch mit Distributed vSwitches arbeiten.

10.1.3 Zusätzlichen Speicher mit dem Datenspeicherbrowser hinzufügen

Sobald der Datenspeicher mit dem Host verbunden ist, können Sie diesen in vSphere als verwendbaren Datenspeicher einbinden. Es reicht also nicht aus, wenn Sie den entsprechenden Datenträger einfach mit dem Server verbinden. Stattdessen muss vSphere für die Verwendung des Speichers entsprechend konfiguriert sein. Sie können dazu entweder den Webclient mit vCenter nutzen oder den Webclient in vSphere 6.5 mit einem alleinstehenden Server.

Wenn Sie zum Beispiel in einen vSphere-Host eine weitere Festplatte eingebaut haben, erscheint diese nicht automatisch als zusätzlicher Datenspeicher, sondern muss zunächst eingebunden werden. Dazu verbinden Sie sich mit dem vSphere-Client, wechseln zur Registerkarte *Konfigurieren* und klicken danach auf die Registerkarte *Datenspeicher*. Hier werden alle angebundenen Datenspeicher des Hosts aufgeführt.

Um einen weiteren Speicher hinzuzufügen, klicken Sie auf das Symbol *Neuen Datenspeicher erstellen*. Anschließend startet ein Assistent, mit dem Sie festlegen können, welchen Datenspeicher Sie hinzufügen wollen. Sie haben die Möglichkeit, herkömmlichen Datenspeicher hinzuzufügen, zum Beispiel eine externe Festplatte, eine interne Festplatte oder iSCSI-Speicher sowie IP-basierte Speicher, zum Beispiel NFS. Wählen Sie die Art des Speichers aus, den Sie hinzufügen wollen, und wechseln Sie auf die nächste Seite. Auf dieser sind alle Datenspeicher zu sehen, die Sie an den Server anbinden können.

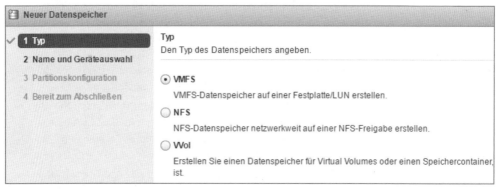

Abbildung 10.3 Im Datenspeicherbrowser fügen Sie neue Datenspeicher hinzu, verwalten den vorhandenen Datenspeicher und können auch Daten in Datenspeicher hochladen.

Wenn Sie den entsprechenden Datenspeicher ausgewählt haben, können Sie auf den weiteren Seiten des Assistenten festlegen, wie viel Speicherplatz des Speichers Sie verwenden wollen und wie der Name des Speichers im System lauten soll.

Insbesondere wenn Sie eine größere Infrastruktur aufbauen, ist es sehr sinnvoll, den Namen der Datenspeicher so zu wählen, dass aus der Bezeichnung hervorgeht, auf welchem Server dieser positioniert ist und um welchen Speicher es sich handelt. Sobald Sie den Assistenten mit *Beenden* abschließen, wird der Datenspeicher in vSphere eingebunden und steht zur Verfügung.

Im Fenster sehen Sie auch, um welches Gerät es sich handelt, wie groß dessen Kapazität ist, wie viel Speicherplatz auf dem Datenspeicher frei ist, um welchen Typ es sich handelt und weitere Informationen. Über die beiden Menübefehle *Datenspeicher* und *Speichergeräte* schalten Sie zwischen dem angebundenen Datenspeicher und den angebundenen Speichergeräten um.

10.1.4 Den Inhalt von Datenspeichern verwalten

Über das Kontextmenü eines Datenspeichers können Sie mit *Dateien durchsuchen* den Inhalt des Datenspeichers anzeigen. Dadurch starten Sie den eigentlichen Datenspeicherbrowser. Sie sehen in diesem Fenster alle Daten, die vSphere in diesem Datenspeicher ablegt. Hier sind auch die Dateien der VMs zu sehen.

Über die Symbole in der Symbolleiste können Sie Daten in den Datenspeicherbrowser hochladen oder herunterladen. Das ist zum Beispiel sinnvoll, wenn Sie auf einen vSphere-Host ISO-Dateien hochladen wollen, um Betriebssysteme zu installieren. VMware empfiehlt, für die Speicherung von ISO-Dateien unter anderen Betriebssysteminstallations- oder Konfigurationsdateien in VMware einen eigenen Datenspeicher anzulegen.

Sie sollten die Speicherung der Systemdateien von VMs von der Speicherung der ISO-Dateien trennen. Außerdem ist es sinnvoll, die eigentlichen Systemdateien von vSphere nicht zusammen mit VMs zu speichern, da dadurch die Leistung des Servers beeinträchtigt werden kann.

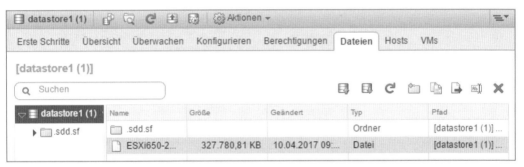

Abbildung 10.4 Im Datenspeicherbrowser sehen Sie den Inhalt der Datenspeicher und können Daten hoch- oder herunterladen.

Der Datenspeicherbrowser steht im Webclient zur Verfügung, wenn Sie mit vCenter arbeiten. Innerhalb der Verzeichnisse von VMs sehen Sie im Dateispeicherbrowser die einzelnen Systemdateien einer VM, die zum Betrieb der VM gehören. Klicken Sie die verschiedenen Systemdateien von VMs mit der rechten Maustaste an, stehen im Grunde genommen immer die gleichen Möglichkeiten zur Verfügung, nämlich das Herunterladen oder das Löschen der Datei. Die Ausnahme bilden die VMX-Dateien. Dabei handelt es sich um die Konfigurationsdateien von VMs.

Klicken Sie diese mit der rechten Maustaste an, haben Sie die Möglichkeit, eine VM auf einem Host zu registrieren. Sie können zum Beispiel ein komplettes Verzeichnis einer VM auf einen Host hochladen und danach über das Kontextmenü der entsprechenden VMX-Datei die VM beim entsprechenden Host registrieren.

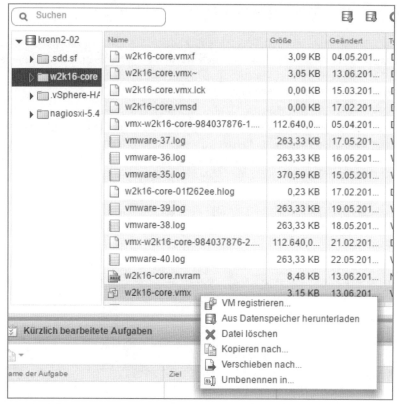

Abbildung 10.5 Über das Kontextmenü verwalten Sie Dateien und Verzeichnisse im Dateispeicherbrowser.

10.2 Storage DRS mit vSphere

Lokaler Datenspeicher lässt sich nicht nur mit vSAN kombinieren und in einem gemeinsamen Cluster betreiben, sondern Sie haben seit vSphere 5 auch die Möglichkeit, generell Datenspeicher zu einem Cluster zusammenzufassen. Wie bei DRS für VMs und Hosts können Sie auch für Datenspeicher einen DRS-Cluster aktivieren.

Damit Sie Storage DRS einsetzen können, benötigen Sie eine Enterprise-Plus-Lizenz. Grundsätzlich ist Storage DRS auch mit vSphere 5/5.5 und vSphere 6 kompatibel. Für einen leistungsstarken Einsatz ist es aber sinnvoll, alle Hosts auf vSphere 6.5 zu aktualisieren.

Die generelle Funktion von Storage DRS entspricht der DRS-Funktionalität für Hosts. Wenn die Leistung eines Datenspeichers zu stark beansprucht wird, kann vSphere einzelne VMs in einen anderen Datenspeicher verschieben. Dadurch werden stark genutzte Datenspeicher entlastet, während nicht so stark ausgelastete Datenspeicher besser in das System eingebunden werden.

10.2 Storage DRS mit vSphere

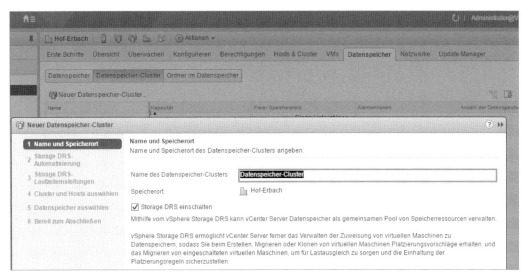

Abbildung 10.6 Storage DRS aktivieren Sie im Webclient über einen Assistenten.

Die Verwendung von Storage DRS ist sehr flexibel. Sie können entweder verschiedene Storage-DRS-Cluster anlegen oder einzelne Datenspeicher von Storage DRS herausnehmen. Legen Sie eine neue VM an, können Sie auswählen, auf welchem DRS-Cluster Sie die VM ablegen wollen oder ob Sie lieber einen herkömmlichen manuellen Datenspeicher verwenden.

Falls Sie Administrator der kompletten Umgebung sind, können Sie zum Beispiel verschiedene LUNs zusammenfassen. Wollen Sie beispielsweise für einzelne Abteilungen manuell virtuelle Server anlegen, können Sie diesen verschiedene LUNs gebündelt über ein Storage DRS zuweisen. Die Administratoren der Abteilung müssen die Werte und Informationen der einzelnen LUNs nicht kennen, sondern lediglich darüber informiert werden, dass sie ihre VMs auf den jeweiligen Storage DRS anlegen.

10.2.1 Storage DRS – Speicher im Cluster zusammenfassen

Über Storage DRS lassen sich Ressourcenpools für Datenspeicher erstellen, die generell die gleichen Funktionen wie die Ressourcenpools für Hosts beinhalten. Darüber hinaus können Sie die Last des Datenspeichers überwachen lassen, einzelne Datenspeicher in einen Wartungsmodus versetzen und den Lastenausgleich konfigurieren. Zusätzlich stehen weitere Funktionen zum Beispiel für das Erstellen von Regeln oder das Hinzufügen von Datenspeicher zum DRS-Cluster zur Verfügung.

Außerdem können Sie Affinitätsregeln erstellen und darüber festlegen, dass bestimmte VMs immer automatisch auf einem bestimmten Datenspeicher verbleiben sollen, während andere VM immer voneinander getrennt werden. Auch das funktioniert ähnlich zur herkömmlichen DRS-Funktion in vSphere.

Im Gegensatz zur herkömmlichen DRS-Funktion in vSphere-Clustern findet die Überprüfung der Auslastung von Speichern nicht in Echtzeit statt, sondern in regelmäßigen Abständen. Normalerweise misst vSphere über einen Tag, wie die einzelnen Datenspeicher belastet werden, und kann danach die VMs optimal auf den Datenspeicher verteilen, sodass auch die Last optimal verteilt wird. Die Vorgänge lassen sich auch automatisieren.

Sie können aber nicht nur laufende VMs über Storage DRS auf verschiedene Datenspeicher verteilen lassen, sondern bereits beim Anlegen einer VM lässt sich über Storage DRS festlegen, dass vSphere automatisch entscheidet, auf welchem Datenspeicher die VM abgelegt werden soll. Dadurch erreichen Sie eine grundsätzlich gleichmäßige Auslastung Ihrer Datenspeicher.

10.2.2 Storage DRS aktivieren

Im Webclient wechseln Sie zunächst zur Speicheransicht. Hier verwalten Sie alle Einstellungen der Datenspeicher einschließlich der Konfiguration für Storage DRS. Über den Menübefehl *Datenspeicher/Datenspeicher-Cluster* erstellen Sie den neuen Datenspeicher-Cluster und können hier auch bereits Regeln für den Betrieb und die Automatisierung erstellen.

Zunächst wählen Sie einen Namen für den Cluster aus und aktivieren generell die Funktion. Wie bei herkömmlichen DRS-Clustern können Sie auswählen, ob die Verteilung der VMs automatisiert durchgeführt werden soll oder ob Sie lediglich Hinweise für die Verteilung von VMs durch Storage DRS erhalten möchten. Außerdem haben Sie bereits bei der Erstellung die Möglichkeit, erweiterte Optionen zu definieren.

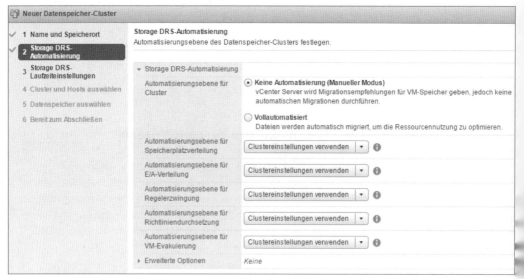

Abbildung 10.7 Beim Erstellen eines Storage DRS-Clusters können Sie den manuellen oder den automatischen Modus verwenden.

Beim Erstellen der Laufzeiteinstellungen regeln Sie vor allem den verwendeten Speicherplatz sowie die Latenz des Datenspeichers. Beim verwendeten Plattenplatz können Sie eine Prozentzahl angeben, ab der Storage DRS das Verschieben von VM vorschlagen soll. Die Latenz geben Sie wiederum in Millisekunden an.

Sie können in einen Datenspeicher-Cluster weder NFS-Speicher noch VMFS-Datenspeicher integrieren. Außerdem müssen Sie sich entscheiden, ob Sie die Hardwarebeschleunigung für den Datenspeicher auf allen Speichern aktivieren oder deaktivieren. Sie können zum Beispiel beim Einsatz eines Fibre-Channel-SAN die einzelnen LUNs zu einem Datenspeicher-Cluster zusammenfassen. Darüber hinaus können Sie im Rahmen der Einrichtung die Laufzeitregeln für die Verwendung von Storage DRS konfigurieren.

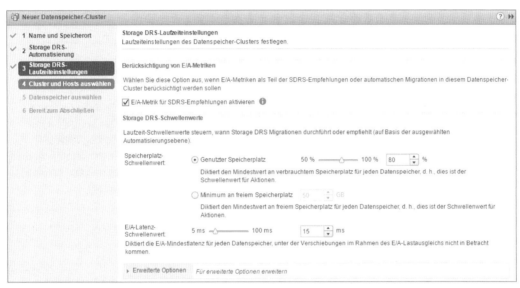

Abbildung 10.8 Bereits bei der Einrichtung von Storage DRS lassen sich Regeln für die Laufzeit konfigurieren.

Auf einer weiteren Seite im Assistenten wählen Sie einen vSphere-Cluster aus, auf dem Sie DRS für Storage aktivieren wollen. Alle Hosts, die Mitglied in diesem Cluster sind, werden danach auf kompatiblen Datenspeicher untersucht. Diesen Datenspeicher können Sie in den Storage DRS-Cluster einbinden. Anschließend zeigt der Assistent die kompatiblen Datenspeicher an, die sich im Cluster zusammenfassen lassen. Nachdem Sie die Speicher ausgewählt haben, werden diese im Cluster angezeigt. Damit Sie Storage DRS effizient im Cluster nutzen können, sollten Sie sicherstellen, dass alle LUNs, die mit den einzelnen Hosts verbunden wurden, auch für die anderen Hosts verfügbar sind.

Über das Kontextmenü des Clusters können Sie jederzeit dessen Einstellungen aufrufen und weiteren Speicher zum DRS-Cluster hinzufügen. Der Vorteil von Storage DRS ist auch, dass Sie einzelne Datenspeicher in den Wartungsmodus versetzen können. In diesem Fall lassen sich die VMs dieses Datenspeichers auf andere Datenspeicher verteilen, und auf diesem Datenspeicher werden keine weiteren VMs repliziert.

Sie finden diese Option über das Kontextmenü des Datenspeichers in der Speicheransicht. Sobald Sie den Wartungsmodus für einen Datenspeicher aktivieren, schlägt der Assistent bereits das Verschieben vorhandener VMs auf eine andere LUN vor. Diese Funktion können Sie auch dazu nutzen, eine LUN aus dem Storage DRS zu entfernen. Dadurch können Sie zu kleine LUNs gegen große LUNs ersetzen, die sie später wieder in Storage DRS anbinden.

10.2.3 Virtuelle Maschinen beim Erstellen zum Storage DRS-Cluster zuweisen

Erstellen Sie eine neue VM, können Sie als Speicher den Storage DRS-Cluster auswählen. Sie haben natürlich auch die Möglichkeit, Speicher-DRS für eine VM auszuschalten und diese gezielt auf einem gewünschten Datenspeicher abzulegen. Storage DRS entscheidet einmal am Tag, ob es Sinn ergibt, einzelne VMs auf andere Datenspeicher zu verschieben. Sie können aber diesen Automatismus komplett deaktivieren und das Verschieben manuell durchführen.

Sie können aber nicht nur beim Erstellen einer neuen VM den Storage DRS-Cluster auswählen, sondern über die Einstellungen des Storage DRS-Clusters anhand der beiden Menübefehle *Regeln* und *VM-Außerkraftsetzungen* festlegen, wie VMs verteilt werden sollen. Die Einstellungen entsprechen im Großen und Ganzen den Möglichkeiten eines herkömmlichen DRS-Clusters. Zusätzlich haben Sie die Möglichkeit festzulegen, dass die virtuellen Festplatten eines Servers immer auf dem gleichen Datenspeicher abgelegt werden.

10.3 Speicherprofile, vFlash und vVols

Mit Speicherprofilen können Sie die Verfügbarkeit von Datenspeichern festlegen. Dadurch haben Sie die Möglichkeit, verschiedene Klassen von Datenspeichern im Netzwerk zur Verfügung zu stellen. So benötigen zum Beispiel produktive VMs einen zuverlässigeren Speicher als Testserver. Grundsätzlich können aber auch Konfigurationsdateien, Protokolldateien und virtuelle Festplatten unterschiedliche Speicherprofile nutzen.

Ein Speicherprofil muss aber nicht unbedingt nur die Verfügbarkeit des Datenspeichers berücksichtigen, sondern kann die Kapazität, die Leistungsfähigkeit, aber auch andere Kriterien berücksichtigen. Die Speicherprofile können Sie genauso wie die vVols, also die virtuellen Volumes, direkt an einen Datenspeicher eines bestimmten Herstellers anbinden.

Viele Speicherhersteller bieten mittlerweile kompatible Datenspeicher an, welche die Speicherprofile und vVols in vSphere unterstützen. Einfach ausgedrückt haben VM-Speicherprofile die Aufgabe, die verschiedenen Arten der Datenspeicher voneinander zu trennen. Sie können logische Unterscheidungen vornehmen und auch benutzerdefinierte Markierungen für Datenspeicher definieren.

10.3.1 Tags für Datenspeicher nutzen

Bevor Sie mit VM-Speicherprofilen arbeiten können, müssen Sie Ihre Datenspeicher entsprechend konfigurieren. Sobald Sie mehrere Datenspeicher in der Umgebung angelegt haben, können Sie im Webclient über das Kontextmenü des Speichers und mit der Auswahl des Menübefehls *Tags und benutzerdefinierte Attribute* benutzerdefinierte Markierungen vergeben.

Abbildung 10.9 Mit Markierungen können Sie die Objekte in der vSphere-Umgebung besser kategorisieren.

Für einen besonders schnellen und abgesicherten Speicher können Sie zum Beispiel eine eigene Markierung (Tag) definieren. Dadurch lassen sich die Speicher schneller identifizieren und in Regeln für Storage DRS verwenden.

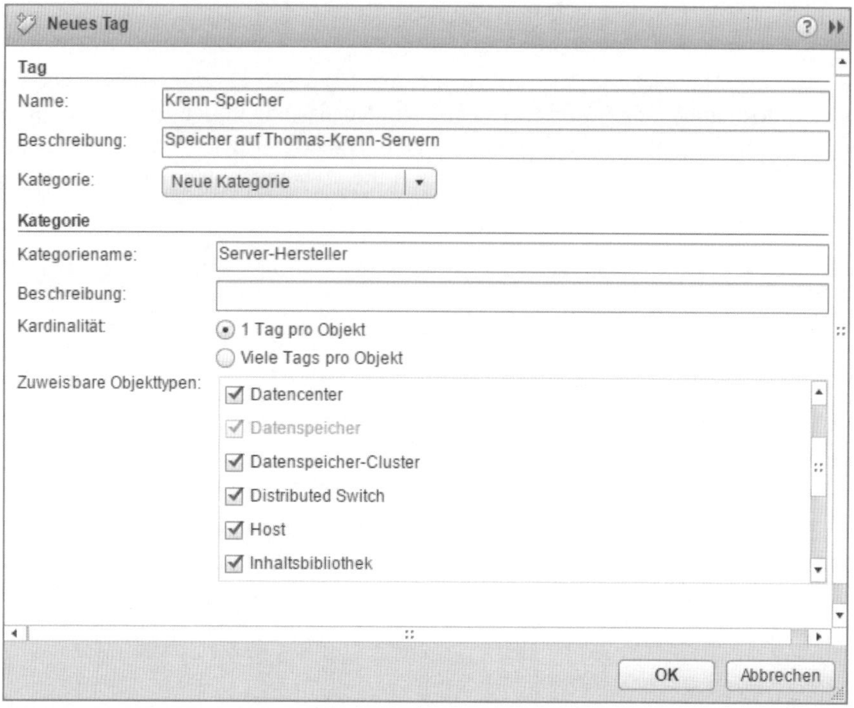

Abbildung 10.10 Mit Markierungen (Tags) und Kategorien können Sie Datenspeicher und andere Objekte unterteilen und so leichter Regeln erstellen.

Zusätzlich können Sie die verschiedenen Markierungen (Tags) an dieser Stelle auch in Kategorien unterteilen. Über Kategorien können Sie zum Beispiel auch festlegen, für welche Objekte in vCenter dieses erstellte Tag verfügbar sein soll. Denn neben einem Datenspeicher können Sie auch für andere Objekte Markierungen vorgeben, die zum Beispiel bei der Suche in bestimmten Feldern oder für Unterscheidungen in verschiedenen Bereichen und Regeln sinnvoll sind.

Um gleich eine neue Kategorie zu erstellen, klicken Sie auf die Schaltfläche *Kategorien*. Geben Sie der neuen Kategorie zum Beispiel die Bezeichnung „Speicherklassen". Aktivieren Sie bei *Zuweisbare Objekttypen* nur den Objekttyp *Datenspeicher*. Dadurch ist sichergestellt, dass die neuen Markierungen in dieser Kategorie nur für Datenspeicher genutzt werden können, was bei der Suche nach diesen Objekten hilft.

Wechseln Sie anschließend in den Bereich der Markierungen, indem Sie auf *Tags* klicken. Hier legen Sie für die verschiedenen Datenspeicher Markierungen an, zum Beispiel „Gold", „Silber", „Bronze". Als Kategorie wählen Sie die von Ihnen erstellte Kategorie zur Klassifizierung der Datenspeicher aus.

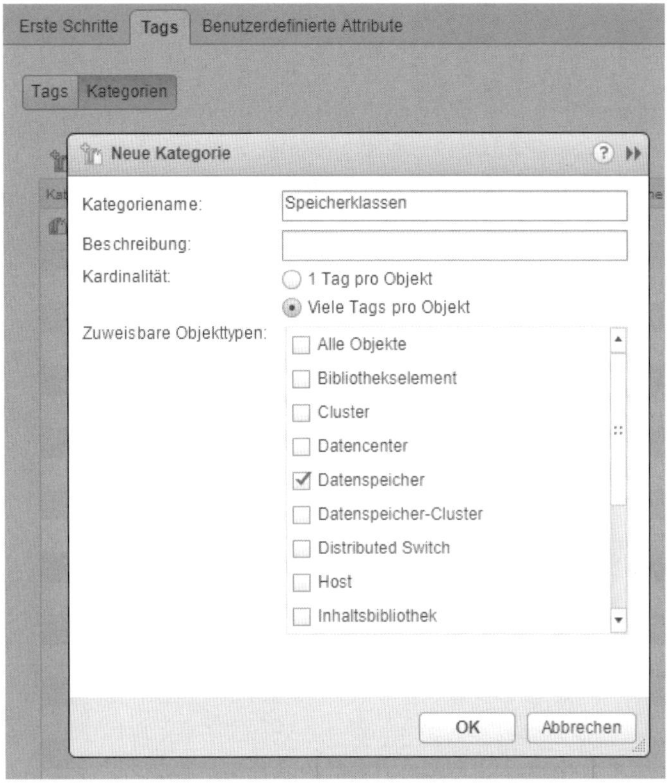

Abbildung 10.11 Erstellen von neuen Kategorien für Markierungen (Tags)

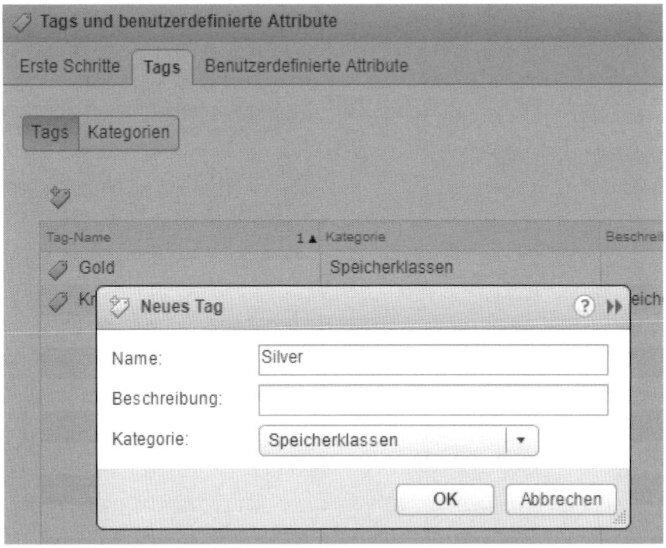

Abbildung 10.12 Erstellen einer neuen Markierung

Einen erstellten Tag können Sie für mehrere Datenspeicher verwenden. Dadurch können Sie Speicher gruppieren. Die Tags werden gespeichert und lassen sich für andere Objekte auf Basis der ausgewählten Kategorien verwenden. Wenn Sie im Webclient einen Datenspeicher markieren und auf die Registerkarte *Übersicht* klicken, können Sie über den Menübefehl *Tags* die zugewiesenen Markierungen anzeigen.

Alternativ klicken Sie den Datenspeicher im Webclient mit der rechten Maustaste an und wählen *Tags und benutzerdefinierte Attribute /Tag zuweisen*. Anschließend können Sie aus den Tags auswählen, die in der Kategorie erstellt wurden und Datenspeicher unterstützten. Nach der Zuweisung sollte die Markierung auf der Seite *Übersicht* für den Datenspeicher erscheinen.

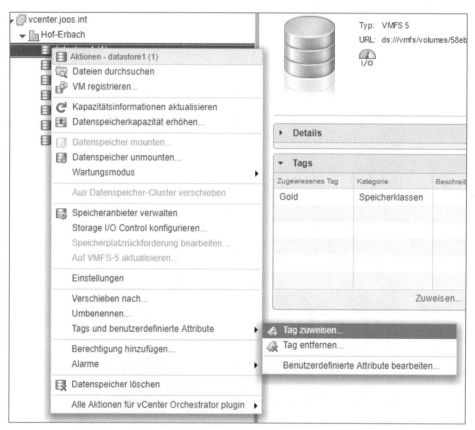

Abbildung 10.13 Zuweisen von Markierungen an Datenspeicher

Weisen Sie allen Datenspeichern, die Sie kategorisieren wollen, eine entsprechende Markierung zu, die Sie später in den Speicherrichtlinien nutzen können.

 TIPP: Tags (Markierungen) werden auch von der Suchfunktion im Webclient unterstützt.

10.3.2 Speicherrichtlinien auf Basis von Tags erstellen

Wenn Sie für die verschiedenen Datenspeicher im Unternehmen unterschiedliche Tags definiert haben, können Sie über den Webclient neue Speicherrichtlinien erstellen und diese auf Basis der hinterlegten Tags filtern.

Dazu klicken Sie im Webclient in der Home-Ansicht auf *Richtlinien und Profile/VM-Speicherrichtlinien* und erstellen eine neue Richtlinie. Mit den Markierungen können Sie verschiedene Speicherklassen im Netzwerk definieren. Als Namen geben Sie zum Beispiel an: „VIP-VM wird auf Gold-Speicher abgelegt".

Haben Sie zum Beispiel eine Markierung (Tag) für VIP-Speicher erstellt, auf dem Sie besonders wichtige VMs ablegen, können Sie auch eine dazu passende VM-Speicherrichtlinie erstellen. VMs, denen Sie diese Richtlinie zuweisen, werden dann automatisch im entsprechenden Datenspeicher abgelegt, dem die dazugehörige Markierung zugewiesen wurde.

Im Rahmen des Assistenten zum Erstellen von Speicherrichtlinien können Sie festlegen, dass Sie eine Tag-basierte Regel hinzufügen wollen, indem Sie bei *2b Regelsatz 1* die Option *Tag-basierte Platzierung* auswählen.

Abbildung 10.14 Erstellen einer neuen Speicherrichtlinie für Tag-basierte Platzierung

Anschließend können Sie im Fenster die gewünschten Kategorien auswählen. Dazu wählen Sie bei *Regel hinzufügen* die Kategorie und das gewünschte Tag aus. Sobald Sie eine Kategorie ausgewählt haben, sehen Sie die in dieser Kategorie gespeicherten Tags. Idealerweise arbeiten Sie in diesem Bereich mit einer eigenen Tag-Kategorie, in der Sie Speicherklassen definieren.

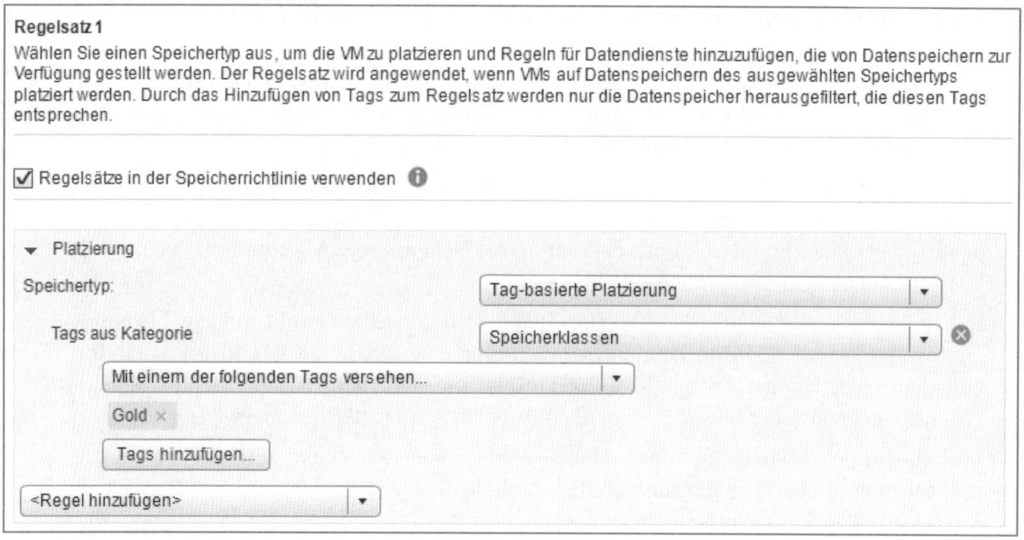

Regelsatz 1

Wählen Sie einen Speichertyp aus, um die VM zu platzieren und Regeln für Datendienste hinzuzufügen, die von Datenspeichern zur Verfügung gestellt werden. Der Regelsatz wird angewendet, wenn VMs auf Datenspeichern des ausgewählten Speichertyps platziert werden. Durch das Hinzufügen von Tags zum Regelsatz werden nur die Datenspeicher herausgefiltert, die diesen Tags entsprechen.

☑ Regelsätze in der Speicherrichtlinie verwenden ⓘ

▼ Platzierung

Speichertyp:	Tag-basierte Platzierung
Tags aus Kategorie	Speicherklassen

Mit einem der folgenden Tags versehen...

Gold ×

[Tags hinzufügen...]

<Regel hinzufügen>

Abbildung 10.15 Über VM-Speicherrichtlinien können Sie ebenfalls mit Tags arbeiten.

Auf der nächsten Seite sehen Sie die Datenspeicher, denen Sie die Markierung zugewiesen haben.

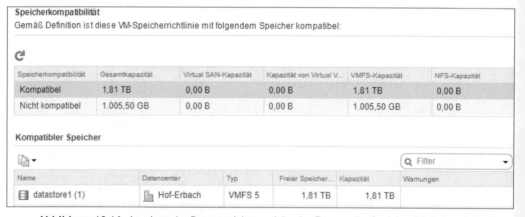

Abbildung 10.16 Anzeigen der Datenspeicher, welche das Tag aus der Speicherrichtlinie nutzen

Am Beispiel von Speicherprofilen können Sie beim Erstellen von neuen VMs auf die erstellten Speicherrichtlinien zurückgreifen, die wiederum die Tags verwenden, die Sie den einzelnen Speichern zugewiesen haben. Welche Möglichkeiten Sie in diesem Fall haben, erfahren Sie im nächsten Abschnitt.

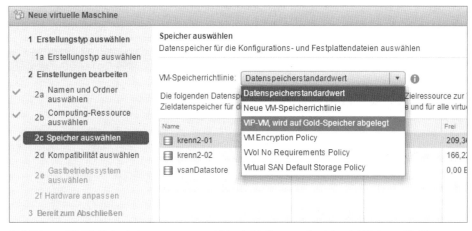

Abbildung 10.17 Beim Anlegen von neuen VMs steht die neue Speicherrichtlinie zur Verfügung.

10.3.3 Speicherrichtlinien und Tags beim Erstellen von VMs nutzen

Erstellen Sie eine neue VM, haben Sie im Fenster zur Auswahl des Speichers die Möglichkeit, eine der definierten Speicherrichtlinien auszuwählen. Wählen Sie hier die Speicherrichtlinie aus, die Sie auf Basis der konfigurierten Tags erstellt haben. Darin erhalten sind alle Datenspeicher, die mit dieser Markierung versehen sind. Sind keine Speicher zu finden, die dieser Markierung entsprechen, erhalten Sie eine entsprechende Fehlermeldung. Anschließend wird die VM erstellt. Die Daten der VM liegen in einem der passenden Datenspeicher.

Das hier behandelte Tag „Gold" stellt natürlich nur ein Beispiel dar. Sie können selbst auf Basis Ihrer Anforderungen eigene Markierungen erstellen, den Speicher zuweisen und dadurch sicherstellen, dass Fachabteilungen beim Erstellen neuer VMs den von Ihnen gewünschten Datenspeicher auswählen. Es kann zum Beispiel auch sinnvoll sein, die Markierungen auf Basis einzelner Abteilungen oder spezieller Server-Anwendungen zu definieren. Dadurch weiß zum Beispiel ein Exchange-Administrator, in welchem Datenspeicher er einen neuen Exchange-Server erstellen darf.

Markieren Sie eine VM, der Sie eine Speicherrichtlinie zugewiesen haben, sehen Sie auf der Registerkarte *Übersicht*, ob eine Richtlinie hinterlegt wurde und die Richtlinie noch eingehalten wird. Dadurch ist sichergestellt, dass sich die VM noch im gewünschten Datenspeicher befindet.

Die Speicherrichtlinien werden auch durch vMotion unterstützt (siehe Kapitel 15). Wird eine VM verschoben, kann vMotion auf die Speicherklasse Rücksicht nehmen und die VM in einem Datenspeicher ablegen, welcher der gewünschten Kategorie entspricht.

Rufen Sie im Webclient über die Home-Ansicht die Speicherrichtlinie auf, können Sie diese überwachen. Sie sehen zum Beispiel, welche VMs die Speicherrichtlinie nutzen. Auf den Registerkarten *Übersicht* und *Überwachen* kann der Status der Speicherrichtlinie jederzeit überprüft werden. Bei *Überwachen* sehen Sie zum Beispiel die VMs und deren virtuelle

Festplatten, die im entsprechenden Datenspeicher hinterlegt sind. Über *Speicherkompatibilität* erkennen Sie die Datenspeicher, die durch diese Richtlinie abgedeckt werden.

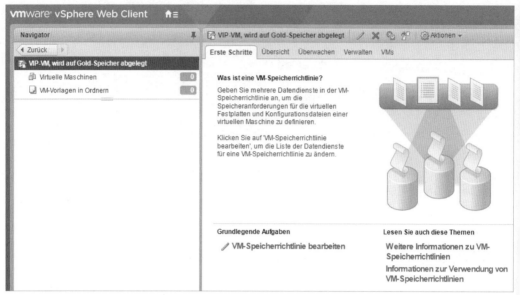

Abbildung 10.18 Überwachen einer Speicherrichtlinie

10.3.4 Virtuelle Volumes (vVols) berücksichtigen

Mit vVols werden die physischen Datenspeicher, die Sie in der vSphere-Umgebung anbinden, in logische virtuelle Datenspeicher untergliedert. Dies ist zum Beispiel dann sinnvoll, wenn Sie auf Fibre-Channel-SANs setzen. Vorteil der neuen Funktion soll es sein, dass VMs und die virtuellen Festplatten effizienter mit dem zugrunde liegenden Datenspeicher kommunizieren können.

Auch vVols bauen auf die VM-Speicherrichtlinien auf, um den physischen Datenspeicher in logischen Datenspeicher zu unterteilen. Für VMs ist die Verwendung der vVols transparent. Das heißt, es spielt für eine VM keine Rolle, ob ihre Daten und virtuellen Festplatten auf einem physischen Datenspeicher oder einem vVol gespeichert sind, das wiederum auf den physischen Datenspeicher aufbaut.

Dabei kann es sich um ein SAN, ein NAS oder einen anderen iSCSI-Speicher handeln. Auch NFS und Fibre-Channel over Ethernet werden durch vVols unterstützt.

Grundlage von vVols sind Storage-Container, die durch Administratoren erstellt werden. Diese bauen wiederum auf dem physischen Datenspeicher im Netzwerk auf. Der physische Datenspeicher wird also zunächst in Storage-Container aufgeteilt. Innerhalb dieser Container können wiederum vVols erstellt werden. Diese Erstellung kann auch dynamisch und automatisiert erfolgen. Die Kommunikation erfolgt durch *Protocol Endpoints (PE)*.

Der maßgebliche Unterschied zwischen einer herkömmlichen LUN und einem Storage-Container, der auf einer solchen LUN aufbaut, ist die Verwaltung der Datenspeichergröße. Hinterlegen Sie in vSphere eine LUN, wird diese mit einer festen Größe in vSphere integriert. Storage-Container sind aber flexibel. Sie können deren Größe jederzeit anpassen. Außerdem verfügen Storage-Container über kein Dateisystem.

Generell kann ein Storage-Container auch mehrere physische Datenspeicher umfassen, die sich ebenfalls voneinander unterscheiden. Ein Storage-Container kann zum Beispiel einen sehr schnellen Fibre-Channel-Speicher nutzen und zusätzlich noch eine iSCSI-LUN. Werden in diesem Storage-Container VMs auf Basis von vVols gespeichert, befindet sich dieses vVol im definierten Storage-Container, der wiederum die physischen Datenspeicher des Fibre-Channel-SAN und des iSCSI-Speichers umfasst. Wird eine weitere VM erstellt, kann diese ebenfalls im Storage-Container abgelegt werden. Deren Daten liegen aber in einem vVol, das sich nicht im schnellen Bereich des Storage-Containers befindet, sondern in einem langsameren Bereich wie beispielsweise auf dem iSCSI-Datenträger.

Die Verwaltung dieser Speicher findet durch den Storage-Administrator statt. Herkömmliche vSphere-Administratoren müssen die zugrunde liegende Speichertechnologie weder verwalten noch kennen. Storage-Administratoren haben die Aufgabe, den Datenspeicher in der vSphere-Umgebung so zu konfigurieren, dass vSphere-Administratoren VMs auf Basis von Speicherrichtlinien auf genau den Datenspeichern erstellen können, die notwendig sind. Wo sich genau Datenspeicher befindet, spielt für den vSphere-Administrator keine Rolle.

Im Grunde genommen handelt es sich bei einem virtuellen Datenspeicher um einen Storage-Container. Das liegt daran, dass viele vSphere-Funktionen auf dem Konzept der Datenspeicher aufbauen. Verwenden Sie zum Beispiel Storage DRS, fassen Sie mehrere virtuelle Datenspeicher zusammen. Die Datenspeicher sind aber wiederum auf Basis der Storage-Container in vSphere integriert. Bei der Verwendung von Storage DRS und der Anbindung von virtuellen Datenspeichern arbeiten Sie also im Grunde genommen mit Storage-Containern.

Fügen Sie über den Webclient zum Beispiel einen neuen Datenspeicher hinzu, können Sie dazu auch ein vVol verwenden. Damit dies funktioniert, muss allerdings ein entsprechender kompatibler Datenspeicher in vSphere hinterlegt sowie der dazu passende Adapter vorhanden sein. Dazu müssen Sie den passenden Datenspeicheradapter installieren und einrichten. Sobald der Datenspeicher auf Basis eines vVol eingerichtet ist, verhält sich dieser Datenspeicher genauso wie jeder andere Datenspeicher.

10.3.5 Hostprofile mit Speicherprofilen nutzen

Neben der Verwendung von vVols und Speicherprofilen spielen bei der Anbindung von Datenspeichern an verschiedenen Hosts auch Hostprofile eine wichtige Rolle. Mit Hostprofilen lässt sich die Konfiguration der verwendeten Datenspeicher festlegen. Unternehmen erreichen dadurch eine Automatisierung der Bereitstellung ihrer verschiedenen Datenspeicher. Administratoren legen eine zentrale Einstellung für Hosts fest und können sicherstellen, dass alle Hosts über die gleichen Einstellungen verfügen. Neue Hosts werden mit den gewünschten Einstellungen installiert. Hostprofile lassen sich auch für die Verwendung von

Clustern nutzen. Denn vor allem hier ist es wichtig, dass die einzelnen Hosts möglichst identisch konfiguriert sind.

Bei der Erstellung eines Hostprofils wird die Reservierung des Arbeitsspeichers genauso berücksichtigt wie die Datenspeicherkonfiguration des Hosts. Vor allem, wenn ein Fibre-Channel-SAN, iSCSI-Speicher oder NFS genutzt wird, sollten die entsprechenden Speicheradapter und Speicher konfiguriert werden. Das gilt auch für die Anbindung von vVols. Neben diesen Einstellungen speichert vSphere zusätzlich die Ressourcenpools, Richtlinien und weitere Einstellungen. Bei der Erstellung eines Hostprofils werden auch die erweiterten Einstellungen berücksichtigt, die für vSphere vorgenommen wurden.

Ist ein Hostprofil erstellt, kann dieses im Bereich der Hostprofile im Webclient verwaltet werden. Administratoren haben zum Beispiel die Möglichkeit, ein Hostprofil zu kopieren. Über eine Baumstruktur in den Eigenschaften eines Hostprofils lassen sich die Einstellungen anzeigen. Bei der Einstellung für den Speicher können auch einzelne Speicheradapter vom Hostprofil ausgeschlossen werden.

Generell kann es sinnvoll sein, die Einstellungen für iSCSI und andere Speicheradapter aus dem Hostprofil herauszunehmen. Denn bei fehlerhafter iSCSI-Konfiguration kann es passieren, dass ein Host Probleme bei der Speicheranbindung hat und damit auch die einzelnen VMs nicht mehr starten kann. Bei einer optimalen Planung kann die Einbeziehung der Speicherkonfiguration aber durchaus Sinn ergeben. In diesem Fall muss die Konfiguration aber optimal geplant werden.

10.3.6 Virtuellen Flash-Speicher verwalten

Im Zusammenhang mit VM-Speicherrichtlinien, vVols, Tags und Speicherprofilen spielt auch die Verwaltung des virtuellen Flash-Speichers eine wichtige Rolle. Jede VM verfügt über eine Auslagerungsdatei, die im Datenspeicher abgelegt ist, in dem sich auch die anderen Systemdateien der VM befinden. Dabei kann es sich um ein vVol handeln, aber auch um einen herkömmlichen Datenspeicher. Für VMs und Hosts, die eine hohe Leistung zur Verfügung stellen wollen, haben Sie die Möglichkeit, die Auslagerungsdatei bei der Verwendung der VM auf einer lokalen SSD oder auf einem anderen Flash-Speicher auf dem Host abzulegen. Durch diese Technologie lässt sich die Leistung von VMs deutlich verbessern.

Damit dies funktioniert, haben Sie im Webclient über die Registerkarte *Konfigurieren* die Möglichkeit, über den Menübefehl *Virtueller Flash* diese Funktionalität zu steuern. Sie können diese Technik aber nur dann nutzen, wenn die Hardware des Servers diese auch unterstützt. Natürlich brauchen Sie dazu einen Flash-Speicher oder eine SSD, die mit dem Server verbunden ist. Klicken Sie dazu auf die Schaltfläche *Kapazität hinzufügen*. Anschließend zeigt der Webclient alle lokalen Datenspeicher an, die mit dieser Technik kompatibel sind.

Damit Sie den Speicher nutzen können, darf die SSD oder der Flash-Speicher zuvor keinerlei Dateisystem enthalten. Sind auf der Platte Daten gespeichert, gehen diese durch die Einbindung in vSphere verloren. Sobald die SSD oder der Flash-Speicher erfolgreich angebunden ist, klicken Sie auf den Menübefehl *Konfiguration des vFlash-Hostauslagerungs-Cache*. Hier können Sie jetzt den Speicher für VMs aktivieren, die auf diesem Host betrieben werden.

Legen Sie nach dieser Konfiguration eine neue VM an, können Sie die Auslagerungsdatei in dieser VM direkt auf diesem Zwischenspeicher ablegen. Dabei spielt es keine Rolle, auf welchem Datenspeicher sich diese VM ansonsten befindet. Diese Konfiguration wird pro virtueller Festplatte vorgenommen. Legen Sie dazu die VM wie üblich an.

Rufen Sie anschließend die Einstellungen der VM und die Konfiguration der virtuellen Festplatte auf, finden Sie hier den Bereich *Virtual Flash Read Cache*. Dort können Sie nun festlegen, wie viel Speicherplatz innerhalb des konfigurierten Flash-Speichers für diese VM zur Verfügung stehen soll.

10.4 Virtuelles SAN und virtuelle Volumes nutzen

Neben der Möglichkeit, Datenspeicher im Netzwerk und SAN an die vSphere-Infrastruktur anzubinden, können Sie auch den lokalen Datenspeicher der einzelnen vSphere-Hosts (ESXi) zentral im Cluster zur Verfügung stellen und gemeinsam nutzen. Dabei können Sie einen Cluster auf Basis von vSAN mit bis zu 64 Knoten zur Verfügung stellen. Bei vSAN handelt es sich also sozusagen um die Software-Defined-Storage-Funktion für Rechenzentren mit vSphere. Dazu müssen Sie die Funktion vSAN konfigurieren und aktivieren sowie das Produkt lizenzieren. Außerdem benötigen Sie zur Konfiguration vCenter und einen Cluster, in dem die einzelnen Hosts aufgenommen werden sollen, die den gemeinsamen Datenspeicher nutzen können.

Mit der früheren VMware vSphere Storage Appliance (VSA) war es möglich, den lokalen Datenspeicher von bis zu drei vSphere-Hosts zentral im Cluster zur Verfügung zu stellen. Die Entwicklung dieser Appliance wird aber nicht mehr fortgeführt. Stattdessen nutzen Sie in vSphere 6.5 das vSAN, wenn Sie den lokalen Datenspeicher von Hosts als gemeinsamen Datenspeicher im Cluster verwenden wollen.

Auf Basis des vSAN erstellen Sie wiederum virtuelle Volumes (vVol), die Sie den Hosts im Cluster zur Verfügung stellen. Die virtuellen Volumes lassen sich aber nicht nur mit vSAN nutzen, sondern auch für Datenspeicher von Hardware-Herstellern, die dazu spezielle APIs zur Verfügung stellen, die vSphere nutzen kann. VMware führt die Funktionen von vSAN auf einer eigenen Internetseite auf (siehe http://tinyurl.com/yarpgbj9). VMware hat darauf geachtet, dass vSAN mit allen Funktionen in vSphere zusammenarbeitet. Sie können also problemlos in einem Cluster HA und DRS aktivieren sowie parallel auf vSAN setzen.

10.4.1 Das kann vSAN und das müssen Sie beachten

Einfach ausgedrückt bietet vSAN die Möglichkeit, den lokalen Plattenspeicher von ESXi-Hosts zentral im Cluster zur Verfügung zu stellen. Anschließend wird der Speicher als sogenannter Shared-Storage in der vSphere-Infrastruktur zur Verfügung gestellt. Sie virtualisieren dadurch sozusagen den Plattenspeicher Ihrer Server. Auch wenn der Name ähnlich ist, kann ein vSAN sicherlich kein echtes SAN ersetzen. In größeren Infrastrukturen ist es oft sinnvoller, auf einen echten zentralen Datenspeicher mit all seinen Vorteilen zu setzen. Es kann aber durchaus sinnvolle Einsatzzwecke für ein vSAN geben.

Im Gegensatz zur ursprünglichen VSA (vSphere Storage Appliance) müssen Sie beim Einsatz von vSAN nicht auf jedem Host eine Appliance installieren. Die Funktionen zum gemeinsamen Verwenden von Datenspeicher ist bereits in vSphere 6.5 auch ohne Appliance automatisch integriert. Damit Sie die Funktion nutzen können, muss jedoch jeder Host über mindestens eine SSD verfügen. Außerdem werden weitere Festplatten verwendet, die für den gemeinsamen Datenspeicher genutzt werden. Die SSD dient auf den Hosts als schneller Zwischenspeicher, damit das vSAN genügend Leistung bietet, um VMs innerhalb eines vSAN zu verwenden.

Sie fassen die SSD und die anderen externen Festplatten im vSAN zu einem gemeinsamen Datenspeicher zusammen. Damit Sie den gemeinsamen Datenspeicher nutzen können, sollten die Hosts mit einem sehr schnellen Netzwerk miteinander verbunden sein, am besten über 10-Gbit-Netzwerkadapter. Alternativ können Sie ein vSAN nur auf Basis von SSD oder Flash-Speicher aufbauen. In diesem Fall steigt die Leistung deutlich an, da keine herkömmlichen Festplatten verwendet werden müssen.

Sobald Sie vSAN konfiguriert haben und auf Basis des gemeinsamen Datenspeichers VMs in diesem vSAN speichern, werden automatisch virtuelle Volumes (vVols) für die VMs erstellt. Innerhalb der VM ist diese Konfiguration transparent. Das heißt, Sie müssen im virtuellen Betriebssystem keine Anpassungen vornehmen. Grundsätzlich besteht die Möglichkeit, dass Sie einer VM mehrere vVols auf dem vSAN zuweisen. vSphere legt zum Beispiel weitere vVols an, um die Auslagerungsdatei des Arbeitsspeichers sowie die Dateien von Snapshots zu speichern.

Sobald Sie vSAN konfiguriert haben, wird der Speicher direkt mit der vSphere-Infrastruktur und dem entsprechenden Cluster verbunden. Die VMs und deren Konfigurationsdaten nutzen vSAN zur Datenspeicherung. Die VMs müssen dabei den originalen Speicherort des Datenspeichers nicht kennen, dieser wird durch vSphere verwaltet. Es spielt daher für die VMs keine Rolle, auf welchem Server im Cluster sich die Konfigurationsdaten der VM befinden. Die VM arbeitet immer nur mit dem vSAN.

Damit diese Technik genutzt werden kann, fasst vSAN alle lokalen Datenspeicher, inklusive der SSD und des Flash-Speichers, auf den Hosts zu einem gemeinsamen Datenspeicher zusammen. Der zusammengefasste Datenspeicher der einzelnen Festplatten auf dem Host wird wiederum zu dem gemeinsamen vSAN zusammengeführt.

10.4.2 vSAN anlegen

Bevor Sie vSAN aktivieren, überprüfen Sie, ob ein eigener VMkernel-Adapter speziell für die vSAN-Kommunikation zur Verfügung steht (siehe Kapitel 9). Grundsätzlich sollten Sie auch Multicast auf den physischen Switches und Routern aktivieren, damit vSAN optimal funktioniert. Derzeit unterstützt vSAN nur IPv4.

10.4 Virtuelles SAN und virtuelle Volumes nutzen

Porteigenschaften
Legen Sie Porteinstellungen für VMkernel fest.

Porteinstellungen für VMkernel

Netzwerkbezeichnung:	DPortGroup (DSwitch)
IP-Einstellungen:	IPv4
TCP/IP-Stack:	Standard

Verfügbare Dienste

Aktivierte Dienste:
- ☐ vMotion
- ☐ Bereitstellung
- ☐ Fault Tolerance-Protokollierung
- ☐ Management
- ☐ vSphere Replication
- ☐ vSphere Replication NFC
- ☑ Virtual SAN

Abbildung 10.19 Damit Sie vSAN nutzen können, müssen Sie entweder einen neuen VMkernel-Adapter für den Datenverkehr im vSAN erstellen, oder Sie aktivieren den Datenverkehr auf einem bereits vorhandenen VMkernel-Adapter.

Um ein vSAN zu konfigurieren, müssen Sie zunächst einen Cluster erstellen. Die Verwaltung von vSAN nehmen Sie im Webclient vor. In den Einstellungen des Clusters finden Sie den Bereich *Virtuelles SAN*.

Unterhalb dieses Menübefehls lassen sich verschiedene Einstellungen für vSAN definieren. Standardmäßig ist hier vSAN deaktiviert. Um die Funktion nutzen zu können, müssen Sie diese im Webclient zunächst aktivieren. Außerdem ist es notwendig, dem Cluster eine Lizenz zuzuweisen, um vSAN nutzen zu können.

Sobald Sie die Funktion aktiviert haben, wird vSAN für alle Knoten im Cluster aktiviert. Sie sehen den Vorgang wieder bei den kürzlich bearbeiteten Aufgaben im Webclient. Der Vorgang kann einige Zeit dauern, da dadurch nicht nur vCenter konfiguriert wird, sondern alle Hosts, für die Sie vSAN aktiviert haben.

Sobald vSAN aktiviert ist, können Sie über den Menübefehl *Festplattenverwaltung* die einzelnen Festplatten im vSAN konfigurieren und hinzufügen. Dabei lassen sich entweder alle leeren Festplatten automatisch in das vSAN einbinden oder Sie wählen die manuelle Konfiguration und fügen die einzelnen Festplatten manuell hinzu. Die Gesamtgröße Ihres vSAN hängt davon ab, wie groß die Kapazität der jeweils eingebundenen Festplatten ist. Setzen Sie kompatible Datenträger ein, sollten die Festplatten im Fenster angezeigt werden. Außerdem unterscheidet der Webclient zwischen SSD und HDD.

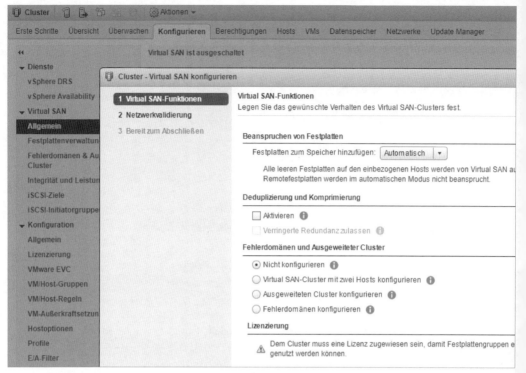

Abbildung 10.20 Im Webclient aktivieren und konfigurieren Sie vSAN.

Sobald das vSAN angelegt ist, wird es wie andere Datenspeicher im Netzwerk innerhalb der Datenspeicher im Webclient angezeigt. Sie können für VMs diesen Datenspeicher auch genauso verwenden wie jeden anderen Datenspeicher. Die Verteilung auf die einzelnen Festplatten der Hosts findet automatisch im Hintergrund durch den vSAN-Dienst statt.

10.4.3 vSAN konfigurieren und erweitern

Achten Sie darauf, dass alle Festplatten korrekt angezeigt werden. Nach der erfolgreichen Anbindung der Datenträger wird jeder Host über eine eigene Festplattengruppe dargestellt.

Die verschiedenen Festplattengruppen der Hosts werden wiederum im vSAN gebündelt. In den Einstellungen von vSAN sehen Sie außerdem die Gesamtkapazität des vSAN-Datenspeichers. Hier sollte auch der Status des Netzwerks für die Kommunikation im vSAN ohne Fehler angezeigt werden.

Sie können über das Symbol zum erneuten Einlesen von Datenspeichern eine Verbindung zu allen Hosts aufbauen und die auf den Hosts verfügbaren Festplatten neu einlesen lassen.

Bei diesem Vorgang listet der Assistent alle Hosts im Cluster sowie alle verfügbaren Datenträger auf, die Sie für vSAN nutzen können. Auch den Typ der Festplatte können Sie hier erkennen. Wählen Sie anschließend die Festplatten aus, die Sie im vSAN anbinden wollen. Danach integriert der Assistent die Festplatten. Verfügt ein Host über keine SSD, sondern lediglich über HDDs, können Sie keine Festplatten von diesem Host im vSAN anbinden. Nur wenn mindestens eine SSD verfügbar ist, zeigt der Assistent den Datenspeicher eines Hosts für die Integration in vSAN an.

Über den Menübefehl *Fehlerdomänen & Ausgeweiteter Cluster* können Sie die Hosts zu einer gemeinsamen Fehlerdomäne (Fault Domain) zusammenfassen, also gruppieren. Dadurch können Sie verschiedene Hosts in einem Cluster mit vSAN miteinander gruppieren beziehungsweise voneinander trennen. Mit dieser Technik lassen sich also logische Grenzen in Ihrem vSAN konfigurieren. Standardmäßig wird keine Fehlerdomäne eingerichtet, in der alle Hosts im vSAN-Cluster Mitglied sind. Sie können eine solche Domäne aber problemlos manuell erstellen.

Ein sinnvolles Einsatzgebiet ist, wenn Sie zum Beispiel verschiedene Serverschränke oder verschiedene Serverräume und die darin installierten Hosts miteinander gruppieren oder voneinander trennen wollen. Auch Standorte im Unternehmen, an denen vSphere-Hosts betrieben werden, die Sie im vSAN eingebunden haben, können Sie auf diesem Weg voneinander trennen oder eben miteinander verbinden.

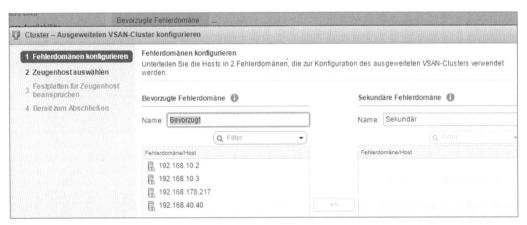

Abbildung 10.21 Setzen Sie Hosts im vSAN-Cluster ein, können Sie diese über Fehlerdomänen miteinander gruppieren.

vSphere berücksichtigt die Fehlerdomänen beim Speichern bestimmter Replikate, wie zum Beispiel sekundäre VMs bei der Verwendung von Fault Tolerance. Allerdings lassen sich vSAN und FT derzeit noch nicht effizient parallel nutzen. Aber auch für andere Zwecke der Replikation erkennt vSphere, wenn verschiedene Domänen im Einsatz sind, und speichert Replikate nicht in der gleichen Fehlerdomäne. Innerhalb einer Fehlerdomäne, also einer Gruppe von Hosts in einem vSAN, werden replizierte Objekte nicht gespeichert.

Sobald vSAN aktiviert ist, können Sie wesentlich effizienter Snapshots erstellen. Dabei werden bis zu 32 Snapshots pro VM in einem vSAN unterstützt. In der neuen Version haben Sie auch die Möglichkeit, direkt verbundene JBODs zu verwenden. Das ist vor allem in Server-Blade-Umgebungen sinnvoll.

10.4.4 VM-Speicherrichtlinien und vSAN

Erstellen Sie ein vSAN, legt der Assistent auch automatisch eine neue VM-Speicherrichtlinie an, über die Sie die Verwendung des Speichers durch eine Richtlinie steuern können. Die VM-Speicherrichtlinien verwalten Sie mit dem Webclient über die Startseite. Um die Richtlinie zu bearbeiten, markieren Sie diese und klicken auf das *Bearbeiten*-Symbol.

Sie müssen natürlich nicht die Standardrichtlinie bearbeiten, sondern Sie können auch eine neue VM-Speicherrichtlinie erstellen. Beim Erstellen einer solchen Richtlinie haben Sie die Möglichkeit, vSAN als Datendienst auszuwählen. Innerhalb der Richtlinie erhalten Sie durch das blaue Informationssymbol Hinweise, welche Auswirkungen die einzelnen Einstellungen haben.

10.5 iSCSI-, NFS-, Fibre-Channel-Speicher anbinden

Neben der Möglichkeit, lokalen Datenspeicher an die einzelnen ESXi-Hosts anzubinden, können Sie auch Datenspeicher über den Netzwerkadapter ansprechen. In diesem Fall müssen Sie darauf achten, dass die virtuellen Switches entsprechend konfiguriert sind und zum Beispiel für den VMkernel-Port ein Netzwerkadapter hinterlegt ist. Sie können mit einem Software-iSCSI-Adapter in VMware arbeiten oder binden die ESXi-Server mit einem Hardware-Adapter (HBA) an. Dies ist auch generell der empfohlene Weg.

10.5.1 ISCSI-Anbindung im Überblick

Wenn Sie Speicher über iSCSI anbinden, können Sie die Adressierung per IP, Servername oder Alias durchführen. vSphere 6.5 unterstützt auch die verschiedenen Sicherheitsmechanismen in iSCSI. Sie können zum Beispiel mit Chap, VLAN oder Mapping arbeiten. Beispielsweise lassen sich Ihre vSphere-Hosts beziehungsweise die einzelnen VMs mit einem physikalischen HBA-Adapter an iSCSI anbinden. Diese Anwendung ist auch die schnellste, denn der Adapter kann alle notwendigen Aufgaben für die Kommunikation zwischen VMware und iSCSI durchführen. Er verfügt über einen eigenen iSCSI-Initiator sowie über eine TCP Offload Engine. Damit der Adapter in vSphere funktioniert, müssen Sie den Treiber für den physischen Adapter installieren. In dieser Konfiguration übernimmt der Hardware-Adapter alle Rechenaufgaben und entlastet dadurch den vSphere-Host.

Für Testumgebungen oder in Umgebungen in denen kein physischer HBA-Adapter zur Verfügung steht, können Sie softwarebasierte iSCSI-Adapter hinzufügen. Diese nutzen eine physische Netzwerkkarte des jeweiligen Hosts. Hier ist die Leistung im Vergleich zu physischen HBA-Adaptern etwas eingeschränkt. Verfügen Sie über schnelle Netzwerkadapter, lässt sich dieses Problem aber kompensieren.

In diesem Fall ist es aber empfohlen, für den VMkernel und die Datenübertragung zu dem iSCSI Datenspeicher eine dedizierte Netzwerkkarte zu verwenden. Natürlich besteht auch hier die Möglichkeit, zum Beispiel für Testumgebungen oder sehr kleine Infrastrukturen, die iSCSI-Kommunikation auch über die Netzwerkadapter durchzuführen, die auch für die anderen Aufgaben im Netzwerk zuständig sind. Allerdings ist eine solche Konfiguration nur für Testumgebungen empfohlen, da die Leistung der einzelnen VMs dadurch deutlich eingeschränkt werden kann.

Sie können iSCSI-Speicher direkt mit VMs verbinden. In diesem Fall können Sie zwar nicht die Systemdateien der VM im iSCSI-Speicher ablegen, aber die Server-Anwendungen innerhalb der VM können den iSCSI-Speicher nutzen. In diesem Fall verbinden Sie zum Beispiel beim Einsatz von Windows-Servern den iSCSI-Initiator im Betriebssystem.

Die Kommunikation findet in diesem Fall ausschließlich über die virtuelle Netzwerkkarte und schließlich über die physischen Netzwerkadapter der Hosts statt. Auch hier sollten Sie die Konfiguration Ihrer Netzwerkadapter und Ihrer virtuellen Switches entsprechend planen. In produktiven Umgebungen ist es generell immer sinnvoll, wenn Sie den Datenverkehr zu iSCSI immer vom anderen Datenverkehr der Hosts und VMs trennen. Damit das funktioniert, müssen Sie entsprechend viele Netzwerkadapter in den Hosts verbaut haben.

Unabhängig davon, ob Sie den Netzwerkspeicher über iSCSI oder über Fibre-Channel anbinden, sollten Sie nicht nur darauf achten, dass für die Kommunikation eigene Adapter zur Verfügung stehen. Zusätzlich sollten Sie es so einrichten, dass immer eine redundante Verbindung hergestellt werden kann. Da die Kommunikation zum Speicher über das Netzwerk stattfindet, sollte sichergestellt sein, dass die Anbindung des Speichers nicht unterbrochen wird, wenn eine einzelne Netzwerkkommunikation nicht mehr funktioniert.

10.5.2 iSCSI-Speicher in der Praxis anbinden

Um einen iSCSI-Speicher an vSphere anzubinden, verwenden Sie entweder einen physischen iSCSI-Adapter oder Sie fügen einem Host mit dem Webclient auf der Registerkarte *Konfigurieren* über den Menübefehl *Speicheradapter* einen softwarebasierten iSCSI-Adapter hinzu.

Nachdem der Adapter zur Verfügung steht, können Sie den iSCSI-Speicher anbinden. Wie bei Fibre-Channel beziehungsweise wie bei der Anbindung eines NFS-Speichers müssen Sie zuvor den iSCSI-Speicher konfigurieren. Zusätzlich müssen Sie die Volumes anlegen sowie die vSphere-Hosts für den Zugriff auf den iSCSI-Speicher berechtigen. Stellen Sie sicher, dass der iSCSI-Adapter aktiviert ist. Nutzen Sie den softwarebasierten iSCSI-Adapter, klicken Sie auf der Registerkarte *Konfigurieren* auf den iSCSI-Adapter. Im unteren Bereich des Hauptfensters können Sie den iSCSI-Adapter aktivieren und deaktivieren.

Zusätzlich müssen Sie auf der Registerkarte *Netzwerk-Port-Bindung* die Portgruppe auswählen, über welche die iSCSI-Kommunikation erfolgen soll.

Über die Registerkarte *Ziele/Dynamische Erkennung* tragen Sie die IP-Adresse des iSCSI-Ziels ein. Arbeiten Sie mit mehreren IP-Adressen, tragen Sie alle IP-Adressen hier ein. Generell ist es auch hier sinnvoll, mit dedizierten Verbindungen zu arbeiten, das heißt mit mehreren physischen Netzwerkadaptern, mehreren virtuellen Switches, und auch auf dem iSCSI-Ziel mit mehreren verschiedenen Netzwerkverbindungen.

Wenn Sie die Konfiguration korrekt vorgenommen haben, erscheinen im unteren Bereich des Fensters die erstellten Volumes. Über die Registerkarte *Statische Erkennung* sehen Sie das iSCSI-Ziel, über das die Volumes erreichbar sind. Wenn Sie die Änderungen an der Konfiguration vornehmen, kann es sinnvoll sein, die Konfiguration des Adapters neu prüfen zu lassen. Nach der erfolgreichen Anbindung überprüfen Sie als Nächstes in den Eigenschaften des virtuellen Switches, ob bei der verwendeten Portgruppe die iSCSI-Port-Bindung aktiviert ist.

Dadurch ist sichergestellt, dass die iSCSI-Kommunikation funktioniert. In Testumgebungen können Sie dafür auch das Verwaltungsnetzwerk verwenden. Falls noch nicht geschehen, haben Sie unter Umständen die Möglichkeit, den MTU-Wert (Jumbo-Frames) auf 9000 zu erhöhen, sofern der Netzwerkadapter und die beteiligte Hardware und der NFS-Speicher das unterstützen.

Wird der Name der Volumes nicht erkannt, müssen Sie im iSCSI-Treiber unter Umständen den Namen der Ziele manuell eintragen. In den meisten Fällen sollte aber die automatische Erkennung funktionieren, sobald sich der Treiber erfolgreich mit dem iSCSI-Ziel verbunden hat.

Sobald die iSCSI-Laufwerke erfolgreich verbunden sind, finden Sie diese über den bereits erwähnten Assistenten zum Hinzufügen von neuem Datenspeicher. Dazu klicken Sie im Webclient mit der rechten Maustaste auf den Server und wählen die Option zum Hinzufügen von neuen Datenspeichern. Nach der erfolgreichen Anbindung eines iSCSI-Speichers können Sie über dessen Einstellungen auch wichtige Informationen anzeigen, zum Beispiel die IP-Adresse und der Name, mit dem die einzelnen Hosts auf den iSCSI-Speicher zugreifen. In diesem Fenster sehen Sie auch den Status der Verbindung.

■ 10.6 Fibre-Channel-Storage anpassen – WWNs und LUNs konfigurieren

Vor allem in großen Umgebungen werden Fibre-Channel-Systeme angebunden. In diesem Fall installieren Sie den entsprechenden Treiber für den Fibre-Channel-Adapter auf den jeweiligen Hosts. Für die Anbindung an einen Fibre-Channel-Speicher müssen Sie nach der Installation des Treibers die Konfiguration im Fibre-Channel-Speicher selbst vornehmen, damit die entsprechenden vSphere-Hosts auf die einzelnen Speicher zugreifen können. Durch die Installation der Treiber lässt sich vSphere an das Fibre-Channel-System anbinden. Dazu werden die Ports mit einem World Wide Name (WWN) und einem World Wide Port Name (WWPN) konfiguriert.

Diese Daten können Sie für die Anbindung auch im Webclient auslesen. Dazu klicken Sie in der Bestandsliste auf den jeweiligen Host und wählen dann auf der rechten Seite *Konfigurieren/Speicheradapter*. Hier sehen Sie die installierten Treiber der Speicheradapter und sehen auch die verbundenen WWN. Auf Basis dieser Nummern können Sie die vSphere-Hosts mit der jeweilig konfigurierten LUN auf dem Fibre-Channel-System anbinden. Die WWN finden Sie dazu in der Spalte *Bezeichner*. Durch diese Informationen werden die vSphere-Hosts im Fibre-Channel-Speicher registriert.

Die WWN-Bezeichner, die Sie im Webclient ausgelesen haben, hinterlegen Sie in der Zugriffsliste für das entsprechende LUN auf dem SAN. Damit Sie den Fibre-Channel-Speicher in vSphere nutzen können, müssen Sie also zuvor jeden vSphere-Host und dessen WWNs den entsprechenden LUNs zuweisen. Sie haben natürlich auch die Möglichkeit, mehrere LUNs zu erstellen und festzulegen, welche vSphere-Hosts auf die jeweilige LUN zugreifen dürfen. Dazu tragen Sie in der Berechtigungsliste einfach die jeweiligen WWNs der Hosts ein, die Sie im Webclient ausgelesen haben.

10.6.1 Fibre-Channel-Speicher hinzufügen

Nachdem Sie die WWNs den einzelnen LUNs zugewiesen haben, können Sie auf den vSphere-Hosts den Fibre-Channel-Speicher genauso hinzufügen wie anderen Speicher. Dazu öffnen Sie zum Beispiel den Webclient, klicken auf den jeweiligen Host, wechseln zur Registerkarte *Konfigurieren* und klicken anschließend auf den Menübefehl *Speichergeräte*. Hier sollten die erstellten LUNs angezeigt werden. Ist das nicht der Fall, können Sie die Ansicht aktualisieren lassen. Mit dem zweiten Symbol können Sie nach neuen Speichergeräten suchen, die sich an den entsprechenden vSphere-Host anbinden lassen.

Um den neuen Speicher hinzuzufügen, verwenden Sie im Webclient das Kontextmenü des Hosts und wählen den Menübefehl *Speicher/Neuer Datenspeicher*. Im Fenster wählen Sie zunächst aus, welche Art von Speicher Sie anbinden wollen, und können danach im nächsten Fenster den hinzugefügten Speicher auswählen. Hier sollte der Fibre-Channel-Speicher beziehungsweise das konfigurierte LUN angezeigt werden. Nach Auswahl des neuen Speichers geben Sie den Namen des Datenspeichers ein, wie er später in vCenter erscheinen soll.

Bei der Anbindung eines Fibre-Channel-Speichers lässt sich auch die ältere VMFS-Version 3 verwenden. Notwendig ist dies beispielsweise, wenn auch ältere ESXi-Hosts auf den Speicher zugreifen sollen. Sie können die ältere Version aber jederzeit zur aktuellen Version aktualisieren. Dazu klicken Sie den entsprechenden Speicher im Webclient mit der rechten Maustaste an und wählen im Kontextmenü den Befehl *Auf VMFS-5 aktualisieren*. Die aktuelle Version des Speichers sehen Sie auch, wenn Sie diesen im Webclient anklicken und zur Registerkarte *Übersicht* wechseln. Genauso ist ein Wechsel zum neuen VMFS 6 von vSphere 6.5 möglich (siehe auch den KB-Artikel bei VMware unter http://tinyurl.com/yan566xt).

Schließen Sie den Assistenten ab, wird der Datenspeicher in vSphere eingebunden, und lässt sich nutzen. Legen Sie zum Beispiel nach der Anbindung eine neue VM an, steht der neue Datenspeicher bereits als Speicher zur Verfügung. Auf dem gleichen Weg binden Sie auch die anderen Hosts im Netzwerk an den Fibre-Channel-Speicher an. Sie sehen den angebundenen Speicher im Webclient, wenn Sie auf die Registerkarte zur Verwaltung des Speichers wechseln. Hier ist der Speicher für jedes Datencenter zu sehen. Klicken Sie auf den Speicher, sehen Sie auf der rechten Seite Informationen und können den Speicher auch verwalten.

10.6.2 NFS-Speicher anbinden

Neben der Möglichkeit, einen blockbasierten Speicher anzubinden, können Sie in vSphere auch einen IP-basierten Speicher nehmen. Dazu lässt sich in vSphere 6.5 weiterhin das NFS-Protokoll (Network File System) für die Anbindung von Speicher verwenden. Auch hier gilt, dass Sie für die Kommunikation mit dem Datenspeicher in produktiven Netzwerken auf dedizierte Netzwerkadapter setzen sowie eigene Ports und eventuell auch virtuelle Switches anlegen sollten. In Testumgebungen oder sehr kleinen Infrastrukturen können Sie auch hier den Datenverkehr über die anderen Netzwerkadapter und die Kommunikation des VMkernel laufen lassen.

In produktiven Netzwerken ist das allerdings nicht empfehlenswert. Vor allem, wenn Sie noch auf vMotion setzen, kann es zu Problemen führen, wenn auf dem gleichen Adapter auch der NFS-Verkehr läuft. Grundsätzlich könnte es sinnvoll sein, für die Kommunikation mit dem NFS-Speicher Jumbo-Frames zu nutzen. Erstellen Sie dazu eine neue VMkernel-Portgruppe. Achten Sie darauf, den Namen so zu wählen, dass allen vSphere-Hosts die gleiche Bezeichnung verwendet wird.

Die Vorgehensweise bei der Anbindung von NFS-Speicher entspricht im Grunde genommen der Anbindung von Fibre-Channel-Speicher. Zunächst müssen Sie auf dem NFS-Speicher ein Volume für vSphere anlegen, das über NFS angesprochen werden kann. Sobald das Gerät an vSphere angebunden ist, fügen Sie den Speicher genauso hinzu wie bei Fibre-Channel und anderen Speichertechnologien. Im Assistenten zur Anbindung des Speichers wählen Sie aber die Option *NFS*. Im Assistenten geben Sie danach die IP-Adresse oder den Servernamen des NFS-Servers sowie den Ordnernamen der Freigabe für den Zugriff an. Danach wird der Datenspeicher über den Assistenten genauso angebunden wie andere Datenspeicher auch und lässt sich auch identisch verwenden.

Im Gegensatz zu anderen Datenspeichern wird der NFS-Datenspeicher aber nicht in jeder Ansicht angezeigt. Sehen Sie den NFS-Speicher nicht in der lokalen Ansicht der Datenspeicher, wechseln Sie im Webclient zur allgemeinen Übersicht aller Datenspeicher.

Hier sollte auch der NFS-Datenspeicher angezeigt werden. Wenn Sie einen Fibre-Channel-Speicher an vSphere anbinden, werden automatisch alle anderen Hosts im Verbund den Datenspeicher anzeigen und können Sie diesen nutzen. Bei NFS ist dies allerdings nicht der Fall. Hier müssen Sie den Datenspeicher auf jedem Host hinzufügen und entsprechend konfigurieren.

10.6.3 Speicherzugriff mit Jumbo-Frames beschleunigen

Geht es um die Beschleunigung von Netzwerken, liest man immer wieder von Jumbo-Frames. Dabei handelt es sich um übergroße Netzwerkpakete (Frames). Der Einsatz von Jumbo-Frames ergibt vor allem beim Einsatz in sehr schnellen Netzwerken Sinn. Bei der Datenübertragung in WAN-Leitungen oder in das Internet sind Jumbo-Frames selten sinnvoll.

Die größeren Datenpakete können schnelle Netzwerke noch schneller machen, aber langsame Netzwerke selten schneller. Besonders sinnvoll ist der Einsatz, wenn Sie in einer vSphere-Umgebung auf NFS-Speicher setzen. vSphere 6.5 unterstützt Jumbo-Frames, Sie müssen aber auch darauf achten, dass der NFS-Speicher ebenfalls Jumbo-Frames unterstützt.

Bei der Datenübertragung in Netzwerken werden die Daten zu Frames zusammengefasst. Hierbei gibt es eine Standardgröße für das Netzwerk, die in den MTU-Einstellungen (Maximum Transmission Unit) der Netzwerkkarte und der Switches festgelegt ist. Der Standardwert beträgt normalerweise 1.518 Byte. Dieser ist über die Norm IEEE 802.3 festgelegt. Der Wert berücksichtigt die eigentliche Datenmenge des Netzwerkpakets, aber auch den Ethernet-Header und die Frame Check Sequence. Daher verwenden IP-Netzwerke oft eine MTU von 1.500 Byte für den restlichen Datenverkehr, der Rest geht in den Overhead.

Erhöhen Sie im Netzwerk diese Größe, handelt es sich um Jumbo-Frames, oft auch „Giants" genannt. Auf den ersten Blick könnte man denken, dass es sinnvoll ist, für alle Netzwerkgeräte diesen Wert zu erhöhen. Das Problem dabei ist jedoch, dass es keinen richtigen Standard für Jumbo-Frames gibt und nicht alle Netzwerkgeräte, vor allem Switches, diese Funktion unterstützen. Jeder Hersteller verwendet eigene Standards bei der Aktivierung von Jumbo-Frames. Häufig im Einsatz sind Werte von 9 KB, 12 KB, 14 KB und 16 KB. Vor allem 9 KB große Pakete unterstützen sehr viele Hersteller.

Ein Interrupt ist eine kurze Unterbrechung der Datenübertragung. Diese Unterbrechung findet nach jedem Datenpaket im Netzwerk statt. Wenn weniger Pakete im Netzwerk unterwegs sind, gibt es auch weniger Unterbrechungen. Das ist einer der Vorteile von Jumbo-Frames.

Der Daten-Overhead ist die Sammlung aller Daten, die notwendig sind, um die eigentlichen Netzwerkdaten zu verwalten. Dabei handelt es sich um Fehlerkorrekturen, TCP/IP-Header und die Ethernet-Protokolle. Je weniger Pakete notwendig sind, umso geringer ist dieser Overhead. Das ist ein weiterer Vorteil von Jumbo-Frames.

Ändern Sie den maximalen Wert der Datenübertragung, die Switches im Netzwerk beherrschen den Standard aber nicht, bricht die Netzwerkverbindung zu den Geräten ab. Generell bricht die Verbindung beim Abändern dieses Werts ohnehin ab, wird aber nach der Umsetzung an der Netzwerkkarte wiederhergestellt. Das heißt, wenn Sie für Server im Netzwerk Jumbo-Frames aktivieren, wird zunächst die Netzwerkverbindung unterbrochen und dann wieder aufgebaut.

Wenn ein Jumbo-Frame an einem Gerät ankommt, das keine Jumbo-Frames unterstützt, löscht es die Pakete. In diesem Fall bricht die Netzwerkleistung ein, weil Pakete mehrmals gesendet werden müssen. Vor allem günstige Switches beherrschen den Standard nicht.

Der Einsatz von Jumbo-Frames ist vor allem in Netzwerken sinnvoll, in denen große Datenmengen übertragen werden und die bereits sehr schnell sind. Das können Dokumente, Multimediadateien, aber auch Datenbankdateien oder E-Mails sein. Lassen Sie die VMs oder andere Daten in vSphere auf einem NFS-Speicher ablegen, können Sie besonders von Jumbo-Frames profitieren. Viele Unternehmen verwenden Jumbo-Frames auch bei der Datensicherung, da hier die Datenmenge besonders hoch und das Sicherungsfenster oft entsprechend klein ist. Durch die größeren Datenpakete müssen die Server auch weniger Header erzeugen, da weniger Pakete notwendig sind. Das kann sowohl Server und Netzwerkkarten als auch das Betriebssystem entlasten. Durch die Verwendung von Jumbo-Frames entstehen weniger Interrupts und Protokoll-Overheads.

Unternehmen, die auf das Network File System (NFS) setzen, können von Jumbo-Frames profitieren, da hier eine Segmentgröße von 8 KB im Einsatz ist. Dies ist zum Beispiel beim Einsatz von NAS-Geräten ein durchaus interessanter Vorteil. Wichtig ist aber, dass Jumbo-Frames von allen beteiligten Betriebssystemen, Netzwerkkarten, Switches und anderen Geräte unterstützt werden. Manche Hersteller integrieren die Unterstützung für Jumbo-Frames nur in spezielle Ports und auch nicht in allen Modellen. So geht zum Beispiel Cisco vor. Vor der Aktivierung sollten Sie also die Dokumentation Ihrer Switches durchlesen und unter Umständen Geräte an anderen Ports anschließen.

Außerdem sollte das Netzwerk bereits als Gigabit-Netzwerk betrieben werden, noch besser als 10-GB-Netzwerk. Je schneller das Netzwerk ist, umso besser lässt es sich von Jumbo-Frames beschleunigen. Jumbo-Frames ergeben in 100-MB-Netzwerken noch weniger Sinn als in Gigabit-Netzwerken, bei denen die Geräte nicht kompatibel sind. Wollen Sie im Netzwerk eine höhere Geschwindigkeit erreichen, stellen Sie besser auf Gigabit um, bevor Sie sich an die komplexe Konfiguration von Jumbo-Frames und das Lösen damit einhergehender Probleme machen.

Wenn Sie allerdings ein Gigabit-Netzwerk im Einsatz haben, oder noch besser ein Netzwerk mit 10 GBit/s, alle Switches und anderen Geräte Jumbo-Frames unterstützen, Sie große Datenmengen im Netzwerk hin und her senden, dann sollten Sie den Einsatz von Jumbo-Frames prüfen.

Viele Administratoren berichten auch von Leistungssteigerungen beim Einsatz von Jumbo-Frames im Zusammenhang mit Datenbankservern; selbst dann, wenn diese mit vSphere virtualisiert werden. So lassen sich Datenbankspiegelungen und -sicherungen oft deutlich schneller durchführen. Anwendungen, die auf die Datenbank zugreifen müssen und ebenfalls Jumbo-Frames unterstützen, profitieren dann ebenfalls von der höheren Leistung.

Ob Jumbo-Frames im Netzwerk einen Vorteil bringen, sollten Sie zunächst testen. Generell kann es sinnvoll sein, Jumbo-Frames nur in einem privaten Netzwerk einzusetzen, das zur Kommunikation zwischen vSphere und dem NFS-Speicher dient. Wenn Sie im Netzwerk neben der Datenübertragung noch Funktionen wie Voice over IP (VoIP) nutzen, sollten Sie von der Verwendung von Jumbo-Frames absehen. Setzen Sie also eine virtuelle Desktopinfrastruktur auf Basis von VMware ein, sollten Sie für diese Portgruppen vor allem dann keine Jumbo-Frames verwenden, wenn Sie mit einer UM-Lösung arbeiten.

Der Nachteil von Jumbo-Frames ist, dass Datenpakete eine höhere Latenz haben können. Dabei handelt es sich um die Verzögerungszeit, bis ein Netzwerkpaket gepackt und dann verschickt wird. Durch die hohe Latenz leidet die Sprachqualität von VoIP-Geräten. Die Latenz von Jumbo-Frames mit einer Größe von 9.000 Byte beträgt etwa 70 Millisekunden, die Latenz in Netzwerken mit einer MTU von 1.500 beträgt ungefähr 10 Millisekunden. Unter Umständen ist in diesem Fall eine leichte Erhöhung der Frames auf Größen um die 4.000 Byte sinnvoll. Hier müssen Sie einfach testen und die Nachteile gegen die Vorteile aufwiegen.

Aktivieren Sie Jumbo-Frames im Netzwerk, stellen Sie zunächst sicher, dass alle Geräte den Standard unterstützen. Teilweise müssen Sie Geräte im Netzwerk an andere Ports der Switches hängen und neue Treiber oder Firmware installieren. Es ist extrem wichtig, an allen Geräten die gleichen Einstellungen vorzunehmen. Das heißt, alle Netzwerkgeräte müssen die gleiche Datengröße für die Frames verwenden. Weisen Sie dazu am besten den Geräten den größten möglichen Wert zu.

10.7 Multipathing für Storage nutzen

Wenn Sie iSCSI, ein Fibre-Channel-SAN oder in NSF an vSphere-Hosts angebunden haben, können Sie noch festlegen, über welchen Weg der Zugriff stattfinden soll. Vor allem bei der Anbindung von iSCSI kann es sinnvoll sein, wenn Sie Multipathing aktivieren. Bei dieser Konfiguration können die Hosts über mehrere verschiedene Netzwerkpfade auf den Datenspeicher zugreifen. Diese Technologien sind für die Editionen Standard, Enterprise und Enterprise Plus von vSphere 6.5 nutzbar.

Abhängig von dem verwendeten Hersteller können Sie auf diesem Weg auch die Leistung steigern, indem Sie den Zugriff über mehrere Pfade konfigurieren. Allerdings muss dazu sichergestellt sein, dass der Server über mehrere Netzwerkadapter verfügt und Sie auch die entsprechenden virtuellen Switches und Portgruppen angelegt haben. Vor allem beim Einsatz von iSCSI können die Lastverteilung und die Verbesserung der Ausfallsicherheit für eine deutlich bessere Leistung in der vSphere-Umgebung sorgen.

Die entsprechenden Einstellungen nehmen Sie am besten im Webclient vor. Dazu markieren Sie in der Speicheransicht den entsprechenden Speicher und wechseln auf der rechten Seite auf die Registerkarte *Konfigurieren*. Über den Menübefehl *Konnektivität und Mehrfachpfad* finden Sie Informationen zum Speicher, können Einstellungen ändern und vor allem auch die Konnektivität konfigurieren. Hier lassen sich auch Konfigurationen für den Mehrfachpfad (Multipathing) durchführen. Sobald Sie einen Host im Fenster markieren, können Sie im unteren Bereich die Konfiguration für den Mehrfachpfad vornehmen.

Dazu klicken Sie auf die Schaltfläche *Mehrfachpfad bearbeiten*. Im unteren Bereich des Fensters sehen Sie, wie viele Pfade zum Datenspeicher bereits verfügbar sind. Grundsätzlich ist es durchaus sinnvoll, mehrere Pfade zu konfigurieren, damit auch der Zugriff auf den Datenspeicher hochverfügbar zur Verfügung gestellt wird.

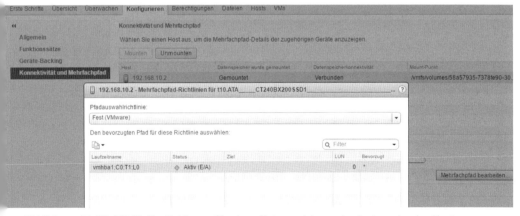

Abbildung 10.22 Mit Multipath können Sie einen Datenspeicher redundant an einzelne Hosts anbinden.

Erweitern Sie die Information zu den Pfaden, sehen Sie auch, ob der jeweilige Pfad aktiv ist und funktioniert. Außerdem ist hier das Ziel des entsprechenden Pfads angegeben.

10.7.1 Richtlinien für den Multipath-Zugriff festlegen

In den Einstellungen für Multipath können Sie entweder die VMware-Standardeinstellung verwenden oder Sie nutzen das Plug-in eines Speicherherstellers, wenn ein solches für VMware zur Verfügung steht.

Nutzen Sie die VMware-Standards, stehen Ihnen die Optionen *Zuletzt verwendet*, *Round-Robin* und *Fest* zur Verfügung. Verwenden Sie die Option *Zuletzt verwendet*, nutzt der Host immer den aktuellen aktiven Pfad. Findet zum Beispiel ein Failover statt, wenn ein bestimmter Pfad nicht zur Verfügung steht, führt der Hosts bei dieser Einstellung kein Failback durch. Das heißt, wenn einmal der Pfad gewechselt wurde, verbleibt dieser bei der Einstellung *Zuletzt verwendet* auf dem aktuell verwendeten Pfad.

Durch Aktivieren der Option *Fest* legen Sie einen Pfad als bevorzugt fest. Fällt dieser Pfad aus, führt der Server ein Failover durch und verwendet einen alternativen Pfad. Sobald der bevorzugte Pfad wieder zur Verfügung steht, wird dieser auch wieder verwendet und es wird ein Failback durchgeführt.

Wählen Sie die Option *Round-Robin* aus, nutzt der Host alle verfügbaren Pfade. Bevor Sie diese Funktion aktivieren, sollten Sie aber sicherstellen, dass der Speicher diese Funktion auch unterstützt. Nicht alle Speicherhersteller unterstützen für alle Speicher diese Funktion. Aktivieren Sie *Round-Robin*, kann der Host über alle konfigurierten Pfade gleichzeitig eine Verbindung mit dem Datenspeicher aufbauen. Diese Konfiguration sollten Sie dann aber identisch auf einem Host vornehmen, welcher die aktuelle LUN verwendet.

■ 10.8 Datenspeicher mit vRealize Operations Manager überwachen

Geht es um die professionelle Überwachung von vSphere-Umgebungen, setzen viele Unternehmen auf die VMware-Überwachungslösung vRealize Operations Manager. Nähere Informationen finden Sie dazu bei VMware unter http://tinyurl.com/y74xsej7. Die Integration der Überwachungslösung erfolgt über eine virtuelle Appliance. Durch die Lösung erhalten Unternehmen eine intelligente Steuerungsfunktion von vSphere 6.5, inklusive des Datenspeichers. Darüber hinaus lassen sich Richtlinien festlegen, über die Sie Probleme auch automatisiert beheben beziehungsweise andere Mitarbeiter informieren können.

Neben der Konfiguration und dem aktuellen Betrieb kann vRealize Operations Manager auch die Leistung und die Kapazität der Umgebung und des Datenspeichers im Auge behalten. Dadurch können Sie zum Beispiel erkennen, ob der Speicherplatz in einem bestimmten Datenspeicher zur Neige geht und dadurch unter Umständen wichtige VMs beeinträchtigt werden. Treten Fehler in der Umgebung auf, lassen sich diese entweder richtlinienbasiert beheben oder die Lösung zeigt Informationen und Anleitungen an, wie der Fehler behoben werden kann.

11 Erweiterte Verwaltung und Verwendung von VMs

In vSphere lassen sich die Ressourcen von VMs sehr detailliert steuern. Sie können die Ressourcenverteilung eines vSphere-Hosts vor allem in den Bereichen Prozessor, Hauptspeicher, Speicher und Netzwerk definieren. Neben den Ressourcen für VMs legen Sie im Ressourcenmanagement auch fest, wie viele Ressourcen dem Host selbst zur Verfügung stehen.

11.1 Ressourcen verteilen

Ressourcen können Sie auf Basis von Datencentern, Clustern, Ressourcenpools oder Ordnern steuern und verteilen. Standardmäßig verteilt vSphere bereits automatisch die Ressourcen. In Umgebungen mit vielen VMs ist es allerdings sinnvoll, über Richtlinien festzulegen, welche Server oder Abteilungen die meisten Ressourcen erhalten sollen. Bei den Datencentern in vSphere muss es sich nicht um tatsächlich physisch vorhandene Rechenzentren handeln, sondern Sie können durchaus in einem physischen Rechenzentrum mehrere virtuelle Datencenter betreiben. Seit vSphere 6 können Sie VMs mit vMotion zwischen verschiedenen Datencentern verschieben.

Neben der Möglichkeit, mit Datencentern zu arbeiten, können Sie in vSphere auch Cluster definieren. Einfach ausgedrückt sind Cluster eine Gruppe von vSphere-Hosts. Ein Cluster teilt sich die Ressourcen, die auf den verschiedenen Hosts zur Verfügung stehen. Sie haben auch die Möglichkeit, auf Basis eines Clusters die Ressourcen zu verteilen. In einem Datencenter können mehrere Cluster betrieben werden.

Zusätzlich können Sie auf Basis einzelner Hosts oder VMs Ressourcen zuteilen. Sie können Ordner erstellen, über die Sie Ressourcen verteilen, die aber auch für die Verteilung von Berechtigungen genutzt werden können. Auch hier lassen sich die Ressourcen strukturieren. Im Ordner können Sie Objekte des gleichen Typs aufnehmen und Ordner an verschiedenen Stellen konfigurieren sowie erstellen. Auf dieser Basis legen Sie fest, welche Objekte in einen Ordner aufgenommen werden dürfen. Ordner können Hosts, Cluster, Netzwerke, Speicher und VMs enthalten, aber auch Datencenter.

11.1.1 Grundlagen zur Ressourcenkontrolle – Anteile, Reservierungen, Grenzwerte

Bei der Anpassung der Ressourcenverteilung sollten Sie vor allem bei Änderungen bezüglich des Hosts vorsichtig sein. Da der vSphere-Host die Zentrale in der Virtualisierung ist, hat er in fast allen Bereichen die maximale Priorität. Ändern Sie Werte ab und weisen VMs mehr Ressourcen zu als dem Server selbst, kann es passieren, dass andere VMs beziehungsweise die gesamte Infrastruktur darunter leiden.

Wenn Sie die Ressourcen in einer vSphere-Infrastruktur anpassen, arbeiten Sie vor allem mit den Begriffen Anteile, Reservierung und Grenzwert. Über diese drei Optionen steuern Sie die verschiedenen Ressourcen der Infrastruktur. Die Ressourcenkontrolle dient vor allem der Steuerung der CPU-Ressourcen und des Arbeitsspeichers. Sie finden diese Einstellungen in den Eigenschaften von VMs.

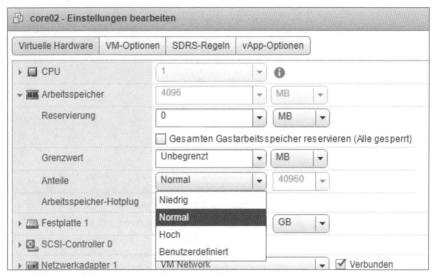

Abbildung 11.1 Ressourcen verwalten Sie für VMs direkt in den Einstellungen der virtuellen Hardware.

Sie können auch Ressourcenpools erstellen, mit denen Sie die Ressourcen von ganzen Gruppen von VMs steuern.

Über *Anteile* steuern Sie die Ressource auf Basis einer prozentualen Zuteilung zwischen den verschiedenen VMs auf einem Host. Sobald auf dem Host keine Ressourcen mehr zur Verfügung stehen, werden den einzelnen VMs Ressourcen entzogen und auf Basis der definierten Anteile anderen VMs zugewiesen. Die VMs mit den größten Anteilen erhalten auch die meisten Ressourcen. Einfach ausgedrückt heißt dies, dass zunächst jede VM ihre maximal benötigten Ressourcen erhält. Erst dann, wenn eine Konkurrenzsituation eintritt, greift vSphere ein und verteilt die vorhandenen Ressourcen auf Basis der konfigurierten Anteile.

Legen Sie eine Reservierung fest, zum Beispiel für die CPU einer VM, steuern Sie damit den Megahertz-Wert, den die VM beim Start automatisch zugewiesen bekommt. Stehen auf dem Host nicht genügend Ressourcen zur Verfügung, werden diese anderen VM entzogen. Kann der Host auch von anderen VMs keine Ressourcen abziehen, lässt sich die entsprechende VM mit den reservierten Ressourcen nicht starten. Daher sollten Sie beim Festlegen einer Reservierung sehr vorsichtig vorgehen. Generell ist es empfehlenswert, dass Sie vor allem bei der CPU keine zu hohe Reservierung vornehmen. Wenn der Host die CPU-Leistung nicht entsprechend zur Verfügung stellen kann, wird die jeweilige VM nicht gestartet.

Wenn der Host diesen CPU-Wert zur Verfügung stellt, besteht bei einem zu hohen Wert die Gefahr, dass andere VMs deutlich eingeschränkt werden. Standardmäßig arbeitet vSphere mit dem Wert 0. Klicken Sie auf das Feld, sehen Sie an diesem Bereich auch den maximalen Wert, der dieser VM zugewiesen werden kann.

Abbildung 11.2 Im Webclient können Sie die Ressourcenzuteilung steuern. Bei der Konfiguration der Reservierung von CPU und Arbeitsspeicher sollten Sie keine zu hohen Werte verwenden.

Über den Bereich *Grenzwert* legen Sie eine Obergrenze für die entsprechende Ressource fest. Wenn Sie den Grenzwert ganz nach oben setzen, sehen Sie die maximal zur Verfügung stehenden Ressourcen auf dem Host. Teilweise kann es sinnvoll sein, für die einzelnen Server einen Grenzwert für die CPU festzulegen.

Dabei kann es sich um einfache Server handeln, die zum Beispiel nur Lizenzen verwalten oder auf denen alte Serveranwendungen laufen, die keinen schnellen CPU-Takt benötigen. Bei manchen Serveranwendungen kann es auch passieren, dass diese zu viel CPU-Last verursachen und damit auch die anderen VMs im Cluster bzw. Host beeinträchtigen. Trifft das bei Ihnen zu, legen Sie für die entsprechende VM einfach einen Grenzwert fest.

11.1.2 CPU-Ressourcen verwalten

In den Eigenschaften von VMs steuern Sie über den Bereich *CPU* die Anteile, die Reservierung und den Grenzwert für die virtuellen CPUs. Über die Option *Unbegrenzt* legen Sie fest, dass für die entsprechende VM kein Höchstwert gesetzt ist.

Abhängig davon, ob die CPUs des Hosts diese Funktion unterstützen, steht an dieser Stelle noch der Bereich *Affinitätsplanung* zur Verfügung. Damit haben Sie die Möglichkeit, bei

Hosts mit mehreren Prozessoren einzelnen VMs den Zugriff auf eine Untermenge dieser Prozessoren zu gestatten. Nehmen Sie die Einstellungen an dieser Stelle manuell vor, kann vSphere keinen automatischen Lastenausgleich mehr durchführen. Außerdem funktioniert in diesem Fall die Ressourcenzuteilung nicht optimal, da der vSphere-Host nicht mehr uneingeschränkt die CPU-Ressourcen den entsprechenden VM zuteilen oder steuern kann.

Zusätzlich kann es auch Probleme beim Verschieben von VMs auf einen anderen Host geben. Setzen Sie einen DRS-Cluster ein, können Sie diese Funktion ohnehin nicht nutzen.

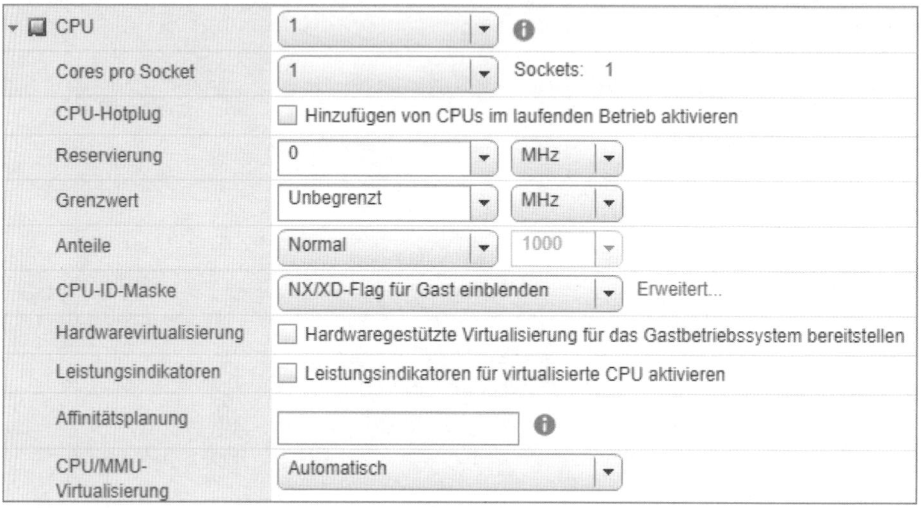

Abbildung 11.3 Ressourcenplanung der CPU

11.1.3 Arbeitsspeicher und Festplatten zuteilen

Über den Menübefehl *Arbeitsspeicher* können Sie ebenfalls manuelle Werte eingeben, genauso wie bei der Ressourcenzuteilung für die CPU. Achten Sie aber auch hier darauf, dass nur so viel Arbeitsspeicher reserviert werden kann, wie der VM auch tatsächlich zugewiesen ist. Auch hier sollten Sie bei Reservierungen vorsichtig sein und nur den tatsächlich notwendigen Wert vorgeben.

Aktivieren Sie die Option *Gesamten Gastarbeitsspeicher reservieren (Alle gesperrt)*, wird automatisch der konfigurierte Arbeitsspeicher der VM auch als maximale Reserve gesetzt. Dies bedeutet, beim Start der VM wird automatisch der komplette Arbeitsspeicher reserviert.

Abbildung 11.4 Ressourcenplanung des Arbeitsspeichers

Sie können in vSphere ein sogenanntes Overcommitment konfigurieren. Dabei lässt sich allen VMs insgesamt mehr Arbeitsspeicher zuweisen, als dem Host tatsächlich zur Verfügung steht. Allerdings ist dies nicht empfohlen, da dadurch die Leistung der VM deutlich einbrechen kann.

vSphere lagert Arbeitsspeicher, der nicht physisch vorhanden ist, in eine Auslagerungsdatei aus. Neben der Reservierung des Arbeitsspeichers können Sie aber auch hier einen Grenzwert festlegen. Definieren Sie einen Grenzwert, kann eine VM nicht mehr Arbeitsspeicher verbrauchen, als Sie hier festlegen. Generell gilt aber auch bei der Konfiguration der Ressourcen des Arbeitsspeichers, dass die einzelnen VMs nicht zu viele verschiedene Konfigurationen nutzen sollten. Dadurch wird die Umgebung schnell unübersichtlich und Sie können bei Problemen nur schwer feststellen, warum eine einzelne VM Leistungsprobleme hat.

Auch wenn Sie die Auslagerungsdatei auf einem schnellen Datenträger wie einer SSD ablegen, ist die Leistung nicht unbedingt zufriedenstellend. Der Hintergrund dieser Konfiguration ist, dass viele Administratoren davon ausgehen, dass einzelne VM trotz des maximal konfigurierten Arbeitsspeichers diesen selten ausschöpfen. Das heißt, auch dann, wenn theoretisch mehr Arbeitsspeicher vergeben als auf dem Host physisch vorhanden ist, wird dieser selten voll ausgenutzt. Allerdings besteht durchaus die Gefahr, dass die einzelnen VMs ihren kompletten Arbeitsspeicher benötigen, den Sie konfiguriert haben.

Über den Menübefehl *Festplatte <Nummer>* können Sie den Grenzwert für Schreib- und Lesevorgänge konfigurieren. Sie haben in vSphere auch die Möglichkeit, für jede einzelne virtuelle Festplatte Grenzwerte festzulegen. Diese gelten dann nur für die jeweils ausgewählte virtuelle Festplatte.

11.2 Virtuelle Maschinen über Ressourcenpools gruppieren

In vSphere können nicht nur die Ressourcen auf Basis einzelner VMs und von Hosts und Clustern konfiguriert, sondern VMs auch gruppiert werden. Erstellen Sie einen Ressourcenpool, können Sie – wie bei einzelnen VMs – auch gruppierten VMs zentral Ressourcen zuteilen. Ressourcenpools erstellen Sie zum Beispiel im HTML5-vSphere-Client im Kontextmenü eines Clusters.

Der Vorteil bei der Verwendung von Ressourcenpools liegt darin, dass Sie innerhalb Ihres Unternehmens logische Gruppierungen von VMs für verschiedene Geschäftsbereiche bilden können. Dadurch lassen sich Reservierungen für wichtige Serveranwendungen oder VMs vornehmen. Sie können Ressourcenpools jederzeit miteinander verschachteln. In einer solchen Struktur können einzelne VMs auch die Ressourcen eines übergeordneten Ressourcenpools nutzen. Sinnvoll wäre dies beispielsweise, wenn in einem Geschäftsbereich einzelne Abteilungen ebenfalls VMs erstellen und verwalten dürfen, die Abteilungen aber eng zusammenarbeiten. Sie können unterhalb von Ressourcenpools weitere Ressourcenpools erstellen.

Wenn Sie vorhandene VMs einem Ressourcenpool zuweisen wollen, können Sie die entsprechende VM per Drag & Drop zwischen den verschiedenen Ressourcenpools verschieben. Über das Kontextmenü von Ressourcenpools rufen Sie deren Eigenschaften auf. Die Einstellungen, die Sie hier vornehmen, entsprechen den Einstellungen, die Sie auch für VMs definieren.

Abbildung 11.5 Ressourcenpools erstellen und verwalten Sie auch im HTML5-vSphere-Client.

Sobald die Ressourcen im übergeordneten Ressourcenpool benötigt werden, werden die Ressourcen vom untergeordneten Ressourcenpool abgezogen, wenn Sie mit mehreren Ressourcenpools arbeiten.

Die Ressourcenpools verhalten sich dynamisch und blockieren nicht alle konfigurierten Ressourcen. Auf Basis der definierten Ressourcenzuteilung in einem Ressourcenpool lassen sich den einzelnen VMs auch im laufenden Betrieb Ressourcen zuteilen oder abziehen.

Sie können in einem Ressourcenpool die CPU und den Arbeitsspeicher detailliert steuern. Ressourcenpools stehen allerdings nicht zur Verfügung, wenn Sie einen High-Availability-(HA-)Cluster nutzen. Ressourcenpools sind in den meisten Fällen allerdings nicht so flexibel wie die Zuweisung einzelner Ressourcen für einzelne VMs. Vor allem die Möglichkeit, Anteile zu vergeben, ist in den meisten Fällen wesentlich effizienter als die Verwendung von Ressourcenpools. Dies liegt auch daran, dass VMs unbegrenzt auf Ressourcen zugreifen können, bis diese vollständig verteilt sind. Über die Konfiguration der Anteile können Sie festlegen, welche VMs priorisiert werden.

Ressourcenpools ergeben vor allem dann Sinn, wenn Sie mit einem Abonnement-System arbeiten, wenn also zum Beispiel einzelne Hosts oder VMs externen Partnern oder Lieferanten zur Verfügung gestellt werden und diese ihre Ressourcen selbst verwalten sollen. In diesem Fall können Sie festlegen, welche Ressourcen diesen vermieteten Servern zur Verfügung stehen.

Die Verteilung dieser Ressourcen auf die vermieteten VMs ist dann die Angelegenheit des jeweiligen Partners. In sehr großen Unternehmen können Ressourcenpools sinnvoll sein, damit übergeordnete Administratoren die Ressourcen delegieren können.

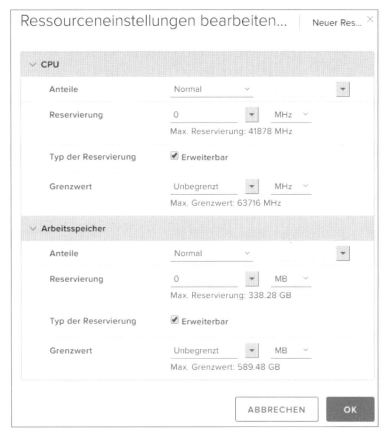

Abbildung 11.6 Mit einem Ressourcenpool steuern Sie die Ressourcen mehrerer Hosts bzw. VMs.

Einen Ressourcenpool erstellen Sie über das Kontextmenü eines Clusters im vSphere-Client, im Webclient oder auch im Kontextmenü eines Hosts. Nach der Erstellung erscheint er als Objekt unterhalb des Clusters. In den Einstellungen eines Ressourcenpools können Sie Ressourcen genauso verteilen wie bei einzelnen VMs.

Durch die Delegierung einer Gesamtzahl von Ressourcen an eine bestimmte Gruppe können Administratoren von Rechenzentren auch die Erstellung von VMs delegieren, da durch den Ressourcenpool sichergestellt ist, dass die Abteilung nicht mehr Ressourcen belegt, als ihr zugewiesen wurde; unabhängig davon, wie viele VMs die Abteilung erstellt. Dadurch können Sie zum Beispiel auch der IT-Abteilung oder der Softwareentwicklung teilweise freie Hand hinsichtlich Erstellung von VMs lassen. Die Einstellungsmöglichkeiten entsprechen den Funktionen, die Sie auch für einzelne VMs vornehmen können.

11.3 vApp einrichten und administrieren

Bei vApps handelt es sich um eine Gruppe von VMs, die für den gemeinsamen Betrieb einer Serveranwendung verantwortlich sind und daher zu einer virtuellen Struktur zusammengefasst werden. Sie gruppieren dazu verschiedene VMs oder nutzen virtuelle Appliances, die nur in der Gruppe die entsprechende Serveranwendung zur Verfügung stellen.

Damit Sie diese Funktion nutzen können, müssen Sie vCenter im Unternehmen verwenden. Eine vApp ist ein Objekt innerhalb eines Clusters auf Basis von vCenter. Einzelne vSphere-Hosts können mit diesem Container nichts anfangen. Dies wird durch vCenter entsprechend gesteuert.

Abbildung 11.7 Erstellen von vApps in vSphere 6.5

Einer der Vorteile beim Einsatz von vApp ist, dass Sie alle VMs, die Sie in einer vApp zusammenfassen, in einen gemeinsamen Container exportieren können. Hier haben Sie auch die Möglichkeit, einen Export in eine virtuelle Appliance durchzuführen.

Virtuelle Appliances sind VMs, die auf Basis eines offenen Dateiformates zur Verfügung gestellt werden. Bei virtuellen Appliances handelt es sich um VMs, die Sie zum Beispiel von Drittherstellern herunterladen und direkt in vSphere integrieren können. Die Appliances werden auf Basis von OVA/OVF-Dateien bereitgestellt. Auch VMware bietet Appliances an, um spezielle Serverlösungen für vSphere zur Verfügung zu stellen.

Die bekanntesten Beispiele dazu sind die vCenter-Appliance zur Verwaltung einer vSphere-Umgebung sowie VMware Data Protection zur Datensicherung von VMs. Es gibt aber auch kostenlose Appliances, mit denen Sie zum Beispiel Ihre vSphere-Umgebung überwachen können. Sie können auch eine vApp in eine Appliance exportieren und auf Basis der erstellten Datei alle VMs inklusive der vApp auf einem anderen vCenter-Server wieder importieren.

11.3.1 Grundlagen zu vApps und Appliances

Appliances werden entweder über den Webclient oder HTML5-vSphere-Client in die vSphere-Umgebung integriert. Manche Appliances, wie zum Beispiel die vCenter-Appliance, verfügt über ein Installationsprogramm. Eine Appliance besteht entweder aus einer

OVA-Datei oder aus einer OVF-Datei mit weiteren Dateien, zum Beispiel den virtuellen Festplattendateien der VM.

Der Vorteil bei der Verwendung einer OVA besteht darin, dass alle notwendigen Daten direkt in dieser Datei integriert sind. Sie können eine Appliance also schnell und einfach direkt über eine einzelne Datei als VM in vSphere integrieren. Verwenden Sie eine OVF-Datei, liegen immer weitere Dateien vor, die Sie gemeinsam kopieren und verwalten müssen, um sie in vSphere zu integrieren. Ist jedoch eine Appliance einmal in vSphere integriert, spielt es keine Rolle, ob Sie dazu eine OVA- oder eine OVF-Datei verwendet haben.

11.3.2 Virtuelle Appliance importieren

Sobald Sie die OVA-Datei eine Appliance vorliegen haben, können Sie diese zum Beispiel im Webclient über das Kontextmenü eines Clusters oder eines Hosts importieren lassen. Wählen Sie dazu die Option *OVF-Vorlage bereitstellen*. Anschließend können Sie entweder eine URL mit den Installationsdateien eingeben oder eine lokale Datei auswählen. Innerhalb einer Appliance kann es teilweise notwendig sein, für die Konfiguration weitere Daten anzugeben oder die Lizenzbedingungen zu bestätigen. Über einen Assistenten können Sie bestimmen, wo die virtuelle Appliance als neue VM erstellt werden soll.

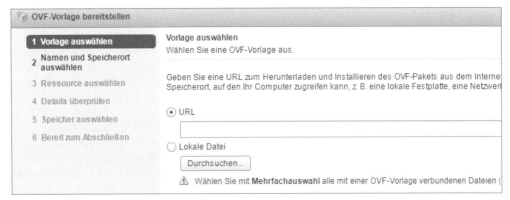

Abbildung 11.8 Eine virtuelle Appliance installieren Sie über einen Assistenten im Webclient oder im vSphere-Client.

11.3.3 vApps verstehen und erstellen

vApps stellen eine Gruppierung von VMs dar. Sie können über die vApp-Funktionalität in vSphere auch verschiedene Appliances gruppieren oder herkömmliche VMs mit einer neuen Appliance. Nachdem eine Appliance in vSphere integriert ist, verhält sie sich genauso wie eine herkömmliche VM und kann daher auch zu einer vApp zusammengefasst werden. Sie können für das Erstellen einer vApp den Webclient verwenden. Damit Sie vApps nutzen können, muss im Cluster DRS (Distributed Resource Scheduler) eingeschaltet sein.

Über das Kontextmenü eines Clusters oder eines Hosts finden Sie den Menübefehl *Neue vApp*. Hier können Sie entweder manuell eine vApp erstellen oder Sie verwenden eine Vorlage aus Ihrer Bibliothek. Über den Webclient können Sie auch vApps klonen. Zusätzlich lässt sich im Assistenten bei der Erstellung auch die Ressourcenzuteilung der vApp konfigurieren.

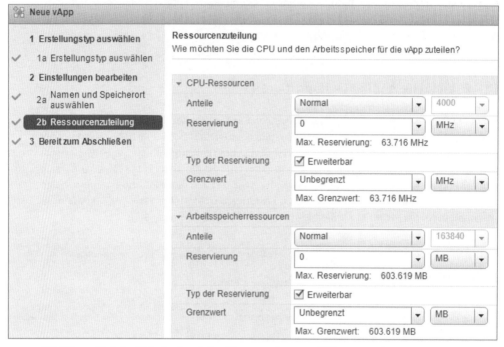

Abbildung 11.9 Im Webclient erstellen Sie neue vApps, um VMs zu gruppieren.

Die Möglichkeiten, die Sie bei der Zuweisung von Ressourcen an eine vApp haben, entsprechen denjenigen eines Ressourcenpools. Sobald Sie den Assistenten abgeschlossen haben, wird die vApp erstellt und als neues Objekt unterhalb des Clusters angezeigt. Anschließend können Sie vApps in diese Umgebung integrieren.

11.3.4 vApps verwalten und VMs erstellen

Sobald eine vApp erstellt ist, wird diese als Container unterhalb des Clusters angezeigt. Über das Kontextmenü stehen Ihnen verschiedene Befehle zur Verwaltung zur Verfügung. Beispielsweise können Sie eine neue VM innerhalb der vApp erstellen, eine Appliance importieren oder eine bereits integrierte VM zentral steuern. Auf diese Weise lassen sich zum Beispiel mit einem Mausklick alle VMs in einer vApp herunterfahren oder neu starten. Außerdem können Sie über das Kontextmenü jederzeit die Einstellungen der vApp anpassen oder einen Ressourcenpool für die vApp erstellen.

Falls bereits VMs im Cluster installiert wurden, die Sie zu einer vApp zusammenfassen wollen, erstellen Sie die vApp und ziehen die gewünschten VMs mit der Maus auf das Symbol der neuen vApp. Anschließend werden die VMs unterhalb der vApp angezeigt. Damit eine VM in eine vApp integriert werden kann, muss diese Option zunächst in den Eigenschaften einer VM aktiviert werden. Sie finden die Einstellungen von VMs für die Unterstützung einer vApp über die Schaltfläche *vApp-Optionen* im Fenster für die Bearbeitung von Einstellungen.

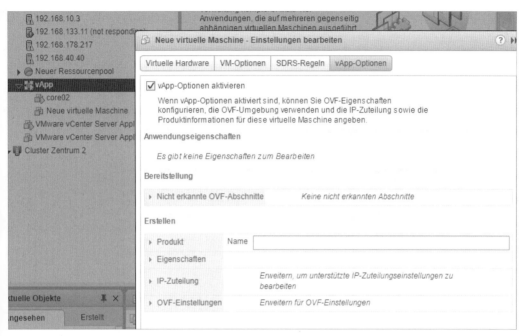

Abbildung 11.10 In den Einstellungen von VMs aktivieren Sie die Unterstützung für vApps.

Sie können über das Kontextmenü der vApp alle VMs auf einmal ein- oder ausschalten. Neben der Möglichkeit der gruppierten Verwaltung der VMs in einer vApp, können Sie auch die einzelnen VMs innerhalb einer vApp konfigurieren und auch getrennt starten, verwalten oder aktualisieren.

Rufen Sie über das Kontextmenü die Einstellungen der vApp auf, können Sie im Bereich *Startreihenfolge* festlegen, in welcher Reihenfolge die VMs in der vApp gestartet werden sollen. Zusätzlich können Sie hier noch definieren, wie lange bis zur Ausführung der Startsequenz gewartet werden soll. Und schließlich können Sie noch bestimmen, welche Aktion beim Herunterfahren ausgeführt wird.

Wenn Sie eine vApp für ein spezielles Serversystem erstellen, welches auch eine Datenbank benötigt, macht es Sinn, in der vApp zuerst den Server mit der Datenbank zu starten. Anschließend können die virtuellen Server starten, die auf die Datenbank zugreifen müssen. Sie können hier flexibel eingreifen, wenn es darum geht, in welcher Reihenfolge innerhalb der vApp die VMs gestartet werden sollen.

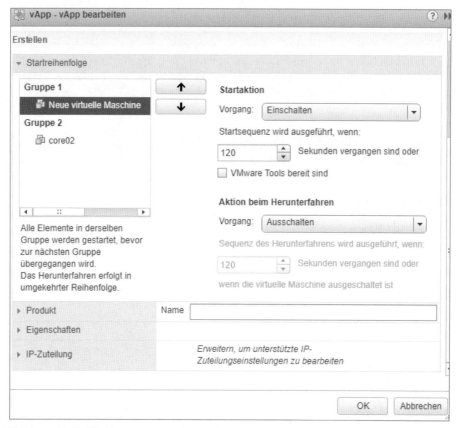

Abbildung 11.11 Sie können unter anderem für eine vApp festlegen, in welcher Reihenfolge die VMs gestartet werden sollen.

Außerdem können Sie Servergruppen über eine vApp steuern. Wenn zum Beispiel eine spezielle Server-Anwendungen im Unternehmen aus zehn verschiedenen VMs besteht, können Sie diese in einer vApp zusammenfassen und gemeinsam starten lassen. Dabei können Sie genau festlegen in welcher Reihenfolge die VMs gestartet werden sollen.

11.3.5 IP-Pools anlegen und IP-Adressen für eine vApp zuteilen

Standardmäßig verwenden VMs entweder statische IP-Adressen oder IP-Adressen, die von einem DHCP-Server im Netzwerk automatisch zugewiesen werden. Hier gibt es generell keine Unterschiede zu herkömmlichen Servern. Innerhalb einer vApp können Sie mit einer IP-Zuteilungsrichtlinie arbeiten. Einfach ausgedrückt heißt das, dass vCenter die Konfiguration der IP-Adressen der VMs innerhalb der vApp steuern kann. Dazu müssen Sie lediglich einige wenige Einstellungen vornehmen.

Zunächst finden Sie in den Einstellungen einer vApp den Bereich *IP-Zuteilung*. Legen Sie als Erstes hier fest, ob die vApp IP-Adressen durch DHCP oder durch vCenter zugewiesen werden. Zusätzlich können Sie hier bestimmen, ob die vApp IPv4, IPv6 oder beide Protokolle unterstützen soll.

11.4 Fehlertoleranz für VMs einrichten

In vSphere können Sie für VMs eine Hochverfügbarkeit (High Availability, HA) konfigurieren. Dazu erstellen Sie auf einem anderen Host im Netzwerk einen Spiegel der aktuellen VM. Die beiden VMs sind identisch.

Das heißt, im Netzwerk treten die VMs mit identischem Namen, IP-Adresse und Konfiguration auf. Die sekundäre VM wird lediglich zur Replikation genutzt, steht also im Netzwerk nicht zur Verfügung. Die Synchronisierung der Daten findet über eine private Netzwerkverbindung zwischen der primären VM und der sekundären VM statt.

11.4.1 Grundlagen der Fehlertoleranz von VMs

Beide VMs dürfen auf den gleichen Speicher zugreifen, aber nur die primäre VM darf den Speicher beschreiben. Die sekundäre VM hat lediglich einen lesenden Zugriff. Fällt der Hosts mit der primären VM aus, erkennt dies die sekundäre VM und wird zur primären VM konfiguriert. Dadurch kann die VM auch schreibend auf den Speicher zugreifen. Dieser Vorgang trägt in vSphere die Bezeichnung Fault Tolerance (FT).

Da die Replikation über das Netzwerk stattfindet, sind dabei auch die virtuellen Switches und die Portgruppen beteiligt. Sie sollten daher einen VMkernel-Adapter für diese Verbindung zur Verfügung stellen. Außerdem ist es sinnvoll, eine eigene Portgruppe auf den Hosts für die Fehlertoleranz zu konfigurieren. Zusätzlich müssen Sie darauf achten, dass die sekundären VMs ebenfalls Ressourcen beanspruchen, da diese gestartet sind. Die VMs werden zwar nicht für den produktiven Betrieb verwendet, allerdings empfangen sie Daten zur Replikation und müssen jederzeit aktiviert werden können, wenn die primäre VM nicht mehr funktioniert. Die generelle Einrichtung von FT wird über einen Assistenten durchgeführt und ist in wenigen Sekunden abgeschlossen.

Damit Sie die Fehlertoleranz nutzen können, müssen Sie einen HA-Cluster sowie eine FT-kompatible Hardware einsetzen. In den meisten Fällen können Sie die FT-Funktion aktivieren, während die primäre VM gestartet ist. In produktiven Umgebungen ist es nicht empfohlen, die Netzwerkkommunikation für die Fehlertoleranz über einen Adapter oder eine Portgruppe laufen zu lassen, die bereits für andere Zwecke genutzt wird, zum Beispiel und vor allem für vMotion. Zusätzlich zur Aktivierung der Fehlertoleranz und zu dem entsprechenden Netzwerkadapter der Portgruppe müssen Sie zwischen den beteiligten Hosts auch vMotion im Einsatz haben.

Diese VMs dürfen keine Raw-Device-Mapping-(RDM-)Datenträger einsetzen, also keine direkte Anbindung von Volumes an ein SAN. Dazu kommt, dass Sie für FT-abgesicherte VMs die DRS-Funktion in vSphere nicht nutzen können. Die VMs können durch DRS nicht automatisiert auf andere Hosts verschoben werden.

Sichern Sie eine VM mit FT ab, können Sie im laufenden Betrieb keine Hardware zuteilen. Sie sollten diese Funktion also nur für VMs nutzen, bei denen Sie keine Konfiguration mehr vornehmen müssen und die fertig konfiguriert in der Produktion laufen. Auch wenn andere Änderungen teilweise möglich sind, nachdem Sie FT aktiviert haben, ist eine nachträgliche Anpassung der VM nicht empfehlenswert. Alle Änderungen einer VM können darin resultieren, dass die Fehlertoleranz nicht mehr ordnungsgemäß funktioniert.

11.4.2 Ein neues Netzwerk für die Fehlertoleranz einrichten

Auf den Hosts, auf denen Sie die Fault-Tolerance-Funktion für einzelne VMs nutzen wollen, erstellen Sie ein neues Netzwerk für den VMkernel-Adapter. Während der Einrichtung können Sie bei den Porteigenschaften für das neue Netzwerk die Option *Fault Tolerance-Protokollierung* aktivieren. Auf jedem Host, auf dem Sie FT nutzen, muss darüber hinaus mindestens ein Adapter konfiguriert sein, der vMotion unterstützt.

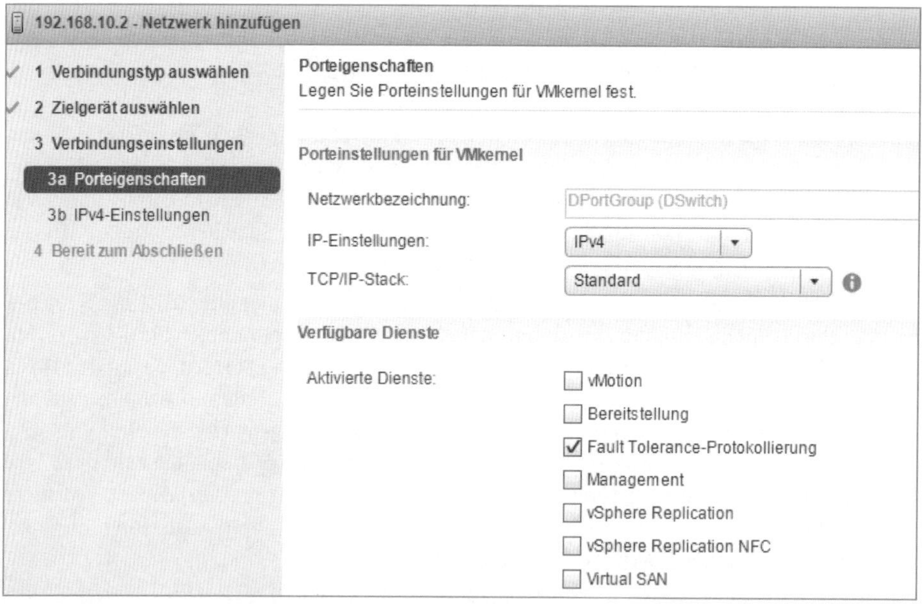

Abbildung 11.12 Auf den Hosts aktivieren Sie einen neuen VMkernel-Adapter für die Verwendung der Fault-Tolerance-Funktion.

Im Rahmen der Einrichtung des neuen Netzwerks können Sie den VMkernel-Adaptern für FT entweder eine dynamische IP-Adresskonfiguration zuweisen oder mit einer statischen IP-Adresse arbeiten.

Benennen Sie die Portgruppe und das neue Netzwerk auf den Hosts am besten so, dass sofort ersichtlich ist, dass es sich dabei um ein FT-Netzwerk handelt. Natürlich können Sie auch einen bereits vorhandenen VMkernel-Adapter für die Unterstützung von FT konfigurieren. Generell ist es empfehlenswert, für die Synchronisierung ein VLAN oder ein getrenntes Netzwerk einzusetzen. Von vSphere werden keine Daten verschlüsselt, die von der primären zu der sekundären VM synchronisiert werden.

11.4.3 Virtuelle Maschinen für die Fehlertoleranz konfigurieren

Sobald das Netzwerk für Fault Tolerance (FT) zur Verfügung steht, können Sie über das Kontextmenü von VMs die Fehlertoleranz aktivieren. Dazu wählen Sie den Menübefehl *Fault Tolerance/Fault Tolerance einschalten*. Liegen bei der entsprechenden VM Snapshots vor, müssen Sie diese vor der Aktivierung von FT löschen. Nachdem Sie für eine VM FT aktiviert haben, können Sie wieder mit Snapshots arbeiten.

Wenn Sie eine VM zwischen verschiedenen Hosts replizieren lassen, müssen Sie zuvor sicherstellen, dass alle Hosts über exakt den gleichen Versionsstand verfügen. Bei verschiedenen Versionen oder Aktualisierungsständen kann es passieren, dass die Synchronisierung nicht korrekt durchgeführt werden kann.

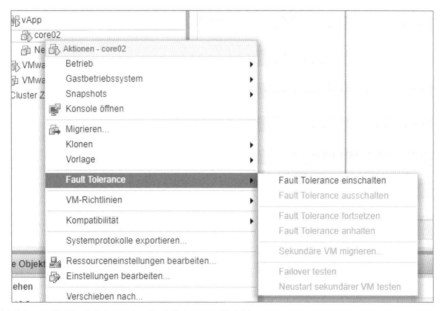

Abbildung 11.13 Aktivieren der Fault Tolerance für VMs

Anschließend überprüft vSphere, ob auf dem entsprechenden Host FT für die VM aktiviert werden kann. Sind Probleme zu erwarten, erhalten Sie entsprechende Warnungen oder Fehler angezeigt, die Sie vor der Aktivierung von FT zunächst beheben müssen. Anschließend startet der Assistent zum Einrichten der Funktion. Hier müssen Sie den Datenspeicher festlegen, auf dem die sekundäre VM gespeichert werden soll, sowie den beteiligten Host. Im Rahmen der Einrichtung wird die Quell-VM automatisch als primäre VM konfiguriert und die sekundäre VM auf dem Zielhost erstellt.

Grundsätzlich können Sie die virtuellen Festplatten der primären VM und der sekundären VM auf verschiedenen Datenspeichern ablegen. Es muss aber ein gemeinsamer Datenspeicher zur Verfügung stehen, über den die Replikation stattfindet. Auf dem gemeinsamen Datenträger müssen die Konfigurationsdatei der VM und die Konfigurationsdatei von FT abgelegt sein.

Nach der ersten Einrichtung werden alle Daten der primären VM auf die sekundäre VM repliziert. Dabei berücksichtigt vSphere auch den Zustand der primären VM. Ist diese eingeschaltet, wird die sekundäre VM ebenfalls automatisch eingeschaltet. Dazu muss aber sichergestellt sein, dass auf dem Zielhost mit der sekundären VM genügend Ressourcen für den Start der sekundären VM zur Verfügung stehen. Der Status der Fehlertoleranz wird auf der Registerkarte *Übersicht* im Webclient angezeigt. Haben Sie FT für eine ausgeschaltete VM aktiviert, bleibt die sekundäre VM so lange ausgeschaltet, bis Sie auch die primäre VM einschalten. Danach wird auch die sekundäre VM automatisch gestartet.

Wenn Sie Probleme bei der Aktivierung von FT haben, nutzen Sie das kostenlose VMware Tool VMware SiteSurvey (siehe http://tinyurl.com/y84p6mqk). Das Tool überprüft die Voraussetzungen und die Kompatibilität für erweiterte VMware-Funktionen wie FT. Liegen auf den Hosts oder den VMs Fehler vor, erkennt die Anwendung diese und gibt entsprechende Hinweise zur Problemlösung. Nach der erfolgreichen Aktivierung verwendet VMware für FT-aktivierte VMs ein anderes Symbol. Dieses wird dunkelblau dargestellt.

11.4.4 Die Fehlertoleranz konfigurieren und nutzen

Sobald Sie FT für eine VM aktiviert haben, können Sie über das Kontextmenü der VM und mit der Auswahl des Menübefehls *Fault Tolerance* verschiedene Aktionen durchführen. Zunächst können Sie FT jederzeit für eine VM wieder deaktivieren, ohne die primäre VM zu beeinflussen. Außerdem haben Sie die Möglichkeit, FT zeitweise zu deaktivieren, sodass keine weiteren Daten von der primären VM zur sekundären VM gesendet werden. Zusätzlich lässt sich die sekundäre VM auf einen anderen vSphere-Host verschieben. Außerdem können Sie jederzeit einen Test für das Failover durchführen und die sekundäre VM ebenfalls überprüfen oder ein Failover durchführen.

12 Hostprofile und mehr – ESXi-Hosts effizient verwalten

Wenn Sie zahlreiche vSphere-Hosts einsetzen, können Sie einen Host als Grundlage definieren und auf dessen Basis ein Hostprofil erstellen. Sie legen damit eine zentrale Einstellung für alle Hosts in Ihrem Netzwerk fest und können sicherstellen, dass alle Hosts über die gleichen Einstellungen verfügen und neue Hosts ebenfalls mit diesen Einstellungen installiert werden.

Sie können weitere vSphere-Hosts auf Basis dieses Hostprofils zur Verfügung stellen. Dazu nutzen Sie die Funktion vSphere Auto Deploy. Damit Sie diese Funktionen nutzen können, benötigen Sie eine Enterprise Plus-Lizenz. Sie können diese Technologie auch in der Testversion nutzen. Diese lässt sich für 60 Tage uneingeschränkt mit allen Funktionen verwenden. Also auch mit jenen, die eigentlich der Enterprise Plus-Lizenz vorbehalten sind.

Hostprofile lassen sich auch für die Verwendung mit Clustern nutzen. Vor allem beim Einsatz von vSphere in einem Cluster ist es wichtig, dass die einzelnen Hosts identisch konfiguriert sind. Sie können zwar auch manuell die Einstellungen abgleichen, aber vor allem beim Einsatz von vielen Hosts ist es sinnvoll, dass diese automatisiert konfiguriert werden. Installieren Sie weitere Hosts im Cluster, können Sie diese durch das Hostprofil automatisiert so konfigurieren lassen, damit diese optimal mit den anderen Hosts zusammenarbeiten.

Sie können ein Hostprofil auch in eine Datei exportieren und die Datei zum Beispiel über das Netzwerk oder einen USB-Stick auf einen anderen vCenter-Server importieren.

■ 12.1 Uhrzeit konfigurieren

Wichtig für den Einsatz von verschiedenen Technologien in vSphere ist eine optimale Konfiguration der Uhrzeit. Idealerweise sollten Sie die verschiedenen vSphere-Hosts so konfigurieren, dass diese die Uhrzeit von einem NTP-Zeitserver holen. Verbinden Sie sich dazu mit dem Webclient und klicken auf den Host, dessen Uhrzeit Sie konfigurieren wollen. Bei *Konfigurieren/Uhrzeitkonfiguration* im Bereich *System* können Sie die Uhrzeit des Hosts anpassen.

Standardmäßig findet keine Synchronisierung der Uhrzeit statt. Über die Schaltfläche *Bearbeiten* starten Sie die Einrichtung der NTP-Synchronisierung. Zunächst aktivieren Sie die Option *Netzwerkzeitprotokoll verwenden (NTP-Client aktivieren)*.

Geben Sie im unteren Bereich des Fensters zuerst einen NTP-Server ein, zum Beispiel „ptbtime1.ptp.de" oder einen anderen Zeitserver. Anschließend aktivieren Sie bei *Startrichtlinie für NTP-Dienst* die Option *Mit dem Host starten und beenden*.

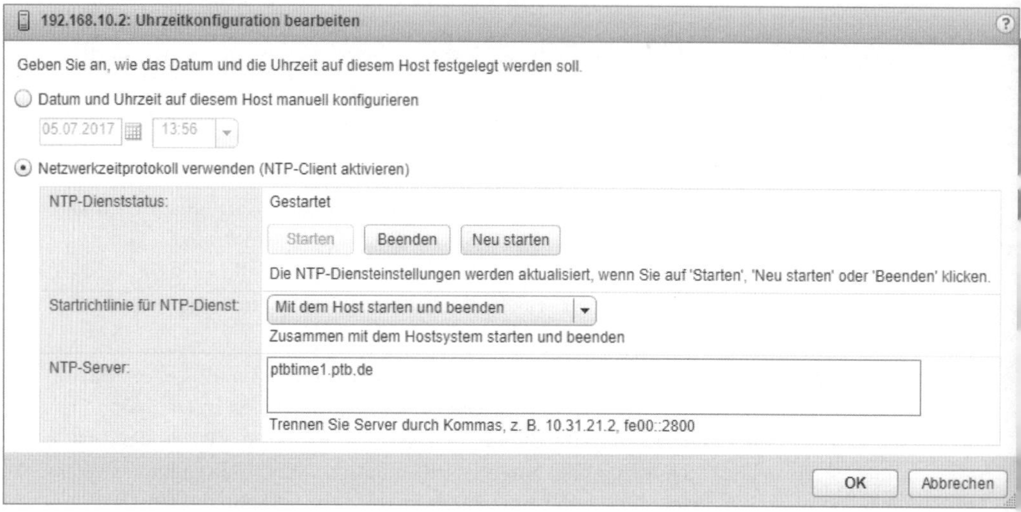

Abbildung 12.1 Anpassen der Uhrzeitkonfiguration für Hosts

Speichern Sie die Einrichtung. Anschließend sehen Sie im Webclient die Anpassungen.

■ 12.2 Grundlagen zu Hostprofilen

Bevor Sie von einem Host ein Hostprofil erstellen, sollten Sie diesen so einstellen, wie Sie auch die anderen Hosts nutzen wollen. Bei der Erstellung eines Hostprofils werden die Reservierung des Arbeitsspeichers sowie die Speicherkonfiguration berücksichtigt. Wenn Sie ein Fibre-Channel-SAN nutzen, iSCSI-Speicher anbinden oder auf NFS setzen, sollten Sie die entsprechenden Speicheradapter und Speicher ebenfalls vorher konfigurieren.

Auch die Einstellungen des Netzwerks, die virtuellen Switches, die Portgruppen und weitere Konfigurationen, die Sie in den virtuellen Netzwerken vornehmen, lassen sich im Profil speichern. Dabei werden auch die Konfigurationen der Distributed vSwitches berücksichtigt, inklusive der VLAN-Konfiguration und Porteinstellungen. Je mehr Netzwerkadapter, Portgruppen, Switches und Einstellungen Sie im Bereich *Netzwerk* vornehmen, umso sinnvoller ist die Konfiguration eines Hostprofils, vor allem wenn Sie zahlreiche Server einsetzen.

Darüber hinaus werden im Hostprofil auch Sicherheitseinstellungen, die Konfiguration der Firewall und die gestarteten Dienste gespeichert. Auch das Kennwort des Root-Benutzers wird im Hostprofil hinterlegt. Arbeiten Sie auf dem Host mit eigenen Benutzern und Gruppen, werden auch diese im Profil gespeichert. Neben diesen Einstellungen speichert vSphere zusätzlich die Ressourcenpools, Richtlinien und weitere Einstellungen. Bei der Erstellung eines Hostprofils werden auch die erweiterten Einstellungen berücksichtigt, die Sie für vSphere vornehmen können.

In vielen Umgebungen nehmen Administratoren zahlreiche Einstellungen vor, die bei der Installation von neuen Hosts erst mühselig eingetragen werden müssen. Arbeiten Sie mit einem Hostprofil und erstellen einen neuen vSphere-Host auf Basis dieses Profils, werden auch die erweiterten Einstellungen berücksichtigt.

Wenn Sie verschiedene Konfigurationen von Hosts im Einsatz haben, können auch mehrere Hostprofile genutzt werden. Sie sollten einige Hosts testen, bevor Sie alle Einstellungen eines Hostprofils auf alle Hosts umsetzen lassen. Gefährlich sind in Hostprofilen vor allem die Netzwerkkonfigurationen. Hier besteht die Möglichkeit, dass über Hostprofile komplette virtuelle Switches angelegt oder gelöscht beziehungsweise Portgruppen so angepasst werden, dass VMs nicht mehr funktionieren. Es sind also gründliche Tests erforderlich. Sobald aber ein funktionierendes Hostprofil konfiguriert ist, haben Sie den Vorteil, dass Sie neue Hosts mit wenigen Schritten auf einen einheitlichen Stand bringen können, ohne zahlreiche Änderungen vornehmen zu müssen.

12.2.1 Hostprofile erstellen

Wenn Sie den Host für die Erstellung des Hostprofils vorbereitet haben, verbinden Sie sich über den Webclient mit dem Host und wählen im Kontextmenü des entsprechenden Hosts die Option *Hostprofile/Hostprofil extrahieren*. Auf der Startseite des Webclients (*Home*) finden Sie ebenfalls die Verwaltung der Hostprofile im Hauptfenster. Hier können Sie ein Hostprofil auf Basis eines konfigurierten Hosts erstellen (extrahieren), oder Sie importieren ein Hostprofil, das Sie in einer anderen Umgebung exportiert haben.

Sobald Sie den Assistenten gestartet haben, wählen Sie aus, von welchem Host Sie das Hostprofil erstellen wollen. Anschließend geben Sie einen Namen und eine Beschreibung für das Hostprofil ein.

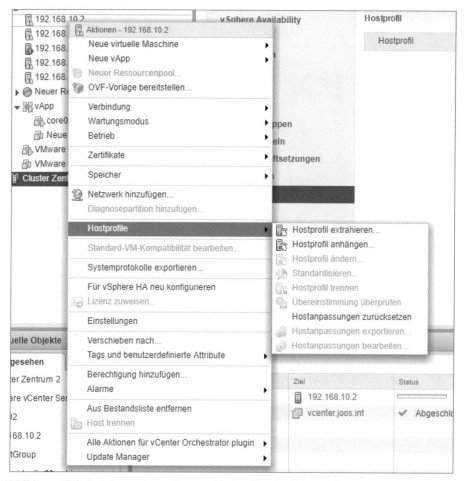

Abbildung 12.2 Erstellen und verwalten von Hostprofilen in vSphere 6.5

Haben Sie das Erstellen des Hostprofils über das Kontextmenü eines vSphere-Hosts gestartet, müssen Sie den entsprechenden Host natürlich nicht auswählen. Im unteren Bereich des Webclients sehen Sie, wann der Assistent seine Aufgabe abgeschlossen hat. Wollen Sie das Profil auch auf einem anderen vCenter-Server nutzen, klicken Sie es im Webclient an und wählen den Befehl *Hostprofil exportieren*. Dadurch können Sie eine VPF-Datei erstellen, die Sie wiederum auf einem anderen vCenter-Server importieren können. Natürlich können Sie diese Datei auch als Sicherung Ihres eigenen Hostprofils verwenden.

12.2 Grundlagen zu Hostprofilen

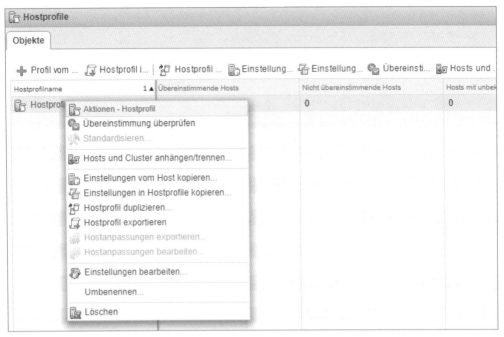

Abbildung 12.3 Verwalten von Hostprofilen

Sie können an dieser Stelle nicht auswählen, welche Daten im Hostprofil gespeichert werden, das entscheidet vSphere automatisch. Nach der Erstellung des Hostprofils können Sie im Webclient dessen Einstellungen aufrufen und sich die gespeicherten Konfigurationen anzeigen lassen. Darüber hinaus können Sie einzelne Einstellungen aus dem Hostprofil ausnehmen. Die Einstellungen sind zwar weiterhin im Hostprofil gespeichert, werden aber nicht auf die jeweiligen Hosts angewendet. Die Verwaltung der Hostprofile nehmen Sie über den Home-Bereich des Webclients vor.

Nachdem Sie den Assistenten abgeschlossen haben, wird die Konfiguration des entsprechenden Hosts ausgelesen und im Hostprofil gespeichert. Sobald ein erstes Hostprofil erstellt wurde, sehen Sie in der Symbolleiste des Webclients weitere Möglichkeiten, um das Hostprofil zu verwenden.

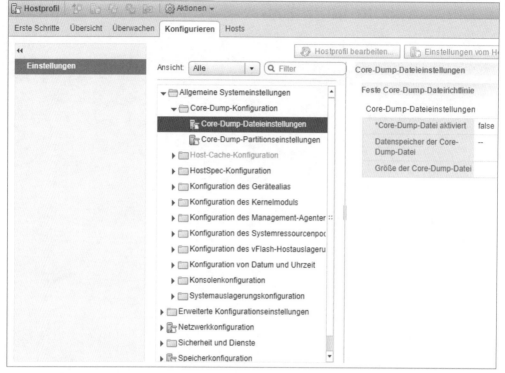

Abbildung 12.4 Nachdem Sie ein Hostprofil erstellt haben, können Sie dieses einzelnen Hosts zuweisen oder die Einstellungen im Profil verwalten.

12.2.2 Hostprofile verwalten

Nachdem Sie ein Hostprofil erstellt haben, können Sie dieses im Bereich der Hostprofile im Webclient verwalten. Dazu wechseln Sie in das Hauptmenü des Webclients (Home), zum Beispiel über das Symbol oben links im Webclient.

Klicken Sie auf das Hostprofil, können Sie im Hauptfenster auf der rechten Seite verschiedene Aktionen starten. Sie können zum Beispiel ein Hostprofil kopieren. Darüber hinaus können Sie neue konfigurierte Einstellungen eines Hosts in einem Hostprofil integrieren, indem Sie zum Menübefehl *Konfigurieren* wechseln.

Dazu wählen Sie die Option zum Kopieren von Einstellungen von einem Host. Diese beiden Funktionen können Sie auch gemeinsam nutzen. So können Sie zum Beispiel das ursprüngliche Hostprofil so belassen, wie es ist, können es kopieren und anschließend neue Einstellung des Hosts einlesen. Auf diese Weise lässt sich testen, ob die neuen Einstellungen auch auf neue Hosts, die Sie installieren, angewendet werden können.

Abbildung 12.5 Im Webclient können Sie jederzeit zum Home-Menü wechseln.

Zusätzlich können Sie in den Einstellungen eines Hostprofils verschiedene Einstellungen entfernen. Dazu klicken Sie auf die Schaltfläche *Hostprofil bearbeiten*. Sie können zum Beispiel ein Hostprofil duplizieren und danach aus dem duplizierten Hostprofil die nicht gewünschten Einstellungen herausnehmen. Auf diesem Weg können Sie zum Beispiel die Netzwerkkonfiguration deaktivieren und so sicherstellen, dass bei der Anwendung eines Hostprofils auf einen Host die Netzwerkeinstellungen nicht auf den Host angewendet werden, sondern die gesetzten Einstellungen auf dem Host verbleiben.

Hostprofile bieten auch die Funktion, um zu testen, ob ein ausgewählter Host noch mit den Einstellungen des Hostprofils übereinstimmt. Findet der Assistent Unterschiede, können Sie das Hostprofil auf diesen Host neu anwenden und damit sicherstellen, dass die Einstellungen, die im Hostprofil festgelegt sind, auch auf den jeweiligen Host angewendet werden. Auch ohne Test des Hosts können Sie ein Hostprofil über das Aktionsmenü eines Hostprofils auf einen Host anwenden. Durch diese Aktion werden die Einstellungen, die im Hostprofil gespeichert sind, auf den Host angewendet.

Generell ist es aber sehr empfehlenswert, dass Sie diese Aktion zunächst auf einem Host testen, der nicht produktiv verwendet wird. Wenn Sie eine Vielzahl an Einstellungen an einen Host weitergeben, der bereits produktiv im Einsatz ist, besteht die Gefahr, dass einzelne VMs oder unter Umständen der gesamte Host nicht mehr funktionieren.

12.2.3 Hostprofile anpassen

Nachdem Sie ein Hostprofil erstellt haben, können Sie in der Verwaltung der Hostprofile dessen Einstellungen aufrufen. Hier sehen Sie, welche Einstellungen im Hostprofil gespeichert sind. Über eine Baumstruktur lassen sich die Einstellungen anzeigen. Außerdem können Sie das Häkchen bei denjenigen Einstellungen entfernen, die Sie in diesem Hostprofil nicht nutzen wollen.

Sie sehen zum Beispiel unterhalb der Netzwerkkonfiguration alle angelegten Switches, die Portgruppen und deren Einstellungen. Bei der Einstellung für den Speicher können Sie auch einzelne Speicheradapter vom Hostprofil ausschließen. Lassen Sie über den Assistenten die durchgeführten Änderungen überprüfen und diese danach im Hostprofil abspeichern. Generell kann es sinnvoll sein, die Einstellungen für iSCSI und andere Speicheradapter aus dem Hostprofil herauszunehmen. Bei einer fehlerhaften iSCSI-Konfiguration kann es durchaus passieren, dass ein Host Probleme bei der Speicheranbindung bekommt und damit auch die einzelnen VMs nicht mehr starten kann. Rufen Sie im Webclient die Einstellungen eines Profils auf, können Sie nicht nur einzelne Bereiche des Profils deaktivieren, indem Sie das entsprechende Häkchen entfernen, sondern Sie können auf der rechten Seite auch die Einstellungen einer Richtlinie im Profil ändern.

Abbildung 12.6 Sie können einzelne Bereiche des Hostprofils deaktivieren, aber auch eigene Einstellungen definieren.

Wenn Sie ein Hostprofil bereits auf Hosts angewendet haben und das Hostprofil anpassen, können Sie über den Assistenten die von Ihnen vorgenommenen Änderungen sofort an die angebundenen Hosts verteilen. Dazu erscheint ein weiteres Fenster im Assistenten, über das Sie die Hosts auswählen können, auf die sie die Einstellungen verteilen wollen. Hier lassen sich auch – falls notwendig – spezifische Einstellungen ändern.

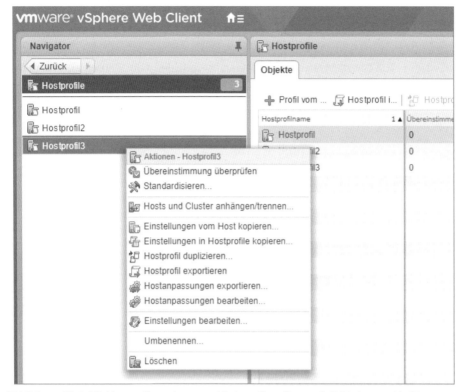

Abbildung 12.7 Für Hostprofile stehen verschiedene Einstellungsmöglichkeiten zur Verfügung.

12.2.4 Hostprofil anwenden und Einstellungen verifizieren

Im Aktionsmenü für ein Hostprofil können Sie dieses auf einen oder mehrere Hosts anwenden. Sie können auch direkt den Befehl *Host und Cluster anhängen/trennen* wählen. Auf dem gleichen Weg können Sie ein Hostprofil auch wieder von einem Host trennen. Zusätzlich besteht die Möglichkeit, über das Kontextmenü von Hosts Hostprofile ebenfalls umzusetzen. Dies funktioniert auch bei kompletten Clustern. In den Eigenschaften eines Clusters können Sie auf der Registerkarte *Konfigurieren* über den Menübefehl *Profile* ebenfalls Hostprofile umsetzen und verwalten.

Auch über das Kontextmenü von Clustern können Sie Hostprofile umsetzen. Dazu steht ein eigener Befehl in der Aktionsleiste zur Verfügung. Bei diesem Vorgang startet ein Assistent. Hier können Sie genau auswählen, welche Hosts das neue Hostprofil verwenden sollen. Damit ein Hostprofil angewendet werden kann, muss sich der Host im Wartungsmodus befinden. Sie können hier entweder einen bestimmten Host, aber auch mehrere oder alle Hosts auswählen. Dabei haben Sie auch die Möglichkeit, die Hosts eines anderen Clusters auszuwählen und mit der Konfiguration des Hostprofils zu versorgen. Sie können im Assistenten noch verschiedene Einstellungen anpassen. Danach führt der Assistent die Änderungen durch.

Bei der Auswahl des Hostprofils und der Hosts, die Sie mit dem Hostprofil verbinden wollen, werden noch keine Einstellungen übertragen. Zunächst erhalten Sie im Assistenten eine Übersicht, welche Einstellungen vom Hostprofil berücksichtigt und angepasst werden. Außerdem sehen Sie die genauen Einstellungen, zum Beispiel IP-Adressen und andere Daten. In diesem Fenster können Sie auch einzelne Einstellungen anpassen, zum Beispiel die IP-Adressen. Schließen Sie den Assistenten ab, werden die Konfigurationen auf die ausgewählten Hosts übertragen.

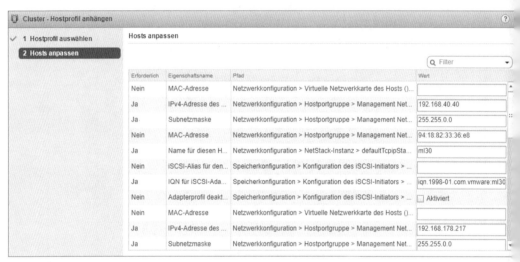

Abbildung 12.8 Umsetzen eines Hostprofils

Stellen Sie anschließend fest, dass einige Einstellungen besser nicht auf die verschiedenen Hosts verteilt werden, nehmen Sie die entsprechenden Einstellungen einfach aus dem Hostprofil heraus und wenden diese erneut auf die Hosts an. Falls notwendig, können Sie über die Verwaltung der Hostprofile einen Host auch neu starten lassen. Dies ist für einige Einstellungen notwendig, die zum Beispiel nur beim Starten des Hosts eingelesen werden.

In der Verwaltung der Hostprofile werden nicht nur Ihre angelegten Hostprofile und deren Einstellungen aufgeführt, sondern Sie sehen in einer eigenen Spalte auch, auf wie viele Hosts das Hostprofil aktuell angewendet wird. Sobald Sie die Überprüfung eines Hostprofils mit seinen angebundenen Hosts starten, werden alle Einstellungen des Hostprofils mit den Einstellungen der Hosts verglichen. Nach dem Test sehen Sie im Webclient und auf allen angebundenen Hosts, ob die Einstellungen so gesetzt wurden, wie sie im Hostprofil festgelegt sind.

Zusätzlich sehen Sie im Webclient nach der Anzeige der Registerkarte *Übersicht* eines Hosts, ob dieser mit seinem Hostprofil identisch ist. Über den Kasten *Hostprofil-Übereinstimmung* sehen Sie außerdem das zugewiesene Profil. Hier können Sie den Host auch mit dem Hostprofil standardisieren. Bei diesem Vorgang werden alle Einstellungen des Hostprofils erneut auf den Host angewendet.

12.2.5 Compliance-Check und Hostprofile neu anwenden

In den Aktionen von Hostprofilen können Sie den Menübefehl *Übereinstimmung überprüfen* starten. Daraufhin startet ein Assistent, der überprüft, ob die Einstellung des Hostprofils noch mit den Einstellungen des Hosts übereinstimmen. Findet der Assistent Unterschiede bei der Konfiguration, wird eine entsprechende Meldung im Fenster angezeigt.

Über das Kontextmenü des Hosts können Sie dessen Verbindung mit dem Hostprofil ebenfalls verwalten. Hier besteht auch die Möglichkeit, die Einstellungen des Hostprofils erneut auf den Host anzuwenden. Dieser Vorgang trägt die Bezeichnung *Standardisieren*. Allerdings müssen Sie dazu auch hier den Host zunächst in den Wartungsmodus versetzen. Diese Aktion können Sie über das Kontextmenü im Webclient durchführen. Nachdem Sie den Host in den Wartungsmodus versetzt und die Anwendung des Hostprofils erneut gestartet haben, listet ein Assistent diejenigen Einstellungen auf, die das Hostprofil nicht anpassen kann.

Dazu gehören zum Beispiel die IP-Adressen des Servers, dessen Namen, die MAC-Adressen und weitere Anpassungen, die im Netzwerk eindeutig sein müssen. Hier können Sie auch selbst Konfigurationen vornehmen oder die Einstellungen übernehmen, die bereits auf dem Host gesetzt sind. Anschließend wenden Sie das Hostprofil neu an und stellen damit sicher, dass dessen Einstellungen erneut dem Host zugewiesen werden. Auch hier werden die Einstellungen zunächst validiert, bevor sie angewendet werden.

Sie können über das Kontextmenü von Hosts jederzeit über den Menübefehl *Hostprofile* die Verwaltung des lokalen Hostprofils anzeigen. Zusätzlich lässt sich auch hier die Übereinstimmung testen und Sie können weitere Einstellungen des Hostprofils ändern. Findet der Assistent fehlerhafte Übereinstimmungen, können Sie das Hostprofil neu anwenden lassen.

In den meisten Fällen können Sie über einen Assistenten verschiedene Bereiche des Hostprofils durchgehen, entsprechend anpassen und danach anwenden lassen. Sobald Sie ein Hostprofil erneut zugewiesen haben, sollten Sie die Übereinstimmung prüfen. Erst wenn der Assistent keinerlei Fehler bei der Übereinstimmung findet, können Sie sicher sein, dass das Hostprofil problemlos angewendet wurde.

■ 12.3 Zertifikate in vSphere verwalten

Standardmäßig kommt vSphere mit einer eigenen Zertifizierungsstelle und verwendet automatisch eigene selbst signierte Zertifikate. Dies ist allerdings nicht in allen Umgebungen sinnvoll. Die integrierte Zertifizierungsstelle trägt auch die Bezeichnung *VMware Certificate Authority (VMCA)*. Sie können sich die Zertifikate auf den Rechner herunterladen und einbinden. Dazu rufen Sie die Startseite von vCenter auf, nicht den Webclient. Für den Aufruf verwenden Sie die URL *https://<vCenter>*.

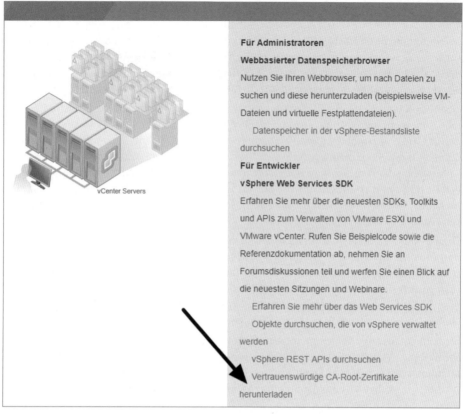

Abbildung 12.9 Die Zertifikate von vCenter können Sie von deren Webseite herunterladen.

Der Download der Zertifikate erfolgt als ZIP-Datei. Diese enthält zwei CRT-Dateien, die Sie auf Ihren Rechner importieren müssen. Verwenden Sie dazu das Tool *certlm.msc*. Hier können Sie über *Vertrauenswürdige Stammzertifizierungsstellen/Zertifikate/Alle Aufgaben/Importieren* die beiden CRT-Dateien importieren und erhalten anschließend die Zertifikate auf dem Rechner.

Bereits seit einigen Versionen stellt VMware das Befehlszeilentool Certificate Manager für vCenter-Server und die vCenter-Appliance zur Verfügung. Mit dieser und anderen Werkzeugen können Sie Zertifikate in vSphere ausstellen und dabei auch die Active Directory-Zertifikatdienste nutzen.

In den folgenden Abschnitten erfahren Sie, wie das Zertifikat in der vCenter-Appliance angepasst wird. Die Anpassung auf dem vCenter-Server funktioniert identisch, allerdings können Sie sich hier die Konfiguration über den SSH-Client ersparen.

12.3.1 Active Directory-Zertifikatdienste und Vorlagen erstellen

Schlussendlich spielt es keine Rolle, wo die Zertifikate ausgestellt werden, die Sie in vSphere einbinden. Sie können daher auch problemlos interne Active Directory-Zertifikatdienste verwenden. Mit dem Certificate Manager können Sie in vCenter Zertifikate aus den Active Directory-Zertifikatdiensten einbinden. Zuvor müssen diese Dienste allerdings in Active Directory installiert und konfiguriert werden. Um Zertifikate in vSphere zu nutzen, ist es sinnvoll, eigene Vorlagen für vSphere-Hosts in den Active Directory-Zertifikatdiensten zu konfigurieren.

Um eine eigene Vorlage zu konfigurieren, öffnen Sie auf dem Zertifikatserver zunächst das Verwaltungstool *certtmpl.msc* auf. Mit diesem Tool verwalten Sie die Vorlagen, die in den Active Directory-Zertifikatdiensten zur Verfügung stehen. Über das Kontextmenü von Vorlagen können Sie neue Vorlagen auf Basis der vorhandenen Vorlage erstellen, indem Sie diese duplizieren.

Klicken Sie dazu mit der rechten Maustaste auf die Vorlage *Webserver* und duplizieren Sie diese Vorlage. Wählen Sie bei den Kompatibilitätseinstellungen als Zertifizierungsstelle die Option *Windows Server 2008* aus. Weisen Sie der neuen Vorlage auf der Registerkarte *Allgemein* einen passenden Namen zu, zum Beispiel „auf vSphere".

Wechseln Sie danach zur Registerkarte *Erweiterungen*. Markieren Sie den Punkt *Anwendungsrichtlinien* und klicken Sie auf die Schaltfläche *Bearbeiten*. Im neuen Fenster markieren Sie die Option *Serverauthentifizierung* und entfernen diese Anwendungsrichtlinie. Klicken Sie dazu auf die Schaltfläche *Entfernen*. Bestätigen Sie die Konfiguration. Klicken Sie danach auf den Menübefehl *Schlüsselverwendung*. Aktivieren Sie die Option *Signatur ist Ursprungsnachweis (Nachweisbarkeit)*. Nach dem Bestätigen der Anweisungen wird die Vorlage jetzt erstellt.

Anschließend müssen Sie die von Ihnen erstellte Vorlage noch verfügbar machen. Dazu rufen Sie zunächst die Microsoft Management-Konsole über den Befehl *mmc* auf und fügen das Snap-in *Zertifizierungsstelle* hinzu. Klicken Sie auf den Menübefehl *Zertifikatsvorlagen*, sehen Sie alle Vorlagen, die aktuell mit den Zertifikatdiensten ausgestellt werden können. Über das Kontextmenü dieses Menübefehls können Sie neue Vorlagen zuweisen. Hier fügen Sie die von Ihnen erstellte Vorlage für vSphere hinzu. Jetzt ist die Zertifizierungsstelle vorbereitet, damit Sie Zertifikate für vSphere abrufen können.

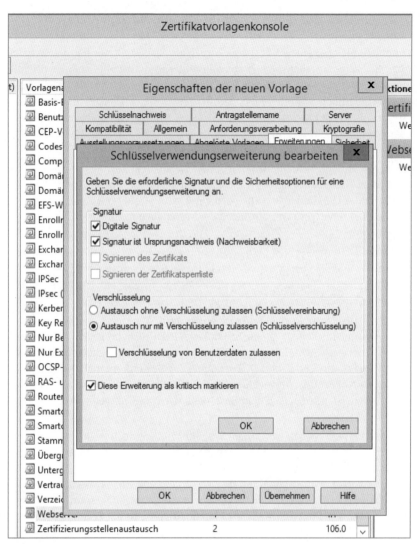

Abbildung 12.10 Sie können in den Active Directory-Zertifikatdiensten eine eigene Vorlage für vSphere-Zertifikate erstellen.

12.3.2 vCenter Appliance und vCenter-Server für Zertifikate konfigurieren

Setzen Sie die vCenter-Appliance ein, melden Sie sich per SSH (zum Beispiel mit Putty) an der Appliance an. Nach der Anmeldung starten Sie mit *shell.set –enabled True* und dann mit *shell* das Befehlszeilenfenster.

Erhalten Sie eine Fehlermeldung, müssen Sie zuerst über die Konsole oder die Weboberfläche die Shell aktivieren. Diese ist aus Sicherheitsgründen meist deaktiviert. Anschließend erstellen Sie ein neues Verzeichnis, welches Sie für die Speicherung der Zertifikate zusammen mit den notwendigen Dateien benötigen. Dieses können Sie zum Beispiel mit dem folgenden Befehl erstellen:

mkdir /root/SSLCerts

Danach starten Sie den Certificate Manager:

/usr/lib/vmware-vmca/bin/certificate-manager

Dieser lässt sich auch auf vCenter-Servern auf Basis von Windows starten. Dazu rufen Sie die entsprechende Batchdatei im Verzeichnis *C:\Program Files\VMware\vCenter Server\vmcad* auf.

Um das Zertifikat auf Basis der Active Directory-Zertifikatdienste abzurufen, verwenden Sie die Option 1 (*Replace Machine SSL certificate with Custom Certificate*). Anschließend geben Sie den Benutzernamen und das Kennwort eines Administrator-Benutzers ein. Danach wählen Sie aus, welche Aktion Sie durchführen möchten. Hier nutzen Sie ebenfalls wieder die Option 1 und lassen eine Zertifikatanforderung erstellen.

Danach müssen Sie ein Verzeichnis angeben, in das die Datei mit der Zertifikatanforderung gespeichert wird. Hierzu können Sie das im Vorfeld erstellte Verzeichnis verwenden, in diesem Beispiel */root/SSLCerts*. Anschließend wird im Verzeichnis eine Datei gespeichert, welche die Zertifikatanfrage darstellt. Wechseln Sie in das Verzeichnis und lassen Sie sich den Inhalt der Datei anzeigen. Dazu müssen Sie zunächst den Certificate Manager verlassen oder ein zweites SSH-Fenster öffnen:

cd /root/SSLCerts/

cat machine_ssl.csr

```
vcenter.joos.int - PuTTY
    * Launch BASH: "shell"

Command> shell.set --enabled True
Command> Shell
Unknown command: `Shell'
Command> shell
Shell access is granted to root
root@vcenter [ ~ ]# mkdir /root/SSLCerts
root@vcenter [ ~ ]# /usr/lib/vmware-vmca/bin/certificate-manager
 _ _
      |                                                               |
      |                                                               |
      |           *** Welcome to the vSphere 6.0 Certificate Manager ***
      |                                                               |
      |                                                               |
      |                        -- Select Operation --                 |
      |                                                               |
      |                                                               |
      |           1. Replace Machine SSL certificate with Custom Certificat
e     |                                                               |
      |                                                               |
      |           2. Replace VMCA Root certificate with Custom Signing|
      |              Certificate and replace all Certificates         |
      |                                                               |
      |                                                               |
      |           3. Replace Machine SSL certificate with VMCA Certificate
      |                                                               |
      |                                                               |
      |           4. Regenerate a new VMCA Root Certificate and       |
      |              replace all certificates                         |
      |                                                               |
      |                                                               |
      |           5. Replace Solution user certificates with          |
      |              Custom Certificate                               |
      |                                                               |
      |                                                               |
      |           6. Replace Solution user certificates with VMCA certifica
tes   |                                                               |
      |                                                               |
      |           7. Revert last performed operation by re-publishing old
      |              certificates                                     |
      |                                                               |
      |                                                               |
      |           8. Reset all Certificates                           |
      |                                                               |
 _ _ _|_____|
Note : Use Ctrl-D to exit.
Option[1 to 8]: []
```

Abbildung 12.11 Verwalten der Zertifikate in vSphere

12.3.3 Zertifikatanforderung an Active Directory-Zertifikatdienste übergeben

Wenn der Inhalt der Anforderungsdatei für das Zertifikat angezeigt wird, rufen Sie im Browser zunächst die Weboberfläche der Active Directory-Zertifikatdienste auf. Die Weboberfläche starten Sie normalerweise über die URL *https://<Servername>/certsrv*. Sobald die Webseite geöffnet wurde, klicken Sie zunächst auf den Link *Ein Zertifikat anfordern*. Wählen Sie danach die Option *Erweiterte Zertifikatanforderung*. Anschließend wählen Sie die Option *Reichen Sie eine Zertifikatanforderung ein, die eine Base64-codierte CMD- oder PKCS10-Datei verwendet, oder eine Erneuerungsanforderung, die eine Base64-codierte PKCS7-Datei verwendet*, ein.

Auf der neuen Seite wählen Sie die von Ihnen erstellte Zertifikatvorlage aus. Im Feld bei *Gespeicherte Anforderungen* tragen Sie den Inhalt der Zertifikatanforderungsdatei ein, welchen Sie über Putty in die Zwischenablage kopieren können. Kopieren Sie aber den kompletten Text. Klicken Sie danach auf die Schaltfläche *Einsenden*. Auf der neuen Seite können Sie jetzt das Zertifikat herunterladen. Aktivieren Sie hier aber die Option *Base-64-codiert* und klicken Sie auf den Link *Download des Zertifikats*.

12.3.4 Zertifikate in vCenter installieren

Öffnen Sie die heruntergeladene CER-Datei mit dem Editor. Sie erstellen jetzt auf der vCenter-Appliance eine neue Datei und kopieren den Inhalt der Zertifikatdatei über die Zwischenablage und Putty in die neue Datei. Dazu geben Sie auf der Appliance im SSH-Client den folgenden Befehl ein:

vi /root/SSLCerts/machine_ssl.cer

Sobald Sie den Unix-Editor vi gestartet haben, versetzen Sie diesen über die Taste (I) in den Einfügemodus. Anschließend können Sie über die Zwischenablage den Inhalt der Zertifikatdatei in die neue Datei einfügen. Ist der Inhalt der Datei zu sehen, können Sie mit der Taste (Esc) den Einfügemodus beenden. Mit dem Befehl :*wq* speichern und verlassen Sie die Datei.

Danach laden Sie über die Weboberfläche der Zertifizierungsstelle noch das Verzeichnis der Stammzertifizierungsstelle ebenfalls im Format Base 64 herunter. Dazu steht ein eigener Menübefehl auf der Startseite der Zertifizierungsstelle zur Verfügung (*Download eines Zertifizierungsstellenzertifikats, einer Zertifikatkette oder einer Sperrliste*). Öffnen Sie auch dieses Zertifikat mit dem Editor. Erstellen Sie danach im SSH-Client auf der vCenter-Appliance eine neue Zertifikatdatei:

vi /root/SSLCerts/ca.cer

Sobald Sie erneut den Unix-Editor vi gestartet haben, versetzen Sie diesen wieder über die Taste (I) in den Einfügemodus. Wie gewohnt, können Sie über die Zwischenablage den Inhalt der Zertifikatdatei in die neue Datei einfügen. Ist der Inhalt der Datei zu sehen, können Sie mit der Taste (Esc) den Einfügemodus beenden. Mit dem Befehl :*wq* speichern und verlassen Sie die Datei. Lassen Sie sich jetzt den Inhalt des Verzeichnisses anzeigen, finden Sie hier vier wichtige Dateien für die Konfiguration der Zertifikate vor:

ca.cer

machine_ssl.cer

machine_ssl.csr

machine_ssl.key

Anschließend öffnen Sie den Certificate Manager erneut oder wechseln in die andere SSH-Sitzung, in der Sie den Manager geöffnet lassen. In diesem Fenster haben Sie die Möglichkeit, das Ausstellen des Zertifikats abzuschließen. Dazu müssen Sie den Pfad und den Dateinamen von verschiedenen Dateien angeben. Sind Sie bei der Vergabe der Dateinamen dem bisherigen Beispiel gefolgt, geben Sie die folgenden Daten ein:

Please provide valid custom certificate for Machine SSL.

File : /root/SSLCerts/machine_ssl.cer

Please provide valid custom key for Machine SSL.

File : /root/SSLCerts/machine_ssl.key

Please provide the signing certificate of the Machine SSL certificate

File : /root/SSLCerts/ca.cer

Danach müssen Sie den Vorgang abschließen und die Zertifikate hinterlegen lassen. Hat alles ordnungsgemäß funktioniert, erhalten Sie eine positive Rückmeldung. Öffnen Sie danach den Webclient, können Sie das neue Zertifikat für die Verbindung verwenden. Bei der Anbindung sollte nun keine Zertifikatwarnung mehr erscheinen.

13 Daten sichern und wiederherstellen

In diesem Kapitel erfahren Sie, welche Möglichkeiten es zur Datensicherung in vSphere-Umgebungen mit Bordmitteln gibt. Zusätzlich finden Sie hier einige Hinweise zu Fehlerbehebungsmaßnahmen und Zusatztools, die bei der Lösung von Datensicherungsproblemen helfen können. Natürlich bieten auch viele andere Hersteller Tools zur Datensicherung in VMware vSphere an. Diese sind allerdings kein Bestandteil von VMware vSphere, sondern werden extern angebunden.

13.1 Grundlagen zur Sicherung virtueller Umgebungen

Unternehmen, die über vSphere virtuelle Server zur Verfügung stellen, müssen das Datensicherungskonzept der virtuellen Maschinen und der zugrunde liegenden Hosts in die Sicherungsstrategie mit einbinden.

Die Sicherung des Hosts sowie der installierten virtuellen Server verlangen andere Herangehensweisen als die Sicherung herkömmlicher physischer Server. Die meisten Unternehmen setzen auf Zusatzsoftware bei der Datensicherung. Hier bieten mittlerweile viele Hersteller Tools zur Unterxstützung speziell für VMware an. Diese Lösungen sichern die Server und den Host auf Ebene des Hypervisors.

Ob Unternehmen ihre vSphere-Hosts sichern oder bei einem Ausfall neu aufsetzen, ist schlussendlich eine Frage der Konfiguration. Durch die automatische Bereitstellung in den Hostprofilen ist eine Neuinstallation meist schneller. Der wichtigste Bereich in einer virtuellen Umgebung sind sicherlich die VMs. Diese sollten vor Ausfall geschützt werden, zum Beispiel durch die Sicherung in einem SAN oder einem anderen hochsicheren Speicher. Außerdem sollten die Funktionen zur Replikation und zur Synchronisierung genutzt werden, um sicherstellen, dass die VMs jederzeit zur Verfügung stehen. Fällt ein Host aus, kann ein anderer Host den Betrieb der VMs übernehmen. Während dieser Zeit installieren Sie den Host neu.

Auch virtuelle Server lassen sich mit herkömmlichen Sicherungsstrategien sichern. Dazu installieren Sie auf den virtuellen Servern die Agents der entsprechenden Sicherungslösung.

Dadurch behandelt das Datensicherungsprogramm diese Server genauso wie normale physische Server. Diese Art der Datensicherung sichert aber nicht die Konfiguration der virtuellen Maschine und verwendet auch nicht die optimierten Methoden, die VMware zur Verfügung stellt.

Die Agents nutzen außerdem nicht den Hypervisor und können daher weder die Schattenkopien noch Snapshots (Momentaufnahmen) zur Sicherung nutzen. Dadurch würden sich die zu sichernde Datenmenge und die Dauer der Datensicherung wesentlich erhöhen. Datensicherungen, die vSphere unterstützen, nutzen Schnittstellen von vSphere zur optimalen Sicherung. In diesem Zusammenhang kann die Software Snapshots der virtuellen Server zur Sicherung sowie den Schattenkopiedienst von Windows-Servern verwenden. Dies ist wesentlich effizienter, schneller und auch stabiler als herkömmliche Sicherungen. Die Anwendung erstellt Snapshots im laufenden Betrieb automatisch, und die virtuellen Server stehen weiterhin den Anwendern zur Verfügung. Solche Onlinesicherungen belasten die Hardware des Hosts nicht und ermöglichen auch Sicherungen während des Betriebs.

Müssen Sie mehrere virtuelle Server auf einem Host sichern, kann eine kompatible Lösung auch gemeinsame Dateien erkennen und muss diese nicht doppelt sichern. Laufen auf einem vSphere-Host zum Beispiel zehn Server mit Windows Server 2012 R2 oder Windows Server 2016, erkennt dies die Software und sichert die Daten nicht doppelt, sondern erkennt zum Beispiel identische Systemdateien und sichert nur die unterschiedlichen Dateien. Bei der Sicherung von virtuellen Windows-Servern spielt der Schattenkopiedienst eine wichtige Rolle, da die Sicherung auf Snapshots des Servers und der virtuellen Server aufbaut.

Der wichtigste Bereich bei der Sicherung in einer Infrastruktur besteht darin, dass Sie die VMs sichern. Hier haben Sie die Möglichkeit, auf spezielle Anwendungen wie Veeam Backup & Replication zurückzugreifen. Oder Sie sichern das Verzeichnis, in dem sich die Systemdateien der VM befinden. Neben den Festplattendateien spielen natürlich auch die Konfigurationsdateien sowie die Dateien der Snapshots eine Rolle, sofern Sie Snapshots angelegt haben.

In den meisten Fällen arbeiten spezielle Anwendungen zur Sicherung von VMs ebenfalls mit Snapshots, um die Sicherung effizienter durchführen zu können. Hintergrund ist zum Beispiel die Möglichkeit, dass nach der Erstellung eines Snapshots die virtuelle Festplattendatei kopiert werden kann, da diese nicht mehr im schreibenden Zugriff ist.

13.2 VMware Data Protection

VMware bietet mit Data Protection (VDP) ein eigenes Sicherungsprogramm an, welches vom Mutterkonzern EMC stammt. Das Sicherungsprogramm ist Bestandteil von vSphere ab der Lizenz Essentials Plus. Allerdings wird vSphere 6.5 das letzte Produkt sein, das VDP unterstützt. Wie beim Einsatz von anderen Sicherungsprodukten auch, können Sie mit VDP ausschließlich die virtuellen Maschinen und somit keine vSphere-Hosts sichern. Die Integration dieser Sicherungslösung erfolgt über eine Appliance, die Sie bei VMware herunterladen und anschließend in die vSphere-Umgebung integrieren. Der Download erfolgt über eine OVA-Datei mit einer Größe von etwa 5,5 GB. Die Installation dieser Appliance entspricht in etwa der Installation der vCenter-Appliance.

13.2.1 Vorbereitungen für VMware Data Protection-Appliance treffen

Bevor Sie die Appliance in Ihre Infrastruktur einbinden, stellen Sie sicher, dass entsprechende DNS-Einträge vorhanden sind. Legen Sie dazu einen neuen Hosteintrag für den FQDN der Appliance an. Den Namen und die hinterlegte IP-Adresse verwenden Sie anschließend beim Integrieren der Appliance.

Bereits bei der Installation müssen Sie den Servernamen und die IP-Adresse festlegen. Diese beiden Daten müssen über DNS auflösbar sein. Das Gleiche gilt für die vCenter-Appliance. Sie müssen der Appliance außerdem mindestens 4 GB Arbeitsspeicher zuweisen.

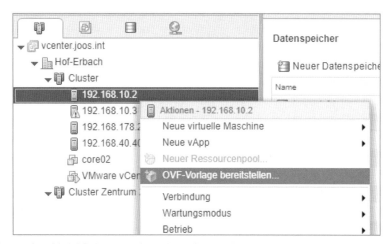

Abbildung 13.1 Die VDP-Appliance integrieren Sie zum Beispiel im Webclient.

13.2.2 VDP-Appliance importieren

Die Appliance importieren Sie zum Beispiel im Webclient über die Funktion zur Integration von Appliances. Sobald Sie den Assistenten zur Integration gestartet haben, startet eine angepasste Oberfläche, mit der Sie die Appliance in die Umgebung integrieren. Beim Anlegen der Appliance erscheint ein Assistent, über den Sie den Host, in den Sie die Appliance integrieren wollen, sowie den Datenspeicher festlegen.

Abbildung 13.2 Die VDP-Appliance integrieren Sie wie andere Appliances auch.

13.2.3 VDP-Appliance einbinden

Wenn Sie die Appliance über den Assistenten in vSphere integriert haben, rufen Sie die Webseite der Appliance zur Einrichtung auf. Die URL zur Verwaltung der Appliance sehen Sie in der Konsole. Anschließend können Sie über einen Assistenten die wichtigsten Einstellungen der Appliance vornehmen. Hier legen Sie zum Beispiel fest, wo die Daten gesichert werden sollen, sowie weitere Systemeinstellungen. Außerdem verbinden Sie die Appliance über diesen Assistenten mit vCenter.

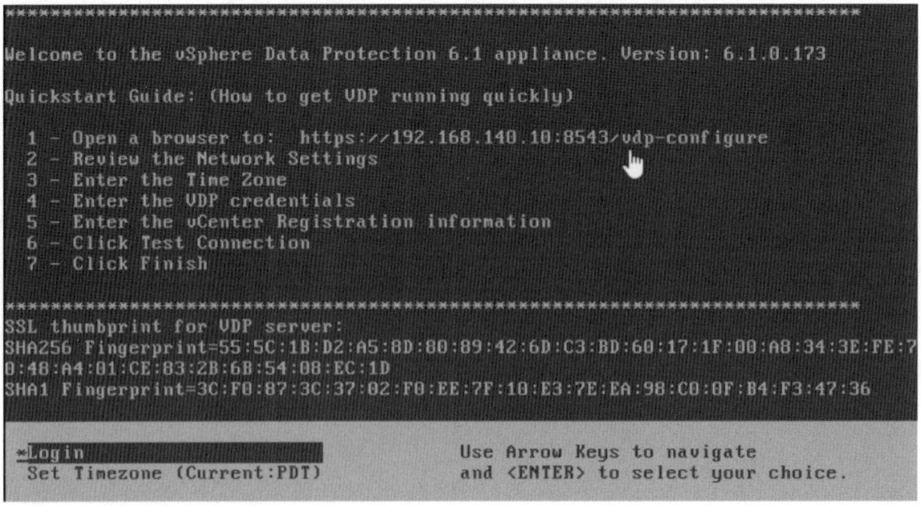

Abbildung 13.3 In der Konsole der Appliance sehen Sie den Link zur Verwaltung und können Systemeinstellungen vornehmen.

Sobald Sie den Assistenten zur Integration der Appliance im Webclient durchgearbeitet haben, ist die Appliance zur Sicherung von VMs bereit. Die Verwaltung der Datensicherung nehmen Sie über den Webclient im Bereich *vSphere Data Protection* vor.

Um sich an der Weboberfläche der Appliance anzumelden, geben Sie die URL ein, die in der Konsole angezeigt wird. Der Anmeldenamen ist „root", das erste Kennwort ist „changeme". Dieses müssen Sie nach der Anmeldung anpassen.

Der Menübefehl wird durch den Integrations-Assistenten der Appliance im Webclient integriert. Hierüber können Sie die Datensicherung Ihrer VMware-Umgebung vornehmen. Auf einer eigenen Registerkarte können Sie die generellen Einstellungen der Sicherungsumgebung anpassen. Hier legen Sie zum Beispiel das Sicherungsfenster fest und können auch konfigurieren, dass bei den Sicherungen automatisiert E-Mails versendet werden. Zunächst müssen Sie den Assistenten der Appliance durcharbeiten, damit die Sicherungslösung zur Verfügung steht.

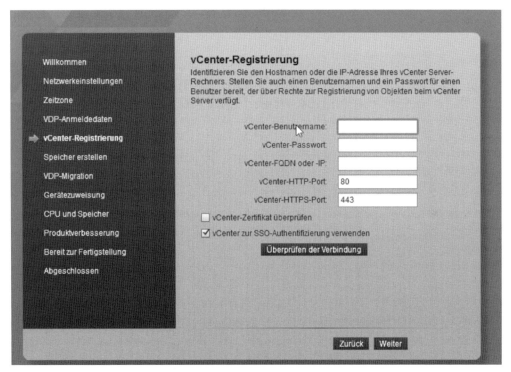

Abbildung 13.4 Die Einrichtung von VDP erfolgt über einen Assistenten in der Weboberfläche.

Nachdem Sie die erste Einrichtung durchgeführt haben, erscheint die Weboberfläche der Appliance, und Sie sehen den Status der einzelnen Dienste. Sie können an dieser Stelle auch die Systemdienste der Appliance verwalten.

Abbildung 13.5 Verwalten der Systemdienste der VDP-Appliance

13.2.4 Datensicherung mit VMware Data Protection durchführen

Sobald Sie die VDP-Appliance eingerichtet haben, können Sie erste Sicherungsjobs erstellen. Dazu stellt der Menübefehl zur Steuerung der Datensicherung im Webclient einen entsprechenden Assistenten zur Verfügung.

Abbildung 13.6 Über einen Assistenten steuern Sie im Webclient von vSphere die Datensicherung mit VDP.

Über die Weboberfläche können Sie jeden einzelnen Sicherungsjob konfigurieren. Hierüber können Sie festlegen, ob Sie die komplette VM oder nur einzelne Dateien der VM sichern wollen. Über den Assistenten wählen Sie das Objekt aus, das Sie sichern wollen. Hier werden alle Datencenter, Cluster und VMs angezeigt. Sie können über den Assistenten auch festlegen, in welchem Zeitrahmen die Sicherung stattfinden soll.

Hier unterscheidet sich VDP nicht von anderen Sicherungslösungen. Das Plug-in zur Verwaltung von VMware Data Protection erscheint im Webclient, nachdem Sie die Einrichtung vorgenommen haben. Haben Sie den Bereich aufgerufen, legen Sie über den Menübefehl *Konfiguration* zunächst das Backupzeitfenster fest.

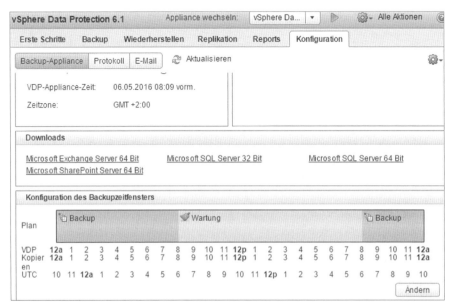

Abbildung 13.7 Im Fenster legen Sie das Backupzeitfenster fest.

Zusätzlich können Sie bestimmen, wann Sicherungen als veraltet betrachtet und automatisch gelöscht werden sollen.

Haben Sie alle allgemeinen Einstellungen vorgenommen, legen Sie über den Bereich *Backup* mit *Backupjobaktionen /Neu* einen neuen Backupjob für die Umgebung fest.

Abbildung 13.8 Erstellen eines neuen Backupjobs in VMware Data Protection

Über einen Assistenten werden alle notwendigen Einstellungen für den Sicherungsjob vorgenommen. Hier wählen Sie beispielsweise aus, welche VMs Sie sichern wollen. Sie können mit verschiedenen Sicherungsjobs auch verschiedene Kombinationen von VMs sichern lassen, zum Beispiel einzelne VMs, eine frei definierbare Menge an VMs, alle VMs eines Rechenzentrums oder die VMs eines bestimmten Clusters.

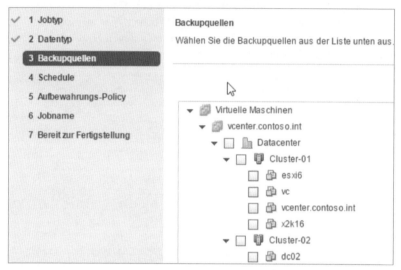

Abbildung 13.9 Festlegen der zu sichernden VMs

Auch den Zeitplan der Sicherung sowie die Aufbewahrungsrichtlinie steuern Sie im Assistenten. Mit dieser Richtlinie legen Sie fest, wann die Sicherung abläuft und die Daten gelöscht werden können. Schließen Sie den Assistenten ab, wird der Job erstellt und im VDP-Menü angezeigt. Sie können Backupjobs jederzeit anpassen, manuell starten oder auch wieder löschen. Auch das zeitweise Deaktivieren eines Jobs ist möglich. Haben Sie einen Backupjob erstellt, können Sie diesen über die Backupjobaktionen klonen. Dadurch lassen sich kleinere Änderungen schneller durchführen, anstatt alle Einstellungen eines Backupjobs neu zu erstellen.

Für die Datensicherung erstellt auch VDP einen Snapshot der gesicherten VM. Nach der Sicherung wird dieser aber wieder gelöscht. Der Snapshot wird nur benötigt, damit VDP auf die Festplattendateien der VM zugreifen kann. Sobald ein Job durchgeführt wurde, erscheinen Informationen dazu im Hauptfenster, wenn Sie den VDP-Bereich im Webclient aufrufen. Über den Menübefehl *Reports* lassen Sie sich Berichte zur Sicherung anzeigen.

13.2.5 Daten mit VDP wiederherstellen

Für die Wiederherstellung bietet VDP einen eigenen Menübefehl an. Über diesen können Sie die wiederherzustellenden VMs sowie die zu verwendende Datensicherung auswählen. Auch hierbei unterstützt Sie VDP mit einem Assistenten. Im Rahmen der Wiederherstellung haben Sie die Möglichkeit, eine Wiederherstellung der originalen VM durchzuführen. Die Wiederherstellung lässt sich aber auch an anderen Speicherorten durchführen.

Sie können eine neue VM erstellen und die wiederherzustellenden Daten in einen anderen Datenspeicher ablegen. Legen Sie eine neue VM an, können Sie bereits bei der Wiederherstellung festlegen, dass diese nicht mit dem Netzwerk verbunden werden soll. Dadurch vermeiden Sie IP-Konflikte.

■ 13.3 vSphere mit Veeam sichern

Mit der Sicherungssoftware Veeam Backup & Replication, die eingeschränkt auch kostenlos zur Verfügung steht, lassen sich virtuelle Server ebenfalls sichern. Die Software unterstützt VMware vSphere und Microsoft Hyper-V. Sie können mit der frei verfügbaren Version von Veeam Backup & Replication kostenlos virtuelle Server sichern. Wenn Sie erweiterte Funktionen nutzen wollen, zum Beispiel das gleichzeitige Sichern mehrerer Server, müssen Sie das Produkt lizenzieren. Dazu muss die Software aber nicht neu eingerichtet werden, sondern es genügt, wenn Sie eine Lizenz einspielen. Alle vorhandenen Daten und die vorhandenen Sicherungen werden in die kommerzielle Version eingebunden.

Eine interessante Funktion von Veeam Backup & Replication ist die Unterstützung von Storage-Lösungen wie NetApp. Sie können NetApp-SANs als Storage direkt in Veeam einbinden und auf diesen Systemen Daten in Backup-Repositories anlegen. Jedoch kann Backup & Replication noch mehr. Sie können auch SANs-Snapshots auf diesen SANs als Sicherung der VMs in Veeam Backup & Replication verwenden. Das geht in Sekundenschnelle und verkürzt die Sicherungszeiten enorm. Um neue SANs anzubinden, verwenden Sie die Assistenten im Bereich *Storage Infrastructure*. Die Anbindung ist schnell konfiguriert.

Sobald Sie das SAN eingebunden haben, öffnen Sie die Sicherungsjobs der VMs. In den Eigenschaften dieser Jobs finden Sie die Registerkarte *Storage Integration*. Aktivieren Sie hier die Option *Use storage snapshot*, muss Backup & Replication eine VM über einen großen Zeitraum nicht selbst sichern, sondern verwendet die extrem schnelle Möglichkeit der SAN-Snapshots. Solche Sicherungen dauern nur wenige Sekunden. Die Sicherungen lassen sich intern ebenso verwenden wie herkömmlich erstellte Datensicherungen. Nutzen Sie ein kompatibles SAN, sollten Sie dieses in Veeam Backup & Replication anbinden.

13.3.1 Einstieg in Veeam Backup & Replication

Veeam Backup & Replication sichert virtuelle Server von angebundenen Hosts im laufenden Betrieb oder im ausgeschalteten Zustand. Dabei gibt es keinerlei Einschränkungen bezüglich der Anzahl der VMs. Den Download der kostenlosen Edition finden Sie unter http://tinyurl.com/qao53s5. Diese ist lediglich darauf beschränkt, dass immer nur eine VM nach der anderen gesichert werden kann.

Die Sicherungen müssen manuell gestartet werden, nur die kostenpflichtige Edition beherrscht geplante Backupvorgänge. Aus den Sicherungsdateien lassen sich virtuelle Server auf anderen Systemen wiederherstellen, zum Beispiel für eine Desaster Recovery oder eine Testumgebung.

So können Sie vor der Installation von Patches eine Sicherung durchführen und auf einem Testsystem wiederherstellen, ohne den produktiven Server zu beeinträchtigen. Auch virtuelle Server lassen sich auf dem gleichen Host wiederherstellen oder nur einzelne Dateien aus der Sicherung wie die virtuellen Festplatten oder die Konfigurationsdateien. Der Wiederherstellungs-Assistent unterstützt auch die Wiederherstellung einzelner Dateien innerhalb virtueller Windows-Server.

Bei der Sicherung berücksichtigt das Produkt nur beschriebene Bereiche der virtuellen Festplatten und sichert keine leeren Bereiche. Alle Konfigurationsdateien und virtuellen Festplatten sichert das Tool in eine einzelne Datei. Neben der kostenlosen Edition bietet Veeam noch eine kommerzielle Version von Veeam Backup an. Diese beherrscht auch geplante Sicherungen und Sicherungsjobs sowie die Möglichkeit, inkrementelle Sicherungen durchzuführen. Außerdem kann die kostenpflichtige Edition mehrere VMs gleichzeitig sichern.

Neben der Möglichkeit, virtuelle Server im laufenden Betrieb in eine einzelne Datei zu sichern und auf anderen Hosts wiederherzustellen, lassen sich aus den Sicherungen auch einzelne Dateien wiederherstellen (Instant File Recovery). Auch hier können Sie die Ziele der Wiederherstellung frei wählen.

Zusätzlich bietet Veeam den Explorer für Microsoft Exchange (http://tinyurl.com/cnewd4y) an. Mit der Anwendung lassen sich Daten aus Exchange-Sicherungen von virtuellen Exchange-Servern auslesen und einzelne Elemente wie zum Beispiel E-Mails wiederherstellen. Die Dateien lassen sich aus der Exchange-Sicherung exportieren, entweder in das MSG-Format oder als PST-Datei. Dabei kann das Tool auf die Sicherungen zurückgreifen, die Sie mit Veeam Backup Free Edition angefertigt haben. Das heißt, Sie können kostenlos VMs sichern und Sicherungen und Daten wiederherstellen, auch einzelne Exchange-Elemente.

13.3.2 Veeam Backup Free Edition installieren

Um Veeam Backup & Replication einzusetzen, laden Sie sich zunächst die Installationsdateien (http://tinyurl.com/ydddygbc) herunter. Anschließend starten Sie die Installation auf Ihrem Server. Während der Installation können Sie eine Lizenzdatei hinterlegen, wenn Sie die kommerzielle Version installieren wollen. Für die kostenlose Free-Edition ist das aber nicht notwendig. Sie können die Lizenzdatei auch jederzeit nachträglich integrieren. Außerdem wählen Sie aus, welche Komponenten Sie installieren wollen.

Neben der grafischen Oberfläche unterstützt Veeam Backup Free Edition auch eine Steuerung über die PowerShell. Veeam Backup benötigt zusätzlich den Zugriff auf einen SQL-Server. Haben Sie noch keinen im Einsatz, kann der Installations-Assistent einen eigenen Server installieren. Die Anwendung kann allerdings auch auf eine bereits installierte SQL-Installation zurückgreifen.

Während der Installation legen Sie den Anmeldenamen des Dienstes für Veeam-Backup fest. Der Benutzer des Dienstes muss Zugriff auf die SQL-Datenbank erhalten. Installieren Sie die SQL-Instanz mit Veeam Backup zusammen, nimmt der Installations-Assistent die Einrichtung automatisch vor. Die weiteren Fenster können Sie auf dem Standard belassen. Auf dem SQL-Server legt Veeam eine neue Datenbank an, in der die Software seine Konfigurationsdaten speichert. Den Namen der Datenbank legen Sie während der Installation fest.

13.3.3 VMware vSphere und vCenter an Veeam Backup & Replication anbinden

Nach der Installation von Veeam Backup Free Edition binden Sie vCenter oder einzelne vSphere-Hosts an die Sicherungslösung an. Anschließend liest die Software die installierten virtuellen Server auf den Hosts ein und kann sie im laufenden Betrieb sichern. Dafür sorgt das Tool VeeamZIP, welches zur Veeam Backup Free Edition gehört. Das Tool starten Sie über die Verwaltungskonsole von Veeam Backup.

Die Anbindung der Hosts oder von vCenter nehmen Sie über die Verwaltungskonsole von Veeam Backup vor. Im ersten Schritt klicken Sie in der Konsole auf *Add Server* oder wählen den Befehl über das Kontextmenü von Microsoft Hyper-V oder VMware vSphere aus. Anschließend geben Sie den Namen oder die IP-Adresse des Virtualisierungshosts oder vCenter-Servers an. Auf der nächsten Seite des Assistenten legen Sie fest, ob es sich bei dem entsprechenden Server um einen Hyper-V-Host oder einen Server mit VMware vSphere (ESXi) handelt. Für jeden Server können Sie eigene Anmeldedaten hinterlegen.

Binden Sie einen Server ein, prüft der Assistent zunächst, ob der entsprechende Host kompatibel zu Veeam Backup ist. Anschließend legen Sie fest, ob Veeam Backup Erweiterungen auf dem Server installieren darf, um ihn an Veeam anzubinden.

Bestätigen Sie die Fenster zur Anbindung des Servers, installiert der Assistent über das Netzwerk die entsprechenden Erweiterungen und bindet den Server an. Sie sehen im Fenster den Status der Anbindung.

13.3.3.1 Datensicherungsspeicher und Sicherungsstrategie festlegen

Sie können Ihre VMs direkt in einem SAN ablegen und auf Wunsch auch SAN-Technologien zur Datensicherung einbinden. Unabhängig davon sollten Sie aber über den Menübefehl *Backup Infrastructure* zunächst Repositories anlegen, in denen die Lösung die VMs sichern kann.

Sie können mit Veeam Backup & Replication unterschiedliche Sicherungsstrategien verfolgen und nutzen. Diese lassen sich zum Beispiel in eigenen Sicherungsjobs abbilden:

- *Full Backup* – Bei dieser Sicherungsstrategie sichern Sie die komplette VM und deren sämtliche Daten. Der Vorteil dabei ist, dass Sie auf Basis dieser Sicherung eine VM vollständig wiederherstellen können.

- *Inkrementelles Backup* – Diese Strategie verwenden Sie in der Regel zusammen mit vollständigen Datensicherungen. Wählen Sie diese Option aus, werden nur die veränderten Daten seit der letzten Sicherung in die Datensicherung mit einbezogen. Bei einer notwendigen Wiederherstellung müssen Sie zuerst das letzte vollständige Backup wiederherstellen und danach die inkrementellen Sicherungen. Die Sicherung selbst ist sehr schnell abgeschlossen, Wiederherstellung dauert aber länger.

- *Differenzielles Backup* – Bei dieser Sicherung wird der Unterschied bei der letzten vollständigen Datensicherung gesichert. Die Sicherungsmenge wächst mit der Zeit an. Der Vorteil dabei ist, dass Sie bei einer Wiederherstellung nur die letzte vollständige Sicherung sowie die letzte differenzierende Sicherung benötigen.

- *Reversed Incremental Backup* – Bei diesen Sicherungen benötigen Sie ebenfalls zunächst eine vollständige Sicherung der VM. Darauf aufbauend sichern Sie durch inkrementelle

Sicherungen jeweils die Änderungen seit der letzten Sicherung. Der Unterschied zu einer herkömmlichen inkrementellen Sicherung besteht darin, dass die inkrementelle Sicherung in die vollständige Sicherung integriert wird. Dadurch steht immer eine aktuelle vollständige Sicherung zur Verfügung.

- *Synthetic Full Backup* – Bei dieser Option können Sie selbst festlegen, an welchen Tagen die inkrementelle Sicherung in die letzte vollständige Sicherung integriert wird. Dadurch haben Sie zum Beispiel die Möglichkeit, zweimal in der Woche Ihre vollständige Sicherung zu aktualisieren. An den anderen Tagen in der Woche wird nur inkrementell gesichert und keine Änderung am vollständigen Backup durchgeführt.

13.3.3.2 Virtuelle Server sichern

Nachdem Sie vCenter und die vSphere-Hosts angebunden haben, können Sie die VMs im Datencenter sichern. Wenn Sie vCenter anbinden, werden automatisch alle angebundenen Hosts ebenfalls integriert. Dazu klicken Sie auf *Home* und auf *Backup Job*. Im Fenster sehen Sie die angebundenen Hosts und darunter die installierten virtuellen Server. Sie sehen auch den Status der Server.

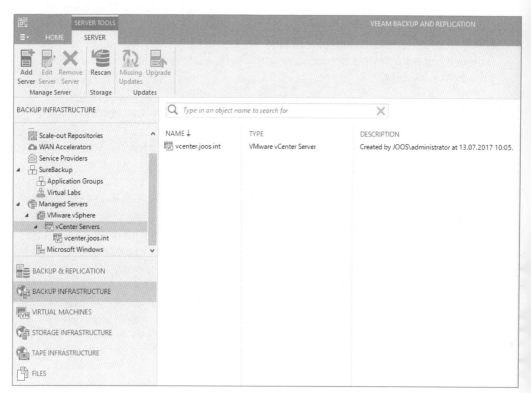

Abbildung 13.10 Virtuelle Server sichern Sie über einen Assistenten.

Nachdem Sie die zu sichernden Server ausgewählt haben, legen Sie als Nächstes einen Pfad fest, in dem die Daten gesichert werden sollen. Hier bestimmen Sie auch, ob Sie die Sicherung komprimieren wollen, und können zusätzlich weitere Einstellungen für die Sicherung definieren.

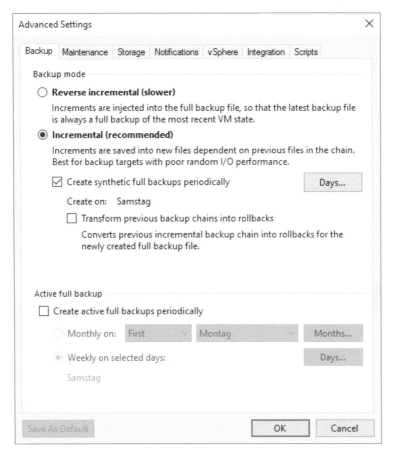

Abbildung 13.11 Einstellungen der Veeam Backup-Sicherung

13.3.3.3 Veeam Backup verwalten und erweiterte Funktionen nutzen

Klicken Sie in Veeam Backup im unteren Bereich auf *History*, sehen Sie alle Aufgaben, die Sie mit dem Tool durchgeführt haben. So lassen sich Sicherungsaufgaben und Wiederherstellungen überprüfen. Mit *Files* können Sie die Dateisysteme aller angebundenen Server durchsuchen und Dateien kopieren.

Veeam Backup beherrscht auch ein Rollenmodell. Sie können verschiedene Benutzer anlegen und diesen unterschiedliche Rechte zuteilen. Auch kann das Tool Benutzer aus Active Directory einlesen und verwenden. Die entsprechenden Benutzer können die Verwaltungskonsole auf ihrem Rechner installieren, um auf den Veeam-Server zugreifen zu können.

Benutzer legen Sie über das Hauptmenü und die Auswahl von *Users and Roles* fest. Bestandteil von Veeam ist auch ein Putty-Client, mit dem sich Telnet-Sitzungen aufbauen lassen. Sie können Veeam Backup Free Edition schnell und einfach zu einer vollwertigen Installation lizenzieren. Eine Neuinstallation ist dabei nicht notwendig. Die entsprechende Option finden Sie über das Hauptmenü und mit der Auswahl von *License*. Sie müssen an dieser Stelle lediglich eine Lizenzdatei hinterlegen.

13.3.3.4 Parallele Sicherungsjobs aktivieren

Zusammen mit der Möglichkeit, mehrere Sicherungsjobs parallel starten zu können, lassen sich über Veeam Backup & Replication viele VMs gleichzeitig sichern. Rufen Sie über das Hauptmenü oben links den Bereich *General Options* von Veeam Backup & Replication auf. Aktivieren Sie auf der Registerkarte *I/O Control* die Option *Enable parallel processing*, um mehrere VMs parallel sichern zu können. Zusammen mit SAN-Snapshots können Sie auf diesem Weg Datensicherungen sehr schnell abschließen.

13.3.3.5 Daten auf Band sichern

Die Anbindung Ihrer Bandlaufwerke nehmen Sie in der Veeam-Konsole im Bereich *Tape Infrastructure* vor. Nachdem das Bandlaufwerk angebunden ist, erstellen Sie über die Registerkarte *Home* einen neuen Backupjob. Hier wählen Sie den oder die Sicherungsjob(s) aus, dessen Daten auf Band geschrieben werden sollen.

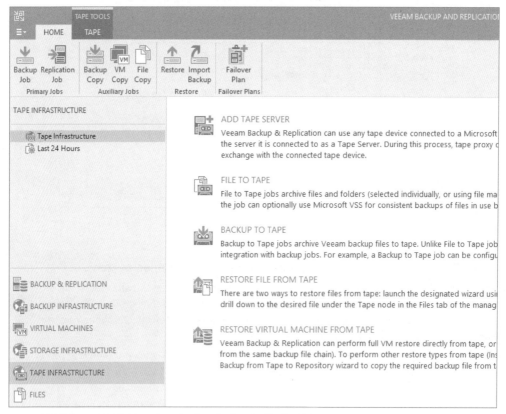

Abbildung 13.12 Verwalten der Bandlaufwerke für die Sicherung

13.3.3.6 Den Veeam-Explorer für Active Directory und SQL Server nutzen

Mit dem Veeam-Explorer für Exchange können Sie auf Exchange-Datenbanken von VMs zugreifen und einzelne Objekte aus diesen Datenbanken wiederherstellen, die Sie mit Veeam Backup & Replication gesichert haben.

Veeam Backup & Replication bietet zusätzlich zum Veeam-Explorer für Exchange noch den Veeam-Explorer für Active Directory und eine Version für Microsoft SQL Server an. Mit diesen Tools können Sie direkt auf Datenbanken von virtuellen Domänencontrollern oder SQL-Servern zugreifen und einzelne Daten wiederherstellen. Alternativ können Sie Datenbanken direkt aus der gesicherten VM extrahieren. Um die Assistenten zu nutzen, gehen Sie wie beim Veeam-Explorer für Exchange vor:

1. Starten Sie die Veeam-Konsole.
2. Wechseln Sie auf die Registerkarte *Home* und klicken Sie auf *Restore*.
3. Wählen Sie im Assistenten zur Wiederherstellung die Option *Application Items* aus.
4. Im Assistenten wählen Sie danach aus, auf welcher Basis Sie Daten wiederherstellen wollen.
5. Danach wählen Sie die Sicherung aus, über die Sie Daten wiederherstellen wollen.
6. Haben Sie die Sicherung ausgewählt, zum Beispiel die SQL-Server-Sicherung, wählen Sie aus, zu welchem Datum Sie Daten wiederherstellen wollen, falls mehrere Sicherungszeiten definiert sind.
7. Danach öffnet sich der entsprechende Veeam-Explorer, zum Beispiel für Microsoft SQL Server. Der Assistent liest die Datenbanken aus der Sicherung ein und zeigt Ihnen diese im Fenster an. Sie können jetzt einzelne Daten oder komplette Datenbanken exportieren oder wiederherstellen.

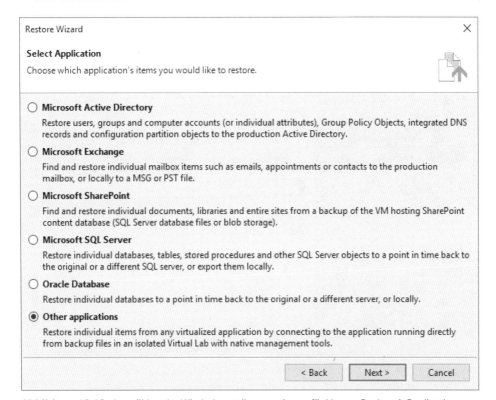

Abbildung 13.13 Auswählen der Wiederherstellungsoptionen für Veeam Backup & Replication

13.3.4 Einen Failover-Plan definieren

In Veeam Backup & Replication können Sie VMs auf andere Hosts replizieren. Vorteil dabei ist, dass Sie bei Ausfall eines Servers einen Failover durchführen können, der replizierte Server übernehmen kann. Sie können dazu auch Failover-Pläne definieren. Sie geben in einem Failover-Plan die Einstellungen vor, die durchgeführt werden sollen, wenn die replizierte VM nicht mehr funktioniert. Ist ein Failover notwendig, müssen Sie diesen jetzt nur noch starten, nicht mehr konfigurieren. Das funktioniert auch mobil oder von einem Tablet-PC aus. Für die Einstellung dazu finden Sie auf der Registerkarte *Home* die Schaltfläche *Failover Plan*.

Über diese legen Sie Skripte fest, die vor und nach dem Failover gestartet werden sollen. Zusätzlich konfigurieren Sie im Assistenten noch, welche VMs Sie über diesen Failover-Plan absichern wollen.

13.4 Altaro VM Backup für VMware

Altaro VM Backup (http://go.altaro.com/de) kann virtuelle Server in Virtualisierungsumgebungen sichern. Dabei kann die Anwendung auch über eine zentrale Oberfläche eine Verbindung zu mehreren Backupservern aufbauen. Über die Sicherungssoftware lassen sich hybride Umgebungen mit VMware vSphere und Microsoft Hyper-V genauso einfach sichern wie Umgebungen, die ausschließlich auf Hyper-V oder VMware setzen.

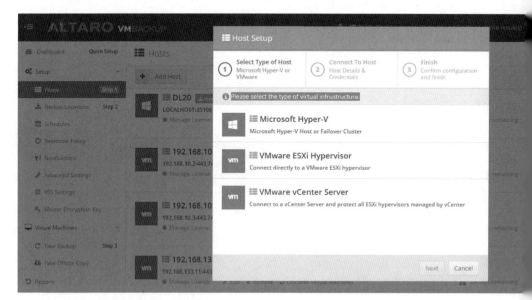

Abbildung 13.14 In der Verwaltungsoberfläche lassen sich Hyper-Server und vSphere-Hosts sowie vCenter über Assistenten anbinden.

Die Einrichtung der Umgebung ist schnell abgeschlossen, und die Bedienoberfläche sehr intuitiv gehalten. Altaro VM Backup ist auch für kleinere und mittlere Umgebungen eine Lösung zur Datensicherung. Für Testzwecke kann die Installationsdatei heruntergeladen und in wenigen Minuten eingerichtet werden. Erweiterungen wie Datenbankserver oder andere Voraussetzungen sind nicht notwendig. Altaro bietet auch eine Installationsdatei für die Verwaltungskonsole der Umgebung. Diese kann auf Arbeitsstationen von Administratoren installiert werden.

Im Rahmen der Datensicherung mit Altaro VM Backup können auch mehrere VMs auf unterschiedlichen Virtualisierungshosts parallel gesichert werden. Für große Umgebungen ist hier auch eine Sicherung über verschiedene Rechenzentren hinweg möglich.

13.4.1 Daten und virtuelle Anwendungen wiederherstellen

Altaro VM Backup kann nicht nur VMs sichern und wiederherstellen, sondern auch virtuelle Serveranwendungen, die in den VMs installiert sind. So lassen sich zum Beispiel auch einzelne Dateien oder Exchange-Elemente wiederherstellen, ähnlich wie mit Veeam Backup & Replication. Altaro VM Backup kann Sicherungslösungen für Exchange & Co. durchaus ersetzen. Wiederherstellungen können auf der gleichen VM oder dem gleichen Virtualisierungshost erfolgen, aber auch an anderen Wiederherstellungsorten. Auf Anforderung kann Altaro VM Backup auf einem Virtualisierungshosts auch eine Klon-VM der gesicherten VM anlegen. So lassen sich recht schnell Sicherungs-, Test-, oder Entwicklungsumgebungen aufbauen.

Sobald eine Sicherung durchgeführt wurde, lassen sich über den Bereich *Sandbox & Verification* Tests der gesicherten VMs durchführen. Dadurch können Administratoren sicherstellen, dass die Datensicherung korrekt arbeitet und die VM nach einer Wiederherstellung zuverlässig funktioniert.

13.4.2 Hosts und VMs an Altaro VM Backup anbinden

Die Anbindung der Virtualisierungshosts erfolgt über einen Assistenten. Nachdem die Hosts angebunden sind, lassen sich die darauf installierten VMs sichern. Die Verwaltungsoberfläche von Altaro VM-Backup führt Sie durch die Einrichtung. Sind die Hosts angeschlossen, können Sie festlegen, in welchem Verzeichnis die Sicherungen abgelegt werden sollen. Hier stehen Optionen für die Sicherung auf externen Datenträgern oder Freigaben im Netzwerk zur Verfügung. Die Daten können auf externen USB- und eSATA-Laufwerken gespeichert werden, aber auch auf NAS-Freigaben und herkömmlichen Freigaben im Netzwerk. Und selbstverständlich können auch interne Festplatten zur Datensicherung genutzt werden.

Sobald die Hosts angebunden und das Sicherungsziel definiert ist, lassen sich Sicherungsmaßnahmen durchführen. Dazu ist auf der linken Seite der Verwaltungskonsole der *Step 3* bei *Virtual Machines/Backup* zu sehen. Der Assistent zeigt alle vorhandenen VMs auf allen Virtualisierungshosts an. Dabei spielt es keine Rolle, ob die VMs auf Hyper-V oder vSphere betrieben werden.

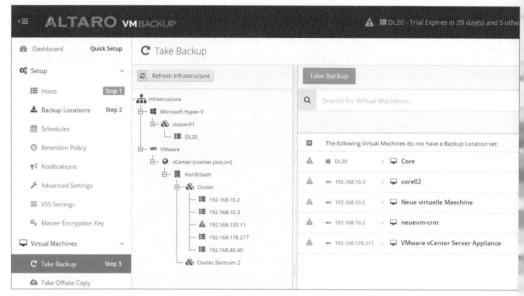

Abbildung 13.15 Altaro VM Backup zeigt die virtuelle Infrastruktur und auch die darauf vorhandenen VMs an.

Für jede VM lassen sich eigene Sicherungsziele definieren. Dazu steht in der Verwaltungskonsole hinter den VMs der Menübefehl *Click here to set Backup location* zur Verfügung. Neben der Möglichkeit, manuelle Backups zu erstellen, können Sie über den Menübefehl *Schedules* auch Zeitpläne für automatisierte Datensicherungen konfigurieren.

Wie lange die Daten aufbewahrt werden sollen, wird wiederum über *Retention Policy* gesteuert. Bei *Notifications* kann festgelegt werden, dass Altaro VM Backup bei erfolgreichen Sicherungen oder Problemen Administratoren benachrichtigt.

Über *Advanced Settings* kann für alle VMs in der Umgebung festgelegt werden, ob doppelte Daten bei der Sicherung nicht berücksichtigt werden sollen (*Deduplication*). Außerdem kann festgelegt werden, dass ISO-Dateien nicht gesichert werden sollen. Auch VMware Changed Block Tracking (CBT) kann für die VMs genutzt werden. Altaro VM Backup nutzt CBT für inkrementelle und differenzielle Backups.

13.5 Abstürze und Fehler beheben

In diesem Abschnitt werden Ihnen einige Maßnahmen erläutert, die Sie zur Fehlerbehebung von vSphere-Hosts nutzen können.

13.5.1 Abstürze analysieren

Stürzt ein vSphere-Server mit einem Fehlerbildschirm ab, sollten Sie nach dem Neustart eine Analyse durchführen. Das gilt vor allem, wenn der Server häufig abstürzt. Dazu wird am besten der Befehl *vmkdump -l* an der lokalen Konsole verwendet. Das Tool kann Fehler aus der ZDUMP-Datei des Rootverzeichnisses auslesen und in einer Protokolldatei sammeln.

Vermuten Sie Probleme mit dem Arbeitsspeicher, lassen sich diese über die Verwaltungskonsole und die Eingabe von *Service Ramcheck Start* finden und genauer eingrenzen. Fehler sind in den Dateien *ramcheck.log* und *RAMCHECK -err.log* im Verzeichnis */var/log/vmware* zu finden. Wollen Sie Fehler an den Support schicken, kann vSphere wichtige Daten in einer Datei sammeln. Dazu wird der Befehl *vm-support* verwendet. Für den VMware-Support benötigen Sie in der Konsole auch meistens noch einige Befehle, um notwendige Informationen abzurufen:

- *vmware -v* – Zeigt die ESX Server-Version an.
- *esxupdate -l* – Zeigt die installierten Patches an.
- *vpxa -v* – Zeigt die VMware-Management-Version an.
- *rpm -qa | grep VMware-esx-tools* – Zeigt die installierte Version der ESX-Server-VMware Tools an.
- *vmware-hostd* – Startet den VMware-Host-Agent-Dienst neu. Das behebt oftmals Probleme.
- *service mgmt-vmware restart* – Startet den Host neu.

Wenn Sie im Unternehmen zahlreiche virtuelle Server einsetzen, sollten Sie darauf achten, dass die Systemdateien der VMs auch direkt der entsprechenden VM zugeordnet sind und auch deren Bezeichnung haben. Sie können VMDK-Dateien jederzeit umbenennen. Bei einer korrekten Bezeichnung erkennen Sie in der Oberfläche jederzeit, welche Datei welchem Laufwerk in den einzelnen VMs entspricht.

Wenn Sie eine VM umbenennen, werden die Systemdateien und die Verzeichnisse der VM nicht sofort umbenannt. Verschieben Sie die VM auf einen anderen Server, zum Beispiel mit vMotion, oder auf einen anderen Datenspeicher, benennt vSphere die Dateien entsprechend um. Wollen Sie die Systemdateien und Verzeichnisse umbenennen, ohne den Server zu verschieben, müssen Sie dies manuell durchführen. Um Dateien umzubenennen, gehen Sie folgendermaßen vor:

1. Fahren Sie die virtuelle Maschine herunter.
2. Entfernen Sie die VMDK-Datei in den Eigenschaften der virtuellen Maschine.
3. Öffnen Sie die Shell.

4. Wechseln Sie in das Verzeichnis der VMDK-Datei: *cd /vmfs/volumes/<Datenspeicher>/<VM>*.
5. Benennen Sie die Dateien mit *vmkfstools -E „<Quellname.vmdk>" „<Zielname.vmdk>"* um.
6. Verbinden Sie die Datei mit der virtuellen Maschine und starten Sie diese erneut.

Die anderen Dateien erhalten einen passenden Namen. Diese müssen Sie nicht umbenennen.

13.5.2 Virtuelle Festplatten durch Konvertieren reparieren

Starwind Software bietet ein kostenloses Tool mit der Bezeichnung Starwind V2V Converter (http://tinyurl.com/qbev4pf). Mit diesem Tool können Sie virtuelle Festplatten in verschiedene Formate konvertieren. Wenn eine Festplatte defekt oder die Datei korrupt ist, haben Sie durchaus die Chance, dass die Datei durch das Konvertieren repariert wird. Allerdings ist das nicht immer der Fall.

Grundsätzlich ist es empfehlenswert, vor Reparaturversuchen die originale Festplattendatei zu sichern. Wenn eine Festplattendatei defekt ist, besteht auch die Wahrscheinlichkeit, dass das Konvertieren nicht funktioniert. Generell ist es sogar möglich, dass die Festplattendatei vollends zerstört wird.

13.5.3 VMDK-Daten aus VMware-Datei wiederherstellen

Wenn Sie defekte VMware-Festplatten reparieren müssen, kann das Tool Recover VMDK Data from VMware File (http://tinyurl.com/ybhn6or3) dabei helfen. Im ersten Schritt sollten Sie auch hier wieder die virtuelle Festplatte zunächst sichern. Danach kann die Festplattendatei auf einen Windows-Rechner heruntergeladen werden. Um VMware-Festplatten zu reparieren, müssen Sie das Tool auf Ihrem Windows-Rechner installieren. Kann die virtuelle Festplatte mit dem Tool repariert werden, können Sie direkt aus der Anwendung heraus die Vollversion kaufen. Der Preis beträgt 99 $.

Um die virtuelle Festplatte zu überprüfen, wird zunächst mit dem Menübefehl *Scan* ein beliebiges Verzeichnis durchsucht, in dem sich die Dateien für die virtuelle Maschine befinden, darunter auch die virtuelle Festplatte.

■ 13.6 Snapshots für virtuelle Server anlegen und nutzen

Sie haben die Möglichkeit, den Status von virtuellen Servern in Snapshots zu sichern. Der Vorteil dabei ist, dass Sie den Status eines Servers zu verschiedenen Zeitpunkten sichern können. Ein Snapshot dient aber nicht der Datensicherung von VMs, sondern soll einen Server vor Problemen nach Konfigurationsänderungen oder der Installation von Aktualisierungen schützen.

Ein Snapshot sichert nicht nur den Zustand eines Servers in eine Datei wie bei einer Datensicherung. Snapshots greifen in die Konfiguration von VMs ein und beeinträchtigen deren Leistung. Außerdem lassen sich Snapshots nicht effizient dauerhaft sichern oder auf andere Datenträger auslagern. Snapshots dienen immer nur der zusätzlichen Absicherung von Servern vor Konfigurationsänderungen.

So kann es zum Beispiel sinnvoll sein, vor der Installation einer Windows-Aktualisierung zuerst einen Snapshot zu erstellen. Treten bei der Installation Probleme auf, können Sie den Snapshot zurücksetzen und den Server wieder in den ursprünglichen Zustand versetzen. Sie sollten sich dazu den Artikel „Understanding VM snapshots in ESXi/ESX" (http://tinyurl.com/ydexlrv) auf der VMware-Internetseite ansehen.

13.6.1 Die Grundlagen zu Snapshots kennenlernen

Bei einem Snapshot werden alle Schreibvorgänge der virtuellen Festplatten der VM angehalten und die Daten lediglich gelesen. Alle Änderungen an der VM werden in einer neuen Festplattendatei gespeichert. Dadurch haben Sie die Möglichkeit, die Änderungen entweder rückgängig zu machen, ohne den Snapshot zu löschen, und die neue Festplattendatei in die alte zu überführen.

In jedem Snapshot, den Sie erstellen, wird auch eine neue virtuelle Festplatte erstellt. Dadurch besteht die Möglichkeit, jeden einzelnen Snapshot wiederherstellen zu können. Löschen Sie einen Snapshot, wird der komplette Inhalt der neuen Festplattendatei in die Haupt-Festplattendatei des virtuellen Servers geschrieben. Die Festplattendatei des Snapshots wird danach gelöscht.

Sie haben in diesem Bereich die Möglichkeit, einfache Snapshots zu erstellen oder eine verschachtelte Struktur zu verwenden. Erstellen Sie einen weiteren Snapshot nach einem angelegten Snapshot, wird die virtuelle Festplattendatei des zuvor erstellten Snapshots ebenfalls in den Nur-lesen-Zustand versetzt. Alle Schreiboperationen der VM finden in diesem Fall zukünftig in der virtuellen Festplattendatei des neuen Snapshots statt. Snapshots stehen nicht nur bei der Verwendung von vCenter zur Verfügung, sondern auch in der Testversion von vSphere.

Ein Snapshot enthält alle Einstellungen einer VM inklusive der Einstellungen und der Daten auf den virtuellen Festplatten. Außerdem wird auch der Inhalt des Arbeitsspeichers gesichert, wenn Sie den Snapshot im laufenden Zustand des Servers durchführen. Achten Sie aber darauf, dass Sie für VMs, die direkt an ein SAN angebunden sind, sowie für RDM-Datenträger keinen Snapshot erstellen können. Dies gilt auch, wenn Sie den unabhängigen Modus für virtuelle Festplatten aktiviert haben.

13.6.2 Ein erster Einstieg in Snapshots

Den Status der einzelnen virtuellen Server sichern Sie über Snapshots. Über das Kontextmenü der einzelnen virtuellen Server erreichen Sie die verfügbaren Befehle für die Snapshots. Mit *Snapshot/Snapshot erstellen* führen Sie eine Sicherung durch. Den Status des Snapshots sehen Sie im unteren Bereich der Konsole.

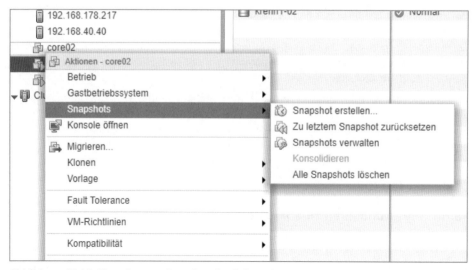

Abbildung 13.16 Verwalten von Snapshots in vSphere 6.5

Grundsätzlich ist es empfehlenswert, Snapshots nur dann zu erstellen, wenn auf dem Server keine große Last besteht. Zunächst wird der Server durch den Snapshot belastet. Außerdem sollten Sie darauf achten, dass der Server aktuell keine größeren Datenmengen versendet oder empfängt. Das Erstellen des Snapshots kann zu Problemen führen, wenn der Server während der Erstellung umfangreiche Schreiboperationen durchführt.

Sie können beim Erstellen eines Snapshots auch den Arbeitsspeicher sichern. Diese Sicherung ist aber nur optional. Wenn Sie den Arbeitsspeicher im Snapshot nicht sichern und den Snapshot zurücksetzen, verhält sich der Server, als ob Sie ihn ausgeschaltet hätten. Sichern Sie den Arbeitsspeicher und setzen den Snapshot zurück, befindet sich der virtuelle Server exakt in dem Zustand, zu dem Sie den Snapshot erstellt haben.

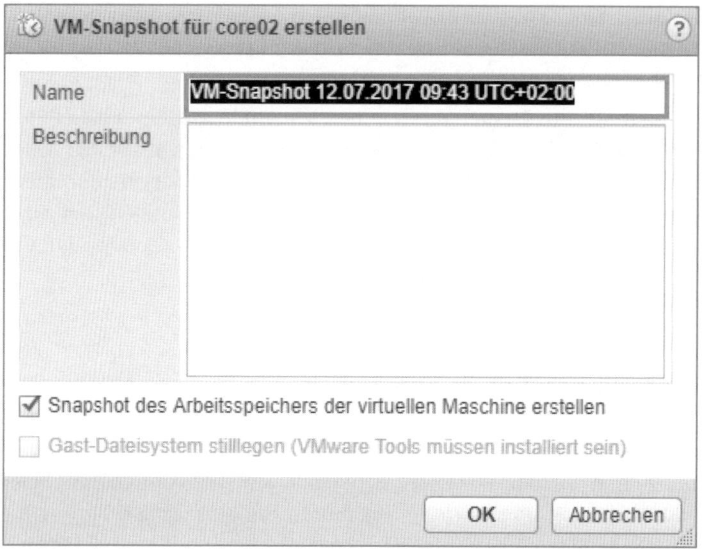

Abbildung 13.17 Beim Erstellen von Snapshots können Sie auch den Arbeitsspeicher sichern.

Mit dem Snapshot-Manager verwalten Sie die Snapshots der virtuellen Server. Diesen rufen Sie mit *Snapshots/Snapshots verwalten* im Kontextmenü von virtuellen Servern auf. Mit *Zu letztem Snapshot zurücksetzen* setzen Sie den Server auf den Zeitpunkt zurück, zu dem Sie den Snapshot erstellt haben. Wenn Sie einen Snapshot erstellen, ist dieser immer an die VM gebunden. Sie können keinen gruppierten Snapshot erstellen, zum Beispiel für mehrere VMs. Natürlich können Sie für jede VM einen Snapshot erstellen. Sie haben keine Möglichkeit, einen Snapshot zu exportieren und für eine andere VM zu verwenden.

Ein Snapshot sollte immer nur eine Übergangslösung sein. Da beim Erstellen der virtuellen Festplatte für den Snapshot der virtuelle Server mehr Aktionen durchführen muss, wenn Daten gespeichert oder gelesen werden, beeinträchtigt ein Snapshot durchaus die Leistung einer VM. Je mehr Snapshots auf einem Server verfügbar sind, umso stärker wird die Leistung des Servers beeinträchtigt. Bei schneller Hardware spielt das zwar zunächst keine große Rolle, dennoch sollten Sie Snapshots, die Sie nicht mehr benötigen, so schnell wie möglich löschen. Dadurch erhöhen Sie auch die Übersicht und haben einen genauen Überblick, welche Snapshots aktuell notwendig sind und welche gelöscht werden können.

Zusätzlich besteht die Problematik, dass Snapshots einiges an Festplattenplatz benötigen. Je länger Sie einen Snapshot behalten, umso größer wird dessen Festplattendatei. Erstellen Sie für einen virtuellen Server mehrere Snapshots, kann sich der Plattenverbrauch dieser VM vervielfachen. Bei zu vielen Snapshots besteht daher nicht nur die Gefahr eines Leistungseinbruchs, sondern auch eines zu hohen Platzbedarfs. Auch das macht deutlich, dass Snapshots nicht für die dauerhafte Sicherung von virtuellen Servern geeignet sind.

13.6.3 Das müssen Sie beim Einsatz von Snapshots beachten

Setzen Sie einen Snapshot zurück, werden immer alle Daten der VM zurückgesetzt, die im Snapshot erfasst sind. Sie können keine einzelnen Daten vom Zurücksetzen ausnehmen. Wollen Sie verschiedene Status einer VM sichern, müssen Sie auch verschiedene Snapshots erstellen. Ein Snapshot sichert aber nicht nur die virtuellen Festplatten, sondern auch die Konfigurationsdatei der VM.

Fügen Sie nach dem Erstellen eines Snapshots dem Server Hardware hinzu und setzen danach den Server auf den Snapshot zurück, ist die Hardware nicht mehr vorhanden. Haben Sie eine virtuelle Festplatte hinzugefügt, wird durch das Löschen des Snapshots die virtuelle Festplatte zwar vom virtuellen Server getrennt, die virtuelle Festplattendatei bleibt weiter im Datenspeicher erhalten. Benötigen Sie die virtuelle Festplatte nicht mehr, können Sie sie manuell löschen.

Wenn Sie einen Snapshot für einen Datenbankserver oder einen Active Directory-Domänencontroller erstellen, wird für den Snapshot auch der Zustand der Datenbank in Active Directory erfasst. Setzen Sie einen solchen Snapshot zurück, kann es zu Problemen mit der Datenbank oder der Datenbank für Active Directory kommen. Besonders problematisch wird es, wenn sich die Datenbankserver oder virtuelle Domänencontroller mit anderen Domänencontrollern replizieren und veraltete Daten aus dem Snapshot auf diese Server synchronisieren. Es kann daher notwendig sein, dass Sie virtuelle Server erst vom Netzwerk trennen und danach den Snapshot zurücksetzen.

13.6.4 Snapshot erstellen in der Praxis

Sie können einen Snapshot in jedem Zustand eines virtuellen Servers durchführen. Um einen Snapshot zu erstellen, klicken Sie die entsprechende VM mit der rechten Maustaste an und wählen den Menübefehl *Snapshots* aus. Jetzt haben Sie die Möglichkeit, mit dem Menübefehl *Snapshot erstellen* einen solchen für die VM zu erstellen. Normalerweise dauert das Erstellen eines Snapshots nur wenige Sekunden.

Standardmäßig wird der Arbeitsspeicher im Snapshot berücksichtigt, wenn die VM gestartet ist. Wollen Sie das nicht, können Sie diese Option beim Erstellen des Snapshots deaktivieren. Grundsätzlich ist es sinnvoll, dass Sie im Feld *Beschreibung* den aktuellen Zustand des Servers beschreiben, für den Sie einen Snapshot erstellen. Die Beschreibung können Sie später im Snapshot-Manager anzeigen lassen und so recht schnell erkennen, welchen Status Sie mit dem jeweiligen Snapshot gesichert haben.

Den Status der Erstellung des Snapshots sehen Sie, wie bei allen Aufgaben in vSphere, im unteren Bereich des Fensters. Wenn das Betriebssystem in der VM dies unterstützt, können Sie beim Erstellen des Snapshots laufende Prozesse anhalten. Allerdings funktioniert das nur, wenn die VMware Tools installiert sind und der virtuelle Server eingeschaltet ist. Die Erstellung des Snapshots wird auch in den Ereignissen der VM festgehalten und kann jederzeit verifiziert werden.

Wenn Sie für die VM-Festplatten den Modus *Unabhängig* verwenden, sichert vSphere für die Daten auf diesen Festplatten keine Snapshot-Daten. Bei einer Festplatte mit dem Zustand *Dauerhaft* werden die Daten ohnehin sofort auf die virtuelle Festplatte geschrieben. Hier ist ein Rückgängigmachen, auch mit einem Snapshot, nicht möglich. Nicht dauerhafte Festplatten speichern ohnehin keinerlei Änderungen, wenn der virtuelle Server neu gestartet wird. Hier ergibt ein Snapshot ohnehin keinen Sinn.

Sollen virtuelle Festplatten von einem Snapshot ausgeschlossen werden, können Sie diese in den unabhängigen dauerhaften Modus versetzen. Nachdem Sie die Änderung vorgenommen haben, erstellen Sie den Snapshot und setzen den Modus anschließend wieder zurück.

Nehmen Sie beispielsweise jeden Tag Änderungen an einer VM vor, haben Sie auch die Möglichkeit, täglich einen Snapshot für die VM zu erstellen. In diesem Fall liegt für jeden Tag in der Arbeitswoche eine Snapshot-Datei vor. Löschen Sie einen Snapshot beziehungsweise löschen Sie alle erstellten Snapshots, werden die jeweiligen virtuellen Festplattendateien dieser einzelnen Snapshots in die übergeordnete Festplatte geschrieben und anschließend gelöscht. Es bleiben keine Restbestände vorhanden.

13.6.5 Snapshots verwalten

Über den Webclient und den HTML5-vSphere-Client können Sie die vorhandenen Snapshots jederzeit verwalten. Hier werden Ihnen alle erstellten Snapshots der VM angezeigt. Im Webclient wird der Snapshot-Manager mit dem Befehl *Snapshots/Snapshots verwalten* gestartet. Die Vorgehensweise zum Zurücksetzen oder Löschen von Snapshots ist im Webclient und im HTML5-vSphere-Client identisch.

13.6 Snapshots für virtuelle Server anlegen und nutzen

Abbildung 13.18 Die Snapshots einer VM verwalten

Auf der linken Seite des Fensters sehen Sie die Hierarchie der verschiedenen Snapshots. Außerdem wird durch den Zustand *Sie befinden sich hier* der aktuelle Zustand der VM angezeigt. Markieren Sie einen Snapshot, stehen im unteren Bereich verschiedene Befehle für die Verwaltung zur Verfügung. Sie können an dieser Stelle einen Snapshot löschen, alle Snapshots eines virtuellen Servers löschen oder den virtuellen Server auf den Zeitpunkt der Snapshot-Erstellung zurücksetzen. Über den Befehl *Snapshot bearbeiten* der Schaltfläche *Alle Aktionen* lassen sich der Name und die Beschreibung des Snapshots anpassen.

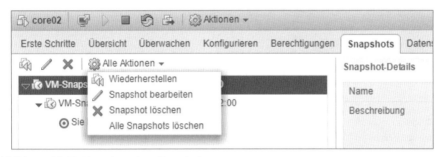

Abbildung 13.19 Verwalten eines Snapshots

Löschen Sie einen Snapshot, werden alle Daten in der virtuellen Festplattendatei des Snapshots in die Hauptfestplattendatei des virtuellen Servers geschrieben. Anschließend wird die virtuelle Festplattendatei des Snapshots gelöscht.

Wollen Sie einen virtuellen Server in den ursprünglichen Zustand zurücksetzen, an dem Sie den Snapshot erstellt haben, verwenden Sie den Befehl *Wiederherstellen*. Sie können zwischen verschiedenen Snapshots wechseln, ohne Snapshots löschen zu müssen. Außerdem lässt sich der Zustand eines Servers ändern, auch wenn ein nachgeordneter Snapshot vorhanden ist. Es besteht die Möglichkeit, jederzeit einen anderen Snapshot oder Zustand des Servers zu aktivieren.

In Abbildung 13.20 wurden für einen virtuellen Server zwei verschiedene Snapshots angelegt. Dadurch besteht die Möglichkeit, zwischen allen Snapshots zu wechseln. Allerdings geht bei einem solchen Wechsel der aktuelle Zustand verloren. Haben Sie diesen Zustand aber in einem dieser Snapshots bereits berücksichtigt, können Sie natürlich zu diesem Zustand zurückwechseln.

Abbildung 13.20 Zwischen verschiedenen Snapshots wechseln

Möchten Sie auch zum aktuellen Zustand wechseln, der sich im Bereich *Sie befinden sich hier* oder *You are here* befindet, sollten Sie sicherstellen, dass der Zustand in einem Snapshot gesichert wurde. Wenn Sie zu einem anderen Snapshot gewechselt haben, sehen Sie, dass sich der Zustand *Sie befinden sich hier* unterhalb des Snapshots befindet, zu dem gewechselt wurde.

Der neuere Zustand des Servers, der in einem weiteren Snapshot erfasst wurde, ist im Fenster noch zu sehen. Sie können jederzeit wieder zu diesem Zustand wechseln. Dazu müssen Sie lediglich den Snapshot aktivieren. Auf diesem Weg können Sie bequem zwischen den verschiedenen Zuständen des Servers wechseln, indem Sie den jeweiligen Snapshot aktivieren.

13.6.6 Snapshots wiederherstellen

Arbeiten Sie mit mehreren Snapshots gleichzeitig, sollten Sie die Struktur der Snapshots verstehen, wenn Sie einen Snapshot wiederherstellen wollen. Der wichtigste Snapshot ist der letzte Snapshot, den Sie erstellt haben. Stellen Sie einen Snapshot wieder her, wird zwischen der Anzeige des aktuellen und des aktiven Zustand des Servers gewechselt.

Der übergeordnete Snapshot ist in diesem Fall der Snapshot, der im Snapshot-Manager im Bereich *Sie befinden sich hier* angezeigt wird. Wenn Sie einen Snapshot wiederherstellen, können Sie den Vorgang nicht rückgängig machen.

Die virtuellen Festplattendateien von Snapshots werden im Datenspeicherbrowser einheitlich mit der übergeordneten virtuellen Festplatte angezeigt. Je länger Sie einen Snapshot verwenden, umso größer wird dadurch diese Datei, da der virtuelle Server alle Änderungen jetzt in diese Datei schreibt und nicht mehr in die ursprüngliche Festplattendatei. Klonen Sie einen virtuellen Server, werden die Snapshots dabei nicht berücksichtigt, sondern nur der aktuelle Zustand des Servers.

13.7 VMware vCenter Server Support Assistant 6.5

Mit dem VMware vCenter Server Support Assistant erhalten Sie eine kostenlose Appliance, mit der Sie Ihre Umgebung nach Alarmen und notwendigen Aktualisierungen überprüfen können. Außerdem kann die Appliance dabei helfen, Support-Anfragen an VMware zu verwalten. Auch die aktuell offenen Support-Anfragen sind hier zu sehen, und Sie können neue erstellen. Dazu kommt das automatische Sammeln von Diagnoseinformationen aus Ihrer Umgebung. Die Einrichtung der Lösung dauert nur wenige Minuten, eine Verwaltung ist nicht notwendig.

13.7.1 Grundlagen zum VMware vCenter Server Support Assistant

Sobald Sie die Appliance installiert haben, können Sie proaktiv Alarme und Informationen zu automatischen Aktualisierungen erhalten. Probleme werden in vCenter angezeigt, und zusätzlich erhalten Sie eine Problemlösung, falls eine solche verfügbar ist. Gesammelte Informationen kann die Appliance mit bekannten Problemen vergleichen und auf dieser Basis Lösungsvorschläge unterbreiten. Außerdem können Sie sich regelmäßig eine E-Mail mit den zuletzt aufgetretenen Problemen zusenden lassen. Dieser E-Mail-Versand kann auch automatisiert werden, zum Beispiel über einen monatlichen Statusbericht.

13.7.2 Appliance einrichten und an vCenter anbinden

Die Appliance steht als OVA-Datei auf der VMware-Seite zur Verfügung. Sie benötigen für den Einsatz mindestens zwei virtuelle CPUs und 2 GB Arbeitsspeicher. Außerdem werden mindestens 65 GB Festplattenplatz verwendet. Die Appliance importieren Sie entweder über den Webclient oder den HTML5-vSphere-Client genauso wie andere Appliances. Im Assistenten zur Einrichtung der Appliance können Sie manuell eine IP-Adresse angeben oder diese Daten über DHCP beziehen.

Sobald die Appliance gestartet ist, erreichen Sie die Weboberfläche über die URL *http://<IP-Adresse>*. Nachdem Sie die Adresse aufgerufen haben, werden Sie automatisch zu einer SSL-verschlüsselten Webseite weitergeleitet. Hier binden Sie die Appliance an Ihre Umgebung. Nachdem die Appliance gestartet ist, melden Sie sich zunächst über einen Webbrowser an der Oberfläche an. Die Einrichtung erfolgt über die Weboberfläche. Hier geben Sie die IP-Adresse des vCenter-Servers sowie die SSO-Anmeldedaten ein.

Über die Weboberfläche der Appliance können Sie nach der Anbindung an vCenter jederzeit weitere Anpassungen vornehmen. Dazu stehen Ihnen verschiedene Registerkarten zur Verfügung.

13.7.3 Der VMware vCenter Server Support Assistant in der Praxis

Um den VMware vCenter Server Support Assistant zu verwenden, rufen Sie den VMware-Webclient auf. In der Home-Ansicht sehen Sie nach der Einrichtung im unteren Bereich ein neues Symbol für den vCenter Server Support Assistant. Nach einem Klick auf dieses Symbol lässt sich der Assistent an Ihre speziellen Anforderungen anzupassen.

Standardmäßig ist vCenter Server Support Assistant deaktiviert. Zum Aktivieren klicken Sie auf die Schaltfläche oben rechts. An dieser Stelle haben Sie auch die Möglichkeit, weitere Konfigurationen vorzunehmen und zum Beispiel den Zeitplan für das automatische Abrufen der Diagnoseprotokolle zu verändern.

Über *Support-Anfragen* während der Konfiguration des VMware vCenter Server Support Assistant sehen Sie Ihre aktuellen Support-Anfragen und können auch neue Anfragen erstellen. Alle notwendigen Informationen, die Sie für den Support zur Verfügung stellen und sammeln müssen, können Sie ebenfalls über den VMware vCenter Server Support Assistant erfassen und direkt über den Webclient versenden.

14 Überwachung und Diagnose

Für die Überwachung und Diagnose von vCenter stehen Bordmittel zur Verfügung, aber auch kostenpflichtige Erweiterungen von VMware und Appliances von Drittherstellern. In diesem Kapitel erfahren Sie, welche Möglichkeiten Ihnen bezüglich der Überwachung von vSphere-Umgebungen zur Verfügung stehen.

14.1 Überwachung mit vCenter

Neben der Möglichkeit, die vSphere-Umgebung an professionelle Überwachungssysteme wie System Center oder andere Produkte anzubinden, können Sie die einzelnen Objekte, Hosts und VMs auch direkt in vCenter überwachen.

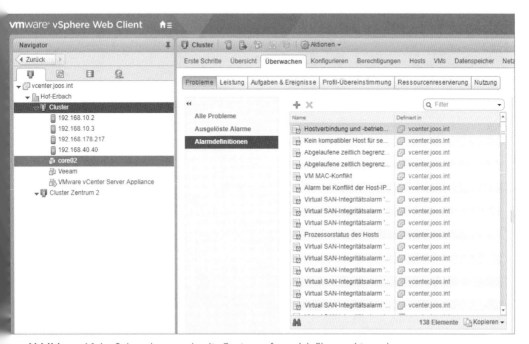

Abbildung 14.1 vSphere kann auch mit vCenter umfangreich überwacht werden.

Arbeiten Sie dazu zum Beispiel mit dem Webclient, finden Sie für so gut wie jedes Objekt die Registerkarte *Überwachen*. Rufen Sie diese Registerkarte auf, erhalten Sie umfassende Informationen und erkennen so sehr schnell Fehler auf den Systemen.

Zusätzlich bietet vCenter aber noch mehr Überwachungsmöglichkeiten. Welche Informationen Sie in vCenter angezeigt bekommen, hängt davon ab, welches Objekt Sie aktuell markiert haben.

Wechseln Sie nach dem Markieren eines Objekts zur Registerkarte *Überwachen*, finden Sie verschiedene Menübefehle vor, über die Sie zusätzliche Informationen abrufen können. Jedes Objekt, zum Beispiel vCenter, Datencenter, Cluster, Hosts, VMs oder virtuelle Switches, zeigen notwendige Informationen an. Die meisten Schaltflächen im oberen Bereich des Überwachungsfensters zeigen Ihnen identische Informationen an, allerdings gibt es aber auch Unterschiede.

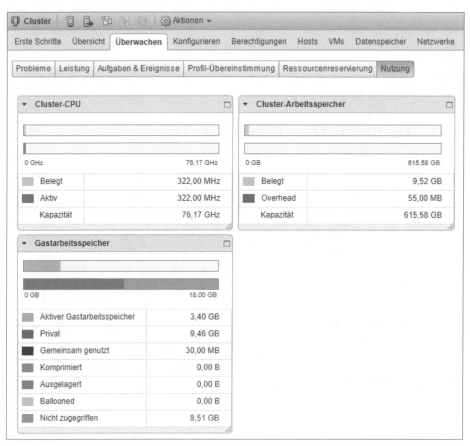

Abbildung 14.2 Im Webclient finden Sie für alle Objekte in der vSphere-Umgebung eine zentrale Überwachungsmöglichkeit.

14.1.1 Spracheinstellungen beachten – bessere Fehlersuche mit englischem Client

Normalerweise zeigt der Webclient die Anzeigesprache an, die Sie im Browser als Standard definiert haben. Für die Verwaltung des Servers ist dies in vielen Fällen zwar einfacher, allerdings ist die Einstellung der deutschen Sprache zur Überwachung und Fehlersuche nicht immer optimal. Vor allem wenn es darum geht, nach Fehlern im Internet zu recherchieren, kommen Sie mit englischen Fehlermeldungen teilweise besser zu den passenden Informationen. Damit Sie die englische Oberfläche nutzen können, reicht es aus, wenn Sie die Spracheinstellungen im Browser so anpassen, dass dieser Englisch verwendet.

Nachdem Sie den Fehler recherchiert haben, können Sie die Sprache wieder auf Deutsch umstellen und dadurch die deutsche Oberfläche des Webclient nutzen. Die Spracheinstellungen der verschiedenen Browser befinden sich in den Einstellungen. Beispielsweise finden Sie die Einstellung im Internet Explorer unter *Extras/Internetoptionen*. Im Dialogfeld *Internetoptionen* öffnen Sie die Registerkarte *Allgemein* und klicken dort im unteren Bereich auf die Schaltfläche *Sprachen*. Teilweise kann es sein, dass Sie Deutsch als Sprache zunächst komplett entfernen müssen, bevor der Browser im Webclient die englische Sprache anzeigt.

Haben Sie die Recherche abgeschlossen, wechseln Sie im Browser wieder zur gewünschten Sprache zurück und melden sich erneut am Webclient an. Dadurch wird automatisch die Sprache wieder umgestellt.

14.1.2 Einstieg in die Überwachung in vCenter

Klicken Sie auf den Menübefehl *Home*, zu dem Sie auch über das Symbol im oberen linken Bereich des Webclients wechseln können, erhalten Sie zentral alle Symbole zu den verschiedenen Steuerungsmöglichkeiten in vCenter angezeigt. Hier gibt es auch eigene Bereiche für die Überwachung und die Verwaltung sowie die Bestandslisten der Umgebung. Mit einem einzelnen Klick können Sie also direkt in den Bereich wechseln, den Sie aufrufen und überwachen wollen.

Abbildung 14.3 Aufrufen des Home-Bereichs im Webclient

Unterhalb der Titelleiste des Navigators auf der linken oberen Seite können Sie auch zwischen den vier Hauptbereichen der Umgebung wechseln. Hier stehen vier Symbole für das direkte Aufrufen des Datencenters, aller VMs im Datencenter, der Datenspeicher und der Netzwerke zur Verfügung.

Abbildung 14.4
Aufrufen der verschiedenen Bereiche im Webclient

Sie haben auch nach der Anbindung von Hosts an vCenter die Möglichkeit, über den HTML5-vSphere-Client direkt auf den jeweiligen Host zuzugreifen. Das ist zum Beispiel notwendig, wenn der Zugriff über vCenter nicht mehr funktioniert oder Sie Probleme auf dem Host vermuten, die in vCenter nicht angezeigt werden.

Sie starten in diesem Fall einfach den HTML5-vSphere-Client und melden sich direkt am Host an. Bei der Anmeldung erhalten Sie die Meldung, dass der Host mit vCenter verwaltet wird, Sie können aber auch weiterhin lokale Einstellungen anpassen und Konfigurationen vornehmen beziehungsweise Einstellungen überwachen lassen. Auf herkömmlichen Clients steht der Webclient nicht zur Verfügung.

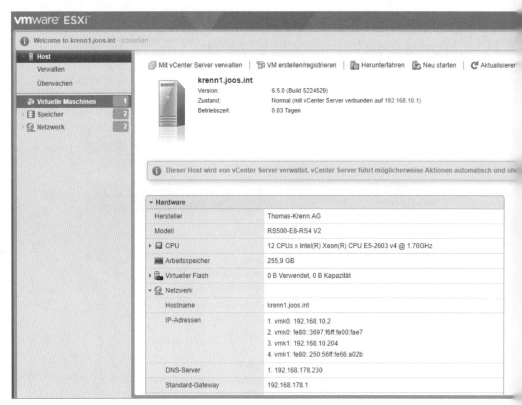

Abbildung 14.5 Mit dem neuen HTLM5-vSphere-Client verwalten Sie auch alleinstehende ESXi-Hosts.

Im Webclient, bei der Anbindung an vCenter, bewegen Sie sich vor allem in vier Bereichen. Auf der linken Seite des Fensters, dem *Navigator*, wechseln Sie zwischen den verschiedenen Menübefehlen. Hier können Sie durch einen einfachen Klick den Status der einzelnen Objekte anzeigen lassen.

Abbildung 14.6
Der Navigator im Webclient hilft beim Wechseln zu den verschiedenen Verwaltungsbereichen von vSphere.

Ausführlichere Informationen und Untermenüs erhalten Sie im mittleren Fenster. Hier werden meist im oberen Bereich noch zusätzliche Registerkarten angezeigt. Öffnen Sie eine Registerkarte, sehen Sie darunter verschiedene Schaltflächen, deren Anzahl davon abhängt, welches Objekt Sie angeklickt haben.

Abbildung 14.7 Verschiedene Menüs und Schaltflächen im Webclient zur Überwachung nutzen

Auf der rechten Seite sehen Sie wiederum die Alarme und im unteren Bereich werden die kürzlich bearbeiteten Aufgaben aufgelistet.

Abbildung 14.8
Anzeigen der Alarme in vCenter

Falls für ein Objekt oder für die komplette Umgebung wichtige Informationen vorhanden sind, blendet der Webclient diese im oberen Bereich ein. Sie können über den eingeblendeten Bereich direkt zu dem jeweiligen Objekt wechseln oder bestimmte Aktionen ausführen, um die Warnung oder den Fehler zu beheben.

14.1.3 Allgemeine Überwachung in vCenter

Melden Sie sich mit dem Webclient an der vSphere-Umgebung an, erreichen Sie über den Menübefehl *Konfigurieren/Einstellungen* wichtige Informationen zu vCenter. Zunächst sehen Sie an dieser Stelle allgemeine Informationen und Sie können zum Beispiel Konfigurationen für die Statistik für Benutzerverzeichnisse, E-Mail-Einstellungen und SNMP-Empfänger festlegen und überprüfen. Sie sehen hier auch die geöffneten Ports für die Verwaltung und können Einstellungen entsprechend anpassen.

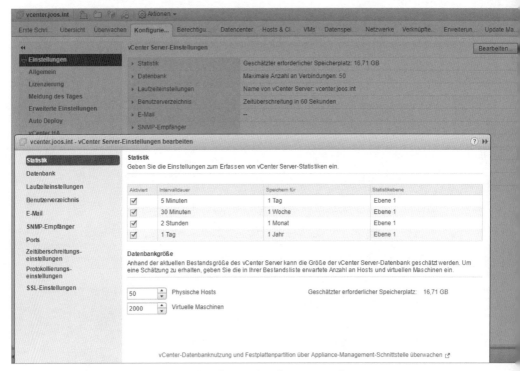

Abbildung 14.9 Anpassen wichtiger Systemeinstellungen von vCenter

Über den Menübefehl *Lizenzierung* sehen Sie die zugewiesene Lizenz und deren Ablauf. Über *Meldung des Tages* können Sie eine Nachricht angeben, die alle Administratoren automatisch erhalten, die aktuell an der vSphere-Umgebung angemeldet sind oder die sich an der Umgebung anmelden. Dadurch können Sie zum Beispiel auf den Neustart der Umgebung hinweisen oder mitteilen, dass Konfigurationen zur Überwachung durchgeführt wurden. Sehr interessant sind an dieser Stelle auch die Menübefehle zur automatischen Installation von vSphere sowie die erweiterten Einstellungen. Hier sehen Sie die Konfigurationen, die manuell in die Umgebung eingebunden wurden.

14.1.4 Systemprotokolle anzeigen und exportieren

Um sich die Systemprotokolle anzeigen zu lassen, öffnen Sie den Webclient und klicken in der Bestandsliste auf den Namen des vCenter-Servers. Öffnen Sie die Registerkarte *Überwachen/Systemprotokolle,*, erhalten Sie umfangreiche Informationen zu Ihrer vSphere-Umgebung.

Neben der Anzeige im Webclient können Sie die Protokolle auch exportieren. Da es sich dabei um sehr umfangreiche Protokolle handelt, können Sie die darin enthaltenen Daten entsprechend Ihren Vorgaben filtern lassen.

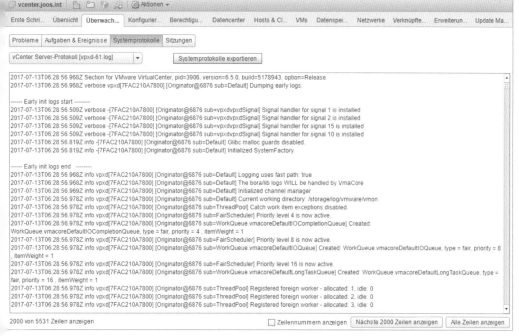

Abbildung 14.10 Im Webclient haben Sie Zugriff auf die Systemprotokolle und können diese auch exportieren.

Bei den Optionen zum Exportieren der Systemprotokolle können Sie ein passendes Format auswählen, das Sie zum Beispiel für den VMware-Support benötigen.

14.1.5 vSphere-Cluster in vCenter überwachen

Klicken Sie im Webclient auf einen Cluster, können Sie über die Registerkarte *Überwachen* mit zahlreichen Schaltflächen den Zustand des Clusters überprüfen. Über die Schaltfläche *Probleme* sehen Sie zunächst alle Probleme bezüglich der Konfiguration und des Betriebs eines Clusters. Die Leistung der verschiedenen Knoten sehen Sie wiederum über die Schaltfläche *Leistung*. Arbeiten Sie mit Hostprofilen, erkennen Sie über die Schaltfläche *Profil-Übereinstimmung,,* ob die Konfiguration des Clusters noch mit dem Hostprofil übereinstimmt. Auch die Aufgaben und Ereignisse des Clusters können Sie an dieser Stelle über eigene Schaltflächen aufrufen.

Arbeiten Sie mit Ressourcenreservierungen, können Sie die reservierten Ressourcen sowie die jeweiligen VMs ebenfalls über eine eigene Schaltfläche mit der Bezeichnung *Ressourcenreservierung* anzeigen lassen.

Falls eingerichtet, lässt sich auch vSphere DRS über eine eigene Schaltfläche überwachen. Arbeiten Sie mit dem automatisierten Modus, ist diese Schaltfläche weniger interessant, da vSphere die VMs automatisch auf andere Hosts migriert. Nutzen Sie den manuellen Modus, können Sie über diese Stelle manuell die Informationen zu vSphere DRS abrufen. Sie erhalten in diesem Fenster einige Empfehlungen, welche VMs Sie auf andere Hosts verschieben sollten.

Wie bei vielen Überwachungsmöglichkeiten stehen auch hier weitere Untermenüs zur Verfügung, über die Sie erweiterte Informationen erhalten. Klicken Sie nach dem Markieren eines Clusters im Webclient auf die Schaltfläche *Nutzung*, sehen Sie den Verbrauch der Ressourcen aller Hosts im Cluster zusammengefasst.

14.1.6 Probleme auf vSphere-Hosts anzeigen

Auf der Registerkarte *Überwachen* finden Sie im Webclient, wenn Sie auf einen Host klicken, die Schaltfläche *Probleme* vor. Hier werden alle Probleme aufgelistet, die vCenter auf dem Host erkennt. Auch die definierten Alarme sehen Sie an dieser Stelle.

Sie haben die Möglichkeit, Alarme als bestätigt zu konfigurieren. Dadurch informieren Sie vCenter, dass Sie den Alarm zur Kenntnis genommen haben. Standardmäßig werden auch die bestätigten Alarme angezeigt. Sie können durch das Deaktivieren des Kontrollkästchens *Bestätigte anzeigen* die Anzeige der bereits bestätigten Alarme abschalten.

14.1.7 Leistungsüberwachung im Webclient

Über die Schaltfläche *Leistung* können Sie sich im Webclient den Ressourcenverbrauch der Server anzeigen lassen. Dabei lassen sich verschiedene Zeiträume auswählen und auch die Ansicht anpassen. Neben der Leistungsüberwachung der einzelnen Hosts können Sie an dieser Stelle auch die VMs überwachen lassen. In den Optionen definieren Sie die Zeiträume, die überwachten Objekte sowie das Aussehen des Diagramms. Sobald das Diagramm angezeigt wird, haben Sie über das Symbol am rechten Rand auch die Möglichkeit, diese zu exportieren.

Auf der Übersichtsseite können Sie auch den Zeitraum definieren und zum Beispiel festlegen, dass die Anzeige in Echtzeit erfolgen soll. Über die erweiterte Ansicht können Sie detailliertere Einstellungen vornehmen.

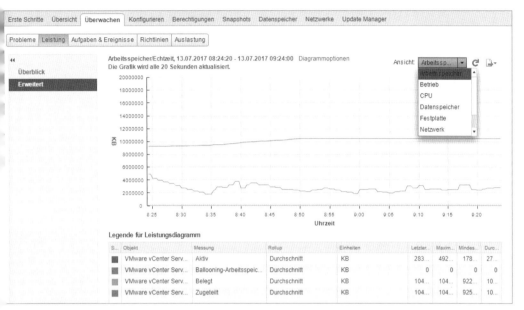

Abbildung 14.11 Die Diagramme zur Leistungsüberwachung können Sie an Ihre Anforderungen anpassen.

Neben der Leistung der Hosts und der einzelnen VMs können Sie im Webclient auch die Leistung der einzelnen Datenspeicher überwachen lassen. Dazu wechseln Sie zur Registerkarte für die Verwaltung der Datenspeicher, klicken auf den entsprechenden Datenspeicher oder wählen den Datenspeichercluster aus und wechseln danach zur Registerkarte *Überwachen*.

14.1.8 Aufgaben und Ereignisse überwachen

Klicken Sie nach dem Markieren eines Objekts auf der Registerkarte *Überwachen* auf *Aufgaben & Ereignisse* und dann auf *Aufgaben*, werden die letzten durchgeführten Aktionen aufgelistet, die auf dem jeweiligen Host oder im ganzen Rechenzentrum durchgeführt wurden.

Welche Aufgaben Sie sehen, hängt davon ab, ob Sie einen vCenter-Server markieren oder auf einen Host klicken. Klicken Sie auf eine Aufgabe, erhalten Sie im unteren Feld ausführlichere Informationen und die dazugehörigen Ereignisse. Hier erkennen Sie, welcher Benutzer Änderungen an der Umgebung vorgenommen hat und wie der Status dieser Änderung ist.

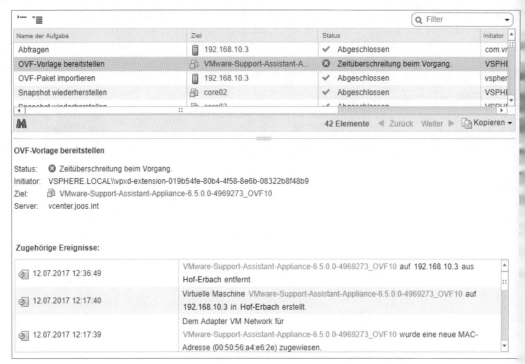

Abbildung 14.12 Überwachen der durchgeführten Aufgaben in einer vSphere-Umgebung

Sie können aber nicht nur die Aufgaben des jeweiligen Objekts anzeigen, sondern sich auch alle durchgeführten Administrator-Aufgaben der vSphere-Umgebung anzeigen lassen. Dazu wechseln Sie im Webclient in die Ansicht der Hosts und klicken auf den Menübefehl *Aufgaben*, nachdem Sie den Cluster markiert und *Überwachen/Aufgaben & Ereignisse* aufgerufen haben.

Im Hauptfenster sehen Sie alle durchgeführten Aufgaben der Umgebung sowie das Ziel, also das jeweilige Objekt. Dabei kann es sich um virtuelle Switches und Portgruppen, aber auch um Hosts oder Cluster handeln. Hier sehen Sie auch weitere Daten wie beispielsweise, wann die Aufgabe durchgeführt wurde und wie lange die Aufgabe gedauert hat. Klicken Sie auf das jeweilige Objekt, wechseln Sie direkt in die Aufgabenansicht dieses Objekts. Sie sehen alle Aufgaben, die zum Beispiel auf einem Host zu dieser Zeit durchgeführt wurden. Über den Menübefehl *Ereignisse* im Webclient sehen Sie die letzten Ereignisse der Umgebung oder des jeweilig ausgewählten Hosts.

Sie können Informationen zu den einzelnen Objekten oder Hosts abzurufen oder sich alle wichtigen Informationen der kompletten Umgebung anzeigen lassen. Sie benötigen dazu keinerlei Zusatzwerkzeuge, sondern die Informationen werden automatisch in vCenter angezeigt.

14.1.9 Hardware und VMs mit vCenter überwachen

Klicken Sie im Webclient auf die Schaltfläche *Hardwarestatus*,, wenn Sie sich auf der Registerkarte *Überwachen* eines Hosts befinden, erhalten Sie umfangreiche Informationen zur Hardware des Servers. Verfügt der Server über Sensoren, die weitere Daten übermitteln können, werden diese ebenfalls an dieser Stelle angezeigt. Außerdem zeigt das vCenter an dieser Stelle auch Informationen zum BIOS und zu dem Modell der Hardware an.

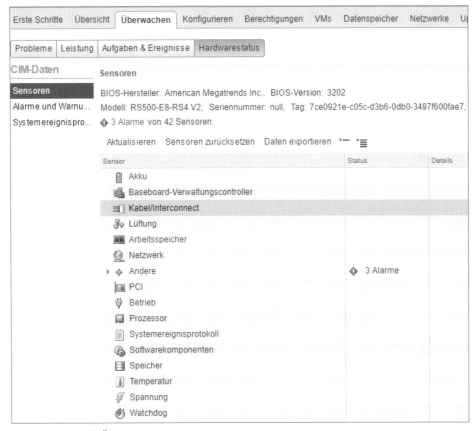

Abbildung 14.13 Überwachen der Hardware eines Servers

Markieren Sie im Webclient eine VM, können Sie über die Registerkarte *Überwachen* die Auslastung der VM sowie die zugewiesenen Richtlinien anzeigen lassen. Alle weiteren Schaltflächen entsprechen den Möglichkeiten, die Sie auch für andere Objekte haben. Bei einer VM sehen Sie im Webclient auch die Auslastung des virtuellen Arbeitsspeichers sowie der virtuellen CPU. Haben Sie Grenzwerte oder Reservierungen definiert, werden hier zusätzlich die konfigurierten Werte aufgelistet.

14.1.10 Alarme in vCenter definieren

Klicken Sie auf die Registerkarte *Überwachen/Probleme/Alarmdefinitionen* eines Objekts im Webclient, zum Beispiel auf den vCenter-Server, können Sie eigene Alarmdefinitionen steuern oder vorhandene Alarmdefinitionen bearbeiten. Mit Alarmdefinitionen wird festgelegt, wann vCenter für ein Objekt einen Alarm anzeigen soll. Sie können an dieser Stelle Alarme bearbeiten oder auch löschen. Wenn Sie einen Alarm nicht mehr benötigen, sollten Sie diesen zuerst deaktivieren, bevor Sie ihn löschen. Dazu rufen Sie die Eigenschaften der Alarmdefinitionen auf und deaktivieren das Kontrollkästchen *Diesen Alarm aktivieren*.

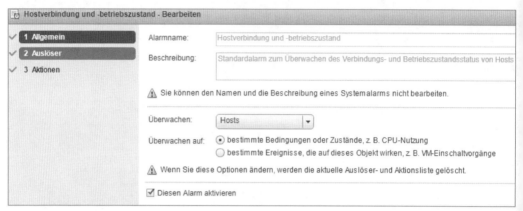

Abbildung 14.14 Bearbeiten von Alarmdefinitionen

Basierend auf dem Alarmzustand eines Objekts ändert vCenter auch das Symbol in der Ansicht. Wenn zum Beispiel Warnungen für einen Host vorhanden sind, erhält dieser ein gelbes Warnschild. Sie sehen dadurch bereits beim Aufrufen des Webclients, ob es Probleme bei der Ausführung von Aufgaben oder dem Betrieb in der vSphere-Umgebung gibt.

Sie können an dieser Stelle die bereits vorhandenen Alarme bearbeiten, löschen oder sich einen Überblick darüber verschaffen, wann vCenter Alarme für einzelne Objekte auslöst. Außerdem können Sie hier eigene Alarme definieren. Dadurch wird ein Assistent gestartet, über den Sie bestimmen, für welches Objekt Sie einen Alarm definieren wollen, welches Objekt Sie überwachen wollen und was der Auslöser für die Alarmdefinitionen sein soll. Die Auslöser können Sie flexibel steuern.

Dadurch können Sie zum Beispiel festlegen, dass ein Alarm angezeigt werden soll, wenn die CPU-Last eines Hosts oder einer VM einen bestimmten Wert überschreitet. Sie können an dieser Stelle jedes Objekt in der Umgebung überwachen lassen. Wenn Sie einen Auslöser definieren, können Sie festlegen, dass die nachfolgenden Aktionen durchgeführt werden, wenn ein einzelner Auslöser aktiviert wird. Alternativ können Sie bestimmen, dass alle Auslöser eintreffen müssen, bevor die Aktion durchgeführt wird.

Neben der Möglichkeit, den Auslöser zu definieren, können Sie auch die Aktion festlegen, die beim Eintreten eines Alarms durchgeführt werden soll. Hier stehen verschiedene Funktionen zur Verfügung. Sie können sich entweder per E-Mail oder über das vCenter benachrichtigen lassen. vCenter kann so konfiguriert werden, dass eine bestimmte Aktion durchgeführt wird. So lassen sich zum Beispiel VMs starten, herunterfahren oder andere Aktionen mit der VM ausführen.

Grundsätzlich ist es sinnvoll, nach der Einrichtung Ihrer vCenter-Umgebung alle Alarmdefinitionen einmal durchzugehen und nur die tatsächlich notwendigen Definitionen zu aktivieren. Alle anderen Definitionen können Sie deaktivieren. Wenn Sie den E-Mail-Absender nicht konfiguriert haben, können Sie keine E-Mails als Aktion für eine Alarmdefinition versenden lassen. Sobald aber ein E-Mail-Absender festgelegt wurde, können Sie als Aktion oder als zusätzliche Aktion für eine Alarmdefinition auch automatisiert E-Mails versenden lassen. Dies ist vor allem bei sehr kritischen Alarmdefinitionen sinnvoll, zum Beispiel bei *Hostverbindung und Betriebszustand*. Die vSphere-Hosts können generell selbst keine Alarmdefinitionen melden. Setzen Sie auf vCenter, können Sie weitreichende Aktionen durchführen. Sie können mit dieser Funktion nicht nur vCenter und vSphere-Hosts überwachen lassen, sondern auch virtuelle Maschinen.

Eine der Aktionen, die Sie durchführen können, ist das Ausführen von Skripten. Verwenden Sie dazu am besten Batchdateien (*.bat*). Geben Sie bei der Ausführung der Skripte immer den kompletten Pfad zur Skriptdatei ein.

14.1.11 Geplante Aufgaben in vCenter verwalten

Markieren Sie ein Objekt in vCenter und wechseln Sie zur Registerkarte *Überwachen*, finden Sie bei *Aufgaben & Ereignisse* den Befehl *Geplante Aufgaben* vor. Hierüber können Sie benutzerdefinierte Aufgaben hinterlegen, die zu einer bestimmten Zeit ausgeführt werden sollen. Die zur Verfügung stehenden Aufgaben hängen davon ab, welches Objekt Sie markiert haben. Sie können zum Beispiel beim Markieren einer VM alle Aufgaben ausführen, die Sie generell auch bei einer manuellen Verwaltung einer VM durchführen können.

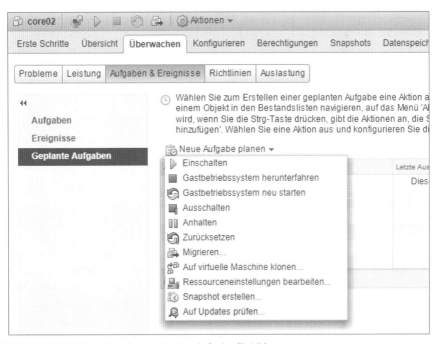

Abbildung 14.15 Erstellen einer geplanten Aufgabe für VMs

Damit lässt sich beispielsweise eine VM zu einem bestimmten Zeitpunkt einschalten, ausschalten, anhalten oder das Gastbetriebssystem herunterfahren. Außerdem können Sie VMs zurücksetzen oder auf einen anderen Host migrieren.

Das Klonen einer VM ist als geplante Aufgabe ebenso möglich wie die Bearbeitung der Ressourceneinstellungen. Und auch Snapshots lassen sich über geplante Aufgaben erstellen. Zusätzlich werden in diesem Fenster auch alle bereits geplanten Aufgaben aufgelistet. Allerdings ist es an dieser Stelle nicht möglich, benutzerdefinierte Aufgaben zu erstellen.

14.1.12 VMware vSphere Management Assistant zur Überwachung verwenden

VMware bietet im Downloadbereich eine virtuelle Linux-Appliance an, mit der Sie zentral Hosts verwalten, aber auch überwachen können. Sie laden sich die Appliance aus dem Downloadbereich über Ihr VMware-Konto herunter (http://tinyurl.com/phljs7y) und binden sie genauso an vCenter wie andere Appliances an, zum Beispiel die vCenter-Appliance oder VMware Data Protection.

Sie können über die Appliance nicht nur Überwachungsaufgaben durchführen, sondern die Umgebung auch verwalten. Sie haben zum Beispiel die Möglichkeit, die beiden Tools `esxcfg` und `esxcli` zu verwenden. VMware stellt auch eine ausführliche Dokumentation als PDF-Datei für die Einrichtung und Verwendung zur Verfügung (http://tinyurl.com/ydcxpd2e).

Nachdem Sie sich über Putty an der Appliance angemeldet haben, können Sie über die Konsole Befehle zum Verwalten oder Anzeigen von Informationen anzeigen. Verwenden Sie zum Beispiel `resxtop --server <Hostname>`, können Sie sich die Auslastungsdaten eines Hosts anzeigen lassen. Dazu müssen Sie sich am entsprechenden Host anmelden. Das ist natürlich nur ein Beispiel von vielen.

Nachdem Sie die Appliance eingerichtet haben, müssen Sie zuerst die Authentifizierung konfigurieren und die einzelnen Hosts im Netzwerk anbinden. Danach haben Sie die Möglichkeit, direkt über den SSH-Client zentral über die Konsole auf alle einzelnen Hosts zugreifen zu können. Server binden Sie zum Beispiel mit `vifp addserver <Servername>` an. Mit `vifp list servers` zeigt die Konsole alle angebundenen Hosts an.

■ 14.2 PowerCLI und Skripte zur Verwaltung nutzen

Neben dem HTLM5-vSphere-Client und dem Webclient beim Einsatz von vCenter können Sie VMware-Umgebungen auch über die PowerShell verwalten und überwachen. Dazu benötigen Sie die PowerShell-Erweiterung PowerCLI. Zusätzlich bietet VMware kostenlose Skripte für die Verwaltung oder für das Anzeigen von Informationen.

Auch von Drittherstellern sind häufig kostenlose Erweiterungen für die PowerCLI oder kostenlose Skripte erhältlich, welche die Verwaltung von VMware erleichtern. VMware aktualisiert ständig die Möglichkeiten von PowerCLI und bietet in der neuen Version 6.5.x stets Neuerungen an, mit denen sich auch neue Funktionen in vSphere 6.5 verwalten lassen.

14.2.1 VMware vSphere mit PowerCLI verwalten

PowerCLI 6.5 laden Sie im Download-Center bei VMware herunter (http://tinyurl.com/y8whvdgq). VMware aktualisiert auch innerhalb der Hauptversion (6.5) die PowerCLI-Versionen. Laden Sie sich also möglichst immer das neueste Release herunter. Installieren lässt sich die Erweiterung auf Rechnern mit Windows Server 2008 R2 SP1/2012/2012 R2 und Windows 7 SP1/8.1 sowie den aktuellen Windows-Versionen Windows 10 und Windows Server 2016. Setzen Sie bereits PowerCLI 6 ein, können Sie jederzeit auf ein neueres Release aktualisieren. Der Installations-Assistent erkennt eine bereits vorhandene Version und aktualisiert diese zum neuesten Release. Damit die PowerCLI genutzt werden kann, muss auf dem Rechner auch .NET Framework 4.5 oder neuer installiert sein.

Nachdem Sie PowerCLI installiert haben, starten Sie diese auf Ihrem Verwaltungsrechner. Bevor Sie vCenter oder einen ESXi-Host über die PowerShell verwalten können, müssen Sie sich erst mit diesem Host oder vCenter verbinden.

Mit `Connect-VIServer` wird eine Verbindung zum Host oder zu einem vCenter-Server aufgebaut. Der Befehl `Connect-VIServer -Server <IP-Adresse> -Protocol https -User <Benutzername> -Password <Kennwort>` baut die Verbindung auf. `Get-VM` zeigt Daten von VMs an. Durch dieses Cmdlet können Sie auf die Schnelle testen, ob die PowerShell-Verbindung erfolgreich hergestellt wurde.

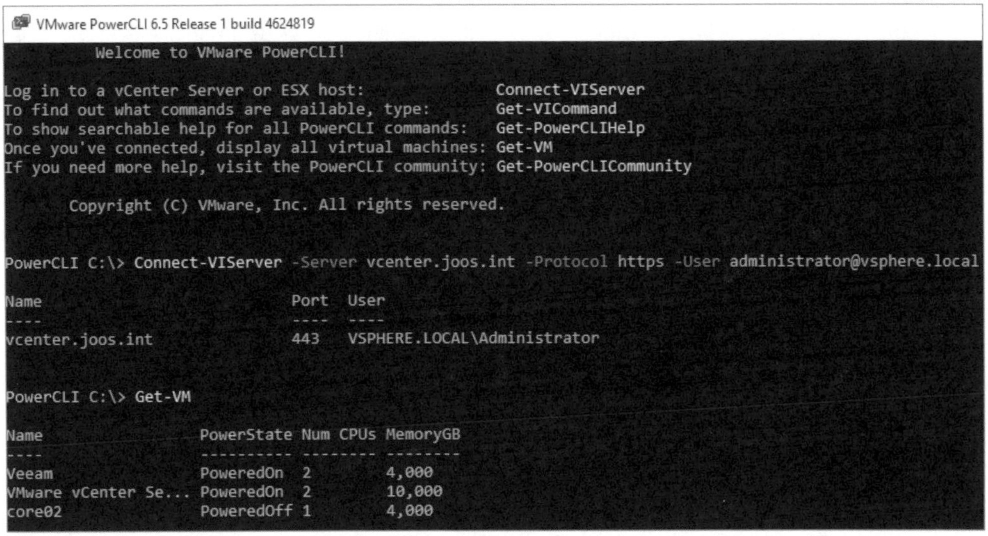

```
VMware PowerCLI 6.5 Release 1 build 4624819
            Welcome to VMware PowerCLI!

Log in to a vCenter Server or ESX host:         Connect-VIServer
To find out what commands are available, type:  Get-VICommand
To show searchable help for all PowerCLI commands: Get-PowerCLIHelp
Once you've connected, display all virtual machines: Get-VM
If you need more help, visit the PowerCLI community: Get-PowerCLICommunity

        Copyright (C) VMware, Inc. All rights reserved.

PowerCLI C:\> Connect-VIServer -Server vcenter.joos.int -Protocol https -User administrator@vsphere.local

Name                 Port  User
----                 ----  ----
vcenter.joos.int     443   VSPHERE.LOCAL\Administrator


PowerCLI C:\> Get-VM

Name                 PowerState  Num CPUs  MemoryGB
----                 ----------  --------  --------
Veeam                PoweredOn   2         4,000
VMware vCenter Se... PoweredOn   2         10,000
core02               PoweredOff  1         4,000
```

Abbildung 14.16 Verwalten von VMs mit der PowerCLI

Die Cmdlets `New-VM` und `Set-VM` unterstützen die Hardware-Version 13 in vSphere 6.5. Sie können Distributed-Resource-Management-(DRM-)Dumps von jedem Cluster aus einem vCenter-Server auslesen. Dazu gibt es das Cmdlet `Get-DRMInfo`.

14.2.2 vCloud, vSAN und vSAN-Disks mit der PowerShell verwalten

In PowerCLI 6.5 hat VMware auch neue Cmdlets zur Verwaltung von vCloud Air-Instanzen integriert. Dazu verwenden Sie die Cmdlets `Connect-PIServer` und `Get-PIDatacenter`. Auch das Cloud Suite SDK lässt sich über die PowerCLI verwalten. Dazu stehen die beiden Cmdlets `Connect-CisServer` und `Get-CisService` zur Verfügung. VMware hat außerdem Funktionen für die Verwaltung von vSANs und Virtual SAN-Disks integriert. Dazu stehen Cmdlets zur Verfügung, mit denen sich diese VMware-Funktionen verwalten lassen. Die wichtigsten Cmdlets in diesem Bereich sind:

`Get-VsanDisk`

`Get-VsanDiskGroup`

`New-VsanDisk`

`New-VsanDiskGroup`

`Remove-VsanDisk`

`Remove-VsanDiskGroup`

Erstellen Sie Cluster in der PowerCLI, stehen die beiden Cmdlets `New-Cluster` und `Set-Cluster` in einer neuen Version zur Verfügung. Diese bieten die Option `VsanEnabled`, um bereits bei der Erstellung vSANs berücksichtigen zu können. Ebenfalls neu seit PowerCLI 6 ist die Option `VsanDiskClaimMode` für die beiden Cmdlets.

Außerdem hat VMware die Cmdlets zur Steuerung der Netzwerkadapter erweitert. Auch hier lassen sich Optionen für die Integration von vSAN-Datenverkehr integrieren. Die Cmdlets `New-VMHostNetworkAdapter` und `Set-VMHostNetworkAdapter` bieten die Option `VsanTrafficEnabled`. VMware stellt außerdem Cmdlets zur Verfügung, mit denen sich I/O-Filter konfigurieren lassen. Hier nutzen Sie die Cmdlets `Get-VAIOFilter`, `New-VAIOFilter` und `Remove-VAIOFilter`.

Die Cmdlets `Apply-VMHostProfile`, `Apply-DrsRecommendation` und `Shutdown-VMGuest` hat VMware umbenannt. Die Funktionen stehen zwar noch zur Verfügung, Sie müssen jetzt aber die neuen Cmdlets `Invoke-VMHostProfile`, `Invoke-DrsRecommendation` und `Stop-VMGuest` nutzen.

14.2.3 Einstieg in die PowerCLI

Nach der Installation der notwendigen Komponenten können Sie mit dem Befehl `Get-PowerCLIVersion` die Version und erfolgreiche Installation überprüfen. Mit `Connect-VIServer` wird eine Verbindung zum Host oder zu einem vCenter-Server aufgebaut. Danach können Sie mit PowerCLI-Cmdlets vSphere verwalten.

Wenn Sie keine eigenen Zertifikate in vSphere verwenden, erhalten Sie bei der Verwendung von externen Skripten teilweise Zertifikatwarnungen. Verwenden Sie Skripte in PowerCLI, können Sie auch die Meldung der Zertifikate ausschalten. Dazu starten Sie die PowerCLI mit Administratorrechten über die rechte Maustaste und geben den folgenden Befehl ein:

```
Set-PowerCLIConfiguration   -InvalidCertificateAction ignore
```

Die erfolgreiche Umsetzung des Befehls wird in der Konsole angezeigt. Mit `Get-VICommand` werden alle verfügbaren Befehle für VMware angezeigt. Sie können Skripte für VMware auch über eine Batchdatei auf dem Verwaltungsrechner starten. Dazu müssen Sie die PowerShell über die Batchdatei starten, das VMware-Modul laden und anschließend das Skript aktivieren. Dazu verwenden Sie zum Beispiel die folgende Syntax:

```
C:\Windows\SysWOW64\WindowsPowerShell\v1.0\powershell.exe -psc "C:\Program Files
(x86)\VMware\Infrastructure\vSphere PowerCLI\vim.psc1 " -command "<Pfad zur ps1-
Datei>"
```

Um das jeweilige Skript zu starten, müssen Sie nur noch auf die Batchdatei doppelklicken. Wollen Sie Skripte oder Batchdateien über die Windows-Aufgabenplanung starten, hilft ein weiteres Skript bei der Einrichtung (http://tinyurl.com/ycrtphv2). Dieses ist zwar schon etwas älter, unterstützt Sie aber dabei, Skripte für vSphere über Windows starten zu lassen.

Sie können mit PowerCLI auch komplexere Einstellungen für Ihre Umgebung vornehmen, zum Beispiel den Speicherverbrauch von VMs steuern:

```
Connect-VIServer esx.joos.com --user corp\administrator --password vmware Get-VM vm*
| Set-VM -MemoryMB "1024" -Confirm:$FALSE Disconnect-VIServer –Server esx.joos.com
-Confirm:$FALSE
```

Wer sich umfassender mit PowerCLI auseinandersetzen will, sollte sich das VMware-Support-Forum für PowerCLI (http://tinyurl.com/yap9qrew) ansehen. Der Blog der PowerCLI-Entwickler (http://tinyurl.com/y7fy38xd) ist ebenfalls eine Anlaufstelle für Informationen. Eine weitere Seite zur Einarbeitung in PowerCLI finden Sie unter http://tinyurl.com/y77l227y.

Neben der Verwendung von Skripten lassen sich auch die Standard-Cmdlets in der PowerCLI für das Abrufen von Informationen nutzen. Wollen Sie zum Beispiel Informationen zu Snapshots anzeigen, können Sie zuerst die VMs in der Umgebung über die PowerCLI abrufen, Informationen auslesen und diese anschließend filtern. Wollen Sie zum Beispiel Informationen zu Snapshots anzeigen, verwenden Sie den Befehl `Get-VM | Get-Snapshot | fl`. Wie bei allen `Get`-Cmdlets, die Sie als formatierte Liste anzeigen, können Sie auch hier nach bestimmten Attributen filtern und nur die gewünschten Informationen anzeigen lassen.

Verwenden Sie dazu die Optionen `Created`, `Quiesced`, `PowerState`, `VM`, `VMId`, `Parent`, `ParentSnapshotId`, `ParentSnapshot`, `Children`, `SizeMB`, `SizeGB`, `IsCurrent`, `IsReplaySupported`, `ExtensionData`, `Id`, `Name`, `Uid` oder `Client`.

Wer weitere Informationen erhalten will, zum Beispiel über die Größe von Snapshots, verwendet `Get-VM | Get-Snapshot | fl VM,SizeGB`.

Zusätzlich können Sie hier noch das Skript namens „Find snapshots and send email to user/users" (siehe http://tinyurl.com/yanr6y2a) nutzen. Auch dieses erfasst Snapshots und kann automatisiert E-Mails versenden.

Das Tool Dynamic Resource Pool Calculator (http://tinyurl.com/ybe7vouq) erstellt umfassende Berichte einer VMware-Umgebung auf Basis von Open XML. Sie können mithilfe dieses Skripts Ihre Ressourcenpools besser planen. Das Tool ist zwar etwas komplizierter zu nutzen, zum Download gehört aber eine PDF-Datei, welche den Umgang erklärt.

Mit dem Tool Track Datastore Free Space (http://tinyurl.com/ya8b4yjq) lässt sich der freie Speicherplatz von Data Stores erfassen, damit Administratoren ständig einen Überblick behalten, an welcher Stelle noch freie Kapazitäten frei sind. Sie müssen bei diesem Skript, genauso wie bei vielen anderen, zunächst Variablen innerhalb des Skripts ausfüllen, zum Beispiel den Namen oder die IP-Adresse des vCenter-Servers, bevor Sie es produktiv nutzen können. Das Skript erstellt XML-Dateien, über die Sie den freien Speicherplatz und andere Daten der angebundenen Datenspeicher anzeigen können.

Das Skript VMware Health Check (http://tinyurl.com/yak4rard) erstellt einen Bericht über Ihre Umgebung und erfasst dabei auch Snapshots, Data Stores, verfügbare VMware Tools, deren Versionen sowie verbundene CD-Laufwerke.

Mit List disk RDMS (http://tinyurl.com/y8y565d9) erfassen Sie alle Raw Device Mappings (RDMs), die in einer Umgebung existieren. Das ist ein wichtiger Punkt, wenn es um Migrationen geht und Sie SAN-LUNs direkt an VMs anbinden.

Migrieren Sie zu einer Virtual Desktop Infrastructure (VDI) mit Windows-Rechnern, die mit vSphere virtualisiert werden, sollten Sie sich das Skript Setting Video Hardware Acceleration Level (http://tinyurl.com/y92d5smx) ansehen. Es konfiguriert die Hardware-Beschleunigung in Windows-VMs, damit diese optimal in VMware-Umgebungen betrieben werden können.

14.3 Kostenlose Tools zur Überwachung nutzen

Mit Opvizor Health Analyzer (http://tinyurl.com/yaplwyyl) und Opvizor Snapwatcher (http://tinyurl.com/y8jwpdrj) können Sie Probleme in VMware auf Basis einer Community und von Online-Tools finden und beheben lassen. Opvizor VMware Health Analyzer und Snapwatcher nehmen keine Änderungen an Ihrer vSphere-Umgebung vor.

Die beiden Tools lesen lediglich Informationen aus, genauso wie der Webclient oder der HTML5-vSphere-Client. Sie können mit Opvizor Health Analyzer und Snapwatcher allerdings sehr umfangreich und mit einem sehr guten Überblick den Status Ihrer Umgebung anzeigen und überwachen. Der größte Vorteil der beiden Produkte besteht darin, dass Sie Fehler und Probleme in Ihrer Umgebung erkennen, oft noch bevor sich diese auswirken.

14.3.1 Opvizor VMware Health Analyzer installieren und einrichten

Opvizor VMware Health Analyzer stellt einen Dienst zur Verfügung, den Sie auf einen Windows-Server im Netzwerk installieren. Dabei kann es sich auch um einen virtuellen Server handeln. Auf Basis dieses Diensts sammeln Sie Informationen Ihrer vSphere-Umgebung und laden diese verschlüsselt zur Datenanalyse auf die Cloudserver des Anbieters hoch. Hier findet die Analyse statt und Sie erhalten Informationen zu Ihrer Umgebung sowie potenzielle Hinweise zu Problemen. Der Computer, auf dem Sie den Dienst installieren, muss sowohl Netzwerkzugriff auf die vSphere-Umgebung als auch Zugriff auf das Internet haben. Die Verschlüsselung zum Anbieter findet auf Basis von AES 256 statt. Wie die Einrichtung des Clients im lokalen Netzwerk und der anschließende Upload in den Clouddienst durchgeführt werden, zeigen die Entwickler auch in einem Online-Video (http://tinyurl.com/ydaer5td).

Mit Opvizor Health Analyzer können Sie einen vSphere-Cluster mit bis zu zwei Hosts kostenlos überwachen. Weitere Hosts können Sie kostenpflichtig anbinden. Sobald Sie das Tool einsetzen, werden Logdateien und Diagnoseprotokolle von VMware erfasst, eingelesen und aufbereitet. Die kostenpflichtige Edition bietet eine bessere Überwachung. Außerdem erhalten Sie nur hier detaillierte Fehlerinformationen.

Für die Einrichtung registrieren Sie sich zunächst beim Hersteller und laden anschließend den Systemdienst für die Überwachung auf einen Windows-Server herunter. Nachdem Sie den Dienst installiert und gestartet haben, besteht der erste Schritt darin, Ihre vCenter-Server an die Umgebung anzubinden.

Dazu rufen Sie die Verknüpfung auf, die der Dienst auf dem Windows-Server installiert hat. Über die Schaltfläche *Configure vCenters* geben Sie die Anmeldedaten zu den vCenter-Servern ein, die Sie mit der Lösung überwachen wollen. Sie können an dieser Stelle auch mehrere vCenter-Server zur Überwachung anbinden. Für die Verwendung des Tools müssen Sie keine vollständigen Administratorrechte verwenden. Es reicht aus, wenn der Administrator das Recht hat, lesend auf die Umgebung zuzugreifen. Sie können für die Verwendung von Opvizor über den VMware-Webclient auch einfach die Benutzerrolle *Nur lesen* kopieren und auf Basis dieser Rolle einen neuen Benutzer anlegen. Die Rechte dieses Benutzers reichen aus, damit die Umgebung Informationen auslesen und hochladen kann.

Wie Sie bereits bei der Einrichtung gesehen haben, findet die Verwaltung von Opvizor über einen Webdienst auf dem lokalen Windows-Server statt. Sie können den Webdienst entweder über die installierte Verknüpfung starten oder die URL *https://localhost:7777* verwenden.

14.3.2 Opvizor Snapwatcher – Snapshots im Griff behalten

Mit dem Opvizor-Tool Snapwatcher (http://tinyurl.com/y8jwpdrj) können Sie den Snapshots in Ihrer Umgebung im Griff behalten. Sie sehen auf einen Blick, welche Snapshots vorhanden sind, und können diese auch verwalten. Sobald Sie das Tool installiert haben, richten Sie über die Einstellung eine Verbindung zu vCenter ein. Sie haben hier auch die Möglichkeit, mehrere vCenter-Server anzubinden.

Sobald Sie das Tool an vCenter angebunden haben, liest Snapwatcher alle Snapshots der VMs ein, deren Hosts sich in Clustern befinden, die wiederum in vCenter integriert wurden. Dadurch erhalten Sie in einem zentralen Fenster einen Überblick über alle vorhandenen Snapshots. Sie sehen außerdem die Größe der Snapshots sowie den verwendeten Plattenplatz.

Zusätzlich haben Sie die Möglichkeit, in diesem Tool die Snapshots auch zu löschen. Lizenzieren Sie die Enterprise-Version, können Sie auch defekte Snapshots reparieren.

14.3.3 VMware Scanner – Hosts und vCenter schnell und einfach finden

Vor allem für externe Berater oder IT-Spezialisten ist es interessant zu wissen, welche vSphere-Hosts und vCenter-Server mit welcher Edition im Netzwerk installiert sind. Dabei kann das kostenlose Tool VMware Scanner (http://tinyurl.com/5wweg8t) helfen. Sie müssen das Tool nicht installieren, sondern können es direkt starten. Danach geben Sie den IP-Bereich ein, den das Tool überprüfen soll. Anschließend erhalten Sie eine umfassende Liste aller installierten vSphere-Hosts und aller vCenter-Server inklusive der installierten Version. Der Vorteil des Tools besteht darin, dass Sie in einem bestimmten IP-Bereich alle installierten Hosts und vCenter finden können.

14.3.4 ManageEngine VM Health Monitor

Mit der Freeware ManageEngine VM Health Monitor (http://tinyurl.com/y9jgo4bs) lassen Sie sich von einer Arbeitsstation oder einem Windows-Server aus Informationen zu den VMs eines vSphere-Hosts anzeigen.

Sie erhalten über die Software einen Überblick über den Host, zum Beispiel die aktuelle Nutzung der CPU, des Speichers und der Festplatte, sowie den Zustand der einzelnen VMs, die auf dem Host zur Verfügung gestellt werden. Auch für dieses Produkt müssen Sie auf den vSphere-Hosts keinerlei Installationen vornehmen.

Sie müssen das Tool lediglich auf einer Arbeitsstation installieren, es starten und die IP-Adresse sowie die Anmeldedaten zum Host angeben. Anschließend wird eine Verbindung hergestellt und Sie erhalten die Informationen des Hosts. Sie sehen die Auslastung der VMs sowie deren Status. Im Fenster können Sie die einzelnen VMs sowie deren Daten auch einblenden oder ausblenden. Außerdem können Sie sich über den ManageEngine VM Health Monitor entweder mit einzelnen vSphere-Hosts oder mit einem vCenter-Server verbinden, um Informationen zu allen VMs im Cluster zu erhalten.

Sie können mit dem Tool auch Schwellenwerte definieren, bei denen Sie das Programm informieren soll, falls Probleme zu erwarten sind, wenn also zum Beispiel der Ressourcenverbrauch einer VM zu stark ansteigt.

Insgesamt können Sie mit dem Tool bis zu zwei vCenter-Server oder zwei vSphere-Hosts kostenlos überwachen. Die Grenzwerte für den CPU-Verbrauch und den Verbrauch des Arbeitsspeichers legen Sie über die Einstellungen fest.

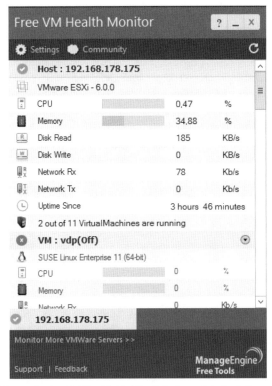

Abbildung 14.17 ManageEngine VM Health Monitor liefert von Arbeitsstationen aus einen schnellen Überblick über die Auslastung von vSphere-Hosts, vCenter oder einzelnen VMs.

14.3.5 Virtual Health Monitor zur Überwachung nutzen

Ein guter Mittelweg zur Überwachung einer vSphere-Umgebung sind virtuelle Appliances, die Sie in die virtuelle Infrastruktur einbinden, um diese zu überwachen.

Auf der Seite http://tinyurl.com/yd8evdbl können Sie zum Beispiel kostenlose virtuelle Appliances auf Linux-Basis herunterladen, mit denen sich VMware und Hyper-V überwachen lassen. Der Hersteller bietet auch Appliances für die Überwachung von Citrix XenServer und Red Hat Enterprise Virtualization (RHEV) an.

Für die Überwachung von VMware-Umgebungen benötigen Sie einen vCenter-Server. Die Verwaltung der Überwachungs-Appliance erfolgt über eine Weboberfläche. Prinzipiell spielt es keine Rolle, innerhalb welcher Virtualisierungsinfrastruktur Sie die Appliance integrieren. Für VMware laden Sie die Appliance als OVA-Datei herunter. Die Verwaltung erfolgt über eine Weboberfläche. Diese rufen Sie zum Beispiel über die IP-Adresse auf.

14.3.6 Zabbix – Überwachung mit Live-CD, Appliance oder per Installation

Die Überwachungslösung Zabbix lässt sich als Live-CD, als Installationspaket und als Appliance für VMware, Hyper-V, Microsoft Azure und viele andere Hypervisoren herunterladen. Alle aktuellen Versionen und Editionen sind auf der Seite http://tinyurl.com/jl5n4wj zu finden. Das Produkt ist auch hervorragend dazu geeignet, virtuelle Infrastrukturen zu überwachen, da viele Komponenten direkt auf VMs abzielen.

Nachdem Sie die virtuelle Linux-Maschine gestartet haben, melden Sie sich an der Konsole mit dem Benutzernamen *root* und dem Kennwort *zabbix* an (beachten Sie die englische Tastaturbelegung: z und y sind vertauscht). Hier erfahren Sie die IP-Adresse, die der Appliance zugewiesen wurde. Die Weboberfläche erreichen Sie mit der Adresse *http://<IP-Adresse>/zabbix*. Als Anmeldenamen ist standardmäßig der Benutzername *Admin* und das Kennwort *zabbix* voreingestellt.

Um neue Hosts zur Überwachung anzubinden, klicken Sie auf *Configuration/Hosts* und wählen oben rechts die Option *Create host*. Hier können Sie Ihre Virtualisierungshosts auswählen. Sie müssen einen Namen für die Anzeige selektieren und den Server einer Hostgruppe zuordnen.

Haben Sie alle Daten eingegeben, wird der Host mit *Add* an Zabbix angebunden. Klicken Sie bei *Configuration/Hosts* auf den Link des Hosts, öffnet sich dessen Ansicht. Hier wählen Sie im oberen Bereich aus, was Sie auf dem Host überwachen wollen. Sie haben hier die Möglichkeit, direkt auf VMware-Funktionen zuzugreifen. Klicken Sie zum Beispiel auf *Items* und auf *Create Item* oben rechts, können Sie eine neue Regel erstellen, die VMs auf VMware-Hosts automatisch anbindet.

Geben Sie der Regel einen Namen, zum Beispiel „VM-Discovery", und wählen Sie bei *Type* die Option *Simple checks*. Bei *Key* können Sie über *Select* verschiedene Informationen aus VMware auslesen lassen.

Ein wichtiger Punkt in diesem Bereich sind auch die Trigger, die Sie für einzelne Hosts festlegen. Die Items sammeln Daten der verschiedenen angebundenen Server. Trigger werten die Daten aus und setzen den Server auf einen bestimmten Status. Auf Basis des Status wird wiederum eine Aktion ausgelöst.

14.3.7 Nagios als virtuelle Appliance nutzen

Neben VMTurbo und Zabbix soll auch Nagios nicht unerwähnt bleiben, wenn es um die Überwachung von virtuellen Infrastrukturen geht. Nagios bietet mehr Funktionen als Zabbix, ist aber auch komplexer in der Einrichtung. Auf der Seite der Entwickler (http://www.nagios.org) stehen die Installationsdateien sowie zahlreiche Webcasts und Whitepapers zur Einrichtung zur Verfügung.

Zusätzlich bieten die Entwickler auch vorkonfigurierte virtuelle Maschinen an, die in VMware eingebunden werden können. Nach dem Start der virtuellen Maschine steht bereits ein vollwertiges Nagios-System zur Verfügung. Am schnellsten erreichen Sie die Downloadseiten über den Link http://tinyurl.com/ya8txtu5.

14.3.8 VMware-Umgebungen mit System Center Operations Manager überwachen

Neben Microsoft-Betriebssystemen und -Servern können Sie mit System Center Operations Manager (SCOM) auch Linux-Systeme und andere Serverlösungen überwachen. Auch die Anbindung von VMware vSphere-/ESXi-Produkten ist möglich. Allerdings ist das mit Bordmitteln nicht besonders effizient umsetzbar, sondern Sie benötigen ein Management Pack eines externen Herstellers. Auch hier bietet der bekannte Hersteller Veeam ein entsprechendes Produkt an.

Mit dem Veeam Management Pack für VMware (http://tinyurl.com/ycemc9km) überwachen Sie über SCOM alle vSphere-Hosts oder vCenter. Laden Sie zur Installation die ISO-Datei des Management Packs herunter und installieren es auf dem SCOM-Server.

Arbeiten Sie parallel noch mit Veeam Backup & Replication (http://tinyurl.com/y966xf83), können Sie ein kostenloses Management Pack (http://tinyurl.com/ycpvdx8m) für die Überwachung der Datensicherungsumgebung verwenden.

Zur Einrichtung des Management Packs klicken Sie auf die Verknüpfung *Veeam Management Pack for System Center*. Diese Verknüpfung öffnet die Weboberfläche *http://<Servername>:4430*. Hier binden Sie die einzelnen vSphere-Hosts oder vCenter an. Die Überwachung nehmen Sie (wie auch bei anderen Management Packs) nach der Einrichtung in der SCOM-Konsole vor. Auf der Registerkarte *Veeam Collectors* müssen Sie konfigurieren, dass in der Standard Monitoring Group oder einer speziellen Überwachungsgruppe eine Verbindung zu einem Veeam-Collector hergestellt werden kann. Erst dann können Sie vSphere optimal überwachen.

14.4 VMware vRealize Operations Manager – vSphere professionell überwachen

Geht es um die professionelle Überwachung von vSphere-Umgebungen, setzen viele Unternehmen auf die VMware-Überwachungslösung vRealize Operations Manager (http://tinyurl.com/y84afcxu). Die Integration der Überwachungslösung erfolgt über eine virtuelle Appliance, die Sie in Ihrer Umgebung einbinden. Neben einer Überwachung lassen sich mit Operations Manager auch zentral alle Objekte in der Umgebung verwalten.

14.4.1 Vorteile beim Einsatz von vRealize Operations Manager

Mit dem vRealize Operations Manager erhalten Sie eine intelligente Steuerungsfunktion für vSphere 6.5. Zusätzlich können Sie mit Operations Manager auch andere Bereiche überwachen, zum Beispiel Hyper-V, den angebundenen Speicher und Clouddienste, die mit der vSphere-Infrastruktur zusammenarbeiten.

Setzen Sie also diese Lösung in Ihrer vSphere-Umgebung ein, können Sie auch Analysen durchführen und feststellen, ob Probleme auf bestimmten Hosts oder VMs beziehungsweise anderen Objekten zu erwarten sind. Dadurch können Sie unter Umständen Probleme beheben, bevor sich diese auswirken können.

Darüber hinaus haben Sie die Möglichkeit, Richtlinien festzulegen, über die Sie solche Probleme auch automatisiert beheben beziehungsweise Administratoren informieren können. Neben der Konfiguration und dem aktuellen Betrieb kann vRealize Operations Manager auch die Leistung und die Kapazität der Umgebung im Auge behalten. Dadurch lässt sich zum Beispiel schnell erkennen, ob der Speicherplatz in einem bestimmten Datenspeicher knapp wird und dadurch unter Umständen wichtige VMs beeinträchtigt werden.

Treten Fehler in der Umgebung auf, lassen sich diese entweder richtlinienbasiert beheben, oder Sie erhalten Informationen und Anleitungen, wie Sie den Fehler beheben können.

14.4.2 vRealize Operations Manager als Appliance installieren

Der Vorteil von vRealize Operations Manager liegt darin, dass die Umgebung relativ schnell einsatzbereit ist. Sie müssen lediglich über Ihr VMware-Konto die virtuelle Appliance herunterladen und über den Webclient in der Umgebung bereitstellen. Die Installation erfolgt über einen Assistenten, der im Grunde genommen der Einrichtung anderer Appliances entspricht, die bereits in diesem Buch behandelt wurden. Sobald die Appliance gestartet ist, können Sie sich zum Beispiel über den Webclient mit deren Konsole verbinden und erkennen auf diesem Weg, ob die Integration funktioniert hat.

Abbildung 14.18 Die Installation von vRealize Operations Manager erfolgt über eine Appliance.

Nachdem Sie die Appliance installiert haben, öffnen Sie die Konsole der Appliance. Verwenden Sie die Tastenkombination (ALT)+(F1), um eine Befehlszeile zu öffnen. Wenn Sie sich zum ersten Mal an der Appliance anmelden, können Sie sich mit dem Benutzernamen *root* ohne Kennwort anmelden. Im Rahmen dieses Prozesses müssen Sie ein neues Kennwort für den Administrator-Benutzer angeben. Danach starten Sie den SSH-Dienst mit dem Befehl *service sshd start*.

Wie bei den meisten anderen Lösungen für vSphere wird auch der vRealize Operations Manager nicht über die Konsole eingerichtet, sondern über eine Weboberfläche. Diese erreichen Sie über die URL *https://<IP-Adresse>*. Nach dem Aufruf der URL haben Sie die Möglichkeit, über verschiedene Assistenten die Lösung einzurichten.

Nachdem Sie die Appliance für vRealize Operations Manager in der vSphere-Umgebung eingerichtet und über die Weboberfläche von vRealize Operations Manager den Einrichtungs-Assistenten gestartet haben, lässt sich über mehrere Fenster und Links das Produkt an Ihre Umgebung anbinden. Während der Einrichtung legen Sie zunächst ein Kennwort fest, über das Sie auf die Weboberfläche von vRealize Operations Manager zugreifen möchten. Sobald die Einrichtung erfolgreich abgeschlossen ist, starten Sie über die Weboberfläche die Verwaltung von Operations Manager.

14.4.3 vRealize Operations Manager nutzen

Abhängig von der Lizenz, die Sie einsetzen, können Sie die Weboberfläche von vRealize Operations Manager starten und einrichten. Über die linke Seite der Konsole schalten Sie zwischen den verschiedenen Bereichen durch. Alle Alarme, welche die Umgebung findet, können Sie ebenfalls über den Alarm-Bereich öffnen, den Sie im Navigator erreichen. Die generelle Navigation innerhalb der Oberfläche ist recht einfach, diese entspricht weitestgehend dem Webclient bei der Verwaltung von vSphere.

14.5 VMware-Umgebungen mobil und mit Tablets überwachen

VMware vSphere bietet Administratoren die Möglichkeit, mit Smartphones und Tablets auf die Umgebung zugreifen können, um Informationen abzurufen und Einstellungen vorzunehmen. Auch Drittanbieter bieten dazu einige Tools an.

Neben der Überwachung von vSphere mit kostenlosen Apps oder kommerziellen Profilösungen für Arbeitsstationen und Server haben Administratoren auch die Möglichkeit, über Apps auf vCenter oder einzelne Hosts zuzugreifen. Der Vorteil dabei liegt darin, dass Administratoren einen schnellen Blick über ihr Smartphone oder ihr Tablet auf die Umgebung werfen können. Dabei spielen vor allem wichtige Informationen zur Laufzeit eine Rolle. In Google Play und dem Apple App Store stehen verschiedene kostenlose Apps zur Verfügung, mit denen Sie die Auslastung Ihrer vSphere Umgebung anzeigen und auch überprüfen können, welche VMs gestartet sind und ob alle Hosts im Cluster noch funktionieren.

14.5.1 VMware vSphere Mobile Watchlist

VMware stellt die kostenlose App VMware vSphere Mobile Watchlist in Apple App Store (http://tinyurl.com/yasojny6) und Google Play (http://tinyurl.com/ydxvp99o) zur Verfügung. Nachdem Sie die App installiert haben, können Sie eine Verbindung zu vCenter aufbauen. Dabei müssen Sie das selbst signierte Zertifikat des vCenter bestätigen. Anschließend liest die App alle angebundenen Hosts des vCenter-Servers ein und zeigt deren Auslastung übersichtlich an.

Über die Symbole im oberen Bereich steuern Sie die App. Sie können über das Einstellungssymbol mit den drei Querstrichen umschalten. Außerdem können Sie an dieser Stelle die Einstellungen anpassen und zum Beispiel festlegen, dass die Anmeldedaten für die vCenter-Umgebung gespeichert werden.

Tippen Sie mit dem Finger auf einen überwachten Host, blendet die App eine Reihe von Details ein. Hier sehen Sie zum Beispiel Informationen zur Hardware. Außerdem wird an dieser Stelle angezeigt, zu welchem Cluster der Host gehört, welche VMs auf dem Host positioniert sind und welche Datenspeicher und Netzwerke vorhanden sind. Zusätzlich zeigt die App in diesem Fall an, welche überwachten Hosts zum aktuellen Cluster gehören.

Klicken Sie auf eine VM eines Hosts, erhalten Sie für diese VM ebenfalls eine Reihe von Informationen. Zu allen überwachten VMs und Hosts zeigt die App auch die aktuelle Auslastung der CPU, des Arbeitsspeichers und des Datenspeichers an. Außerdem lässt sich bei der Überwachung einer VM die Konfiguration der virtuellen Festplatte überprüfen.

14.5.1.1 vSphere-Hosts mit dem Smartphone steuern

Sie können mit der App aber nicht nur Ihre Hosts überwachen, sondern auch grundlegend steuern. Klicken Sie auf einen Host, erhalten Sie im Aktionsbereich zunächst einen Überblick, welche Hosts und welche VMs eingeschaltet sind. Im Aktionsmenü, das Sie zum Beispiel durch Wischen nach links öffnen, können Sie einen Host neu starten lassen, herunterfahren oder in den Wartungszustand versetzen. Bevor der Host in den Wartungszustand versetzt wird, müssen Sie die Aktion bestätigen. Anschließend wird die Aktion durchgeführt und Sie sehen den aktuellen aktivierten Wartungszustand auch, wenn Sie den Host anklicken.

Den Wartungsmodus können Sie jederzeit auch wieder beenden. Zusätzlich zu den allgemeinen Informationen eines Hosts können Sie durch erneutes Wischen nach links die Aufgaben und Ereignisse der Hosts anzeigen. Sie erhalten Informationen, Fehlermeldungen sowie durchgeführte Aufgaben. Klicken Sie auf eine Aufgabe oder ein Ereignis, listet die Smartphone-App weitere Informationen auf.

Auch bei der Verwendung der Smartphone-App ist immer nachvollziehbar, welche Administratoren Änderungen an der Umgebung vorgenommen haben. Tippen Sie ein Objekt in der App an, zum Beispiel einen Host oder eine VM, können Sie über das Symbol oben rechts den aktuellen Zustand der VM und die in der App angezeigten Informationen per E-Mail versenden.

14.5.1.2 Watchlist steuern und Konsole anzeigen

In großen Umgebungen kann es sinnvoll sein, in der App die Watchlist zu steuern. Dazu tippen Sie innerhalb der Watchlist auf das Plus-Zeichen und wählen aus, welche Objekte angezeigt werden sollen. Hier haben Sie die Möglichkeit, zwischen VMs und Hosts zu wechseln. Fügen Sie VMs zu Ihrer Watchlist hinzu, können Sie durch Antippen der VM den aktuellen Inhalt des Konsolenfensters anzeigen. So erkennen Sie zum Beispiel, wenn eine VM abgestürzt ist oder aus bestimmten Gründen nicht mehr funktioniert.

14.5.2 OPS1 – VMware and Amazon AWS Cloud Management

Eine weitere App, mit der Sie Ihre vSphere-Umgebung über ein Smartphone oder Tablet verwalten und steuern können, ist die App OPS1 – VMware and Amazon AWS Cloud Management (http://tinyurl.com/ydc4u5zt). Diese steht im App Store von Apple zur Verfügung. Mit der App können Sie auch kostenlos Ihre vSphere-Umgebung oder vCenter-Server überwachen.

Dazu geben Sie die Verbindungsdaten zu Ihrem vCenter-Server ein. Über die verschiedenen Schaltflächen auf der Startseite der App können Sie zwischen den verschiedenen Objekten in der vSphere-Umgebung umschalten. Auch hier haben Sie die Möglichkeit, Informationen zu den VMs, den Hosts, den Datenspeichern, den Netzwerken und den Benutzern anzuzeigen.

Über die kostenlose Version der App lassen sich allerdings nicht alle Funktionen durchführen. Sobald Sie eine Aktion durchführen wollen, die der kostenpflichtigen Version vorbehalten ist, erhalten Sie eine entsprechende Information. Das gilt zum Beispiel für die Verwaltung der Rollen in der vSphere-Umgebung.

Klicken Sie auf einen Cluster oder einen Host, erhalten Sie weitere Informationen zum Objekt. Sie sehen zum Beispiel, auf welchem Server ein Host installiert ist, erhalten weiterführende Informationen zur Hardware und können Leistungsinformationen abrufen. Allerdings ist dazu die kostenlose Version der App nicht in der Lage, Sie müssen zum Abrufen detaillierter Informationen zur kostenpflichtigen Version greifen. In vielen Fällen reichen die Informationen der kostenlosen App aber aus. Neben dem Abrufen von Informationen zu einer VM können Sie mit der App auch Einstellungen von VMs anpassen. Sie haben die Möglichkeit, über die App den Arbeitsspeicher, die Größe der Festplatte, den Namen sowie weitere Aktionen zu definieren. So lassen sich zum Beispiel USB-Geräte genauso hinzufügen wie virtuelle Festplatten. Allerdings ist auch dazu die kostenpflichtige Version der App notwendig. In der kostenlosen Version können Sie sich aber die Konfiguration dieser Objekte anzeigen lassen.

14.5.3 My VMware verwalten – Lizenzen und mehr

VMware stellt im Apple App Store (http://tinyurl.com/ydcvegvq) und in Google Play (http://tinyurl.com/yal5qsh4) die kostenlose App My VMware zur Verfügung. Mit dieser App verwalten Sie Ihre Lizenzen in der Umgebung. Außerdem können Sie Ihre Support-Anfragen an VMware anzeigen und verwalten.

Nachdem Sie die App installiert haben, müssen Sie sich mit Ihren My VMware-Daten anmelden. Sie verwalten in der App Ihre Lizenzschlüssel und können diese auch abrufen. Auch die Einstellungen Ihres Profils bei VMware können Sie hierüber anpassen. Zusätzlich zeigt die App auch neue Einträge in der VMware Knowledge Base an.

■ 14.6 Firewall & Co. – vCenter absichern

Neben der Verwaltung der Benutzer und Berechtigungen in der vSphere-Umgebung sollten Sie sich auch die Sicherheitskonfiguration des vCenter ansehen. Hier sind häufig Anpassungen notwendig, damit das vCenter sicher betrieben werden kann. Erhalten Angreifer Zugriff auf das vCenter, können diese auch alle angebundenen Hosts und alle betriebenen VMs angreifen. Die Sicherheitseinstellungen von Hosts und vCenter werden nicht an einer zentralen Stelle zusammengefasst, sondern Ihnen stehen in so gut wie jedem Einstellungsmenü Optionen zur Verfügung, die auch die Sicherheit der Umgebung betreffen.

14.6.1 Generelle Sicherheitseinstellungen in vCenter

Verwenden Sie nicht die vCenter-Appliance, sondern vCenter auf Basis von Windows Server 2012 R2/2016, sollten Sie den lokalen Administrator-Benutzer aus der Administratoren-Gruppe des lokalen Servers entfernen. Nehmen Sie stattdessen die Benutzerkonten auf, welche die vSphere-Umgebung verwalten sollen und die Sie als benannte Benutzer angelegt haben. Dadurch sind Änderungen auch im Windows-Betriebssystem immer genau überprüfbar und es kann jederzeit festgestellt werden, welcher Administrator Änderungen vorgenommen hat. In vSphere 6.5 hat der lokale Windows-Administrator standardmäßig keine Verwaltungsrechte. Das sollten Sie auch nicht ändern.

Grundsätzlich kann es sinnvoll sein, für die Installation von vCenter auf Basis von Windows Server 2012 R2/2016 kein Administrator-Konto zu verwenden, sondern für die Installation ein eigenes Dienstkonto anzulegen, das jedoch über lokale Administratorrechte auf dem Windows-Server verfügen muss. Dadurch ist sichergestellt, dass keine unbefugten Benutzer Zugriff auf die vCenter-Oberfläche erhalten. Sie sollten ohnehin sicherstellen, dass sich keine anderen Benutzer als die vSphere-Administratoren am vCenter-Server anmelden dürfen, auch wenn Sie die vCenter-Appliance einsetzen.

Darüber hinaus gilt auch für vSphere-Administratoren, dass diese mit minimalen Zugriffsrechten arbeiten sollten. Es ist zum Beispiel selten notwendig, dass ein Administrator-Benutzer Zugriff auf den Datenspeicherbrowser erhält bzw. die vCenter-Datenbank oder alle Netzwerke beziehungsweise virtuellen Switches verwalten darf. Hier sollten Sie gezielt diejenigen Rechte zuweisen, welche die einzelnen Administratoren auch tatsächlich benötigen. Darüber hinaus sollten Sie darauf achten, dass die Kennwortrichtlinie in vCenter optimal an Ihre Anforderungen angepasst ist.

Standardmäßig ändert vCenter das *vpxuser*-Kennwort automatisch alle 30 Tage. Sie können diesen Wert über den vSphere-Webclient ändern und an Ihre Anforderungen anpassen.

Rufen Sie dazu den vCenter-Server auf, öffnen Sie die Registerkarte *Konfigurieren* und wählen Sie den Menübefehl *Einstellungen*. Klicken Sie auf *Erweiterte Einstellungen* und geben Sie *VimPasswordExpirationInDays* ein. Legen Sie *VirtualCenter.VimPasswordExpirationInDays* entsprechend Ihren Anforderungen fest.

VMware empfiehlt, den Windows-Server, auf dem vCenter-Server betrieben wird, immer auf dem aktuellsten Stand zu halten. Installieren Sie also möglichst alle Windows-Aktualisierungen auf dem Server. Darüber hinaus sollten Sie sicherstellen, dass auf dem Server auch eine funktionierende Antivirensoftware installiert ist. Auch den Remotezugriff des Servers, vor allem den Remotedesktop, sollten Sie sicher konfigurieren, insbesondere die Verschlüsselungstiefe für das Remotedesktop-Protokoll (RDP).

Rufen Sie nach der Installation von vCenter über den Webclient die Registerkarte *Konfigurieren/Einstellungen* auf. Klicken Sie dazu direkt auf den Servernamen des vCenter. Über den Menübefehl *Allgemein* nehmen Sie verschiedene Einstellungen vor, die auch die Sicherheit betreffen. Hier spielen vor allem die SSL-Einstellungen sowie die Protokollierungseinstellungen eine wichtige Rolle.

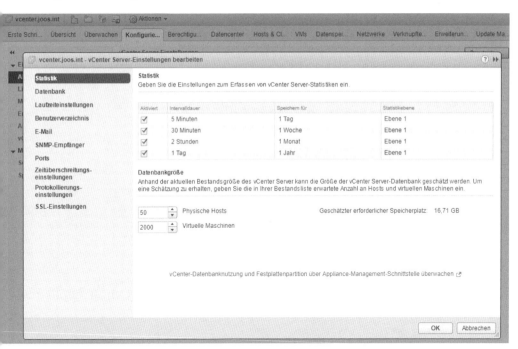

Abbildung 14.19 In den allgemeinen Einstellungen von vCenter nehmen Sie auch wichtige Sicherheitseinstellungen vor.

14.6.2 Sicherheitseinstellungen für Hosts setzen

Wichtige Sicherheitseinstellungen Ihrer vSphere-Hosts erreichen Sie über den Webclient, wenn Sie den entsprechenden Host anklicken. Auf der Registerkarte *Konfigurieren* finden Sie über den Menübefehl *System/Sicherheitsprofil* verschiedene Optionen für die Konfiguration des Hosts.

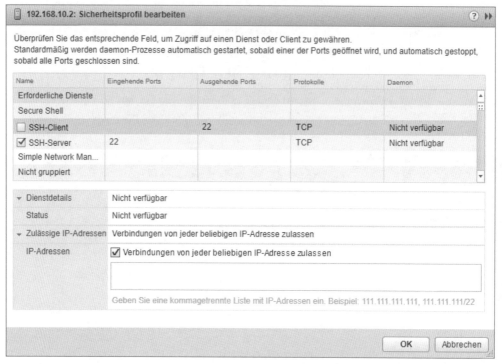

Abbildung 14.20 Anpassen der Sicherheitseinstellungen von Hosts

14.6.3 Kennwort und Uhrzeit für die Verwaltung der vCenter Appliance anpassen

Arbeiten Sie mit vCenter-Appliance, sollten Sie sich nach der Integration der Umgebung mit der Weboberfläche der Appliance verbinden. Dazu verwenden Sie die URL *http://<IP-Adresse>:5480*. Melden Sie sich mit dem Root-Benutzer an. Über diese Weboberfläche passen Sie die vCenter-Appliance an Ihre Anforderungen an. Besonders wichtig ist hier der Bereich *Administration*. Dort können Sie das Kennwort des Benutzers definieren und festlegen, wann das Kennwort des Root-Benutzers geändert werden muss.

Achten Sie auch darauf, dass die Uhrzeit der vCenter-Appliance korrekt gesetzt ist. Dies ist insbesondere dann wichtig, wenn Sie im Netzwerk zusätzlich mit Active Directory arbeiten. Nutzen Sie am besten eine NTP-Zeitquelle. Auch für die Überprüfung von Zertifikaten sowie deren korrekten Verwendung ist eine exakte Uhrzeit wichtig. Wie bei der herkömmlichen vCenter-Server-Installation können Sie auch bei der vCenter-Appliance den SSH-Zugriff konfigurieren. Die entsprechenden Einstellungen finden Sie über den Menübefehl *Zugriff*.

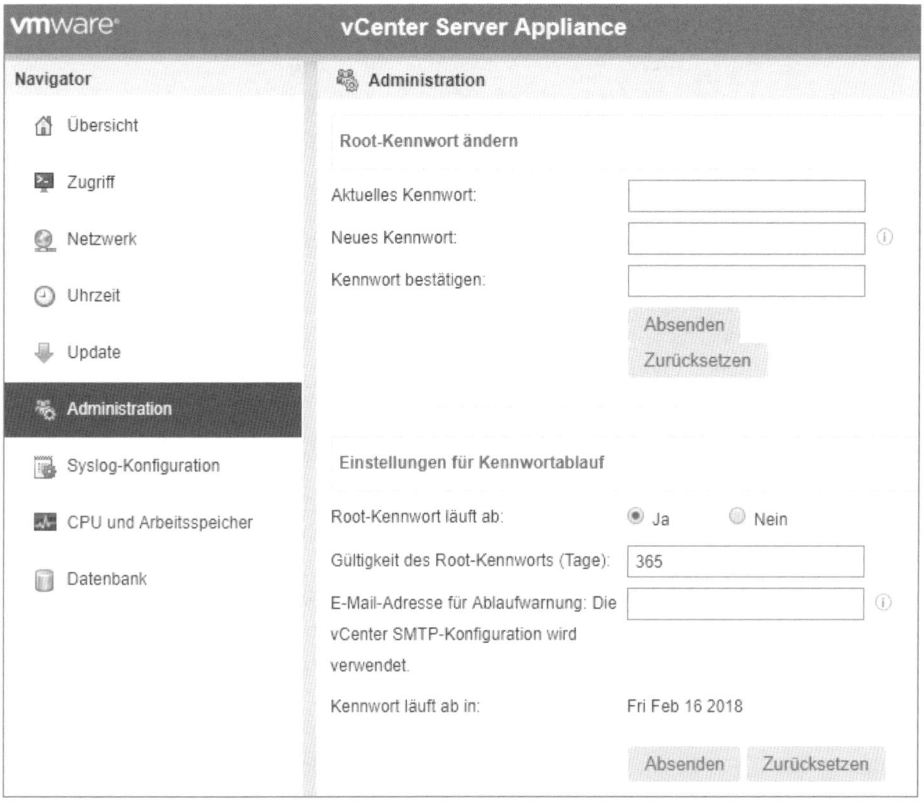

Abbildung 14.21 Die vCenter-Appliance verfügt über eine eigene Weboberfläche, über die Sie Verwaltungseinstellungen vornehmen können.

14.6.4 Die Sicherheit der Datenspeicher beachten

Neben der Konfiguration der vSphere-Hosts und von vCenter müssen Sie auch darauf achten, dass die physischen Speichergeräte entsprechend abgesichert sind. Sie haben zum Beispiel die Möglichkeit, zusammen mit SANs den Speicherzugriff über ein sogenanntes Zoning abzusichern. Hier legen Sie über Zonen fest, welche Adapter Zugriff auf die einzelnen Ziele haben dürfen. Dadurch können Sie exakt die einzelnen Hosts definieren, die den Zugriff auf den physischen Speicher halten sollen.

Alle Geräte, die sich nicht in der konfigurierten Zone für ein Ziel befinden, dürfen auf den Speicher nicht zugreifen. Dadurch sichern Sie die vSphere-Datenspeicher ab. Sie können über diese Funktion zum Beispiel auch verschiedene vSphere-Umgebungen voneinander trennen. Sinnvoll ist dies beispielsweise, wenn Sie eine Testumgebung von einer produktiven Umgebung trennen wollen. Die Konfiguration nehmen Sie nicht im Webclient vor, sondern über die Verwaltungswerkzeuge des entsprechenden Speichers.

Zusätzlich können Sie über die Konfiguration der Speicheradapter ebenfalls Sicherheitsmaßnahmen durchführen. Beispielsweise können Sie für die Anbindung von iSCSI-Speicher die Challenge-Handshake-Authentication-Protocol-(CHAP-)Anbindung verwenden.

14.6.5 Sicherheit im Netzwerk – MAC-Adressen und andere Einstellungen

Neben den üblichen Sicherheitseinstellungen Ihrer virtuellen Switches ist es zweckmäßig, den Datenverkehr über VLANs voneinander zu trennen. Vor allem wenn Sie Netzwerkspeicher anbinden, zum Beispiel iSCSI oder NFS, kann es sinnvoll sein, verschiedene virtuelle Switches und unterschiedliche Netzwerkadapter zu verwenden. Standardmäßig arbeitet vSphere mit der eindeutigen Zuweisung einer MAC-Adresse an jeden virtuellen Netzwerkadapter. Diese Adresse lässt sich nur in der Netzwerkkonfiguration von vSphere anpassen, nicht durch die VM selbst. Wichtige Einstellungen dazu finden Sie in den Eigenschaften von virtuellen Switches.

Zusätzlich gibt es auch eine MAC-Adresse, die das virtuelle Betriebssystem in der VM verwaltet. Dieses entspricht normalerweise der MAC-Adresse, die durch vSphere der virtuellen Maschine zugewiesen wurde. In den Datenpaketen der VM wird die jeweilige MAC-Adresse hinterlegt, sodass der empfangene Datenverkehr gefiltert werden kann. Hier kann überprüft werden, ob der eingehende Datenverkehr zur MAC-Adresse des virtuellen Netzwerkadapters passt. Um die Sicherheit von MAC-Adressen zu gewährleisten, können Sie in den Sicherheitseinstellungen der virtuellen Switches festlegen, dass keine MAC-Adressänderungen erlaubt sind.

Achten Sie hierbei insbesondere darauf, dass sich nicht versehentlich gefälschte oder identische MAC-Adressen einschleichen. Gibt es im Netzwerk zum Beispiel Netzwerkadapter mit identischen MAC-Adressen, akzeptieren VMs standardmäßig den Datenverkehr, der von diesen Adaptern stammt, da die MAC-Adresse mit der lokalen MAC-Adresse übereinstimmt. Wollen Sie das nicht, können Sie in den Sicherheitseinstellungen von virtuellen Switches die gefälschten Übertragungen deaktivieren.

Eine besonders wichtige Einstellung betrifft den Promiscuous-Modus in den Sicherheitseinstellungen von virtuellen Switches (siehe Kapitel 9). Aktivieren Sie diese Funktion, werden alle Sicherheitsempfangsfilter einer virtuellen Switch deaktiviert, und die virtuelle Switch empfängt und akzeptiert jeglichen Datenverkehr. In einer sicheren Umgebung sollten Sie daher darauf achten, dass diese Funktion immer deaktiviert ist.

Der Modus ist erforderlich, wenn Sie in einer VM eine Netzwerküberwachungslösung installieren. Hier ist es notwendig, dass jeder Datenverkehr empfangen werden kann, damit die Lösung das Netzwerk überwachen kann. Wenn Sie diesen Modus für eine bestimmte VM benötigen, sollten Sie unter Umständen prüfen, ob es sinnvoll sein kann, einen eigenen virtuellen Switch anzulegen.

14.6.6 VMSafe und vShield nutzen

Wollen Sie Ihre Infrastruktur vor Viren und anderen Angreifern schützen, können Sie auf die virtuelle Appliance VMSafe setzen. Diese binden Sie im Rechenzentrum ein und können auf deren Basis die einzelnen VMs im Netzwerk vor Viren schützen.

Da Sie in diesem Fall nur eine einzelne Appliance benötigen, sparen Sie einiges an Ressourcen ein, weil nicht jede einzelne VM vor Viren geschützt werden muss. Bestandteil dieser Lösung sind viele namhafte Hersteller von Antivirensoftware, welche sich in die Appliance einbinden. Eine weitere VMware-Lösung ist vSafe. Dabei handelt es sich um eine Firewall-Lösung, welche die interne Firewall der einzelnen VMs ersetzen kann.

14.6.7 Firewall in vCenter nutzen

Grundsätzlich haben Sie auch die Möglichkeit, mit Firewalls den Zugriff auf vCenter und die ESXi-Hosts zu sichern. Hier müssen Sie aber darauf achten, dass die Ports für vCenter und vSphere entsprechend freigeschaltet sind, damit vCenter und die einzelnen Hosts kommunizieren können. Sie finden die notwendigen Ports zum Beispiel, wenn Sie das Sicherheitsprofil über die Registerkarte *Konfigurieren* in den Einstellungen eines Hosts aufrufen. vSphere verfügt über eine interne Firewall, die automatisch alle (ausgenommen die notwendigen) Ports blockiert.

Damit Sie vCenter optimal verwalten können, müssen einige Ports über das Netzwerk erreichbar sein. Das gilt auch für die Kommunikation zwischen vCenter und Clients. Die wichtigsten Ports sind 80, 443, 902, 903, 2049, 2050-2250, 3260, 8000 und 8042-8045, 8085, 8087, 9080. Darüber hinaus sind zusätzlich die Ports für die Verwendung von DNS (53), SSH (22) oder andere Ports notwendig. Dies hängt von der entsprechenden Konfiguration und Umgebung ab. Einfach ausgedrückt müssen die verschiedenen Server, welche die Serverdienste für vSphere bereitstellen, in der Umgebung miteinander kommunizieren können. Am Beispiel des vCenter-Servers müssen folgende Verbindungen funktionieren:

- Zu den einzelnen vSphere-Hosts.
- Zum Server mit der vCenter-Datenbank.
- Zu anderen vCenter-Servern in der Infrastruktur.
- Zu Clients, die mit dem Webclient oder dem HTML5-vSphere-Client zur Verwaltung auf den vCenter-Server zugreifen.
- Zu Servern, die den vSphere Update Manager oder andere Serverdienste ausführen, die von vCenter benötigt werden.
- Infrastrukturserver wie DNS, Active Directory, NTP.

Sie sehen die notwendigen Ports auch, wenn Sie im Webclient über die Registerkarte *Konfigurieren* eines Hosts über das Sicherheitsprofil die Firewall-Einstellungen aufrufen. In der folgenden Tabelle sehen Sie alle Ports im Detail.

Port	Funktion
80	HTTP-Zugriff, wird auch benötigt, wenn SSL (443) verwendet wird, da eine automatische Umleitung erfolgt.
88, 2013	RPC für Kerberos, auch für vCenter SSO
123	NTP-Client
161	SNMP-Server
389	LDAP (SSO)
636	LDAPS (SSO)
443	Verwaltung
902	Kommunikation von vCenter zu Hosts
903	MKS-Transaktionen
1234, 1235	vSphere-Replication
2012	RPC VMware-Verzeichnisdienst
2014	RPC für Zertifizierungsstelle
2020	PC für VMware Authentication Framework
5900-5964	RFB für Verwaltungstools wie VNC
7444	HTTPS für vCenter SSO
8000	vMotion
8109	Syslog Collector
9090	Webclient-Zugriff auf Konsole von VMs
9443	Webclient-Zugriff auf Hosts
10080	Inventory Services
11711	LDAP bei Migration von vSphere 5.5
12721	VMware-Identitäts-Verwaltungsdienst
15005	ESX Agent Manager
15007	vService Manager

Wenn Sie einen zusätzlichen VMware-Dienst in vCenter anbinden, wird die interne Firewall in der Regel automatisch konfiguriert. Sie können Einstellungen für die Firewall auch direkt über den Host vornehmen, zum Beispiel mit der ESXi-Shell. Damit Sie mit der Shell arbeiten können, müssen Sie aber zunächst einige Einstellungen durchführen.

Greifen Linux-Clients zur Verwaltung auf den vCenter-Server zu, sollten Sie sicherstellen, dass Sie die genehmigten Clients einschränken. Linux-Clients validieren selten Zertifikate. Daher muss die Sicherheit auf diesen Systemen besonders gewährleistet werden.

14.6.8 Mit der ESXi-Shell die Firewall überwachen und anpassen

Damit Sie die Firewall in vSphere auf einem Host überwachen oder anpassen können, rufen Sie im Webclient zunächst die Registerkarte *Konfigurieren* des vSphere-Hosts auf. Wechseln Sie danach in den Menübefehl *Sicherheitsprofil*. Über den Bereich *Dienste* sehen Sie alle gestarteten Dienste auf dem jeweiligen Host. Damit Sie über das Netzwerk mit der ESXi-Shell einen Host verwalten können, rufen Sie die Eigenschaften der Dienste auf.

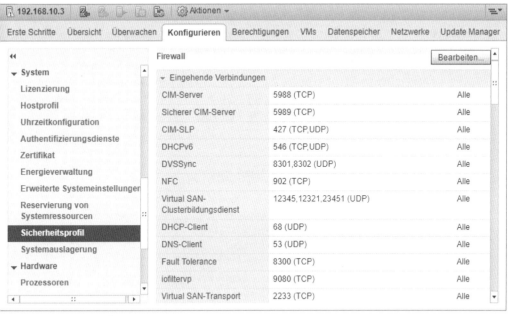

Abbildung 14.22 Überprüfen der Firewall-Einstellungen eines Hosts

Auch hierüber können Sie die Sicherheit im Netzwerk erhöhen, indem Sie nicht notwendige Dienste beenden lassen. Damit Sie mit der ESXi-Shell einen vSphere-Host verwalten können, müssen Sie die beiden Dienste *SSH* und *ESXi-Shell* starten. Danach haben Sie die Möglichkeit, mit einem SSH-Client auf die Shell des Hosts zugreifen zu können.

Hier können Sie zum Beispiel Putty verwenden. Sobald Sie sich über Putty mit dem vSphere-Host verbunden haben, können Sie über das Befehlszeilentool `esxcli` verschiedene Aufgaben durchführen, zum Beispiel die Firewall eines Hosts überwachen oder steuern.

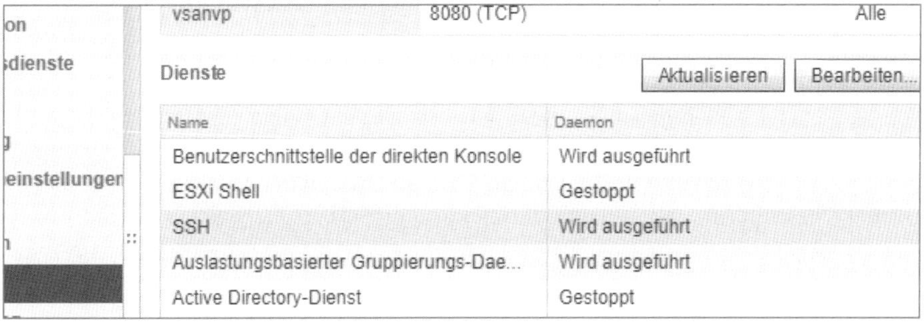

Abbildung 14.23 Für den Zugriff über Putty oder SSH muss der SSH-Dienst auf einem Host gestartet sein. Aus Sicherheitsgründen sollten Sie diesen wieder deaktivieren, wenn Sie ihn nicht mehr benötigen.

Secure Shell (SSH) ist vor allem im Linux-/Unix-Bereich eine der am meisten verbreiteten Möglichkeiten, um Server schnell und sicher über das Netzwerk zu verwalten. Sie können Einstellungen ändern, Dateien übertragen und vieles mehr. Mit SSH können auch Windows-Administratoren arbeiten und vSphere verwalten.

Administratoren, die über SSH Server im Netzwerk verwalten, setzen im Windows-Bereich vor allem auf Putty (http://tinyurl.com/2r4w). Mit dem Tool können über Windows Linux-Server und vSphere-Hosts per SSH verwaltet werden. Putty muss nicht installiert werden, es ist nach dem Download sofort einsatzbereit. Auf der Internetseite ist aber auch die Installationsdatei von Putty zu finden. Mit dieser erstellen Sie einen Schlüssel, mit dem sich zwischen Client und Windows-Server sichere SSH-Verbindungen aufbauen lassen.

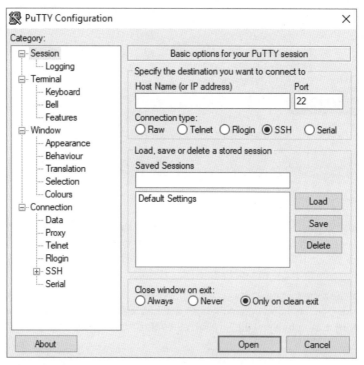

Abbildung 14.24 Mit Putty greifen Sie per SSH auf ESXi-Hosts zu.

Nach dem Start des Tools geben Sie die IP-Adresse oder den Namen des Servers ein, zu dem ein Verbindungsaufbau stattfinden soll. Außerdem müssen Sie den *Connection type*, also die Art der Verbindung, festlegen. Nach einem Klick auf *Open* öffnet sich das Konsolenfenster, in dem die Befehle zur Steuerung des ferngewarteten Servers eingegeben werden.

In diesem Fenster lassen sich die unterstützten Befehle des Protokolls nutzen. Im Fenster melden Sie sich mit dem Root-Benutzer an vSphere an. Über das Befehlszeilentool `esxcli` können Sie zum Beispiel die gestarteten Dienste auf einem vSphere-Host anzeigen lassen. Dazu verwenden Sie den folgenden Befehl:

```
esxcli network firewall ruleset rule list
```

14.6 Firewall & Co. – vCenter absichern

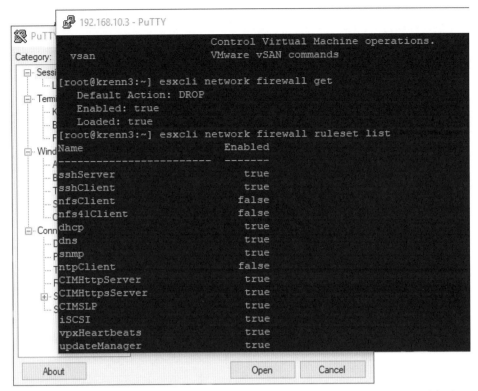

Abbildung 14.25 Mit SSH und dem Befehlszeilentool *esxcli* verwalten Sie ESXi-Hosts auch in der Konsole.

Den aktuellen Status der Firewall auf einem Host erfahren Sie mit dem Befehl

```
esxcli network firewall get
```

Ist die Firewall aus welchen Gründen auch immer deaktiviert, können Sie diese mit dem folgenden Befehl aktivieren:

```
esxcli network firewall set --enabled true
```

Mit der Option `false` deaktivieren Sie die Firewall. Das ist aber nur in Testumgebungen sinnvoll.

Darüber hinaus haben Sie auch die Möglichkeit, das Standardverhalten der Firewall zu definieren. Setzen Sie den Wert auf `true`, wird standardmäßig der komplette Datenverkehr zugelassen. Wird der Wert auf `false` gesetzt, blockiert die vSphere-Firewall standardmäßig jeden Datenverkehr, außer speziell erlaubten. Die Syntax für den Befehl lautet:

```
esxcli network firewall set --default-action=true
esxcli network firewall set --default-action=false
```

Nehmen Sie Änderungen an der Firewall-Konfiguration vor, sollten Sie die Firewall neu aktualisieren. Dazu verwenden Sie den Befehl:

```
esxcli network firewall refresh
```

Sie können auch einzelne Regelsätze aktivieren oder deaktivieren. Dazu verwenden Sie zum Beispiel den Befehl:

```
esxcli network firewall ruleset set --ruleset-id=syslog --enabled true --allowed-all false
```

Jeder Regelsatz in der vSphere-Firewall besteht aus verschiedenen Regeln. Wollen Sie sich die Regeln für einen bestimmten Regelsatz anzeigen lassen, verwenden Sie den Befehl:

```
esxcli network firewall ruleset rule list --ruleset-id syslog
```

Sie können die Konfiguration der Firewall auch direkt über deren XML-Steuerdatei vornehmen. Dazu können Sie zum Beispiel den Linux-Editor vi verwenden. Um die Konfigurationsdatei zu öffnen, verwenden Sie den Befehl:

```
vi /etc/vmware/service/service.xml
```

Eine umfangreiche Liste, welche Möglichkeiten Ihnen das Tool `esxcli` zur Verfügung stellt, finden Sie auf der Seite http://tinyurl.com/y8t7afnj.

■ 14.7 Der vSphere Update Manager im VMware-Netzwerk

Mit dem vSphere Update Manager (VUM) können Sie zentral alle Aktualisierungen von virtuellen Servern und Ihrer Hosts automatisieren. Der Update Manager ersetzt in Windows-Netzwerken allerdings nicht die Windows Server Update Services (WSUS). Während sich diese um die Aktualisierungen der Betriebssysteme und Anwendungen kümmern, aktualisieren Sie Ihre VMware-Produkte, Ihre virtuellen Maschinen, und Ihre Hosts mit dem Update Manager. Mehr zu diesem Thema lesen Sie auch in den Kapiteln 1, 2 und 4.

Der Update Manager wird über die Installation von vCenter vorgenommen. Bis vSphere 6.0 benötigen Sie dazu einen Windows-Server, am besten mit Windows Server 2012 R2. Sie können vor vSphere 6.5 den Update Manager nicht auf der vCenter-Appliance installieren. Auch wenn Sie die vCenter-Appliance einsetzen, wurde bisher zusätzlich ein Windows-Server benötigt, wenn Sie auf Update Manager setzen wollen. Da VMware in vSphere 6.5 die vCenter-Appliance zur neuen Hauptverwaltungsbasis erhoben hat, wurde auch der Update Manager in die Appliance integriert. Sie benötigen also keinen Windows-Server mehr, wenn Sie Ihre vSphere-Umgebung aktuell halten wollen.

HINWEIS: Sie können mit dem VMware Update Manager (VUM) Patches für ESXi installieren sowie Hosts zu neuen Versionen upgraden, zum Beispiel von vSphere 6 zu vSphere 6.5. Sie können auch die VMware Tools von VMs aktualisieren. VUM ist allerdings nicht dazu in der Lage, Updates der virtuellen Betriebssysteme zu verteilen.

Auch die Aktualisierung der vCenter-Appliance ist nicht möglich. Dazu nutzen Sie wiederum die Weboberfläche der Appliance.

14.7.1 Update Manager und vCenter Appliance 6.5

Damit Sie den Update Manager im Netzwerk nutzen können, überprüfen Sie zunächst, ob die entsprechenden Systemdienste bereits gestartet sind. Dazu öffnen Sie zunächst im Webclient den Home-Bereich. Klicken Sie dann im Abschnitt *Verwaltung* auf *Systemkonfiguration* und dann bei *Dienste* auf *VMware vSphere Update Manager*.

Der Dienst muss gestartet sein. Den Update Manager verwenden Sie ab vSphere 6.5 besser mit der vCenter Appliance. Hier sind bereits alle notwendigen Dienste installiert und eingerichtet. Als Datenbank verwendet der Update Manager in der vCenter-Appliance Postgres. Dies wird während der Installation automatisch eingerichtet und konfiguriert.

14.7.2 Administratoransicht und Übereinstimmungsansicht nutzen

Sobald Sie die Verwaltung des Update Managers im Webclient über die Home-Ansicht und mit der Auswahl von *Update Manager* bei *Vorgänge und Richtlinien* gestartet haben, können Sie mit der Verwaltung von Updates beginnen.

Um von der Administratoransicht des Diensts in die Ansicht zur Anbindung der Hosts zu wechseln, klicken Sie oben rechts auf die Schaltfläche *Zur Übereinstimmungsansicht wechseln*: In der Übereinstimmungsansicht können Sie wiederum mit *Zur Administratoransicht wechseln* zurück zur Administration des Diensts gehen. In der Übereinstimmungsansicht können Sie die erstellten Baselines, also die Richtlinien zur Installation von Patches, an die Hosts im Netzwerk anhängen. Dazu verwenden Sie die Schaltfläche *Baseline anhängen*.

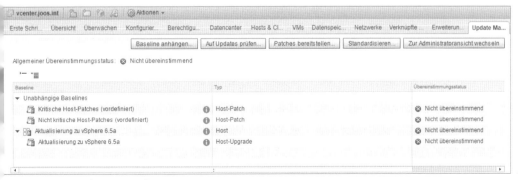

Abbildung 14.26 In der Übereinstimmungsansicht können Sie jederzeit zur Administratoransicht zurück wechseln.

Mit der Schaltfläche *Auf Updates prüfen* beginnt der Update Manager mit der Überprüfung, ob Updates auf den Hosts installiert werden können. Sie sehen den aktuellen Vorgang im Feld *Kürzlich bearbeitete Aufgaben*. Sobald der Assistent abgeschlossen ist, sehen Sie in der Spalte *Übereinstimmungsstatus*, ob auf den verschiedenen Hosts die aktuellen Patches installiert sind, die in der Baseline konfiguriert wurden.

Über die Schaltfläche *Standardisieren* können Sie mit einem Assistenten Baselines direkt auf einzelne Hosts anwenden, um diese zu aktualisieren.

Abbildung 14.27 Über die Standardisierung können Sie Updates auf vSphere-Hosts installieren.

Mit der Schaltfläche *Patches bereitstellen* installieren Sie die Patches nicht, sondern kopieren diese zunächst nur auf die Hosts. Dies beschleunigt die anschließende Installation, die Sie über *Standardisieren* starten. Achten Sie darauf, dass durch die Aktualisierung die Hosts in den meisten Fällen neu gestartet werden. Daher müssen Sie die VMs über vMotion verschieben sowie den Wartungsmodus aktivieren.

Sie können entweder einzelne Hosts oder den gesamten Cluster aktualisieren. Bei der Auswahl eines Clusters können Sie noch die Reihenfolge definieren, in welcher die Aktualisierung durchgeführt wird. Bei der Installation von Patches wird der entsprechende Host in den Wartungsmodus versetzt.

14.7.3 Erste Schritte mit dem Update Manager – Baselines verwalten

Im Webclient finden Sie die Konfiguration des Update Managers im Bereich *Home* unter *Vorgänge und Richtlinien*. Nach einem Klick auf *Update Manager* startet die Grundeinrichtung des Diensts.

Im oberen Bereich sehen Sie verschiedene Registerkarten für die Steuerung des Update Managers. Hier sind bereits zwei Standard-Baselines vorhanden, über die Sie die Aktualisierung von Hosts oder virtuellen Maschinen steuern können. VMware unterscheidet hier zwischen kritischen Patches und nichtkritischen Patches. Sie können zwischen den Baselines für Hosts (*Host-Baselines*) und VMs (*VMs/Vas-Baselines*) umschalten. In Kapitel 2 wurde bereits näher auf dieses Thema eingegangen. Erstellen Sie zusätzlich eine Baseline für VMs, können Sie auf diesem Weg auch die VMware Tools verteilen.

14.7 Der vSphere Update Manager im VMware-Netzwerk

Abbildung 14.28 Im Webclient verwalten Sie die Einstellungen des Update Managers.

Sie müssen natürlich nicht die vorhandenen Baselines verwenden, sondern können auch eigene Baselines erstellen, in denen Sie diejenigen Patches integrieren, die der Update Manager zur Verfügung stellt. Hier können Sie zwischen drei verschiedenen Varianten auswählen:

- *Host-Patch* (Installieren von Updates)
- *Host-Erweiterung* (Installieren von zusätzliche Software)
- *Host-Upgrade* (Aktualisieren eines Hosts zu vSphere 6.5; siehe Kapitel 2)

Basierend auf Ihrer Auswahl erscheinen im Assistenten weitere Seiten, mit denen Sie die Verteilung der Updates steuern können. Bei einem Upgrade handelt es sich um die Installation von Kerndateien für ESXi, bei denen die ESXi-Versionsnummer geändert wird, zum Beispiel von ESXi 6 zu ESXi 6.5.

Über den Assistenten legen Sie fest, dass eine neue Baseline nur jene Patches enthält, die Sie fest im System integrieren (Option *Fest*), oder dass der Update Manager neue Patches automatisch in der Baseline integriert.

Abbildung 14.29 Festlegen der Patch-Optionen für neue Baselines

Abhängig von der Auswahl der Patch-Optionen können Sie später festlegen, welche Updates automatisch installiert werden sollen.

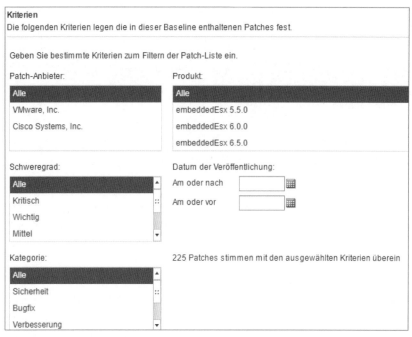

Abbildung 14.30 Sie können festlegen, welche Patches über die Baseline automatisch installiert werden sollen.

Über den Assistenten können Sie Patches von der Aktualisierung auch ausnehmen. Diese können Sie explizit im Fenster auswählen.

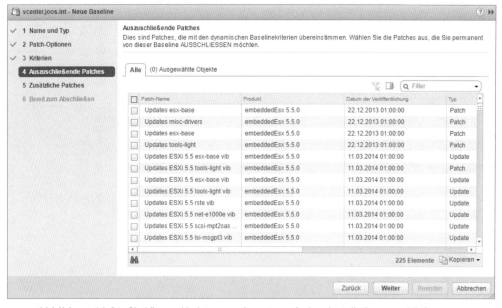

Abbildung 14.31 Sie können Updates von der automatischen Installation ausschließen.

Auf der Registerkarte *Einstellungen* nehmen Sie grundlegende Einstellungen für den Update Manager vor. Hier steuern Sie zum Beispiel die Netzwerkanbindung des Update Managers sowie die Download-Einstellungen. Sie sollten über den Menübefehl *Download-Einstellungen* sicherstellen, dass der Update Manager auf das Internet zugreifen und Updates herunterladen kann.

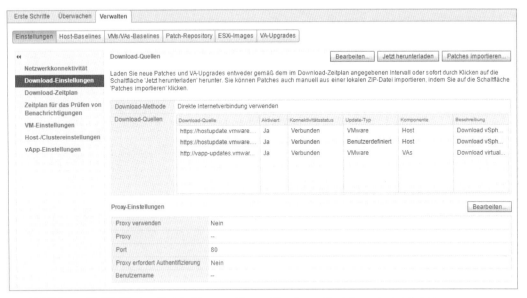

Abbildung 14.32 Für den Update Manager können Sie eigene Einstellungen vornehmen.

Soll der Update Manager keinen direkten Internetzugang erhalten, können Sie über den Menübefehl *Download-Einstellungen* Aktualisierungen auch importieren lassen. Zusätzlich sollten Sie über *Download-Zeitplan* festlegen, in welchem Intervall der Update Manager nach neuen Aktualisierungen suchen soll.

Über den Menübefehl *Download-Einstellungen* können Sie mit der Schaltfläche *Jetzt herunterladen* einen Download-Vorgang starten. Sie sehen den Status der aktuellen Downloads im unteren Fenster bei *Kürzlich bearbeitete Aufgaben*. Auf der Registerkarte *Patch-Repository* sehen Sie nach dem Download die zur Verfügung stehenden Aktualisierungen. Sie können auf der Registerkarte über den Menübefehl *Zur Baseline hinzufügen* die Aktualisierungen direkt einer speziellen Baseline hinzufügen.

Über den Menübefehl *VM-Einstellungen* legen Sie fest, wie die virtuellen Server bei der Aktualisierung behandelt werden sollen. Hier besteht zum Beispiel die Möglichkeit, vor der Aktualisierung Snapshots der virtuellen Server zu erstellen. Außerdem können Sie hier festlegen, wann die Snapshots wieder gelöscht werden sollen.

Der Menübefehl *Host/Clustereinstellungen* steuert die Aktualisierung Ihrer Hosts. Hier können Sie Einstellungen vornehmen, damit auch Ihre Hosts automatisch aktualisiert werden. Auf der Registerkarte *Überwachen/Ereignisse* sehen Sie die vom Update Manager zuletzt durchgeführten Aktionen.

14.7.4 ESXi-Images in Update Manager einbinden

In den Einstellungen des Update Managers können Sie über die Registerkarte *ESXi-Images* ISO-Dateien von ESXi einbinden. Dies ermöglicht die automatische Bereitstellung von Hosts über den Update Manager (mehr dazu finden Sie auch in Kapitel 2). Dazu rufen Sie die Registerkarte auf und klicken auf den Menübefehl *ESXi-Image importieren*. Anschließend wählen Sie die ISO-Datei aus und lassen diese über den Assistenten in den Update Manager importieren. Nach dem erfolgreichen Import können Sie eine neue Baseline erstellen.

Nach dem Importieren des Image sehen Sie genaue Informationen zu diesem Image im Fenster. Außerdem wird angezeigt, welche Baseline zugewiesen ist. Auf der Registerkarte *Host-Baselines* wird die erstellte Baseline aufgeführt. Über diesen Weg können Sie zum Beispiel ESXi-Hosts zu einer neuen Version aktualisieren (siehe Kapitel 2). Dies wird unabhängig von den Updates, die der Update Manager aus dem Internet herunterladen kann, durchgeführt.

15 Hochverfügbarkeit in vSphere

Die Hochverfügbarkeit (High Availability, HA) spielt in vSphere eine wichtige Rolle. In verschiedenen Kapiteln dieses Buchs sind wir bereits jeweils kurz auch auf die Hochverfügbarkeitsfunktionen von vSphere eingegangen. In diesem Kapitel erfahren Sie, wie virtuelle Maschinen mit vMotion im laufenden Betrieb zwischen Hosts verschoben und wie virtuelle Maschinen mit der Replikationsfunktion von vSphere zwischen Hosts repliziert werden.

15.1 Virtuelle Maschinen mit vMotion verschieben

Wenn Sie virtuelle Maschinen (VMs) in einer vCenter-Umgebung zwischen verschiedenen Hosts verschieben, wird von Migration gesprochen. Dabei handelt es sich aber nicht um die eigentliche Migration eines virtuellen Servers, sondern um das Verschieben von VMs zwischen verschiedenen Hosts oder in verschiedene Datenspeicher, idealerweise im laufenden Betrieb. Sie haben in vSphere 6.5 die Möglichkeit, VMs zwischen Rechenzentren, vCenter-Server und zwischen verschiedenen Netzwerken zu migrieren.

15.1.1 Grundlagen zu vMotion

Den Vorgang zum Verschieben einer VM in einen anderen Datenspeicher oder auf einen anderen Host beziehungsweise Cluster führen Sie mit VMware vMotion durch. Diese Funktion ermöglicht das Verschieben einer VM im ausgeschalteten Zustand. Allerdings lassen sich auch eingeschaltete VMs ohne Verbindungsunterbrechung auf einen anderen Host verschieben. Zwar kann es durchaus sein, dass zum Beispiel ein Ping nicht mehr durchgeht, während die Maschine verschoben wird, aber in den meisten Fällen sollten die Anwender nichts davon bemerken.

Damit Sie vMotion optimal nutzen können, sollten die einzelnen Hosts im vSphere-Netzwerk Zugriff auf einen gemeinsamen Datenspeicher haben. Wichtig ist in diesem Fall, dass sich die Geschwindigkeit für den Datenzugriff zwischen den einzelnen Hosts nicht voneinander unterscheidet.

Sie können in vSphere 6.5 VMs auch zwischen verschiedenen Standorten und vCenter-Servern über vMotion verschieben. Außerdem erlaubt vMotion in vSphere 6.5 auch die Migration von VMs zwischen verschiedenen Netzwerken (Cross Switch vMotion). Sie haben hier generell die Möglichkeit, auch einen Wechsel von Standard-Switches zu virtuellen verteilten Switches (virtual Distributed Switches, vDS) durchzuführen und umgekehrt. Beim Migrieren einer VM zwischen Netzwerken wird die IP-Adresse des virtuellen Gastbetriebssystems nicht geändert.

Für vMotion ist es wichtig, dass sowohl die Quellhosts als auch die Zielhosts Zugriff auf den Datenspeicher haben, auf dem sich die zu verschiebenden Daten der VM befinden. Sie können VMs auch mit vMotion verschieben, wenn kein gemeinsamer Datenspeicher verwendet wird. Achten Sie aber darauf, dass in diesem Fall alle Daten der VM, inklusive der virtuellen Festplatten, über denjenigen Netzwerkadapter übertragen werden, den Sie für vMotion aktiviert haben.

15.1.2 Das müssen Sie vor der Verwendung von vMotion beachten

Grundsätzlich überprüft vSphere vor dem Verschieben einer VM über vMotion, ob die VM auf dem Zielhost betrieben werden kann. Allerdings ist die Überprüfung sehr oberflächlich. Auch wenn die Kompatibilität grundsätzlich sichergestellt ist, besteht durchaus die Möglichkeit, dass eine VM nach dem Verschieben nicht mehr ordnungsgemäß funktioniert. Sie sollten daher vorher manuell überprüfen, ob alle Voraussetzungen einer VM auch auf dem Zielhost erfüllt sind. Idealerweise setzen Sie vollständig identisch ausgestattete und konfigurierte vSphere-Hosts ein. Dies gilt vor allem für die Konfiguration der virtuellen Netzwerke. Hier überprüft der Assistent nicht, ob der virtuelle Switch auch tatsächlich mit dem physischen Netzwerk verbunden ist und fehlerfrei funktioniert. Der Assistent überprüft lediglich, ob die generelle Netzwerkanbindung der VM auf dem Zielhost gegeben ist.

Die Verwendung von vMotion ist einer der Gründe, warum Sie möglichst identische Hosts mit möglichst übereinstimmenden Einstellungen verwenden sollten. Wenn die Hardware und die Konfiguration übereinstimmen, ist die Wahrscheinlichkeit sehr hoch, dass nach dem Verschieben einer VM über vMotion alles wie zuvor funktioniert.

Verschieben Sie nur den Speicher eine VM, müssen Sie wiederum sicherstellen, dass der neue Datenspeicher genauso leistungsstark ist wie der ursprüngliche Datenspeicher. Auch das wird von vSphere nur unzureichend überprüft.

Bevor Sie vMotion nutzen, sollten Sie dafür sorgen, dass alle beteiligten Hosts optimal lizenziert und konfiguriert sind. Außerdem muss sichergestellt sein, dass die einzelnen Hosts über einen schnellen und leistungsstarken Zugriff auf die beteiligten Datenspeicher verfügen. Ideal funktioniert das natürlich mit einem Fibre-Channel-SAN oder iSCSI-Speicher.

Damit Sie vMotion nutzen können, müssen Sie mindestens eine Portgruppe zur Verfügung haben, die für den vMotion-Datenverkehr konfiguriert ist. Die Option muss in den Einstellungen der entsprechenden Portgruppe für den VMkernel aktiviert werden. Nutzen Sie vMotion, kann es sinnvoll sein, eine separate Portgruppe und eigene Netzwerkadapter speziell für vMotion zur Verfügung zu stellen. Nachdem Sie die Portgruppe erstellt haben, die mehrere physische Netzwerkadapter verwenden kann, lässt sich über die Eigenschaften dieser Portgruppe das NIC-Teaming aktivieren.

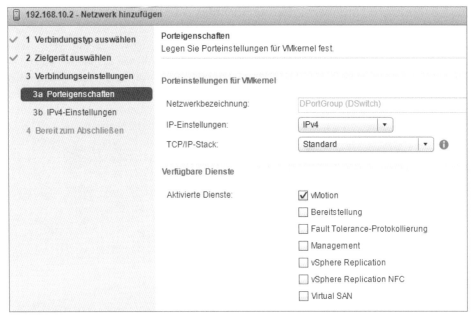

Abbildung 15.1 Beim Hinzufügen neuer Netzwerke zu vSphere-Hosts müssen Sie einen VMkernel-Adapter hinzufügen, der für vMotion konfiguriert ist.

Um vMotion zu nutzen, müssen Sie im VMkernel für vSphere-Hosts den vMotion-Datenverkehr aktivieren. Dazu können Sie eigene Netzwerkadapter und eigene Portgruppen verwenden. Sobald Sie auf jedem beteiligten Host eine VMkernel-Portgruppe für die Unterstützung von vMotion aktiviert und konfiguriert haben, können Sie vMotion nutzen.

Es besteht durchaus die Möglichkeit, mehrere Netzwerkadapter und damit auch mehrere Portgruppen für das gleichzeitige Verschieben von VMs über vMotion zu nutzen. Dazu erstellen Sie zum Beispiel ein neues virtuelles Netzwerk für den VMkernel und weisen mehrere physische Netzwerkadapter zu. Aktivieren Sie für den neuen VMkernel-Adapter die Option, den vMotion-Datenverkehr verwenden zu dürfen. Dadurch haben Sie die Möglichkeit, mehrere physische Netzwerkadapter für vMotion zu nutzen.

 HINWEIS: Falls Sie mit Standard-Switches arbeiten, müssen Sie darüber hinaus sicherstellen, dass die Bezeichnungen der Portgruppen für virtuelle Maschinen auf allen Hosts identisch sind. Unterscheiden sich die Namen und Bezeichnungen, erhalten Sie bei der Migration über vMotion Fehlermeldungen. Außerdem lässt sich in diesem Fall die VM nicht mit dem Netzwerk verbinden.

15.1.3 Mehrere Netzwerkadapter für vMotion nutzen

Wenn Sie vMotion produktiv im Netzwerk verwenden, ist es sinnvoll, mehrere physische Netzwerkadapter der Hosts für den vMotion-Datenverkehr zu nutzen. In diesem Fall erstellen Sie ein neues virtuelles Netzwerk. Als Verbindungstyp für das neue Netzwerk wählen Sie die Erstellung eines VMkernel-Netzwerks aus. Anschließend können Sie entweder einen neuen Standard-Switch erstellen oder Sie verwenden einen bereits vorhandenen Switch und wählen hier die Netzwerkkarten aus, die Sie für vMotion nutzen wollen.

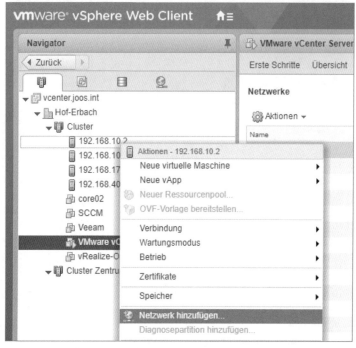

Abbildung 15.2 Im Webclient können Sie ein virtuelles Netzwerk für den VMkernel erstellen.

Nutzen Sie diese neue Portgruppe nur für vMotion und weisen Sie dieser einen entsprechenden Namen zu. Außerdem aktivieren Sie vMotion im Assistenten zum Erstellen einer neuen Portgruppe. Auf der letzten Seite des Assistenten geben Sie die IP-Adresse für das neue Netzwerk an. Sie können auch ein eigenes VLAN für den vMotion-Datenverkehr verwenden.

15.1.4 Distributed Switches für vMotion verwenden

Neben der Möglichkeit, einen Standard-Switch zu verwenden, lassen sich auch Distributed Switches für vMotion nutzen. Hier gehen Sie wie in Kapitel 9 gezeigt vor. Über den Menüübefehl *Teaming und Failover* können Sie ebenfalls das Teaming konfigurieren. Ordnen Sie auch hier die physischen Netzwerkadapter entsprechend dem aktiven Link und dem Stand-by-Link zu.

Abbildung 15.3 Auch virtuelle Distributed Switches (vDS) können Sie für vMotion nutzen und mehrere physische Netzwerkadapter anbinden.

Legen Sie anschließend eine weitere Portgruppe innerhalb der erstellten vDS an und konfigurieren Sie hier den Stand-by-Adapter der anderen Portgruppe zum Beispiel als aktiven Adapter und den aktiven Adapter der anderen Portgruppe als Stand-by-Adapter.

Danach erstellen Sie einen neuen virtuellen Adapter im Webclient und wählen als Adaptertyp *VMkernel* aus. Legen Sie als zugewiesene Portgruppe die erstellte Portgruppe fest, die Sie im Distributed Switch erstellt haben. Aktivieren Sie auch hier die Unterstützung des neuen virtuellen Adapters für vMotion. Erstellen Sie anschließend einen weiteren virtuellen Adapter für den VMkernel und weisen Sie diesmal die zweite Portgruppe für vMotion zu, die Sie für den Distributed Switch angelegt haben.

Nach der Konfiguration sehen Sie im Fenster des Distributed Switches die beiden erstellten Portgruppen für vMotion und die jeweils zugewiesenen physischen Netzwerkadapter.

15.1.5 Migration im Webclient starten

Klicken Sie im Webclient eine VM mit der rechten Maustaste an und wählen Sie die Option *Migrieren* aus, um die VM im laufenden Betrieb oder im ausgeschalteten Zustand auf einen neuen Host zu verschieben. Sobald Sie den Befehl ausgewählt haben, startet der Assistent, der Sie beim Verschieben der VM unterstützt. Hier stehen Ihnen verschiedene Möglichkeiten zur Verfügung.

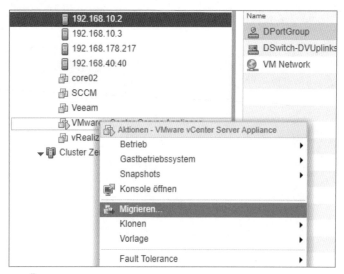

Abbildung 15.4 Über das Kontextmenü einer virtuelle Maschine können Sie diese zwischen verschiedenen Hosts verschieben.

Sie können den Betrieb und die Verwaltung sowie die Ressourcen der VM auf einen neuen Host verschieben, indem Sie die Option *Nur Computing-Ressource ändern* auswählen. Dabei verbleiben die Systemdateien der VM auf dem Datenspeicher, auf dem sie sich aktuell befinden.

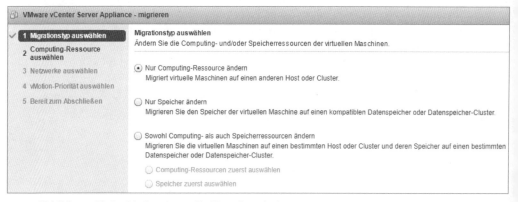

Abbildung 15.5 vMotion nutzen Sie über einen Assistenten.

Eine weitere Option ist *Nur Speicher ändern*. In diesem Fall werden lediglich die Systemdateien und virtuellen Festplatten der VM auf einen anderen Datenspeicher verschoben. Dieser Vorgang trägt auch die Bezeichnung „Storage-vMotion". Sinnvoll ist diese Option zum Beispiel, wenn Sie eine neue LUN für vSphere zur Verfügung stellen und VMs auf den neuen Datenspeicher übertragen wollen. Auch dieser Zustand lässt sich im laufenden Betrieb durchführen. Haben Sie den Namen einer VM geändert, werden bei diesem Vorgang auch die Namen der Verzeichnisse und der Systemdateien angepasst.

Die dritte Option, die Ihnen zur Verfügung steht, ist *Sowohl Computing- als auch Speicherressourcen ändern*. Bei deren Auswahl wird die VM zur Verwaltung auf einen neuen Host inklusive der Dateien der VM verschoben. Außerdem haben Sie hier die Möglichkeit, die Reihenfolge des Vorgangs festzulegen. Sie können entweder zuerst die Verwaltung der VM verlagern oder zuerst die Systemdateien.

Auf den nächsten Seiten des Assistenten spezifizieren Sie die Optionen für das Verschieben der VM. Verschieben Sie die Computing-Ressourcen, wählen Sie zunächst das Datencenter, den Cluster oder den Host aus, auf den Sie die VM verschieben wollen. Hier stehen auch Ressourcengruppen oder vApps zur Auswahl bereit. Nachdem Sie das Ziel bestimmt haben, überprüft der Assistent zunächst, ob die VM auf dem neuen Host betrieben werden kann. Sollten Probleme zu erwarten sein, erhalten Sie an dieser Stelle entsprechende Hinweise und können den Verschiebevorgang entweder abbrechen oder nach dem Verschieben die VM entsprechend konfigurieren.

Lassen Sie auch die Systemdateien der VM verschieben, können Sie im Anschluss den Speicher auswählen, auf dem Sie die Systemdateien der VM speichern wollen. Sie können hier die Auswahl auf Basis einer VM-Speicherrichtlinie vornehmen oder den entsprechenden Speicher festlegen. Auch nach dieser Auswahl überprüft der Assistent zunächst, ob der Vorgang erfolgreich abgeschlossen werden kann.

Anschließend erscheinen weitere Seiten auf dem Assistenten, zum Beispiel die Auswahl des Zielnetzwerks. Im letzten Schritt schließen Sie den Assistenten ab und die VM wird auf den Zielhost übertragen. Der Status der Aufgabe lässt sich im unteren Bereich bei den kürzlich bearbeiteten Aufgaben überprüfen. Der Verschiebevorgang wird aber erst durchgeführt, wenn Sie den Assistenten abschließen. Brechen Sie den Assistenten an irgendeiner Stelle ab, wird die VM nicht verschoben. Das heißt, erst ganz am Ende des Assistenten, also mit dem letzten Fenster, bestätigen Sie schließlich den Vorgang zum Verschieben des Servers.

Verschieben Sie eine VM im eingeschalteten Zustand, können Sie noch auswählen, mit welcher vMotion-Priorität der Vorgang durchgeführt werden soll. Achten Sie darauf, dass vMotion genügend Priorität erhält. Sie können während des Verschiebevorgangs über einen Link zur VM überprüfen, ob diese weiterhin verfügbar ist. Teilweise kann es durchaus passieren, dass eine VM für wenige Sekunden keine Antwort mehr liefert. Das sollte aber für Serveranwendungen generell keine Rolle spielen.

15.1.6 So führt vMotion den Verschiebevorgang durch

Wenn Sie mit vMotion eine VM auf einen Zielhost verschieben wollen, überprüft der Server zunächst den Zustand der VM. Danach werden wichtige Statusinformationen der VM, zum Beispiel Informationen zum Arbeitsspeicher und zu den Netzwerkverbindungen, auf den Zielhost kopiert.

Nachdem auch die weiteren Daten kopiert wurden, wird die VM schließlich auf dem neuen Host aktiv geschaltet. Damit dies funktioniert, wird zunächst überprüft, ob die VM auf den Zielhost gestartet werden kann. Ist dies der Fall, werden die jeweils notwendigen Ressourcen für die VM auf dem Zielhost reserviert. Das heißt, der Zielhost muss über freie Ressourcen verfügen.

Beim Migrieren einer VM überträgt vMotion zunächst den Arbeitsspeicher auf den Zielhost. Änderungen innerhalb der VM speichert vMotion in einer Datei ab. Nachdem der Arbeitsspeicher übertragen wurde, wird auch diese Datei auf den Zielhost übertragen.

Sobald Sie den Vorgang zum Verschieben (auch bei gestarteter VM) angestoßen haben, überprüft vMotion, welche Bereiche in der CPU derzeit nicht verwendet werden. Diese werden gleich direkt auf den neuen Host übertragen. Durch diesen Vorgang verschiebt vMotion also ständig weitere Bereiche, die aktuell nicht in Verwendung sind, auf den anderen Host.

Aus diesem Grund ist es auch sehr wichtig sicherzustellen, dass vor dem eigentlichen Verschiebevorgang die VM nicht zu stark belastet ist. Falls die CPU zu stark ausgelastet ist, findet vMotion keine freien Bereiche zum Verschieben. In diesem Fall kann es passieren, dass der Vorgang mit einem Fehler abgebrochen wird. Sind nur noch wenige Daten in der Quell-CPU in Verwendung, verschiebt vMotion den kompletten Inhalt. Bei diesem Vorgang wird die virtuelle CPU auf dem Zielhost aktiviert.

Danach wird die VM durch den neuen Host zur Verfügung gestellt. Beim Verschieben des Datenspeichers einer VM findet ein ähnlicher Vorgang statt. Auch hier werden zunächst alle Dateien auf den neuen Host übertragen und zum Abschluss die Änderungen, die sich seit dem Beginn des Verschiebevorgangs ergeben haben. Sobald alle Daten übertragen sind, werden auch hier die neuen Datenspeicher aktiviert.

In vSphere 6.5 können Sie VMs zwischen verschiedenen vCenter-Servern und verschiedenen Netzwerken verschieben (Long Distance vMotion). Hier akzeptiert vMotion Latenzzeiten von 150 Millisekunden. In diesem Zusammenhang ist auch interessant zu wissen, dass Sie virtuelle Windows-Cluster ebenfalls optimal mit vMotion auf andere Hosts verschieben können.

15.1.7 Verschlüsseltes vSphere vMotion

Ab vSphere 6.5 verwendet vSphere vMotion eine Verschlüsselung beim Migrieren von verschlüsselten virtuellen Maschinen (siehe Kapitel 7). Das heißt, auch die Übertragung von VMs stellt in vSphere 6.5 keinen Schwachpunkt dar. Generell lassen sich aber auch nichtverschlüsselte VMs verschlüsselt übertragen. Das schließt Sicherheitsprobleme beim Übertragen von VMs zum Beispiel zwischen verschiedenen Rechenzentren aus. Verschlüsseltes vSphere vMotion stellt sicher, dass keine Daten von VMs in fremde Hände gelangen.

Gleichzeitig werden die Integrität und Authentizität der übertragenen Daten und damit der ganzen VM sichergestellt. In vSphere 6.5 können VMs auch über verschiedene vCenter Server-Systeme hinweg verschlüsselt mit vMotion übertragen werden. Allerdings können in diesem Fall nur unverschlüsselte VMs gesendet werden.

Die verschlüsselte Übertragung für verschlüsselte virtuelle Maschinen wird aktuell noch nicht unterstützt, wenn mehrere vCenter-Systeme zum Einsatz kommen. Bei verschlüsselten Festplatten werden die übertragenen Daten nicht noch einmal verschlüsselt, da die Daten bereits sicher verschlüsselt sind. Für nichtverschlüsselte Festplatten wird die Storage vMotion-Verschlüsselung nicht unterstützt.

Generell können Sie die verschlüsselte Übertragung mit vMotion nicht deaktivieren, wenn Sie eine verschlüsselte VM übertragen wollen. Bei verschlüsselten virtuellen Maschinen wird für die Migration mit vSphere vMotion immer verschlüsseltes vSphere vMotion verwendet. Sie können verschlüsseltes vSphere vMotion für verschlüsselte virtuelle Maschinen nicht deaktivieren.

Bei nicht verschlüsselten virtuellen Maschinen können Sie für die Verschlüsselung mit vSphere vMotion verschiedene Optionen festlegen. Die Einstellungen dazu finden Sie in den Eigenschaften von VMs auf der Registerkarte *VM-Optionen* über den Menübefehl *Verschlüsselung/Verschlüsseltes vMotion*. Die Standardeinstellung für VMs ist *Opportunistisch*. Durch diese Einstellung wird festgelegt, dass vMotion die Daten verschlüsselt überträgt, wenn diese Funktion von Quell- und Zielhosts unterstützt wird.

Dazu müssen aber alle beteiligten Hosts mit ESXi 6.5 installiert sein. Verwenden Sie die Option *Deaktiviert*, werden die Daten unverschlüsselt übertragen. Die Option *Erforderlich* legt fest, dass eine VM nur dann übertragen wird, wenn die Übertragung verschlüsselt stattfindet. Unterstützt einer der Hosts keine Verschlüsselung, werden die Daten auch nicht verschlüsselt übertragen.

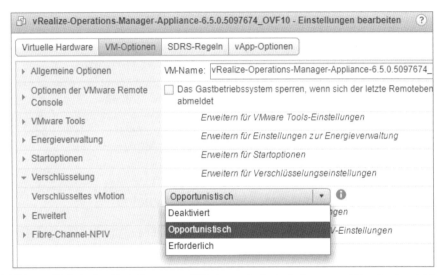

Abbildung 15.6 In den Einstellungen von VMs legen Sie fest, ob diese verschlüsselt oder nicht verschlüsselt per vMotion übertragen werden können.

Wenn Sie eine virtuelle Maschine verschlüsseln, speichert sie einen Eintrag der aktuellen Verschlüsselungseinstellung von vSphere vMotion. Dabei wird die Einstellung auf *Erforderlich* gesetzt. Wenn Sie zu einem späteren Zeitpunkt die Verschlüsselung der virtuellen Maschine deaktivieren, verbleibt die verschlüsselte vMotion-Einstellung bei *Erforderlich*. Sie können diese Einstellung in den Eigenschaften der VM ändern, wenn die VM nicht mehr verschlüsselt ist. Bei verschlüsselten VMs können Sie die Einstellung für verschlüsseltes vMotion nicht anpassen.

15.2 VMs zwischen Datencentern replizieren – vSphere Replication

Mit vSphere Replication können Sie über eine zentralisierte Lösung einzelne VMs innerhalb verschiedener Rechenzentren auch zwischen verschiedenen vCenter-Servern replizieren. Sinnvoll ist dies zum Beispiel, wenn Sie Ausfallstandorte betreiben oder unterschiedliche Rechenzentren nutzen, in denen Sie Ihre VMs replizieren wollen. Gibt es in einem Rechenzentrum einen Katastrophenfall, können Sie die replizierte VM im Ausfallrechenzentrum verwenden.

Natürlich können Sie über vSphere-Replikation auch eine Replikation im gleichen Rechenzentrum zwischen verschiedenen Clustern durchführen. Zusätzlich lassen sich auch VMs von verschiedenen Standorten in Ihrem Unternehmen in einen Ausfallstandort replizieren, der zur Ausfallsicherheit dienen soll, wenn in einem anderen Rechenzentrum Hosts oder VMs ausfallen.

Die Replikation wird über eine Appliance gesteuert, die Sie in jedem vCenter-Server-Rechenzentrum installieren, das Sie in die Replikationsinfrastruktur einbinden wollen.

Damit Sie vSphere Replication nutzen können, müssen Sie vCenter im Unternehmen einsetzen. vSphere Replication wird als virtuelle 64-Bit-Appliance zur Verfügung gestellt und liegt in komprimierter Form im OVF-Format vor. Die Appliance wird mit einer Dual-Core-CPU, einer 16-GB- und einer 2-GB-Festplatte sowie 4 GB RAM konfiguriert. Zusätzliche vSphere Replication-Server benötigen 716 MB RAM. Sie sollten also die Hardware in Ihrer Umgebung entsprechend planen, wenn Sie vSphere Replication einsetzen wollen.

15.2.1 Kompatibilität mit anderen vSphere-Diensten

Setzen Sie auf vSphere Replication, sind Sie bei der Verwendung Ihrer vSphere-Umgebung nicht eingeschränkt. Sie haben die Möglichkeit, weiterhin vSphere vMotion und ebenso Storage vMotion einzusetzen. Sobald Sie eine VM mit vMotion verschieben, wird die Replikation angehalten und nach der erfolgreichen Übertragung wieder gestartet. Sie können vMotion auch zum Migrieren von replizierten virtuellen Maschinen verwenden. Nach dem erfolgreichen Verschieben wird auch hier die Replizierung ab dem definierten RPO (Recovery Point Objective) fortgesetzt.

Auch die Verwendung von vSphere High Availability (HA) und vSphere DRS ist möglich. Diese beiden Technologien können Sie ebenfalls für die Absicherung der vSphere Replication-Appliance nutzen. Der Einsatz von Fehlertoleranz (Fault Tolerance, FT) parallel zur vSphere Replication ist allerdings nicht möglich.

Ebenfalls einsetzbar sind die Funktionen vSAN, Distributed Power Management und Flash Read Cache. Sie können beim Konfigurieren der Replikation die VMware vSAN-Datenspeicher als Quell- und Zieldatenspeicher verwenden.

15.2.2 So funktioniert vSphere Replication

Nachdem Sie auf allen beteiligten Standorten die vSphere Replication-Appliance installiert und eingerichtet haben, können Sie beliebige VMs zwischen den Standorten replizieren lassen. Bei diesen Vorgängen kopiert vSphere einzelne Blöcke der virtuellen Festplatten von der Quell-VM in die Ziel-VM im Zielstandort. Die Verwaltung erfolgt über den Webclient. Sie können jederzeit eine Ziel-VM mit einem Failover zur Haupt-VM deklarieren. Dabei haben Sie auch die Möglichkeit, alle noch nicht replizierten Daten der Quell-VM zur Ziel-VM zu replizieren. So können Sie auch ein geplantes Failover durchführen.

Die Konfigurationsdaten von vSphere Replication werden standardmäßig in einer internen Datenbank der Appliance gespeichert. Allerdings lassen sich bei der Einrichtung auch externe Datenbanken festlegen. Hier lassen sich professionelle Datenbankserver einbinden, bei denen es sich auch um virtuelle Datenbankserver handeln kann. Diese Server können Sie ebenfalls wiederum über vSphere Replication absichern. Für eine bessere Hochverfügbarkeit und Leistungsreplikation können Sie mehrere Appliances an einem Standort installieren. Über welchen Replikationsserver die eigentliche Replikation durchgeführt wird, können Sie entweder manuell festlegen oder die Auswahl automatisiert vSphere überlassen.

Wenn Sie zum Beispiel zwei Standorte im Unternehmen nutzen, ist es problemlos möglich, von beiden Standorten aus VMs an einen dritten Zielstandort (zum Beispiel an ein Ausfallrechenzentrum) replizieren zu lassen. Zusätzlich haben Sie die Möglichkeit, VMs zu einem Cloudanbieter zu replizieren.

15.2.3 Netzwerkkonfiguration und Benutzerrechte für vSphere Replication vorbereiten

Grundsätzlich ist es sinnvoll, für den Datenverkehr der vSphere-Replikation eine eigene VMkernel-Portgruppe zu erstellen. Sie können in den Einstellungen der neuen Portgruppe explizit den Datenverkehr von vSphere Replication auswählen. So können Sie eigene virtuelle Netzwerke erstellen, die wiederum eigene virtuelle Switches und dedizierte physische Netzwerkadapter für die Replikation nutzen.

Auf Wunsch können Sie sogar getrennte VMkernel-Adapter für eingehenden Datenverkehr und für ausgehenden Datenverkehr der Replikation steuern. Der eingehende Datenverkehr wird durch die Option *vSphere Replication NFC* gesteuert. Für vSphere Replication müssen Sie außerdem unter Umständen verschiedene Firewall-Ports in Ihren Firewalls freischalten. Die Ports finden Sie in einem Knowledge-Base-Artikel von VMware unter http://tinyurl.com/y9tdy5ly beschrieben.

In größeren Umgebungen mit mehreren Administratoren kann es sinnvoll sein, dass Sie die Berechtigungen für die Replikation steuern. Im Rahmen der Einrichtung der Replikation werden auch neue Rollen angelegt, denen Sie eigene Benutzer und Rechte zuweisen können. Die generelle Verwaltung der Benutzerrollen und Benutzerrechte erfolgt genauso wie für andere Bereiche in vCenter.

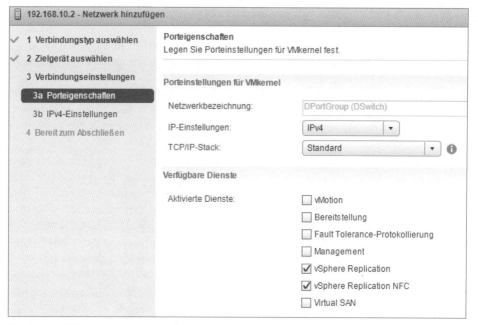

Abbildung 15.7 Für die Replikation mit vSphere Replication können Sie auch eigene VMkernel-Adapter verwenden.

Sie können die einzelnen Benutzer entweder einfach der entsprechenden Rolle zuweisen oder auf Basis der vorhandenen eine neue Rolle erstellen und hier die Rechte und Benutzer anpassen. Im Rahmen der Einrichtung der Berechtigungen können Sie auch Operatoren festlegen, über die sich zwar keine Replikation durchführen lässt, die aber die Replikation überwachen können. Dazu dient die Rolle *VRM-Replizierungsansicht*.

15.2.4 Appliance für vSphere Replication installieren

Zunächst laden Sie sich die Installationsdateien der Appliance aus Ihrem VMware-Konto herunter. Handelt es sich beim Download um eine ISO-Datei, lassen Sie diese zunächst als Laufwerk auf einem Windows-PC bereitstellen. Danach können Sie über den VMware-Webclient eine neue Appliance installieren. Wählen Sie hier die OVA/OVF-Datei für die Installation aus. Die Installation erfolgt über einen Assistenten. Hier müssen Sie zunächst die Lizenzbedingungen bestätigen und danach den Zielhost bestimmen, auf dem Sie die Appliance installieren wollen. Die nachfolgenden Vorgänge müssen Sie auf jedem vCenter-Server in jedem Rechenzentrum durchführen, auf dem Sie Hosts in die Replikationsumgebungen einbinden wollen.

Die Einrichtung der Appliance entspricht im Grunde genommen auch der Einrichtung anderer Appliances in vSphere 6.5. Während der Einrichtung müssen Sie das Kennwort für den Root-Benutzer bestimmen. Außerdem können Sie festlegen, wie viele virtuelle CPUs die Appliance erhalten soll. Im Rahmen der Einrichtung registriert sich die Appliance auch bei vCenter. Den aktuellen Zustand der Integration sehen Sie bei den kürzlich bearbeiteten

Aufgaben im unteren Bereich des Fensters. Sobald die Appliance erfolgreich integriert und gestartet ist, können Sie diese in vCenter konfigurieren. Sobald die Appliance gestartet ist, können Sie sich mit der Konsole über die Appliance verbinden.

In der Konsole sehen Sie anschließend auch die IP-Adresse, welche der Appliance zugewiesen wurde. Melden Sie sich zunächst mit dem Root-Benutzer an, um sicherzustellen, dass die Appliance funktioniert. Der nächste Schritt besteht darin, das Webinterface der Appliance über die URL *https://<IP-Adresse>:5480* aufzurufen. Auch hier melden Sie sich mit dem Benutzer *root* an. Öffnet sich die Weboberfläche, haben Sie die Installation erfolgreich abgeschlossen und können zur Einrichtung der Appliance übergehen.

15.2.5 vSphere Replication konfigurieren

Die Einrichtung von vSphere Replication nehmen Sie zunächst über die Weboberfläche vor. Hier stehen Ihnen verschiedene Registerkarten zur Verfügung, über die Sie die Einrichtung vornehmen können. Nachdem Sie die Weboberfläche geöffnet haben, wechseln Sie zunächst zur Registerkarte *Configuration*. Hier besteht im oberen Bereich die Möglichkeit, entweder die integrierte Datenbank der Appliance zu verwenden, oder Sie nutzen eine professionelle Datenbank und einen externen Datenbankserver.

15.3 Hochverfügbarkeit für vCenter einrichten

Mit vSphere 6.5 können Sie den Platform Services Controller (PSC, siehe Kapitel 4) und die vCenter Server Appliance (vCSA) hochverfügbar betreiben. Bis vSphere 6.0 mussten Sie vCenter mit der HA-Funktion in vSphere absichern. Allerdings ist diese Vorgehensweise nicht ideal, da HA in vSphere auf vCenter generell aufbaut. Zwar kann diese Funktion den Ausfall eines ESXi-Hosts abfangen, allerdings keine Probleme in vCenter selbst.

15.3.1 Einstieg in die Hochverfügbarkeit von vCenter

Mit der neuen Hochverfügbarkeitsfunktion der vCenter Server Appliance erstellen Sie ein eigenes Netzwerk in vSphere, das für die Kommunikation der HA-Funktion genutzt wird. Eine Appliance wird als aktiv verwendet, die andere als passiv. Die Active-Passive-Clusterabsicherung wird durch einen Zeugen abgesichert, der ebenfalls Bestandteil des HA-Netzwerks ist.

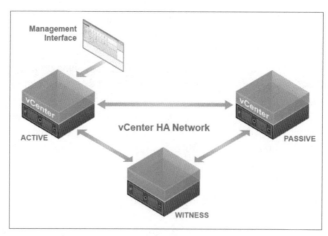

Abbildung 15.8 Die Hochverfügbarkeit von vCenter wird mit drei Knoten und einem eigenen Zeugennetzwerk sichergestellt.

Die HA-Funktion der vCSA sichert unabhängig von vSphere und dessen HA-Funktion die Hochverfügbarkeit von vCenter ab. Durch die integrierte Hochverfügbarkeitsfunktion kann vCenter ein Failover durchführen, wenn einzelne Dienste innerhalb von vCenter nicht funktionieren. Die HA-Funktion von vSphere kann nur eingreifen, wenn ein Host oder eine komplette VM nicht mehr funktioniert.

Um vCenter über die vCSA hochverfügbar abzusichern, betreiben Sie also drei Appliances. Sie müssen vCSA nur einmal einrichten und installieren. Das Absichern erfolgt über einen internen Klonvorgang. Sie können zwar die vCSA auf einem ESXi-Host betreiben, sinnvoller ist allerdings das Verteilen auf drei verschiedene Hosts, in großen Umgebungen eventuell sogar zwischen drei verschiedenen Clustern und mehreren Rechenzentren. Die ESXi-Hosts können Sie zusätzlich noch mit DRS absichern.

Die Kommunikation zwischen den Hosts erfolgt über ein eigenes virtuelles Netzwerk, das in größeren Umgebungen auch über eigene Netzwerkadapter verfügen sollte. Die Einrichtung erfolgt im Rahmen der Einrichtung der Hochverfügbarkeit.

15.3.2 Einrichten der Hochverfügbarkeit für vCenter

Um die Hochverfügbarkeit von vCenter einzurichten, öffnen Sie den Webclient und verbinden sich mit der vSphere-Umgebung. Klicken Sie danach auf den Namen der vCenter Appliance und rufen die Registerkarte *Konfigurieren* auf.

Über den Menübefehl *vCenter HA* richten Sie die Hochverfügbarkeit ein. Klicken Sie dazu auf die Schaltfläche *Konfigurieren*. Über den Assistenten wird die Hochverfügbarkeit anschließend eingerichtet.

15.3 Hochverfügbarkeit für vCenter einrichten

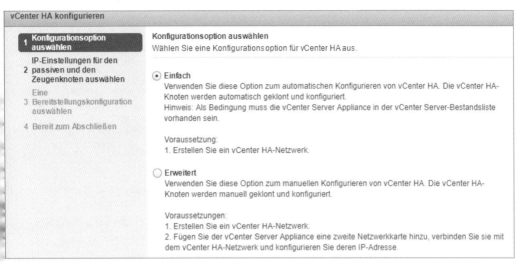

Abbildung 15.9 Im Webclient richten Sie die Hochverfügbarkeit von vCenter ein.

Im Rahmen der Einrichtung können Sie zwischen der Option *Einfach* und *Erweitert* auswählen. Erfahrene Administratoren können mit *Erweitert* tiefer in den Konfigurationsprozess eingreifen. Die Einstellungen werden in diesem Fall manuell eingerichtet, während bei *Einfach* die meisten Einstellungen automatisiert vorgenommen werden. Dazu gehört auch die automatische Einrichtung der virtuellen Netzwerkadapter und des virtuellen HA-Netzwerks.

Auf der nächsten Seite geben Sie die IP-Adresse des aktiven Knotens ein, mit dem dieser im HA-Netzwerk mit den beiden anderen vCSA-Knoten kommunizieren kann. Außerdem wählen Sie im Fenster die Portgruppe aus, in der das HA-Netzwerk eingerichtet werden soll.

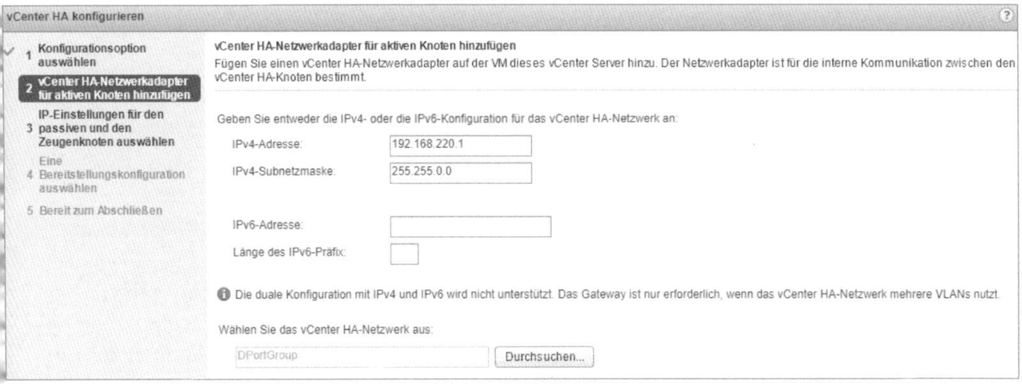

Abbildung 15.10 Festlegen der Netzwerkeinstellungen für das HA-Netzwerk

Die IP-Adresse und das Subnetz müssen sich natürlich nicht im gleichen Bereich befinden wie das produktive Netzwerk, das durch vCenter genutzt wird. Die IP-Adresse wird ausschließlich für die Kommunikation der verschiedenen Knoten genutzt.

Abbildung 15.11 Anpassen der IP-Einstellungen des passiven Knotens und des Zeugenknotens

Anschließend sehen Sie über die Bereitstellungskonfiguration, wie die Umgebung abgesichert wird. Hier prüft der Assistent auch den Datenspeicher.

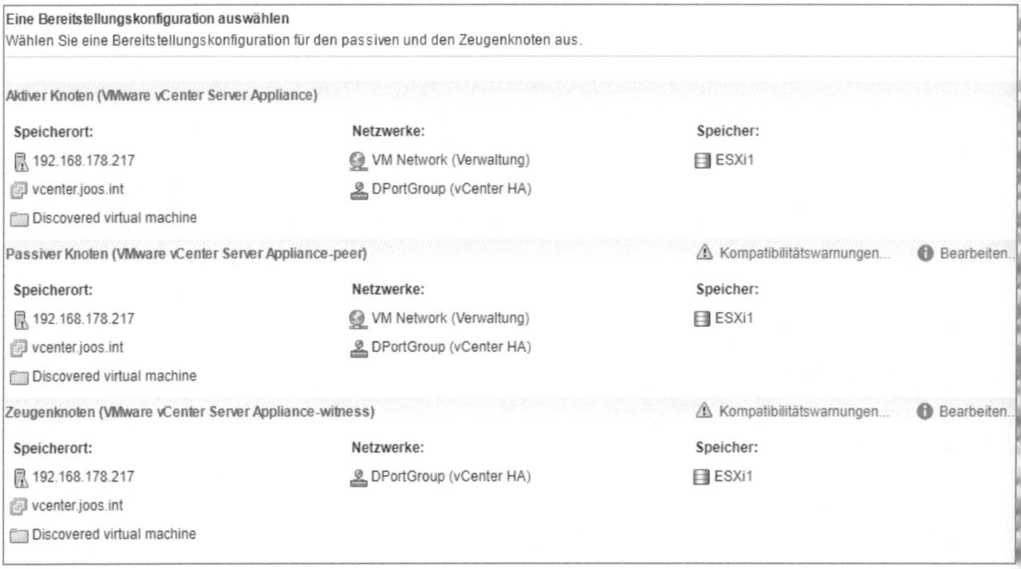

Abbildung 15.12 Der Assistent zur Einrichtung der Hochverfügbarkeit zeigt die Konfiguration an.

Im nächsten Fenster erhalten Sie eine Zusammenfassung der Konfiguration angezeigt. Über *Beenden* wird die tatsächliche Einrichtung durchgeführt. Den Status der Aufgabe sehen Sie im Feld *Kürzlich bearbeitete Aufgaben*. Das notwendige Netzwerk wird im Rahmen der Einrichtung automatisch erstellt.

Auch die geklonten VMs werden automatisch angelegt. Nach einiger Zeit werden die neuen vCenter-Appliances angezeigt, die durch den Klonvorgang erstellt werden. Sobald der Assistent beendet ist, überprüfen Sie im Webclient, ob in der Home-Ansicht bei *Verwaltung* in der *Systemkonfiguration* bei *Knoten* die Hochverfügbarkeit angezeigt wird und funktioniert.

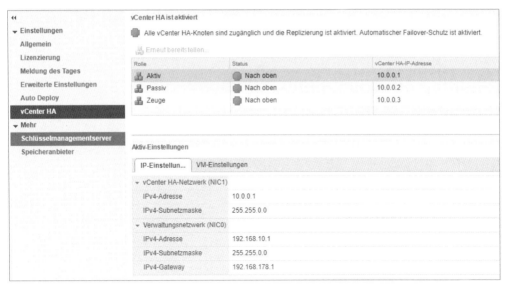

Abbildung 15.13 Die Einrichtung von vCenter-HA ist erfolgreich abgeschlossen.

16 VMware vSphere Integrated Container

VMware vSphere Integrated Container (VIC) ist eine Plattform, die das Implementieren von Containern innerhalb von virtuellen Maschinen (VMs) in vSphere ermöglicht. Administratoren können VIC über einen bestehenden vSphere-Webclient mit einem Plug-in verwalten, das die Steuerung der virtuellen Container-Hosts ermöglicht, überwacht und verwaltet. Alle notwendigen Technologien werden von VMware kostenlos als Open-Source-Software zur Verfügung gestellt.

VMware vSphere Integrated Container nutzt zunächst einen Container-Host (VCH), der die Container bereitstellt. Virtuelle Container-Hosts haben auch Zugang zur Docker-API. Sie können Container-Images vom Docker-Hub herunterladen und auf einem virtuellen Container-Host (VCH) im vSphere-Netzwerk bereitstellen.

Wenn ein Administrator einen neuen Container erstellt, wird dieser auf einer VM innerhalb des logischen virtuellen Container-Hosts bereitgestellt. Virtuelle Container-Hosts können mehrere VMs und somit viele einzelne Container-Instanzen enthalten.

Bei Containern handelt es sich also generell um kleine VMs, die auf ähnliche Art und Weise wie normale VMs verwaltet werden. Die Container werden auf einem virtuellen Container-Host (VCH) bereitgestellt, also ebenfalls einer VM. Container arbeiten mit den verschiedenen Technologien in vSphere zusammen, also auch mit der Hochverfügbarkeit VMware NSX, HA und DRS. Als Betriebssystem für die Container wird mit Photon das gleiche Linux-System genutzt, das VMware auch für die vCenter Server Appliance in vSphere 6.5 einsetzt. Die Verwaltung der Container erfolgt generell im Webclient.

Als VCH kann entweder ein virtueller Windows-Computer, macOS oder Ubuntu ab Version 16.04 LTS eingesetzt werden. Die notwendige Software lässt sich als ISO-Datei herunterladen. Die OVA-Datei steht im VMware-Konto zur Verfügung (http://tinyurl.com/y874lq76).

Für die Einrichtung wird zusätzlich die Docker Toolbox benötigt (http://tinyurl.com/guqdv6r).

16.1 VMware vSphere Integrated Container installieren

Der einfachste Weg, um VMware vSphere Integrated Container zu installieren, besteht im Bereitstellen der Appliance, die über die OVA-Datei heruntergeladen wurde. Die Einrichtung wird über einen Assistenten durchgeführt. Dieser führt durch die einzelnen Schritte.

16.1.1 Appliance für vSphere Integrated Container installieren

Nach dem Download der OVA-Datei rufen Sie im Webclient die Integration einer OVA-Datei auf, zum Beispiel über das Kontextmenü eines Hosts im Netzwerk oder in einem Cluster. Sie können die Appliance auch auf einem alleinstehenden Host installieren.

Durch die Integration der Appliance werden alle notwendigen Erweiterungen integriert, die zur Verwaltung und zum Betrieb von Containern notwendig sind. Die vorletzte Seite *Weitere Einstellungen* des Assistenten ist besonders wichtig. Hier legen Sie das Root-Kennwort sowie die IP-Einstellungen der Appliance fest.

Abbildung 16.1 Die Container-Appliance richten Sie auf der letzten Seite des Einrichtungs-Assistenten ein.

Geben Sie die IP-Adressen der DNS-Server durch Leerzeichen getrennt ein. Achten Sie auch darauf, dass Sie den FQDN der Appliance zuvor in der DNS-Zone anlegen, der Assistent unterstützt keine dynamische DNS-Registrierung.

Im Bereich *Registry Configuration* nehmen Sie Einstellungen vor, welche die Container-Registry-Einstellungen betreffen. Hier legen Sie zum Beispiel das Kennwort für den Administrator und das Kennwort für die Datenbank fest. Außerdem können Sie im Fenster auch Zertifikate angeben, was für die Einrichtung aber optional ist. Auf der letzten Seite erhalten Sie noch eine Zusammenfassung. Danach wird die Appliance in das Netzwerk integriert.

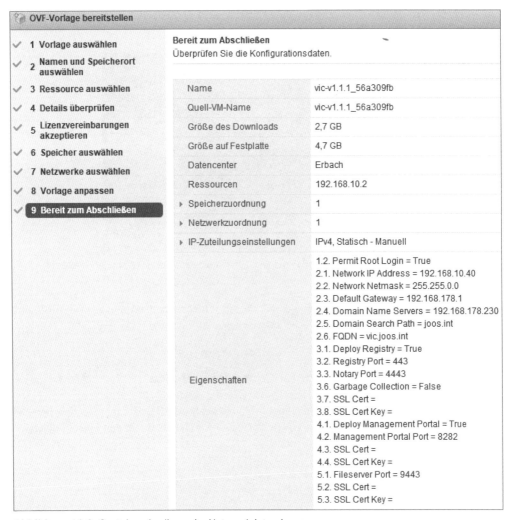

Abbildung 16.2 Container-Appliance im Netzwerk integrieren

16.1.2 Container-Appliance einrichten

Sobald die Appliance importiert und eingerichtet wurde, können Sie über eine Weboberfläche auf die Umgebung zugreifen. Dazu stehen zwei Links zur Verfügung:

- Container Registry: *https://<IP-Adresse der Appliance>:443*
- Container Management Portal: *https://<IP-Adresse der Appliance>:8282*

Sie sehen die jeweiligen Links auch, wenn Sie im Webclient die Remotekonsole der Appliance öffnen. Die Appliance wird allerdings nicht automatisch gestartet. Sie müssen diese zuerst starten und warten, bis alle Dienste bereit sind. Das sehen Sie am einfachsten in der Remotekonsole.

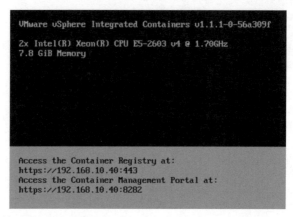

Abbildung 16.3 Nach der Integration der Container-Appliance steht diese in der Umgebung bereit.

Sobald sich die Webseite des Management-Portals öffnet, steht die Appliance zur Verfügung und Sie können mit Containern arbeiten.

16.1.3 Virtuelles Netzwerk für Container erstellen

Die Container kommunizieren in einem privaten Netzwerk. Hier können Sie zum Beispiel in einem Distributed Switch eine eigene Portgruppe erstellen, die in den Einstellungen als Bindung *Flüchtig – keine Bindung* nutzt.

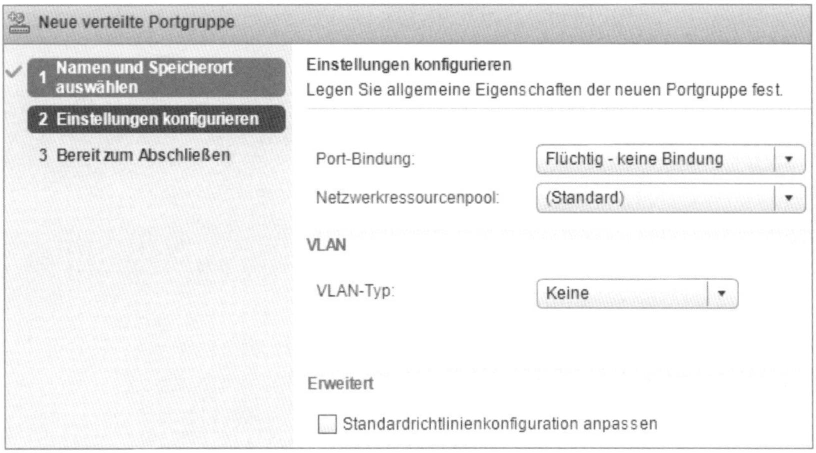

Abbildung 16.4 Erstellen einer neuen Portgruppe für die Netzwerkanbindung von Containern

16.1.4 Container in VIC verwalten

Nachdem Sie die Container-Appliance integriert haben, stehen das Management-Portal und die Container-Registrierung zur Verfügung. Hierüber verwalten Sie die Umgebung und können auch Container und deren Benutzer verwalten.

Rufen Sie die URL *https://<IP-Adresse>:8282* auf, erreichen Sie das Management-Portal.

Abbildung 16.5 Aufrufen des Management-Portals von vSphere Integrated Container

Hier können Sie auch zur Container-Registrierung wechseln. Alternativ können Sie diese direkt mit *https://<IP-Adresse der Appliance>:443* aufrufen.

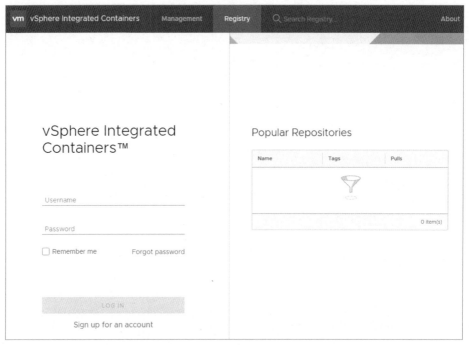

Abbildung 16.6 Verwalten der Container in vSphere Integrated Container

In der Container-Registry können Sie sich mit einem vorhandenen Benutzer anmelden, oder Sie legen mit *Sign up for an account* einen neuen Benutzer an, mit dem Sie Container erstellen und zur Verfügung stellen.

16.2 Virtuellen Container-Host installieren und einrichten

Die Container werden zwar mit der vSphere Integrated Container-Appliance verwaltet, aber mit einem virtuellen Container-Host (VCH) zur Verfügung gestellt. Nachdem Sie die Appliance installiert und eingerichtet haben, besteht der nächste Weg darin, einen VCH zu installieren und einzurichten. Auf diesem werden anschließend die Container bereitgestellt, die Sie über die Container-Registrierung erstellen und verwalten.

16.2.1 Ubuntu als Container-Host

Als Container-Host bietet sich zum Beispiel ein Linux-Server auf Basis von Ubuntu ab 16.04 LTS an. Diesen installieren Sie zum Beispiel als VM in vSphere als herkömmliche VM. Achten Sie darauf, dass der Server über eine Netzwerkverbindung verfügt und auch die VMware Tools installiert sind.

Die VMware Tools installieren Sie auf einem Ubuntu-Server am besten über die Open-VM-Tools:

```
sudo apt-get install open-vm-tools
```

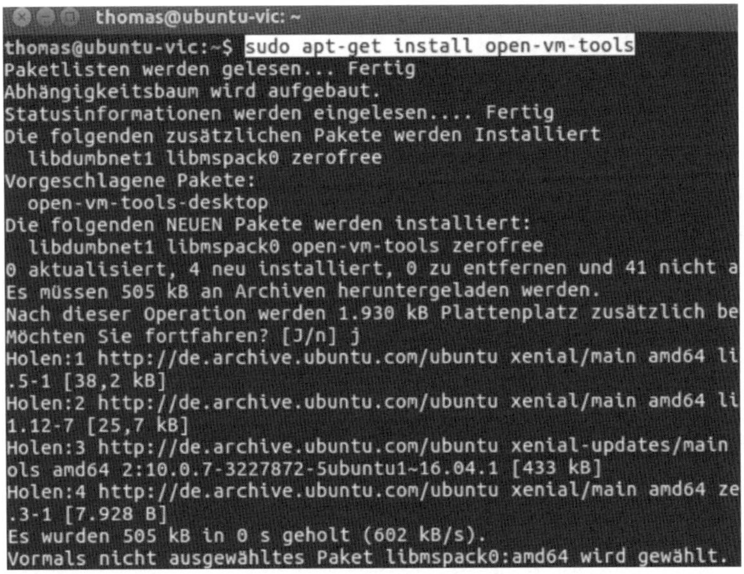

Abbildung 16.7 Installieren der VMware Tools auf dem virtuellen Container-Host

Nach der Installation können Sie sich den Status mit dem folgenden Befehl anzeigen lassen:

```
service open-vm-tools status
```

Die Dienste sollten als `active` (running) angezeigt werden.

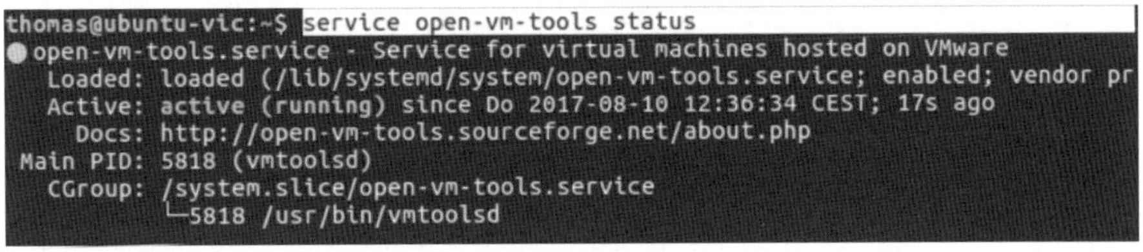

Abbildung 16.8 Überprüfen der VMware Tools auf einem Linux-Server

Nach der Installation sollten Sie die VM neu starten. Sie sehen den Status der VMware Tools auch auf der Registerkarte *Übersicht*, wenn Sie die VM im Webclient anklicken.

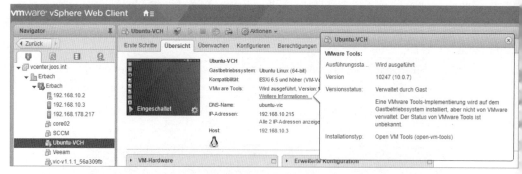

Abbildung 16.9 Anzeigen der VMware Tools im Webclient

16.2.2 Vorbereiten der VCH-Installation

Generell läuft die Installation eines VCH auch über die Weboberfläche des Management-Portals ab. Dazu rufen Sie die URL *https://<IP-Adresse>:9443* auf. Öffnet sich die Seite, sehen Sie im oberen Bereich mehrere Links zu den Dateien:

com.vmware.vic-v1.1.1.zip

com.vmware.vic.ui-v1.1.1.zip

vic_1.1.1.tar.gz

Kopieren Sie die URL der Datei *vic_1.1.1.tar.gz*. Öffnen Sie auf dem Linux-Server eine Konsole und lassen Sie mit dem folgenden Befehl die Installationsdateien herunterladen:

```
curl -k -L <kopierter Link> | tar xz -C
```

Wenn das Dienstprogramm `curl` auf dem Ubuntu-Server noch nicht installiert ist, können Sie es mit dem folgenden Befehl installieren:

```
sudo apt install curl
```

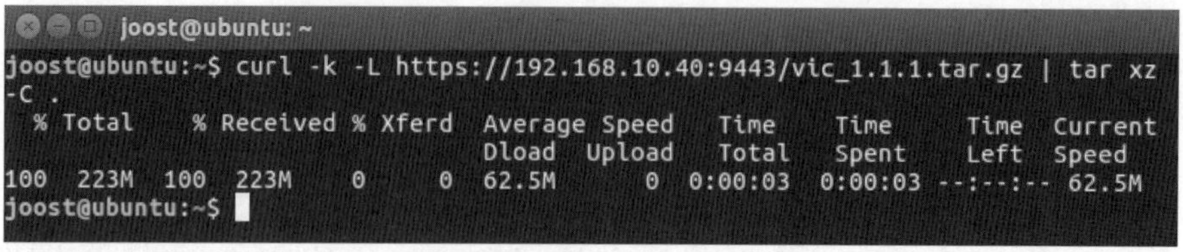

Abbildung 16.10 Auf einem Ubuntu-Server laden Sie die Installationsdateien für den VIC-Server herunter.

Nach dem Herunterladen befindet sich im Verzeichnis ein neues Unterverzeichnis mit der Bezeichnung *VIC*. In diesem Verzeichnis befinden sich die Installationsdateien des VCH. Wechseln Sie in das Verzeichnis, sehen Sie die verschiedenen Installationsdateien für Linux und Windows sowie macOS.

Die Installationsdatei für Linux starten Sie mit `./vic-machine-linux`.

```
joost@ubuntu:~$ cd vic
joost@ubuntu:~/vic$ ls
appliance.iso   README                  vic-machine-linux        vic-ui-linux
bootstrap.iso   ui                      vic-machine-windows.exe  vic-ui-windows.exe
LICENSE         vic-machine-darwin      vic-ui-darwin
joost@ubuntu:~/vic$ ./vic-machine-linux
NAME:
   vic-machine-linux - Create and manage Virtual Container Hosts

USAGE:
   vic-machine-linux [global options] command [command options] [arguments...]

VERSION:
   v1.1.1-10711-56a309f

COMMANDS:
     create    Deploy VCH
     delete    Delete VCH and associated resources
     ls        List VCHs
     inspect   Inspect VCH
     upgrade   Upgrade VCH to latest version
     version   Show VIC version information
     debug     Debug VCH
     update    Modify configuration
     help, h   Shows a list of commands or help for one command

GLOBAL OPTIONS:
   --help, -h      show help
   --version, -v   print the version
joost@ubuntu:~/vic$
```

Abbildung 16.11 Nach dem Download der Installationsdateien des VCH stehen Ihnen verschiedene Werkzeuge und Installationsdateien zur Verfügung.

16.2.3 Virtuellen Container-Host installieren

Um einen VCH in Linux zu installieren, verwenden Sie – wie erwähnt – den Befehl `./vic-machine-linux`. Geben Sie den Befehl ein, sehen Sie die zur Verfügung stehenden Optionen. Um einen VCH auf einem Ubuntu-Server zu installieren, geben Sie zum Beispiel den folgenden Befehl ein:

```
./vic-machine-linux create --target <vCenter> --user <Administrator in der vSphere-
Umgebung> --ops-user <Benutzer, mit dem der Container-Host arbeiten soll> --name
<Name des VCH> --computer-resource <ESXi-Host, Cluster oder Ressource-Pool> --image-
store <Name des Datenspeichers, den VCH für Images nutzen soll> --volume-store
<Datenspeicher für Volumes/<Pfad>:Beschreibung> --bridge-network <Portgruppe für
interne Container-Kommunikation> --public-network <Portgruppe für die öffentliche
Kommunikation> --container-network <Portgruppe für Container im Netzwerk> --tls-cname
*.<Domäne>
```

In einer Testumgebung können Sie auch mit dem Administrator-Konto an den verschiedenen Stellen arbeiten. In einer produktiven Umgebung sollten Sie in vCenter einen eigenen Benutzer anlegen, der als Proxybenutzer für VIC verwendet wird. Als Computerressource können Sie auch einen Ressourcenpool anlegen und diesen verwenden. Als Datenspeicher lässt sich vSAN nutzen.

Im Rahmen der Erstellung eines VCH können Sie eine verteilte Portgruppe für die Kommunikation der Container untereinander und mit dem VCH anlegen. Als öffentliches Netzwerk verwenden Sie eine weitere Portgruppe, die mit dem öffentlichen Netzwerk verbunden ist.

Optional können Sie für den VCH ein drittes Netzwerk definieren, mit dem Sie die Verwaltung des VCH durchführen. Dazu nutzen Sie die Option `--public-network`. Ein viertes Netzwerk (`--container-network`) ist das Container-Netzwerk, das ausschließlich für die Kommunikation mit dem Netzwerk im Unternehmen genutzt wird. An dieser Stelle lässt ich ebenfalls eine verteilte Portgruppe anlegen. Und Sie können hier das gleiche Netzwerk definieren, das Sie auch als externes Netzwerk für den VCH nutzen.

In einer Testumgebung lassen sich die Zertifikatwarnungen mit der Option `--no-tls` umgehen. Erhalten Sie eine Zertifikatwarnung, verwenden Sie noch die Option `--thumbprint=<Abdruck des Zertifikats, das in der Fehlermeldung erscheint>`.

```
thomas@ubuntu-vic: ~/vic
thomas@ubuntu-vic:~/vic$ ./vic-machine-linux create --target 192.168.10.1 --user
 administrator@vsphere.local --ops-user administrator@vsphere.local --name vch -
-compute-resource Erbach --image-store krenn2-01 --volume-store krenn2-01/vch:vc
h --bridge-network container --public-network ExternalNetwork --container-networ
k ExternalNetwork --tls-cname *.joos.int --thumbprint=72:F2:CB:EC:EA:E2:C5:89:E7
:50:9A:CD:70:3F:5A:FE:FD:B6:AD:70
Aug 10 2017 13:39:38.031+02:00 INFO  ### Installing VCH ####
Aug 10 2017 13:39:38.033+02:00 INFO  vSphere password for administrator@vsphere.
local:
Aug 10 2017 13:39:41.734+02:00 INFO  vSphere password for administrator@vsphere.
local:
Aug 10 2017 13:39:44.558+02:00 INFO  Loaded server certificate vch/server-cert.p
em
Aug 10 2017 13:39:44.558+02:00 INFO  Loaded CA with default name from certificat
e path vch
Aug 10 2017 13:39:44.561+02:00 INFO  Loaded client certificate with default name
 from certificate path vch
```

Abbildung 16.12 Erstellen eines neuen VCH auf Basis von Ubuntu 16.04

Funktioniert die Bereitstellung nicht, erhalten Sie eine entsprechende Fehlermeldung. In diesem Fall beseitigen Sie den Fehler und starten den Befehl noch einmal. Ist die Installation erfolgreich abgeschlossen, wird das im Fenster angezeigt.

Achten Sie darauf, dass auf den beteiligten Hosts der Port in der ESXi-Firewall freigeschaltet werden muss. Mehr dazu lesen Sie auch in Kapitel 14. Sie können die Firewall aber auch mit dem Befehl `./vic-machine-linux update firewall <Konfiguration>` freischalten.

```
Aug 10 2017 13:54:14.362+02:00 INFO  Initialization of appliance successful
Aug 10 2017 13:54:14.362+02:00 INFO
Aug 10 2017 13:54:14.362+02:00 INFO  VCH Admin Portal:
Aug 10 2017 13:54:14.362+02:00 INFO  https://192.168.10.217:2378
Aug 10 2017 13:54:14.362+02:00 INFO
Aug 10 2017 13:54:14.362+02:00 INFO  Published ports can be reached at:
Aug 10 2017 13:54:14.362+02:00 INFO  192.168.10.217
Aug 10 2017 13:54:14.362+02:00 INFO
Aug 10 2017 13:54:14.362+02:00 INFO  Docker environment variables:
Aug 10 2017 13:54:14.362+02:00 INFO  DOCKER_TLS_VERIFY=1 DOCKER_CERT_PATH=/home/
thomas/vic/vch DOCKER_HOST=192.168.10.217:2376
Aug 10 2017 13:54:14.362+02:00 INFO
Aug 10 2017 13:54:14.362+02:00 INFO  Environment saved in vch/vch.env
Aug 10 2017 13:54:14.362+02:00 INFO
Aug 10 2017 13:54:14.362+02:00 INFO  Connect to docker:
Aug 10 2017 13:54:14.362+02:00 INFO  docker -H 192.168.10.217:2376 --tlsverify -
-tlscacert="vch/ca.pem" --tlscert="vch/cert.pem" --tlskey="vch/key.pem" info
Aug 10 2017 13:54:14.362+02:00 INFO  Installer completed successfully
thomas@ubuntu-vic:~/vic$
```

Abbildung 16.13 Erfolgreiche Bereitstellung eines Container-Hosts

Nachdem der VCH erstellt wurde, erscheint er im Webclient. Sie können auf den VCH auch mit dem Docker-Client zugreifen. Die Umgebung wird als vApp eingerichtet. Die Container und beteiligten VMs erscheinen unterhalb dieser vApp. Den Host können Sie anschließend im VCH-Management-Portal hinzufügen, Als Anmeldedaten verwenden Sie an dieser Stelle immer die vSphere-Benutzer, die Sie angelegt haben. Um eine Verbindung mit dem Docker-Client herzustellen, verwenden Sie den Befehl, der im Fenster angezeigt wird.

Nach der erfolgreichen Verbindung können Sie mit Docker arbeiten. Die Netzwerke, welche durch die Container genutzt werden können, sehen Sie zum Beispiel mit `docker network ls`.

Im Unterverzeichnis der Container-Hostdateien finden Sie ein neues Verzeichnis mit dem Namen des Container-Hosts. In diesem Verzeichnis sind auch die notwendigen Daten zur Verbindung und Zertifikate zu finden. Informationen zur Verbindung zeigt der Assistent beim Erstellen im Fenster an.

 Um die Umgebung neu zu installieren, reicht es aus, wenn Sie die vApp für VCI löschen und den Befehl neu ausführen lassen.

16.2.4 Docker nutzen

Sie können auf den VCH mit einem beliebigen Docker-Client zugreifen und damit Container erstellen. Um sich eine Liste aller Container auf einem Container-Host anzeigen zu lassen, verwenden Sie den folgenden Befehl:

```
docker ps -a
```

Die installierte Docker-Version und den Docker-Client lassen Sie sich mit `docker version` anzeigen. Mit `docker inspect <ID>` können Sie erweiterte Informationen für Container abrufen, auch die IP-Adresse des Containers.

Sie können natürlich auch eigene Images erstellen und bearbeiten, zum Beispiel auf Basis bestehender Container, die Sie wiederum mit docker ps -a anzeigen lassen:

```
docker commit <ID> <Ordner>/meincontainerimage
```

Beispiel:

```
docker commit 662f25d6d835 windowsiis/joosimageiis
```

In Docker können Sie also auch Container mit bereits installierten Anwendungen als neues Image speichern und dieses Image für neue Container verwenden. Ob das Image erstellt wurde, können Sie mit docker images überprüfen.

Um Container zu löschen, verwenden Sie den Befehl docker rm <Name des Containers>, und mit dem Befehl docker rmi <Name des Images> können Sie die Docker-Images löschen.

Über den Befehl können Sie auch gleich die Ports aktivieren (-p) und sicherstellen, dass die Internetinformationsdienste (Internet Information Services, IIS) als Dienst gestartet werden (-d). Alle gestarteten Container sehen Sie mit docker ps. Nehmen Sie Änderungen an einem Container vor, können Sie diesen Container zum Beispiel als neues Image speichern und auf Basis dieses Images weitere Container anlegen. Dazu verwenden Sie den Befehl docker ps -a, um sich den Namen des Containers anzuzeigen. Anschließend erstellten Sie das Image mit dem Befehl:

```
docker commit <ID> <Neuer Name>
```

Index

Symbole

3D 162
512e 13

A

Active Directory 20, 100, 164
Active Directory-Gruppen 111
Active Directory-Zertifikatsdienste 277
Active-Passive-Konfiguration 6, 61
Adapter 160, 182
– paravirtualisiert 119
Add-EsxSoftwareDepot 24
Add-EsxSoftwarePackage 25
Administratoransicht 33, 349
Administratorberechtigungen 150
Adobe Flash Player 61
AES-256-Schlüssel 149
Affinitätsplanung 251
Affinitätsregeln 221
Aktualisierung 19, 30
Alarmdefinitionen 322
Alarme 73
Alarmzustand 322
All-Flash-Speicher 12
Altaro VM Backup 299
Anmeldeinformationen 98
Anteile 250
Anwendungsrichtlinien 277
Appliance 5, 48, 62, 108
Appliances 15, 256, 365
Apply-DrsRecommendation 326
Apply-VMHostProfile 326
Arbeitsspeicher 129, 170, 250, 252, 304
Assets 42

Attribute 56, 228
Aufgaben 59, 323
Auflösung 162
Ausfallsicherheit 31, 176
Auslagerungsdatei 95, 236, 253
Authentication Proxy 99
Authentifizierung 31, 110
Auto Deploy 24, 98
Automatisierungsebene 89
Autostart 163
Availability 85
Azure 3

B

Backup 171, 293
– inkrementelles 171
Backupjobaktionen 289
Baseline 33 f., 350
Baselinegruppe 33
Benutzer 97
Berechtigungen 139, 150
– globale 111
Berechtigungsmodell 102
Bereitstellung 74
Bereitstellungsdepot 24
Betrieb 58, 126
Betriebssystem 126
Betriebszustand 323
Bezeichner 242
Bindung 376
BIOS 123, 170
booten 123
Bridge 194
Build 55
BusLogic 120

C

CBT 171, 300
CD/DVD-Laufwerk 124
Certificate Manager 276
certlm.msc 49, 276
certmgr.msc 49
certtmpl.msc 277
CHAP 342
Cluster 13, 79, 128, 134, 239
Cluster-DRS 89
Clustereinstellungen 353
Clusterknoten 13
Cluster-Standardisierungsoptionen 34
CMDlets 326
cmsso-util 63
Computerkonto 106
Connect-CISServer 326
Connect-PIServer 326
Connect-VIServer 36, 44, 325
Container 3, 373
Container-Host 379
Container Management Portal 376
Container-Registrierung 377
Converter 150
Core-Dump-Dateien 148
CPU 17, 52, 250
CPU-Kerne 23, 162
CPU-Leistung 251
CPUs 63
Crossover-Kabel 13
CTK-Datei 171
Curl 380

D

Dateidienste 146
Dateierweiterungen 169
Dateinamen 170
Dateisystem 2
Datenbank 63
Datenbankpartition 71
Datenbankserver 90
Datenbanksysteme 74
Datencenter 80
Datenpakete 244
Datensicherung 256, 283
Datensicherungskonzept 283
Datenspeicher 13, 38, 84, 116, 123, 218, 243, 360
Datenspeicherbrowser 43
Datenspeicher-Cluster 222
Datenspeicher-ISO-Datei 124
Datenübertragung 245
Datenverkehr 342, 358
DEKs 149
Delegierung 107
delta.vmdk 170
Depot 27
DHCP 20, 135
Dienstprogramme 129
Distributed Power Management 174
Distributed Ressource Scheduler 11
Distributed-Switch-Konfiguration 206
DNS 20, 106, 343
DNS-Einstellungen 42
DNS-Konfigurationen 32
DNS-Namen 66
Docker 373, 383
domainjoin 109
Domänen 42
Domänenanbindung 108
Domänenbenutzer 99
Domänencontroller 106
Domänensuffix 42
Download-Einstellungen 353
DPM 92
DRM 325
DRS 9, 80, 88, 143, 174, 220, 373
DRS-Cluster 252
Durchsatz 120
dvsdata.db 184
Dynamic Resource Pool Calculator 327

E

E1000 160
Edges 213
EFI 123, 167
Eingabeaufforderung 40
Einschalten 124, 133
Emulation 13
Encryption 146
Energieverwaltung 93, 167
Ereignisse 319
Erkennung 242
Erweiterungen 277
esxcfg 324
esxcli 40, 324, 345, 348
ESXi-Customizer 210

ESXi-Host 33, 45
ESXi-Image 354
ESXi-Images 32
Esxtop 209
Ethernet-Protokolle 245
EVC 93
EVC-Modus 94
Exchange-Datenbanken 296
Export-ESXimageProfile 26

F

Failback 248
Failover 86, 298, 358
Failover-Hosts 86
Failover-Pläne 298
FAT32 22
Fault Domain 239
Fault Tolerance 122, 138, 147, 174, 216, 261
Fault Tolerance-Protokollierung 262
Fehlerbehebung 38, 45
Fehlerkorrekturen 245
Fehlermeldung 66
Fehlertoleranz 261
Festplatte 120
Festplattenbereitstellung 121
Festplattenformate 150
Festplattengruppen 238
Festplattenmodus 163
Festplattenverwaltung 237
Fibre-Channel 232
Fibre-Channel-NPIV 168
Fibre-Channel-Systeme 242
Firewall 343
Firewall-Port 164
Flash 234
flat.vmdk 170
FLP-Dateien 162
FQDN 75
Frames 244
FT 9, 122, 239, 262
FT-Technologie 95

G

Gastarbeitsspeicher 252
Gastbetriebssystem 22, 120, 127, 129, 138
Gateway 212
geklont 134, 155

Get-CISService 326
Get-DRMInfo 325
Get-ESXImageProfile 25
Get-ESXSoftwarePackage 25
Get-PIDatacenter 326
get-powercliversion 326
get-snapshot 327
Get-VAIOFilter 209, 326
Get-VICommand 44, 327
get-vm 327
get-vmhost 37
Get-VsanDisk 326
Get-VsanDiskGroup 326
Gigabit-Netzwerk 246
Grafikkarte 142, 162
Grenzwert 251
Grundeinrichtung 47
gruppieren 10

H

HA 9, 80, 82, 84, 143, 364, 373
HA-Cluster 254
HA-Funktion 83
Hardware 134, 158
Hardware-Geräte 210
Hardwarestatus 321
Hardwareversion 9, 30, 35, 63, 117, 138
Härtung 138
HDD 237
Health Check 328
Health Monitor 330
Heartbeat 83, 181
Herunterfahren 58, 133
HGFS 142
History 295
Höchstwert 251
Hochverfügbarkeit 10, 61, 79, 138, 261, 355
Host 42, 90
Hostauslagerung 234
Host-Baseline 33
Host-Erweiterung 351
Hostfehler 86
Host Guest File System 142
Hostoptionen 93
Hostprofil 233, 266
Hostprofil-Übereinstimmung 274
Host-Upgrade 351
Hostverbindung 323
Hostverschlüsselungsmodus 147

HTML5 1, 68, 113, 175
HTML5-Client 4, 47
HTML5-vSphere-Client 116
Hyper-V 151
Hypervisor 15
HyTrust 144

I

ID 149
IDE-Controller 156
Identitätsquelle 107
Image Builder 24
ImageBuilder Service 26
Importieren
– Distributed Switches 202
– ESXi-Image 354
– Virtuelle Maschinen 115
Importvorgang 137
Incremental 293
Informationsblöcken 171
Inkrementelle Sicherung 293
Installation 15
Installations-Assistent 74, 125
Installationsdateien 15
Installationsdatenträger 18
Installationsoberfläche 5, 7
Installationsprogramm 256
Instant-Clone-Funktion 186
Inventarisierung 53
Invoke-DrsRecommendation 326
Invoke-VMHostProfile 326
IP-Adresse 65, 274
IP-Adresskonfiguration 262
IPv4 20, 236
IPv6 20, 207
IP-Zuteilung 260
iSCSI 12, 215, 232, 342
ISO 162
ISO-Dateien 17, 32, 43, 63, 123, 210
isolation.device.connectable.disable 140
isolation.device.edit.disable 140
isolation.tools.setinfo.disable 140

J

Jumbo-Frames 244 f.

K

Kategorien 56, 226
KEK 149
Kennwörter 18 f.
Kennwortrichtlinie 104
Key Encryption Key 149
Key-Management-Server 143
kill 209
Klonen 134, 324
KMIP 143
KMS 143
Knowlegdebase 156
Kompatibilität 94, 117 f., 138
Kompatibilitätsliste 15
Konfigurationsdateien 165, 219
Konfigurationsoptionen 140
Konfigurationsprobleme 88
Konsole 20, 127
Konvertierung 137, 150, 302
Kosten 4
Kryptografie-Administrator 150

L

L2-Gateway 212
L3-Switch 213
LACP 194
Lastenausgleich 79, 212, 252
Latenz 246
Laufwerk 163
Laufzeiteinstellungen 223
LDAP 109, 344
LDAP-Server 100
Leistungsprobleme 253
Leistungsüberwachung 318
Linux 5, 61, 118, 130, 174, 379
Linux-Clients 344
Lizenzbedingungen 257
Lizenzen 12, 41 f., 237, 251, 337
Lizenzierung 41, 162, 316
Lizenznummern 15, 41 f.
Long Distance vMotion 362
LSI-Adapter 120
lspci 210
LUN 170, 223

M

MAC-Adressänderungen 192
MAC-Adresse 160, 342
Management Network 20
Management Packs 333
Markierungen 53, 55, 225
Master 85
Maximalgröße 121
Maximalwerte 9
Mehrfachpfad 247
Migration 84
migration-assistant 71
Migrieren 127, 203, 359
mkdir 279
MKS-Transaktionen 344
mmc 277
Momentaufnahme 284
MSI-Paket 132
MTU 201
Multipathing 247

N

Nagios 332
Namensauflösung 106
nested 23
Nested Virtualization 114
NetFlow 201
Network File System 246
Netzwerk 175
Netzwerkadapter 42, 118 f., 140, 160, 175, 183, 210, 244
Netzwerkausfallerkennung 193
Netzwerkdienste 189
Netzwerkeinstellungen 20
Netzwerkkarte 170
Netzwerkmigrations-Assistenten 205
Netzwerk-Port-Bindung 217, 241
Netzwerkprotokollprofile 207
Netzwerkstacks 179
Netzwerkswitches 13
Netzwerkverbindung 65, 155
Netzwerkzeitprotokoll 164, 266
Neuinstallation 31
Neustart 196
New-Cluster 326
New-ESXimageProfile 25
New-VAIOFilter 209
New-VM 325
New-VMHostNetworkAdapter 209, 326
New-VsanDisk 326
New-VsanDiskGroup 326
NFS 218, 244, 342
NIC-Teaming 356
nslookup 106
NSX 211, 373
NSX-Controller 213
NTP 164, 266
NTP-Client 344
NVMe 63
Nvram 170
NVRAM 148

O

Objekttypen 226
odbcad32.exe 74
ODBC-Verbindung 74
Offline 27
Offline Bundle 24
Option, Dauerhaft 164
Opvizor Health Analyzer 328
Oracle 71
Orchestrated 10
Orchestrator 213
OVA 115
OVA-Datei 309, 374
OVA/OVF-Datei 256, 366
Overcommitment 253
OVF 115
OVF-Datei 257
OVF-Vorlage 137

P

Pakete 27
Partition 174
Passthrough 173
Patches 33 f., 292, 351
Patch-Repository 353
Pausieren 169
PDC-Master 164
PEC 65
Physischer Switch
 – redundant 175
Ping 106
Platform Embedded Controller 65
Platform Services Controller 16, 63

Plattenplatz 223
portable 22
Portgruppen 176, 203, 244, 266, 357, 376
– verteilte 202
Ports 47, 152, 184, 201, 343
Portspiegelung 201
Postgres 349
PostgreSQL 62
PowerCLI 12, 24, 209, 324
Powered-on machine 155
Power-Management-Einstellungen 170
PowerShell 2, 12, 210
Proactive 11
Profile 27, 273
Profil-Übereinstimmung 318
Promiscuous 192, 342
Protokoll 58
Protokollierung 167
Proxy 47, 98
Prozessortyp 94
Ps 209
PSC 16, 63, 367
Putty 39, 279, 295, 324, 345
PVLAN 208

Q

Quarantänemodus 11

R

RAM 170
RAMCHECK 301
RDM 170
RDM-Datenträger 261
RDM-Festplatte 168
rdm.vmdk 170
RDP-Client 159
RDP-Protokoll 171
Rechte 103
Regeln 92
Registry 375
Remotebenutzer 140
Remote-Konsole 57, 125
Remove-ESXSoftwarePackage 25
Remove-VAIOFilter 209
Remove-VsanDisk 326
Remove-VsanDiskGroup 326
Reparieren 302

Replikation 13, 176, 344, 364
Reports 290
Reservieren 170
Ressourcen 249
Ressourcenmanagement 249
Ressourcenpool 104, 253
Ressourcenreservierung 318
Ressourcenverbrauch 52, 92, 129, 140
Ressourcenverteilung 249 f.
Ressourcenzuteilung 207
RESTful-API 211
resume 133
resxtop 324
RHEV 331
Richtlinien 10, 350
Rollen 103 f., 139
root 367
Root-Benutzer 18
Round-Robin 248
Routing 213
RPO 364
Rufus 22

S

SafeNet 144
SAN 120
SAN-LUN 120
SAS-Option 120
Schattenkopiedienst 284
Schlüssel 145
Schlüsselmanagementserver 144
SCSI 170
SCSI-Adapter 120
SCSI-Bus 163
SCSI-Controller 118
SDRS-Regeln 168
Secure Boot 144
separieren 90
Serial Attached Storage 120
serielle 140
Seriennummer 41
service 209, 334, 379
Set-Cluster 326
Set-ExecutionPolicy 37
Set-PowerCLIConfiguration 326
Setup.exe 132
Set-VM 325
Set-VMHost 37
Set-VMHostFirmware 37

Set-VMHostNetworkAdapter 209, 326
Shared-Storage 235
shell 279
Shutdown-VMGuest 326
Sicherheit 9, 97
Sicherheitseinstellungen 267
Sicherheitsfunktionen 144
Sicherheitsprofil 39, 147, 340, 343
Sicherungsjobs 290
Sicherungsprogramm 284
Single Sign On 100
Single-Sign-On-Domäne 75
Site Recovery Manager 9
SiteSurvey 264
Skripte 133, 298
Slaves 85
Smartphone 336
Snapshots 125, 170, 263, 284, 291, 302, 306, 327
– zurücksetzen 306
Snapwatcher 329
SNMP-Empfänger 316
Software-Depot 26
Softwarepakete 27
Speicheradapter 216, 342
Speichergeräte 218, 243
Speicherklassen 226
Speicherplatz 163
Speicherprofil 224
Speicherprofilen 230
Speicherressourcen 361
Speicherrichtlinien 138, 229, 240
Speichersysteme 215
Speicherzugriff 341
Speicherzuweisung 121
Sprache 313
SQL 62, 72
SQL-Server 292, 297
SQL-Server-Sicherung 297
SR-IOV 194
SSD 236
SSH 109, 213, 343, 345
SSH-Client 345
SSH-Konsole 39
SSH-Zugriff 341
SSO 8
SSO Domäne 67, 100
SSO-Konfiguration 110
Standardisieren 34, 275, 350
Standard-Switch 184
– migrieren 203

Startoptionen 123, 167
Startreihenfolge 32, 259
Statistiktabelle 72
Stop-VMGuest 326
Storage 215
Storage DRS 169, 220
Storage-DRS-Cluster 221
Storage I/O-Control 13
Such-Funktion 228
Sudo 380
Support Assistant 310
Support-Forum 327
SUSE 7, 62
suspend 133, 169
Swap-Datei 170
Switch 44, 175 f., 342
Synchronisierung 164, 266
Syslog 344
System Center 333
Systemdateien 84, 116, 127, 134, 219, 360
Systemdienste 180
Systemkonfiguration 26, 99, 106, 370
Systemprotokolle 138, 317
Systemstatusüberprüfung 201
Systemtreiber 130

T

Tags 53, 55
Taktsignale-Datenspeicher 87
Tape 296
Tastatur-Layouts 18
Tastenkombination 124
TCP/IP-Header 245
TCP/IP-Konfiguration 54, 177
TCP/IP-Stack 42
TCP-Stack 185
Teaming 358
Testumgebung 22 f., 114
Thales 144
Thick-Provision Eager-Zeroed 121
Thick-Provision Lazy-Zeroed 121
timesync 133
Traffic-Shaping 193
Treiber 17, 24, 242

U

Übereinstimmung prüfen 275
Übereinstimmungsansicht 349
Übersicht 38
Überwachen 87, 231, 312 f.
Überwachungsmöglichkeiten 318
UEFI 10, 17, 144
Uhrzeit 164, 265
Uhrzeitkonfiguration 164, 265
Unabhängig 164, 306
Unix 346
Update Manager 16, 29, 32, 71, 348
Update, Bereich 68
Update, Option 40
Upgrade 118
Uplink 184, 195, 199
URL 52
Ursprungsnachweis 277
USB-Controller 159, 172
USB-Gerät 171, 173
USB-Server 159
USB-Stick 17, 19, 22

V

VAMI 7, 61, 68
vApp 256
vApp-Optionen 168
vCenter 5, 19, 30, 42, 62, 89, 105, 125
vCenter 6.5 Virtual Appliance 61
vCenter-Appliance 276
vCenter Converter 151
VCH 373
VCH-Management-Portal 383
vCloud 326
vCPUs 9
vCSA 6, 16, 61, 367
vcsa-ui-installer 64
VDP 284
vDS 177, 359
Veeam 292
Verbindungsdaten 109
Verbindungsreihenfolge 191
Verknüpfen 106
Verschlüsseln 9
Verschlüsselung 143
Verschlüsselungsrichtlinie 143
Versionsstand 263
Verwaltung 26

Verzeichnisdienst 344
vFlash-Hostauslagerung 234
vi 348
VIC 373
Videoarbeitsspeicher-Rechner 162
vifp 324
VimPasswordExpirationInDays 339
vim.psc1 327
Virtual Appliance 6
Virtualisierung 114
Virtuelle Festplatten
– konvertieren 302
Virtuelle Maschinen 114
– erstellen 114
– exportieren 38, 196
– gruppieren 10
– migrieren 127
– separieren 90
– verschlüsseln 143
– zusammenhalten 90
VLAN 184, 208
VLAN-Konfiguration 266
VM-Außerkraftsetzungen 224
VMCA 275
vmcad 279
VMDK 170
VMDK-Datei 155, 301
VMFS 2, 169
VMFS-Datenspeicher 223
VM-Gruppe 92
VM/Host-Gruppen 90
vmimages 130
vmkdump 301
VMkernel 42, 176, 217, 236, 358
VMkernel-Adapter 178, 187, 365
VMkernel-Port 240
vmkfstools 209
VM-Kompatibilität 118
VM-Optionen 122, 140, 165
vMotion 9, 39, 58, 84, 144, 172, 179, 185, 231, 262, 344, 355
– verschlüsseltes 362
vMotion-Priorität 361
VMRC 57
VM-Richtlinien 138
VMSafe 343
VMSN 148
Vmsn-Datei 171
VM-Speicherrichtlinien 146, 229, 240
VMs/VAs-Baselines 35
VMTurbo 332

VMware-Aktualisierungen 32
VMware Certificate Authority 275
VMware Data Protection 256
vmware-install.pl 130
VMware Product Interoperability Matrix 74
Vmwaretoolbox 133
VMwareToolboxCmd.exe 133
VMware Tools 35, 128, 164, 166, 379
VMware vSphere Authentication Proxy 99
VMX 219
VMX-Datei 138, 170
Vmxf-Dateien 171
VMXNET 119, 160
Vollautomatisiert 89
Volume 168
Vorgänge 350
Vorlage 135, 257
– konvertieren 137
Vormetric 144
VPF-Datei 268
VPNs 212
vRealize 3, 212, 248, 333
vSAN 12, 215, 326
VSANDiskClaimMode 326
VsanTrafficEnabled 326
vSphere 7
vSphere Availability 85
vSphere-Client 2
vSphere-Cluster, Probleme 318
vSphere Integrated Container 3
vSphere Replication-NFC-Datenverkehr 365
vSphere-Updates 36
vSS 177
vSwitches 217
VSWP 148
VUM 348
vVols 12, 224, 232
VXLAN 211, 213

W

WAN 185
Wartungsmodus 34, 83, 221, 350
Wartungszustand 336
Watchlist 336
Webclient 1, 21, 26, 47, 115
– migrieren 359
Wiederherstellen 202, 307
Windows 8, 118
Windows-Authentifizierung 100, 108
Windows-Cluster 90, 122
Windows-Systeme
– konvertieren 150
WinSCP 38
Workstation 142
wq 281
WSUS 32, 348
WWN 168
WWN-Bezeichner 243
WWPN 168

Z

Zabbix 332
Zeitserver 266
Zeitsynchronisierung 164
Zertifikatanforderung 279
Zertifikatdatei 281
Zertifikate 38, 48, 101, 276
Zertifikatsdienste 277
Zertifikatsvorlagen 277
Zertifikatwarnungen 38, 48, 382
Zertifizierungsstelle 277, 344
Zielportgruppe 206
ZIP-Archiv 24
Zoning 341
Zugangssteuerung 34, 86
Zwischenspeicher 236

HANSER

Unentbehrlich für Windows-Admins

Voges, Dausch

Gruppenrichtlinien in Windows Server 2016, 2012 und 2008 R2
Ein praktischer Leitfaden für die Windows-Verwaltung
3., erweiterte und aktualisierte Auflage
511 Seiten. Inklusive E-Book
€ 50,–. ISBN 978-3-446-44564-2

Auch einzeln als E-Book erhältlich
€ 39,99. E-Book-ISBN 978-3-446-44914-5

Das Buch ist Grundlagen-, Praxis- und Nachschlagewerk in einem. Einsteiger werden von der Basisverwaltung von Gruppenrichtlinien bis hin zur Entwicklung eigener Vorlagen durch alle wichtigen Themen geführt. Profis finden Informationen zur Planung von Gruppenrichtlinien, zur Verwaltung (PowerShell 5.0 und AGMP), zur Erweiterung (per Fremdhersteller-Tools) sowie zur Automatisierung mit PowerShell 5.0 und Desired State Configuration.

Viele Praxisbeispiele zeigen Ihnen, wo Sie welche Einstellungen vornehmen können, wie sich diese auswirken und wie Sie dadurch Zeit sparen können. Zahlreiche Tipps helfen Ihnen bei der Fehlersuche und Problembehebung und warnen Sie vor typischen Fallen.

Mehr Informationen finden Sie unter **www.hanser-fachbuch.de**

HANSER

Alles im Griff!

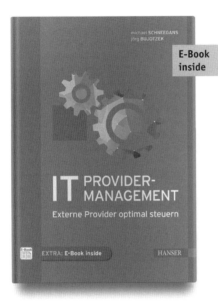

Schneegans, Bujotzek

IT-Providermanagement

Externe Provider optimal steuern

280 Seiten. Inklusive E-Book

€ 46,–. ISBN 978-3-446-45332-6

Auch einzeln als E-Book erhältlich

€ 36,99. E-Book-ISBN 978-3-446-45367-8

Dieses Buch zeigt Ihnen, wie die Steuerung externer Provider im Rahmen von Outsourcing-Projekten in der Praxis gelingt.

Erfahren Sie, welche Rahmenvorgaben, Methoden und Organisation für eine erfolgreiche Zusammenarbeit nötig sind und wie Sie diese anwenden können. Lernen Sie, wie Sie das IT-Providermanagement frühzeitig im Verlauf eines Outsourcing-Projekts planen, aufbauen und in die bestehende Organisation einbetten. Die Autoren vermitteln Ihnen praxiserprobte Vorgehensweisen sowohl im Single- als auch im Multi-Providermanagement auf Basis von anerkannten Standards wie ITIL, COBIT und PRINCE2.

Mehr Informationen finden Sie unter **www.hanser-fachbuch.de**

HANSER

Eine einheitliche Kommunikations-Infrastruktur schaffen

Hauenherm

Effiziente Kommunikation im Unternehmen:
Konzepte & Lösungen mit Microsoft-Plattformen
SharePoint 2016, Exchange 2016, MS Office 2016,
Skype for Business 2015, Active Directory,
Windows Server 2016

542 Seiten. Inklusive E-Book

€ 60,–. ISBN 978-3-446-44681-6

Auch einzeln als E-Book erhältlich

€ 47,99. E-Book-ISBN 978-3-446-44911-4

Dieses Praxisbuch zeigt Ihnen ganz konkret, wie Sie durch eine sinnvolle Integration von SharePoint, Exchange, den Office-Produkten, Skype for Business und Windows Server Ihre Unternehmensprozesse effizienter gestalten.

Sie erfahren, wie Sie typische Anforderungen an Unternehmen ganz ohne Schnittstellenprobleme und Medienbrüche planen und umsetzen. Am Beispiel eines Musterunternehmens lernen Sie eine umfassende Kommunikations-Infrastruktur aufzubauen. Dabei werden sowohl die verschiedenen Unternehmensfunktionen berücksichtigt als auch übergeordnete Themen wie Compliance-Anforderungen und Reporting-Strukturen.

Mehr Informationen finden Sie unter **www.hanser-fachbuch.de**